パーソナルファイナンス研究
の
新しい地平

江夏健一
桑名義晴
坂野友昭
杉江雅彦
監修

パーソナルファイナンス学会著

文眞堂

はしがき

　本書は，表題が示唆するように，パーソナルファイナンス研究の新しい課題について多面的な角度から論じたものである。わが国では企業の金融問題を研究するコーポレートファイナンスの研究は多くなされてきているが，個人の金融問題を扱うパーソナルファイナンスの研究は現在のところ十分ではない。むしろその研究はいま緒についたばかりと言ってよい。しかし，パーソナルファイナンスに関係する重要な問題は，近年の金融環境の変化によって多く発生するようになっている。

　たとえば，近年の ICT の発展によって，パーソナルファイナンスにかかわる領域で新しい商品・サービスや仕組みが次々と誕生し，イノベーションとも呼べるような現象が起きている。また，経済や金融のグローバリゼーションの進展に伴って，国境を超えた金融商品の取引が一層活発化するとともに，パーソナルファイナンス関連企業の海外進出も一段と進むようになった。このため，パーソナルファイナンスに関係する各国政府の政策や法律などの諸制度の見直しや改正も頻繁に行われている。さらに，このような金融環境が大きく変化する時代にあって，その顧客にはより多くの金融知識が求められるようになり，金融教育も以前にも増して重要になってきている。

　本書の著者であるパーソナルファイナンス学会は，この数年間パーソナルファイナンス領域で新たに生起しつつある諸問題の研究に取り組んできた。本書は，その研究活動の成果の一部である。それゆえ，本書はパーソナルファイナンスにかかわる喫緊の諸課題について，イノベーション，グローバリゼーション，金融教育，および制度設計の視点からアプローチし議論を展開したものである。

　さて，本書は 4 部 12 章からなっている。

　第 I 部は，パーソナルファイナンスの領域におけるイノベーションを取り上

げる。まず，最近フィンテックの一分野として多くの関心が寄せられている
マーケットプレイスレンディングの消費者金融市場における可能性を検討する
（第1章）。次に，金融分野でのビックバン活用の先進例として，中国における
パーソナルファイナンスの発展や現状に焦点をあてている（第2章）。そして
また，パーソナルファイナンスにおけるマイクロファイナンスを利用した地域
（北海道）産業の育成について分析を試みる（第3章）。

　第Ⅱ部は，パーソナルファイナンアスにかかわる企業の国際展開の諸問題を
考察する。まず，日本のパーソナルファイナンス事業の国際化プロセスについ
て，歴史的に跡づけし，その海外事業展開の特徴を探ると同時に，今後の諸課
題を提示する（第4章）。次に，日本の代表的なパーソナルファイナンス企業
（アコムとSMBCコンシューマーファイナンス）のアジア展開，とくにタイと
中国への進出のケースを紹介し，その進出プロセスで生起した諸問題を議論す
る（第5章）。さらに，小売業の国際展開における金融サービス事業の役割と
有効性について，イオンのケースで検討している（第6章）。

　第Ⅲ部は，わが国におけるパーソナルファイナンスに関連する教育の問題点
や課題について議論する。まず，大学生と社会人を対象とした金融教育のあり
方について，行動経済学における手法を援用して検討を試みる（第7章）。次
に，日本の中等教育における問題点を指摘するとともに，その改善策を提示す
る（第8章）。さらに日本の中学校における金融教育について，主に中学校で
使用されている教材を取り上げ，その記述内容を比較検討している（第9章）。

　最後の第Ⅳ部は，パーソナルファイナンスに関連する制度設計について議論
する。フィンテック・クラウド時代におけるパーソナルファイナンスの多様
化，与信・決済・運用などの環境条件および総与信規制の枠組みを提示しつ
つ，その将来像を探る（第10章）。次に，携帯電話（モバイル）の急速な普及
によって関連法規の整備が急務であるという問題意識のもとで，アジア諸国の
パーソナルファイナンス関連法規について比較検討する（第11章）。そして最
後に，2006年に改正された，わが国の貸金業法について，その改正に至るま
での政策決定プロセスを詳細に調査・研究している（第12章）。

　以上のように，本書は近年の急変する金融環境を視野に入れつつ，パーソナ
ルファイナンスにかかわる最新の諸課題について，多面的な角度から考察し，

当分野における将来への研究の視座やヒントを提供しようとしたものである。したがって，読者は現在のみならず，今後のパーソナルファイナンスの領域における諸問題を考えるうえで，少なからずヒントを得ることができるものと思われる。

　なお本書は，パーソナルファイナンス学会の創設 15 周年記念事業の一環として企画されたものである。そこで本書を企画・出版するに至った経緯について少し触れておきたい。本学会は 2000 年 3 月創設の消費者金融サービス研究学会を母体としている。同学会はその創設以来，消費者金融サービスの諸課題に関して，年 1 回の全国大会や定例研究部会などを通じて活発な研究を行い，その成果として数冊の関連書籍を世に出してきた。ところが，その後の金融ビジネス環境の激変によって消費者金融ビジネスが停滞する一方，パーソナルファイナンスの領域において新しい研究課題が次々と発生するようになってきた。このため，当学会の研究領域を拡げる必要性が生じると同時に，その活動を一層活発にするために，2009 年 5 月に学会名をパーソナルファイナンス学会へと変更した。

　折しも，学会活動の将来構想を検討しており，本学会が 2015 年に消費者金融サービス研究学会創設から数えて 15 周年を迎えるのを機にいくつかの記念事業を行う案が浮上した。その記念事業については，学会内で創設 15 周年記念事業委員会を設置し，坂野友昭委員長（本学会の副会長・早稲田大学教授）を中心にして検討していただいた。その記念事業の 1 つが本書の出版となったのである。したがって，本書は本学会の創設 15 周年記念出版でもある。

　本書の出版を企画してから上梓まで，当初の予想より多くの時間を要してしまったが，そのプロセスで多くの方々のご尽力を賜った。まず，本書にご寄稿をいただいた執筆者は全員本学会の活動に日頃からコミットし活躍されている会員の方々である。これらの方々のご寄稿とご協力がなければ本書は完成しなかった。記して感謝申し上げたい。また，本学会のリエゾン・オフィスである IBI 国際ビジネス研究センターのスタッフの方々には，日頃の学会活動の事務的なサポートに加えて，本書の出版に至るまでに多くの面倒な仕事を引き受

けていただいた。とりわけ，同研究センター代表の吉廣麻美氏には非常に多くの煩雑な仕事を献身的にしていただいた。心よりお礼申し上げたい。

　最後に，本書のような専門的な研究書の出版がますます厳しくなる昨今の出版事情にもかかわらず，文眞堂前野隆社長には本書の出版を快諾いただいたのみならず，その編集や校正の段階で貴重なアドバイスも頂戴した。また，同社の前野弘太氏にも無理をお願いし，本書の校正・印刷を文字通り超特急で行っていただいた。お二人のご尽力に深甚なる感謝の意を表したい。

2017 年 9 月吉日

パーソナルファイナンス学会会長

桑名　義晴

目　　次

はしがき………………………………………………………………………… i

第Ⅰ部　イノベーション …………………………………………………… 1

第1章　パーソナルファイナンスにおけるイノベーション
—マーケットプレイスレンディングの可能性—……………… 4

1　はじめに …………………………………………………………… 4
2　金融サービスとイノベーション …………………………………… 4
3　クラウドファンディング …………………………………………… 6
4　マーケットプレイスレンディング ………………………………… 9
5　プロスパーとレンディングクラブ …………………………………14
6　総括 …………………………………………………………………20

第2章　中国のパーソナルファイナンスにおけるビッグデータ
の活用 ……………………………………………………………25

1　はじめに ……………………………………………………………25
2　金融サービスとビッグデータの活用 ………………………………26
3　中国のパーソナルファイナンスにおけるビッグデータの活用 ……31
4　おわりに ……………………………………………………………50

第3章　パーソナルファイナンスにおけるマイクロファイナン
スの役割と地域産業の育成
—マイクロファイナンスを利用して6次化を実施した場合
の小規模ワイン・清酒産業の地域における経済効果
（北海道のケース）— ………………………………………54

1 はじめに ………………………………………………………………54

2 造り酒屋を活性化することで限界集落の人口が増加する理由 ……57

3 造り酒屋の6次産業化と4種類のファイナンス ………………………60

4 最終需要とGDP換算の経済波及効果，波及倍率，雇用効果（人）…66

5 結語 ………………………………………………………………………67

第Ⅱ部　グローバリゼーション ………………………………………75

第4章　日本のパーソナルファイナンスの海外事業の展開 ……78

1 はじめに ……………………………………………………………78

2 消費者金融の国際化 ………………………………………………79

3 クレジット産業の国際化

　　　―イオンフィナンシャルサービス社の事例― ………………89

4 日本のパーソナルファイナンスの海外展開の期待

　　　―結びにかえて― ………………………………………………96

第5章　日本のパーソナルファイナンス企業のアジア展開

　　　―アコムとSMBCコンシューマーファイナンスのケース

　　　を中心に― ………………………………………………101

1 はじめに ………………………………………………………… 101

2 理論的背景 ……………………………………………………… 101

3 研究方法 ………………………………………………………… 103

4 ケーススタディ

　　　―アコムのタイ進出とSMBCCFの中国進出を中心として― … 104

5 結びにかえて …………………………………………………… 117

第6章　小売業のアジア市場進出における金融サービス事業

　　　とその有効性 …………………………………………… 120

1 はじめに ………………………………………………………… 120

2 小売業の国際化と金融サービス事業 ………………………… 122

目　　次　vii

3　イオンのアジア進出と金融サービス事業 ……………………………… 129

4　ケースから引き出される若干のインプリケーション ………… 137

5　おわりに …………………………………………………………………… 141

第Ⅲ部　金融教育 ……………………………………………………………… 145

第7章　行動経済学に基づく金融教育
─大学生から社会人に向けた金融教育の手法と展開─…… 148

1　はじめに …………………………………………………………………… 148

2　大学生，社会人を対象とした金融教育の内容と考え方 ………… 149

3　行動経済学を金融教育に応用する意義 ……………………… 152

4　パーソナルファイナンスにおける行動変容の実践ゲームの活用

………………………………………………………………………………… 155

5　シリアスゲームの応用による金融教育 ……………………… 164

第8章　日本の中等教育における金融教育の課題とその解決
─学校教育における金融教育の体系化─ ………………… 169

1　はじめに …………………………………………………………………… 169

2　日本の中等教育における金融教育の現状 ………………… 170

3　中等教育における金融教育の必要性 ……………………… 174

4　日本の金融教育の課題 ……………………………………… 178

5　課題解消のための観点 ……………………………………… 182

6　課題解決のための提案 ……………………………………… 187

7　おわりに …………………………………………………………………… 190

第9章　学校における金融教育のあり方
─中学校教科書にみる金融の扱い方と方向性─ ………… 192

1　学校における金融教育─はじめに代えて─ ……………… 192

2　中学校の教科書にみる金融リテラシーの内容とその問題点 …… 194

3　中学校における金融教育のあり方 ……………………… 207

viii　目　　次

第Ⅳ部　制度設計 ………………………………………………… 213

第10章　パーソナルファイナンスの主体をめぐる与信・決済・運用のモデル像と債権法改正・倒産法改正・特別法改正のあり方の視点
—フィンテック・クラウド時代の金融グループの内部統制とコンプライアンスの枠組みの将来像— ……………… 216

　1　はじめに ……………………………………………………… 216
　2　与信・決済・運用の環境の変化とモデル像 ……………… 217
　3　総与信規制の枠組みの現在と将来 ………………………… 218
　4　金融手法の高度化とモデル論 ……………………………… 219
　5　金融手法の高度化とモデル論（2つの仮想モデル） ……… 223
　6　既存のシステムとの関係 …………………………………… 228
　7　債権法改正・倒産法改正・特別法改正と金融グループ運営 …… 230
　8　特別法立法・改正とパーソナルファイナンス …………… 239
　9　金融グループの内部統制・コンプライアンス態勢とパーソナルファイナンスを考える視点と意義 ……………… 246
　10　今後さらに検討されるべき問題 …………………………… 250

第11章　パーソナルファイナンス関連法制における経済合理性
—日本とアジア諸国の比較— …………………………… 256

　1　はじめに ……………………………………………………… 256
　2　アジア各国の経済発展の現状 ……………………………… 257
　3　各国の消費者金融サービスに関する規制（業法）………… 262
　4　おわりに ……………………………………………………… 269

第12章　貸金業法の政策決定プロセスに関する調査研究 …… 277

　1　はじめに ……………………………………………………… 277

2	貸金業法改正までのプロセス ………………………………………	279
3	改正プロセスにおける規制強化の変遷 ……………………………	295
4	内閣府規制改革会議による貸金業法に関する調査	
	(2008 年 6 月〜2009 年 7 月) ………………………………………	320
5	貸金業法再改正の必要性 ……………………………………………	325

あとがき…………………………………………………………………………… 330

パーソナルファイナンス学会 ………………………………………………… 335

第 I 部
イノベーション

　近年，パーソナルファイナンスにかかわる様々な領域で，これまでにない新しい商品・サービスや新しい仕組みの供給など，数多くのイノベーションが生み出されている。たとえば，個人や中小企業向け貸付では P2P レンディング，マーケットプレイスレンディング，ビッグデータ貸付，クラウドファンディング，マイクロファイナンス，決済ではスマホカード決済や EC 向け決済，個人間決済，資産運用ではロボアドバイザーなど，枚挙にいとまがない。この背景には，スマートフォンやタブレットの普及，データのクラウド化などにより，金融サービスのデジタル化が進展し，これまでに存在しなかった様々な金融サービスを低コストで，顧客の利便性を高める形で提供できるようになったことがあげられる。

　しかし，パーソナルファイナンスにおけるイノベーションは，単なる金融サービスのデジタル化以上の何かである。個人のフィナンシャルライフのいずれかにおいて何らかのソリューションを与えるものでなければならない。パーソナルファイナンスにおいてイノベーションを引き起こすためには，経済環境，個人が直面しているライフステージ，価値およびニーズを考えて，これまで満たされてこなかった何かを満たさなくてはならない。

　たとえば，現在，米国では学費ローンの残高が自動車ローンやクレジットカードを抜き，大きな問題となっている。銀行は学費ローンを提供しているが，金利も政府支援ローンよりも高く，学費ローンの問題への対処を支援したり，バイアスのない金融アドバイスを提供する真のパートナーとはみなされていない。そこに，フィンテック企業の参入の余地を与えている。オンラインレンダーのソーシャル・ファイナンス（Social Finance）は，借り手に金利を下げ，全体的なローンの重荷を軽減する方法を提供している。今や SoFi は，「会

員」との信頼関係を構築し，昇給を得やすくする方法やネットワークづくりのための交流会などの仕事上のアドバイスも提供している。

　パーソナルファイナンスにおけるイノベーションの多くは失敗している。そもそもビジネスとして成り立たなかったものも多い。ビジネスモデルとしては成り立っていたが，消費者団体などの猛反対に会い，事業そのものが成り立たなくなったケースも多い。金融におけるイノベーションが成功するためには，逆選択，モラルハザードおよび取引コストの問題を解決する必要がある。たとえば，マイクロファイナンスが銀行ではできなかった貧困層への貸付に成功したのは，借り手相互の信頼性に関する情報に基づいた，借り手の自己選択によるグループ分けにより与信機能を借り手側に移転するなど，グループに基づく貸付でこれらの問題を解決したからである。

　逆選択，モラルハザードおよび取引コストの問題を解決することは，必要条件ではあるが，十分条件ではない。イノベーションの成功には，認知的正当性（当該事項に関する理解もしくは知識を持つこと）と社会政治的正当性（かかわるすべての利害関係者が当該事項を適切で正しいものとして受け容れること）を確保することも必要である。SoFi も，2017 年 6 月に銀行免許を申請して以来，エリート大学出身の若年富裕層のみを多少にしたチェリーピッキングのビジネスとの批判を受けている。

　第 I 部は，3 つの章から構成されている。

　第 1 章では，フィンテックの一分野として注目を集めるマーケットプレイスレンディングのコンシューマファイナンス市場における可能性について検討する。まずフィンテック分野における金融サービスのイノベーションであるクラウドファンディングにおけるマーケットプレイスレンディングの位置づけとビジネスモデルの概略を説明し，次に米国市場の概況をとりまとめる。とくにコンシューマファイナンスサービスをビジネスの中核とし，マーケットプレイスレンディング産業を牽引するレンディングクラブ（LendingClub）とプロスパー（Prosper）の 2 社に着目し，両社がどのようにして市場にイノベーションをもたらし，競争優位を築いてきたのかを整理する。その上で，マーケットプレイスレンディングが銀行等の既存の金融サービスを破壊しうるオルタナ

ティブ・ファイナンスカンパニー（Alternative Finance Company）となり得るのかを考察する。

第2章では，金融分野でのビッグデータ活用の先進例として，中国のパーソナルファイナンスに焦点を当てる。中国を研究対象とするのは，同国がビッグデータ活用に適した環境にあるからである。インターネット利用人口が世界最大であることに加え，スマートフォンを利用した個人向けサービスの利用が発達しており，個人のデータ蓄積が他国より圧倒的に速い。また，巨大なプラットフォーム企業BAT（百度，アリババ，テンセント）が存在するため，様々な分野のデータを組み合わせることが容易である。そのため，ビッグデータの活用において先進的な取組みが先行している。まず人工知能とビッグデータの関係について整理したうえで，金融サービスにおける活用は具体的にどのようなものなのか，世界の先進事例を交えながら情報を整理する。次に，中国におけるビッグデータの利用環境について言及する。また，中国のパーソナルファイナンスを中心にビッグデータの活用事例を調査し，金融サービスにおいてビッグデータがどのように位置付けられているのか，期待されている効果とその成果，個人情報問題への対応，などの事実を明らかにする。さらに，金融サービス業に与え得る影響や今後の規制監督の方向性と課題についても触れる。

第3章では，パーソナルファイナンスにおける，マイクロファイナンスを利用した地域産業の育成について分析を試みる。北海道地域の地域活性化策として，その地域を支える個人や中小零細企業を活性化することによって，地域の経済を豊かにし，個人の所得を増加させることを通じて，限界集落問題の根幹をなす人口減少問題を解決する施策のシミュレーション分析を行う。具体的には，地域に根ざす，個人もしくは中小零細企業であるワイナリーや酒蔵を対象に，資金調達方法の違いによって，地域活性化の経済効果が異なることを明らかにする。分析で取り上げる資金調達方法は，政府補助金，制度融資，金融機関を通じた民間融資，マイクロファイナンスの4形態である。それぞれについて，シミュレーション分析し，経済波及効果や，雇用効果の大きさから，これらのファイナンス方法で最も地域経済に貢献するものを特定しようと試みる。

第1章

パーソナルファイナンスにおけるイノベーション
―マーケットプレイスレンディングの可能性―

1 はじめに

　テクノロジーの力で金融サービスに変革をもたらすフィンテックに注目が集まっている。本章はフィンテックの一分野として注目を集めるマーケットプレイスレンディングのパーソナルファイナンス，とくに消費者信用市場における可能性について検討する。先進的なサービスやスキームが生まれ，注目度の高い米国市場の形成過程と現状をつぶさにみていくことでマーケットプレイスレンディングが発展するためにはなにが必要なのか，そして銀行等の既存の金融サービスを破壊しうるオルタナティブ・ファイナンスカンパニー（Aternative Finance Comapany）となり得るのかを考察する。

　本章では，まずクラウドファンディング（Crowdfunding）と呼ばれる融資分野のイノベーションをけん引するマーケットプレイスレンディングのフィンテックにおける位置づけとビジネスモデルの概略を説明し，米国市場の概況をとりまとめる。次にコンシューマファイナンスサービスをビジネスの中核とし，マーケットプレイスレンディング産業を牽引するレンディングクラブ（LendingClub）とプロスパー（Prosper）の2社に注目し，彼らがどのようにして市場にイノベーションをもたらし，競争優位を築いてきたのかを整理する。

2 金融サービスとイノベーション

　金融サービスを巡る環境の変化はこれまでも新しい金融サービスを生み出し

てきた。たとえば，1970 年代からわが国で急速な発展を遂げた消費者金融業
は，銀行が法人向け貸付に注力し，個人の資金ニーズに目を向けなかった結果
生まれた[1]。またヨーロッパでは，スイスのオルタナティブ銀行など社会的責
任投資を目的とした金融機関が注目を集めているが，これらは既存の金融機関
が，社会や環境に配慮した事業など採算性に劣る分野から撤退したことをきっ
かけに誕生した[2]。つまり市場の失敗とその結果生じた金融排除に対する解決
策として新たな金融サービスが創造されてきたのである。本章で取り上げる
マーケットプレイスレンディングもリーマンショック直後の市場の歪みを補う
べくして発展した新たな金融サービスの 1 つだと考えられる。

　他方，情報通信技術の発展も多くのイノベーションを後押ししてきた。金融
サービス分野においてもフィンテックと呼ばれる新規性の高いサービスが生ま
れ，注目を集めている。暗号通貨であるビットコインやペイパルに代表される
インターネットを介した送金サービス，インターネット上のポータルを通して
不特定多数の群衆から少額の資金を集め資金需要者への融資につなげるクラウ
ドファンディングなどがその代表例である。

　もちろん，金融産業はこれまでも情報通信技術を活用して業務の効率化を進
めてきた。たとえば，リテール金融部門の貸倒リスクに対処するためのスコア
リングシステムの開発がこれにあたるだろう[3]。しかし近年注目を集めるフィ
ンテックは従来業務の効率化にとどまらず，既存の金融サービスを代替するよ
うな破壊的イノベーションであるとみなされている[4]。さらにフィンテックの
担い手の多くは伝統的に金融業を営んできた銀行やクレジットカード会社では
ない。決済や送金，財務管理，個人や中小企業向けの融資や投資といった銀行
機能の一部分に小規模なベンチャー企業が特化することで発展を遂げており，
将来は銀行をイノベーションによって破壊するような脅威となるのではないか
という見方もある。たとえば，本章で取り上げるマーケットプレイスレンディ
ンダーは，クラウドファンディングの一分野であるが，低コストでオペレー
ションを行い，貯蓄を借り手に直接結びつけることで，融資と投資という点か
ら銀行に打撃を与えるような破壊的イノベーションを体現する企業として評価
されることも多い。

6　第I部　イノベーション

3　クラウドファンディング

3.1　クラウドファンディング

　インターネットによって資金需要者と資金提供者を結びつけようという資金調達分野における変革はクラウドファンディングと呼ばれている。アイデア自体はとくに目新しいものではない。Gierzczak（2014）らは自由の女神の例[5]を引き合いに出し，クラウドファンディングとは，「ちりも積もれば山となる」を実践するもので，インターネット上のポータルサイトを介して群衆から資金を集め，個人や企業，さらには様々な社会的文化的なプロジェクトに融通しようというものだと述べている[6]。しかしそのシンプルなコンセプトの一方で資金需要者や提供者の意図，マッチングや対価のあり方，法規制への対応などにより，そのスキームは多様である。

　しかし Haas（2014）らによれば，クラウドファンディングの中核を担うポータル事業者にはいくつかの共通点がある[7]。とくに伝統的な金融業と異なるのは融資のための資金をプールすることがほとんどない点だ。ポータルの役割はたいていの場合は資金需要者と提供者のマッチングとそのための情報提供に限定されており，収益は資金需要者と資金提供者から受け取る数パーセントの仲介手数料にとどまることが多い。資金提供者にとって既存の金融サービスとクラウドファンディングとが根本的に異なるのは資金の提供先を自ら選び，投資することができるという透明性にある。ある意味金融機関のような役割を個人が担うことができるようになったという意味で，クラウドファンディングの黎明期にはこれらの変革はクレジットの民主化としてもてはやされた。

3.2　クラウドファンディングの発展と分類

　最初のファンディングポータルがいつどの地域で立ち上がったのは定かではないが，複数のメジャーなポータルが誕生し，メディアの注目を集めるようになったのはこの 10 年あまりである。初めに注目を集めたのは開発途上国の個人事業主に 25 ドルという少額からの事業資金を融資することができる Kiva（2005 年創業）である。2006 年にグラミン銀行創業者のムハマド・ユヌスが

ノーベル平和賞を受賞したことをきっかけにマイクロファイナンスという存在が欧米や日本でもよく知られるようになったが，Kiva はインターネット上のファンディングポータルを活用することで国境を隔てたマイクロファイナンスを実現しようというものであった[8]。Kiva と前後するようにメディアを賑わせたのは少額の小口資金を募り，資金が必要な国内の個人や零細事業者に融通する欧米のファンディングポータルである。Zopa（イギリス：2004 年創業）やプロスパー（アメリカ：2005 年創業），レンディングクラブ（2006 年創業）など，現在欧米でマーケットプレイスレンディング市場を牽引するサービスは2005 年前後に創業している。これらの融資の仲介機能を担うファンディングポータルは，個人の資金需要者や零細事業者に対する個人投資家からの融資という側面が強く押し出された結果，P2P レンディングと呼称され，社会に受け入れられていった。なお現在ではこのような融資型のクラウドファンディングはマーケットプレイスレンディングと呼ばれている。

　もちろん，以前から芸術文化やスポーツ，社会貢献活動のためのインターネットを利用した寄付も欧米では行われてきたが，ルーブル美術館の成功例[9]をきっかけに広く知られるようになった。現在は寄付型のクラウドファンディングポータルも数多く誕生している。

　さらに 2010 年前後になると事前購入型と分類されるクラウドファンディングが北米に立ち上がり，注目されるようになった。Indiegogo（2008 年創業）や Kickstarter（2009 年創業）[10]といったポータル上では多くのアーティストやベンチャー起業家が作品や製品を制作するための費用を募っている。しかし，融資というよりはアイテムやサービスの対価を事前に支払っておくという形態に近く，それゆえに事前購入型や還元型と呼ばれている。ポータルで資金を募る過程でファンや支援者，将来のカスタマーと双方的な関係を構築できるため，市場調査や将来の顧客の獲得，広報活動，さらには製品の改善までが同時に行えるなどメリットも大きく利用者も多い。

　また，上記と異なる側面から事業家の注目を集めているのはエクイティ型と呼ばれ，ベンチャーファイナンスの一手段として期待されているクラウドファンディングである[11]。アーリーステージにあるベンチャーは事業の成長と拡大のために資金を必要とするが，十分な資金を調達することは非常に難しいこと

8　第Ⅰ部　イノベーション

が知られている。とくにリーマンショック以降の銀行はリスクの高い融資に対して消極的な姿勢をとっているため，中小零細事業者の資金調達の問題はますます深刻になっている[12]。しかしその一方でベンチャー育成が将来の経済活性化の一翼を担うとして政策的に後押ししようという動きは欧米やわが国でも広がっており，状況を打破するためにクラウドファンディングがオルタナティブ・ファイナンス（代替金融）の1つとして注目されている。当初，中小零細事業者向けのオルタナティブファイナンスは融資型のファンディングポータルが担ってきた。しかしエクイティ型はそこから一歩進み，ファンディングポータルを通して上場前のベンチャー株への少額からの投資を可能とするものである。資金需要者であるベンチャー企業にとっては返済義務がない上に銀行からの資金調達と比較すると格段にスピードが速く，弾力的な資金調達も可能なため，魅力的な資金調達手段である。政策的観点からもベンチャー企業側からもメリットの大きいエクイティ型クラウドファンディングではあるが，アーリーステージにある企業への投資という点を踏まえると投資家保護の必要性は高く，それゆえにどのような形で金融規制のなかに盛り込んでいくのかが議論されている[13]。

3.3　クラウドファンディング市場の概況

　世界には1250を超えるクラウドファンディングポータルが存在し，市場規模も拡大している[14,15]。2014年は162億ドルと前年度比167％の成長を遂げ，2015年には344億ドルにまで達すると予想されている。この成長の多くはアジア地域に牽引されたものだ。アジア地域の市場規模は前年度比300％増の34億ドルであり，欧州市場を抜き去った。なお，資金調達額のほとんどはYooLiやJimuboxなど個人や中小事業者向けの中国の貸付型ファンディングポータルによるものである。しかし依然として北米地域の占める割合は高く，その規模は前年度比145％の94億6000万ドルと世界全体の2/3近くを占めている。

　業態別にみると，資金調達額において圧倒的な割合を占めているのは250億ドル余りに達しつつある貸付型である。メディアにも多く登場し，プロジェクト数も多いのは，事前購入型（26.8億ドル）や寄付型（28.5億ドル）のクラウドファンディングであるが，1件あたりの募集額自体は少額である。またベン

第1章　パーソナルファイナンスにおけるイノベーション　　9

図表 1.1　上位のクラウドファンディングプラットフォーム（2014）

	名称	資金調達額（百万ドル）	種類	国名	設立年
1	LendingClub	4000 超	貸付型	米国	2006
2	Prosper	2000 超	貸付型	米国	2005
3	Justgiving	750 〜 1000	寄付型	米国	2001
4	Yooli 〜	500	貸付型	中国	2012
5	Jimubox 〜	500	貸付型	中国	2012
6	Renrendai	450 〜 500	貸付型	中国	2010
7	Itouzi	450 〜 500	貸付型	中国	2013
8	Tuandai	450 〜 500	貸付型	中国	2012
9	GofundMe	450 〜 500	成果還元型	米国	2010
10	Kickstarter	400 〜 450	成果還元型	米国	2009
11	Ratesetter	300 〜 350	貸付型	英国	2010
12	Zopa	300 〜 350	貸付型	英国	2005
13	FundingCircle	300 〜 350	貸付型	米国	2010
14	EquityNet	250 〜 300	エクイティ型	英国	2005
15	Lendinvest	250 〜 300	貸付型		2013

（出所）Massolution (2015)，松尾（2015）より。

チャー企業のオルタナティブファイナンスとして注目されているエクイティ型は 25.6 億ドルと 250 億ドル余りを調達した貸付型と比較すると 10 分の 1 にとどまっている。

　なお，クラウドファンディング産業は少数のポータルの寡占化にあり，全体の資金調達額の半数が上位 10 社による点は見逃せない（図表 1.1）。とくに北米市場は早期に市場に参入したごく少数の巨大プレイヤーに支配されており，松尾（2015）によれば，北米市場はすでに大手ポータルの寡占状態にあり新規参入が困難となる可能性もある[16]。

4　マーケットプレイスレンディング

4.1　マーケットプレイスレンディング

　オルタナティブファイナンスの最右翼として注目されるマーケットプレイスレンディングはフィンテックのなかでも成長の著しい融資型のクラウドファンディングである。黎明期には個人と個人を直接結びつけ金銭貸借を実現するスキームが注目され，ピア・トゥ・ピアレンディング（P2P Lending）と呼ばれ

10　第I部　イノベーション

ていたが，利用者数と融資額が拡大するにつれ，機関投資家やヘッジファンド，銀行などが資金提供者として参加することも増え，もはやピア・トゥ・ピアという呼称は当てはまらなくなった。現在は資金需要者と提供者をインターネット上の仮想の市場でマッチングするという役割に比重がおかれマーケットプレイスレンディングという呼称が広がっている。

　マーケットプレイスレンディングの特徴としては以下の5点が挙げられる。① 店舗や従業員を抱えずに機械化によって自動的に貸出の分析を行うため[17]，借り手にとっても投資家にとっても競争的な金利を提供できる。② 48〜72時間と短時間での融資が可能である。③ 少額かつ短期的な融資を提供している。④ 店舗を持たず，かわりに借入の申込みから融資，返済までがオンラインで完結する。⑤ 個人だけでなく，機関投資家やヘッジファンド，ベンチャーキャピタル，銀行など多様な資金提供者が存在する。⑥ 信用情報のみならず多様なデジタルデータを活用した融資モデルを強みとしている。

　マーケットプレイスレンディングはダイレクトレンダーとプラットフォームレンダーに大別される。なお，本章で取り上げるアメリカのマーケットプレイスレンダーのリーディングカンパニーであるレンディングクラブとプロスパーは典型的なプラットフォームレンダーである。

　ダイレクトレンダーはバランスシートレンダーと呼ばれるようにローン債権を自社内に保有する形態である。自己資金で融資するため銀行免許を取得する必要もある。収益基盤は利子と手数料収入であり，付加的な収入源としてサードパーティへのサービシングローンの売却がある。また，オフバランス化のためにローン債権の証券化にも早期から取り組んでいる。代表的なレンダーとしては，スモールビジネスローンを提供するOnDeck[18]やKabbage，学資ローンのSofi，コンシューマファイナンスのAvantである。

　これに対して，プラットフォームレンダーは貸付の原資もローン債権も自社内に保有せず，ポータル上で審査と金利などの条件を提示し，資金需要者と資金提供者のマッチングの場を提供するというプロセスの一部に特化している。融資そのものは提携する銀行に委託することで銀行免許や連邦準備金というリーガルコストを回避している。

　プラットフォームレンディングにおける銀行とポータル，投資家のかかわり

は以下のようになる。借り手がポータル上での資金調達に成功すると提携銀行はポータルの要請に応じて借り手に融資を行う。融資自体は1，2日以内に実行されるが，銀行はローン債権を保有せずに数日以内にポータルに売却する。ポータルはローン債権を note という単位に分割し，投資金額に応じて投資家に販売する。その後，借り手からの返済と利子を投資家に充当していく。つまり一連の過程でリスクのオフバランス化が進められているため，ポータル側は借り手の返済が滞ったとしてもほとんどリスクを取らなくてよい。これがプラットフォームレンダーの強みの１つでもあるが，同時に真の貸し手は誰なのかという問題も生じる[19]。

4.2　北米市場の概況

　北米のクラウドファンディング市場は活況を呈しているが，市場を牽引するのはレンディングクラブとプロスパーである。2005年〜2006年と早期に市場参入した２つのポータルの融資額は北米市場全体の80％にも達しており，北米のクラウドファンディング市場，ひいてはマーケットプレイスレンディング市場はこの２大ポータルの寡占状態であるといってもよいだろう[20]。さらに２社の融資残高は年々増加しており，順調に成長しているようにみえる（図表1.2）。

　もちろん，3.5兆ドルというアメリカの消費者信用市場全体と比較すると，北米のマーケットプレイスレンディング市場はいまだニッチ市場にすぎない[21]。しかしその成長率の高さから，2020年までにマーケットプレイスレンディングを通した資金調達額が290億ドルに達する[22]，毎年の融資額が90億ドルを超える[23] という強気な見方もある。

　市場を牽引するのは２大ポータルが牽引する消費者向け無担保ローンであり，さらにスモールビジネスローンや学生ローンが続く。最近ではモーゲージローンや自動車ローンといった領域も加わりつつあるが，これらは現在のところマーケットプレイスレンディング市場の中でもニッチにとどまっている。なお，マーケットプレイスレンダーは市場のさらなる拡大に向け，債務整理や中小事業者，さらには十分な金融サービスを受けていないカテゴリー（たとえば，ノンバンクローンで車を購入している層など）に積極的なダイレクトメー

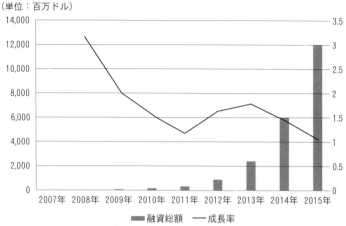

図表1.2　融資額の推移

（出所）nsr invest（https://www.nsrplatform.com/）から筆者作成。

ルマーケティングを行っている。

　先に述べたように，マーケットプレイスレンディングは消費者信用市場の中ではニッチ市場に過ぎないが，2011年頃から機関投資家やベンチャーキャピタル，銀行，ヘッジファンドといった機関が関心を寄せるようになった。目的の1つは利回りのよい債権の購入である。2013年頃からは銀行や機関投資家が本格的に債権の一括購入に踏み出している[24]。事業者そのものに対する投資という面でも活発であり，2014年の第4四半期から2015年の第4四半期までの一年間でベンチャーキャピタルからあわせて36件27億ドルもの投資が行われるなど，フィンテック界隈でも最も活発に投資が行われている分野である[25]。さらに2014年12月のレンディングクラブとOnDeckのIPOも相まって，マーケットプレイスレンディングへの資金流入が加速した。このような状況に対してマーケットプレイスレンダーはローン債権の証券化にも取り組み始め，2013年から2016年に至るまでに40件あまり，総額70億ドルの証券化を達成した[26]。

4.3　セグメント別の概況

4.3.1　消費者向け無担保ローン

マーケットプレイスレンディングを通じて提供されたローンの大部分は3〜5年の固定金利かつ無担保の消費者向けローンであった[27]。もちろん，その規模はアメリカの消費者信用市場の1％にも満たないが，金融危機以前に市場に参入し，市場を牽引してきた2大プラットフォームは2015年には100億ドルのもの融資を積み上げている。なお，レンディングクラブによれば，借り手の用途としてはリボルビング払いのクレジットカード債務の精算など圧倒的に既存債務の精算であり，全体の7〜8割近くを占めているという。

ただし大手マーケットレンダーのサービスからサブプライム層は排除されており，ポータルを通じて融資を受けられるのはプライム層がメインである。プロスパーで融資を受けられた借り手の80％以上がFICOスコア680点以上であり，レンディングクラブでも同様の結果であった[28]。2社の寡占が進む一方で新たに参入してくる事業者のなかにはサブプライム層やクレジットヒストリーが短いカテゴリーにアプローチしはじめる事業者もいる。たとえば，ノンプライム層をターゲットとするElevateなど挙げられるだろう。

4.3.2　スモールビジネスローン

零細事業者にとっては資金調達自体が大きな課題となる。もともとスモールビジネスローンは銀行にとってはあまり魅力的ではない分野だと考えられていたが，金融危機後はさらに忌避感が高まり，事業主たちは資金調達に苦しむことになった。とくに売上が10万ドルに満たないマイクロビジネスや創業2年以下のスタートアップの資金調達環境は厳しく，資金調達に成功したスモールビジネスは全体の半数にとどまった。また融資が成功したとしても申込みから実行までに時間がかかるため，既存のスモールビジネス向けの貸付からの転換が進んでいる。マーケットプレイスレンディングを利用する零細事業者は全体の20％と増加傾向にある[29]。ニーズを追い風としてIPOを果たしたOnDeckは2014年には12億ドル，2015年には19億ドル融資している。成約率も70％と高く，（既存の金融サービスと比較して）少額かつ短期間のニーズに対応するなど利便性の高いサービスを提供している。

14　第 I 部　イノベーション

スモールビジネスローンは零細事業者の資金調達環境を一変させる可能性がある。ターゲットは① 信用があり，早急な資金調達が必要，② 少額なためコミュニティバンクから借入が難しい，③ オーナーの FICO スコアが低い，④ 担保となる現物資産を所有していないなど，キャッシュフローが十分にありながらオーナーの FICO スコアが低く既存の金融サービスから融資を受けられないような事業者である[30]。OnDeck や Kabbage は口座情報やリアルタイムの支払いや売上げの履歴，オンラインでの事業者に対する評価など，非伝統的なデータを活用した融資モデルによって上記のようなターゲットを見つけ出し，適切な利子を設定することで資金調達を成功に導いている。

4.3.3　学資ローン

大学授業料の借入や学資ローンの借換ニーズに応えるマーケットプレイスレンダーとしては Sofi などが存在する。高収入が期待できる一部の上位大学の学生，つまりはスーパープライム層予備軍という限定されたターゲットに対して，連邦の学生ローンよりも低金利の融資を行っている。創業から数年間で190,000 人に 130 億ドルを提供しているが，これは 1.3 兆ドルといわれる学資ローン市場の 0.01％にすぎない。

5　プロスパーとレンディングクラブ

ここでは消費者向け無担保ローンというカテゴリーを事業ドメインとし，フィンテックの旗手として注目されるマーケットプレイスレンダーの強みと成長要因，そして課題を整理する。前述のとおり，レンディングクラブとプロスパーは北米のマーケットプレイスレンディングを支配している。2 社，とくに2014 年に IPO を果たしたレンディングクラブの動向からは消費者向け無担保ローンとマーケットプレイスレンディングの課題がみえてくるだろう。

5.1　プロスパーとレンディングクラブの登場

2 社は典型的なプラットフォームレンダーである。実店舗を持たず，オンラインでの資金提供者と資金需要者の仲介業務に特化している。多くの従業員を

雇い，実店舗を維持しなくてはならない既存の金融機関と比較するとオーバーヘッドコストが低いため競争的な金利を提示することで存在感を強めてきた。

仲介の場を提供するだけではなく，伝統的に利用されてきた信用情報やFICO スコアのみならずヒューリスティックなデータを利用したスコアリングモデルを構築し，融資の可否および借り手の格付とローン金利の設定など投資家の意思決定を助けるような情報を提供している。一方で典型的なプラットフォームレンダーである 2 社は融資業務そのものや貸付原資を外部に依存しているため，金利収入を得ることはできない。収益基盤は融資の際に借り手から得る手数料と貸し手から得る管理手数料のみでなる。資金調達コストと金利の利ざやで収益を稼ぎだす金融サービスとは異なり，数％の手数料を広く集める手数料ビジネスであり，収益を増やすためには規模が重要となるモデルだといえよう。

5.2 コンシューマファイナンスビジネスにおけるマーケットプレイスレンディングの強み

強みは言うまでもなく金利である。もともと消費者向け無担保ローンという製品は金利でしか差別化できないある種のコモディティ的な側面を持っている。リーマンショック後のクレジットクランチによる資金需要と銀行やクレジットカード会社の利子設定につけ込むようにしてマーケットプレイスレンダーは成長を遂げてきた[31]。旺盛な資金ニーズと銀行やクレジットカード会社に対する不信感が初期の成長を後押ししたと言えよう。金利という強みを資金需要者と資金提供者の 2 つから整理してみると以下のようになる。

プロスパーやレンディングクラブの顧客の多くは FICO スコアが 700 点前後であり，平均して 35,000 ドルを借り入れている。しかしまったくの新規の借入ではなく，マーケットプレイスレンディングで資金調達を試みる借り手の目的の 80％がクレジットカードなど既存債務の整理であり，有利な条件（とくに金利面）での借換である[32]。クレジットカードの平均金利は 18％，延滞金利は 28.8％であるのに対して，マーケットプレイスレンダーの提示する平均金利は 12.6％と相対的に低かった。またクレジットカード会社の設定した金利は返済能力が高い借り手とそうでない借り手でほとんど差がなかったのに対し

16　第 I 部　イノベーション

図表 1.3　融資額に対するコストの推移

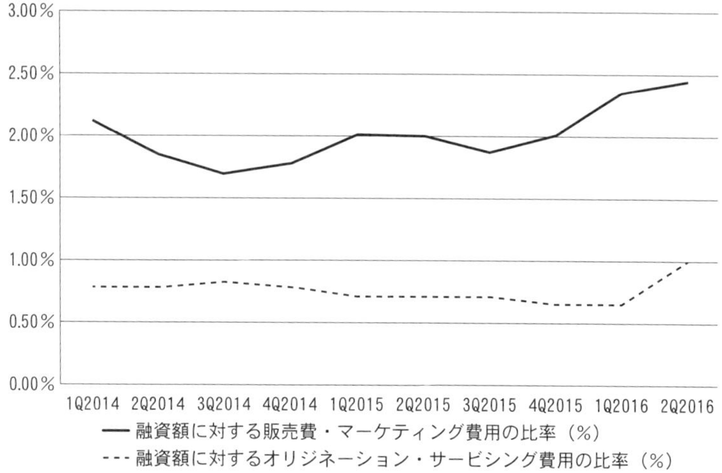

3.00%
2.50%
2.00%
1.50%
1.00%
0.50%
0.00%

1Q2014 2Q2014 3Q2014 4Q2014 1Q2015 2Q2015 3Q2015 4Q2015 1Q2016 2Q2016

―― 融資額に対する販売費・マーケティング費用の比率（%）
---- 融資額に対するオリジネーション・サービシング費用の比率（%）

（出所）レンディングクラブの四半期ごとの IR 資料から筆者作成。

て，マーケットプレイスレンダーでは信用度に応じた金利が提供される[33]。

　次に資金提供者（投資家）サイドからの優位性である。現在の低金利環境下ではマーケットプレイスレンダーの利回りは非常に魅力的であり，それゆえに投資家を引きつけてきた。米国 3 年国債が 1% なのに対して，大手マーケットレンダーの利回りは 7～9% 前後であり，アセットクラスとしての魅力は高い。

　ではマーケットプレイスレンダーはいかにして低金利を提示しているのか。それはオーバーヘッドコストの削減である。レンディングクラブによれば，2016 年第 2 四半期の融資残高に対する営業コストは 2～3% であり，伝統的な金融サービスの平均 5～7%[34] と比較すると圧倒的に少ない（図表 1.3）。銀行等が多くの従業員を抱えて実店舗を持ち，また連邦準備制度に対応する必要があるのに対して，マーケットプレイスレンダーはその必要がなく，そのために競争的な金利を提供することが可能なのだ。

5.3　消費者向け無担保ローン市場におけるマーケットプレイスレンディングの発展

　2 社の参入は 2005～2006 年と早く，その後の金融危機に後押しされるよう

に成長を遂げてきた。アメリカにおけるマーケットプレイスレンダーの発展は
いくつかのフェーズにわけることができるだろう。

　まずは 2005 年〜2007 年の P2PLending の時代である。この時期のポータル
は SNS をベースとしたものであり，グラミン銀行の影響もあってソーシャル
レンディング的な色彩を帯びていた。先行してサービスを開始したプロスパー
は，貸し手には 50 ドルという少額からの分散投資を推奨していたものの，多
くの人に開かれた金融市場というコンセプトを掲げていた。その結果，サブプ
ライム層や FICO スコアを持たない層までもがポータルに流入し，P2P
Lending を通して生活を立て直したり，小さな店を持つことができたという美
談がメディアに取り上げられるようになった。プロスパー側は投資家に対する
目安として FICO スコアに基づく格付と目安となる金利を提示していたが，金
利は借り手の希望に基づく逆オークション形式で決定されたため，申込みから
融資の実行までに一週間以上がかかるのが常だった。これに対してレンディン
グクラブは，当初から FICO スコアと様々な情報を加味して返済能力を審査
し，格付をもとにした金利を提示していた。

　その後，2008 年から 2011 年にかけて事業の再構築が行われ，現在のビジネ
スモデルに近づいていくが，その過程では SEC への登録というハードルが
あった。2 社はリスクマネジメントとして複数のローンに少額を分散投資する
ことを推奨していたが，これは裏返せばローン債権を多数の投資家に分割して
販売 [35] しているようなものであった。それゆえ証券法の適用を受け，2 社とも
この課題に対処するために，2008 年の後半から 2009 年に至るまでサービスの
休止を余儀なくされた [36]。なおプロスパーの初期の成長は高い貸倒をともなう
ものであったことから，その後は 2 社とも FICO スコア 660〜680 点以上と借
り手にも一定の水準を求めるようになった。その結果，マイクロファイナンス
的な側面は失われ，既存のサービスと同様プライム層やニアプライム層を対象
する金融サービスとなった。しかし 2 社は競争的な金利を武器にクレジットク
ランチによって生じた借換需要にのって融資残高を積み上げていった [37]。さら
に 2009 年頃から投資利回りのよさからアセットクラスの 1 つとしての注目が
集まり始め，note に投資する投資家が増加し始めた [38]。

　2012 年〜2013 年にかけては急成長する業界に投資するベンチャーキャピタ

18　第Ⅰ部　イノベーション

ルや金融機関が増加した[39]。こうした投資によってレンディングクラブもプロスパーも資本増強を果たし，さらなる成長への道を踏み出していく。分散投資のための自動化ツールが導入されるなど，投資家向けの機能が拡充されたこともあり，P2P Lending は急拡大し始める[40]。機関投資家の注目度も高まり，レンディングクラブは機関投資家向けに LC Advisors Fund を立ち上げるなどポータル側は対応を進めた。このような動向を背景にマーケットプレイスレンディングという呼称が広がっていった。

　2013 年頃からは銀行業界がマーケットプレイスレンディング業界に接近し始める。利回りのいい新たなアセットクラスとしてマーケットプレイスレンダーのホールローン債権の購入やサービス面での提携など，多様なかたちでの提携が進む[41]。2014 年頃からはローン債権の証券化も行われるなど，マーケットプレイスレンダーの躍進が続いた[42]。

　2015 年までの流れを総括すると，前半の成長がクレジットクランチによる借り手ニーズによるものだとしたら，後半の成長はサプライサイドのニーズに後押しされた成長だと考えてもよいだろう。そのためマーケットプレイスレンダーにとっては顧客獲得が非常に大きなミッションとなっていた[43]。

　付け加えると，Google や Aribaba といった異業種のテック事業からも注目が集まるなど，話題には事欠かない。しかし 2015 年 12 月にはカリフォルニア州で 14 名が殺害された銃乱射事件の犯人がプロスパーを利用して資金調達をしていたことが明らかになったことでマーケットプレイスレンディングがテロ組織への資金供与やマネーロンダリングに利用されるのではないかという懸念が生じた。このような課題に対して業界側は非営利組織「Marketplace Lending Association」を設立し，自主規制に乗り出した[44]。

5.4　銀行との提携

　2 大ポータルの成長プロセスを通して明らかとなったように，マーケットプレイスレンディングの成長にとって外部金融機関，とくに銀行が果たす役割は大きく，今後の発展を左右する可能性がある[45]。もともと準備金の問題および銀行免許の問題を回避し，リーガルコストを削減するためにマーケットプレイスレンダーは銀行に依存してきた。しかし，近年は債権流動性の確保や顧客の

獲得といった点でも銀行とのかかわりを強めつつある。ここでは銀行とのかかわりを整理し，双方が提携関係を結ぶ意義をとりまとめる。

　まずビジネスモデルの基盤となる提携関係である。前述の通りレンディングクラブやプロスパーのようなプラットフォームレンダーは融資業務を提携銀行のWEBBANKに依存している。この提携関係によってリーガルコストを支払うことなくレンディング業務を行える。一方銀行側は自社で顧客を獲得せずとも，手数料収入を得られる[46]。

　次に銀行はある種の投資家としてマーケットプレイスレンディングにかかわっている。前述の通り2010年頃からマーケットプレイスレンディングのローン債権の利回りの高さは，投資家の注目を集めてきた。最初は地方銀行が，後にはCitiなどの大手銀行が関心を寄せるようになった[47]。レンダーにとってはまとまった額の債権の売却先を確保し，多くの手数料収入を得ることができ，銀行にとっては，与信コストをかけずに企業向けの貸付や不動産に代わる個人向け貸付という利回りのよいアセットを購入できるというメリットがあった。この傾向は加速し，大手銀行とマーケットプレイスレンダーとの間でまとまった額のローン債権を購入するという契約が広がった。

　最後がディストリビューションパートナーシップである。銀行もマーケットプレイスレンディングも新たな顧客にリーチするためのチャネルとしてお互いをとらえ，提携関係を結んでいる。たしかに大手銀行トップ10社はクレジットカード残高の84％を保有しており，コンシューマクレジット市場においてはマーケットプレイスレンダーと銀行はライバル関係にある[48]。しかし，すでに大手銀行との競争に負けた小規模銀行や地方銀行は違う。互いに融資基準に満たない顧客を融通しあうことで融資残高を積み上げ，さらには自社では扱っていないような金融サービスを顧客に提供するために積極的に提携を進めている。また，地方銀行や小銀行にとっては提携によってオンラインレンダーの審査や融資といったオペレーションにただ乗りできるというメリットもある。2015年にはレンディングクラブと200ものコミュニティバンクからなるBancallianceが，プロスパーと西部地域の160の銀行からなるWestern Independent Bankers（WIB）[49]が提携した。

　もちろん，すべての銀行が好意的なわけではない。たとえば，ウェルズ

ファーゴだ。ウェルズファーゴはマーケットプレイスレンダーを警戒しており，利益相反・従業員の雇用者との競合禁止の観点から，従業員が貸し手としてマーケットプレイスレンディングに参加するのを禁止したという[50]。また，ゴールドマンサックスも2016年10月にプライム層をターゲットとして3万ドルまでを無担保固定金利で融資するオンラインレンディングサービス「マーカス」をスタートした。返済期間は2〜6年，金利は5.99〜22.99％，手数料を取らず返済日も自由に設定できるなど，既存のマーケットプレイスレンディング業者にとっては脅威となる可能性も高い。

6　総括

コンシューマファイナンス産業におけるマーケットプレイスレンディングは，資金需要者と資金提供者とのマッチング，そして資金提供者に対する情報提供という金融仲介業に特化したサービスだと考えられる。そのためにインターネット上のプラットフォームを構築し，さらに情報テクノロジーを駆使して多様なデータを集め集積し，加工することで高度な融資モデルを作り上げてきた。さらには融資業務に必要な免許や資金を持たず，さらには貸倒リスクも負わないという点で低リスク低コスト，低金利高利回り商品を提供するという画期的なビジネスモデルを作り上げてきた。それゆえ，マーケットプレイスレンディングを金融サービスにおけるイノベーション，銀行やクレジットカード会社の代替的な存在になるような破壊的なサービスになり得る存在として賞賛する声もある。

しかし課題もある。1つは消費者信用市場の問題である。マーケットプレイスレンダーの成長を後押ししたのはクレジットクランチだ。しかし2010年頃からは金融機関の業績も回復しつつあり，シティやウェルズファーゴ，JPモルガンチェース等のリテール金融部門の利益も上昇しつつある[51]。そのため，優良な顧客は大手銀行に奪われ，債務整理というあまり属性のよくない借り手ばかりがさらに集まるおそれもある。その一方で，限られたパイのなかでの顧客を巡る競争は激しくなっており，近年はローン債権の購入を希望する投資家サイドのニーズを満たすためにプロスパーもレンディングクラブも腐心してき

た。参入障壁が低いため小規模な業者の参入も続いており，米国だけでは100社程度が存在するといわれている[52]。しかし，店舗という信頼の象徴を持たないマーケットプレイスレンダーのマーケティングはダイレクトメールという手段に依存しており[53]，顧客獲得コストは増加傾向にあった。（図表1.3）これは手数料収入しか持たないマーケットプレイスレンダーにとっては大きな痛手となるであろう。

　さらにはマーケットプレイスレンダーを巡る環境は厳しくなっているという指摘もある。とくにマーケットプレイスレンダーの提供する商品は無担保ローンであるため，借り手が不動産や車のローンの支払いを優先するおそれもある。2015年12月の利上げや経済の見通しの悪さが借り手の貸倒率に影響するのではないかという懸念から機関投資家や銀行の姿勢に変化も生じつつある。もともと近年のマーケットプレイスレンダーの成長はいわゆる「バブル」であったという見方自体もあり[54]，ムーディーズ・インベスターズ・サービスが，シティグループが販売する証券化されたプロスパーの融資債権の貸倒比率を8%から12%へと引き上げ，格付け見通しをネガティブとするなどマーケットプレイスレンダーへの評価が変わりつつある[55]。このようななかでレンディングクラブCEOのスキャンダルと辞任は決定打となった。これはある投資家にレンディングクラブの基準を満たしていないローン債権をとある投資家に2200万ドルで販売していたというものだ[56]。金融仲介業にとって情報提供の正確さはビジネスの礎であるが，債権内容に対する信頼性を失ったことで，大手銀行や地方銀行はマーケットプレイスレンダーのローン債権をこぞって手放しはじめた[57]。

　これまでみてきたようにマーケットプレイスレンダーは，ビジネスモデルの多くの部分を外部，とくに銀行や機関投資家に依存してきた。裏返せば，銀行や機関投資家の存在なしには成長は難しかったとも言えるだろう。それゆえ現時点ではマーケットプレイスレンディングが既存の金融サービスを破壊するような存在になりうるかという点については疑問が残ると言わざるを得ないだろう。

注
1　鈴木（2006）。

22　第 I 部　イノベーション

2　佐藤（2008）。

3　前田（2014）。

4　淵田（2015）。

5　1885 年にジョセフ・ピューリッツァーが自由の女神の台座を作るために寄付を呼びかけ，5 カ月で 10 万ドル以上を集めた。寄付金の 8 割は 1 ドル以下の寄付だった。

6　Gierczak et.（2014）.

7　Harris（2014）.

8　遠方の開発途上国の事業者の資金ニーズを掘り起こし審査をした上でポータルに掲載し，投資家を集めて融資につなげる，さらに返済を回収するという一連のプロセスを Kiva は提携する現地のマイクロファイナンス機関に委ねている。融資は無担保無保証だが，20％あまりの金利は資金提供者には還元されずマイクロファイナンス機関の運営資金に充当される。

9　ルーブルは 2010 年にクラナッハ作品を購入するために 7200 人から 126 万ユーロを集めて以来，美術作品の購入や補修のための費用をインターネットを通して広く募るようになった。

10　2015 年までにあわせて 28 億ドルあまりを調達している。

11　Buysere etc,（2012）.

12　IOSCO（2013）.

13　イクイティ型のクラウドファンディングに投資家として参加するために資産や収入といった一定の要件を求める国もある。

14　Massolution（2015）.

15　松尾（2015）。

16　松尾（2015）。

17　青木（2015）は「既存銀行もこうした機械化した貸し出し審査を行おうとしているが，既存銀行では昔ながらのメインフレームのコンピュータが中心であり，システム間の連携も悪いことが多い。振興業者は，いきなり最先端のコンピュータで始められるので，こうした連携も容易である」と指摘している。

18　2014 年に IPO。

19　たとえば 2015 年 12 月のカリフォルニア州で起きた銃乱射事件の資金はプロスパーで調達された。しかしプロスパー側は取引の仲介業務を行ったに過ぎず，融資そのものは WebBank が実行し，さらにその債権はシティバンクが購入していた。マーケットプレイスレンダーのビジネスモデルが真の貸し手，さらには責任の所在を曖昧にしており，それゆえに現行の金融規制の枠組みでは対処できない問題も生じている。

20　Morgan Stanley（2015）.

21　AUTONOMOUS（2015）.

22　Morgan Stanley（2015）.

23　AUTONOMOUS（2015）.

24　Morgan Stanley（2015）.

25　Accenture（2015）.

26　Morgan Stanley（2015）.

27　U.S. Department of the treasury（2016）.

28　U.S. Department of the treasury（2016）.

29　The Federal Reserve Bank et.al（2015）.

30　U.S. Department of the treasury（2016）.

31　AUTONOMOUS（2015）.

32　US treasury（2015）.

第 1 章 パーソナルファイナンスにおけるイノベーション　23

33　AUTONOMOUS（2015）.

34　Citi,Wekks Fargo & Co. Capital One, Discover Financial Service, Bank of America and HPMorgan の 2016 年第 1 四半期の平均。

35　分割した債権は note と呼ばれる。

36　"Prosper And Other P2P Lenders Get Squeezed By The Credit Crunch", TechCrunch, 2008 年 10 月 16 日などを参照。

37　"'Peer' Loans Ease the Credit Crunch", THE WALL STREET JOURNAL, 2008 年 12 月 07 日などを参照のこと。

38　"P2P Lending – a New Asset Class? Cheap Loans for Borrowers, Over 9% Returns for Lenders." Motley Fool, 2009 年 5 月 27 日，"Options for Accredited Investors at Lending Club and Prosper" LEND ACADEMY, 2012 年 4 月 16 日などを参照のこと。

39　"Lending Club Reaps $15 Million From Kleiner Perkins" New York Times, 2012 年 6 月 6 日，"LendingClub Said to Reach $2.3B Valuation in DST Funding" bloomberg 2013 年 11 月 12 日，"P2P lending platform Prosper lines coffers with $25M in new funding" Venturebeat, 2013 年 9 月 24 などを参照のこと。

40　"Lending Club: Kickstarter for Hedge-Funders" New York Magazine, 2013 年 9 月 29 日。

41　"Community banks find a friend in Lending Club" Biz Journals, 2013 年 6 月 20 日，"Lending Club strikes $150m deal with Citigroup" FINANCIAL TIMES 2015 年 4 月 20 日，"This Small Bank Is Putting Its Brand on Prosper's Loan Experience" American Banker, 2015 年 9 月 15 日などを参照のこと。

42　"BlackRock Finds Few Peers With $330 Million Book of Online Loans" Bloomberg, 2015 年 2 月 2 日などを参照のこと。

43　Morgan Stanley（2015）.

44　城田（2016）。

45　Morgan Stanley（2015）.

46　WEBBANK は従業員 38 名の小銀行ではあるが，2 社の他にも Paypal 等から業務を請け負っており，高い収益を上げている。

47　"Community banks find a friend in Lending Club" Biz Journals, 2013 年 6 月 20 日 "Lending Club strikes $150m deal with Citigroup" FINANCIAL TIMES, 2015 年 4 月 14 日などを参照のこと。

48　Morgan Stanley（2015）.

49　"Lending Club, Small U.S. Banks Plan New Consumer-Loan Program" THE WALL STREET JOURNAL, 2015 年 2 月 9 日，https://www.prosper.com/about-us/2015/02/26/prosper-marketplace-announces-exclusive-endorsed-program-partnership-with-western-independent-bankers/ などを参照のこと。

50　青木（2015）。

51　前田（2014）。

52　青木（2015）。

53　Morgan Stanley（2015）.

54　"The Alternative Lending Bubble Is Here, And It's Time To Do Something About It" Forbes, 2016 年 6 月 22 日）。

55　"フィンテック Lenders Dial Back Marketing in Response to Softer Investor Demand" WSJ, 2016 年 4 月 11 日などを参照のこと。

56　"LendingClub CEO Fired Over Faulty Loans" WSJ, 2016 年 5 月 9 日などを参照のこと。

24 第 I 部 イノベーション

57 "LendingClub Talking With Citigroup About Loan Purchases" WSJ, 2016 年 5 月 26 日などを参照のこと。

【参考・参照文献】

Buysere, K.D., Gajda, O., Kleverlaan, R., Maron, D. and Klaes, M.(2012) A Framework for European Crowdfunding. www.crowdfunding.eu.

Gierczak, M.M., Bretschneider, U. and Leimeister, J.M.(2014) Is all that glitters gold? Exploring the effects of perceived risk on backing behavior in reward-based crowdfunding. *Paper presented at the International Conference on Information Systems (ICIS)*, Auckland, New Zealand.

Harris, P., Blohm, I. and Leimeister, J.M.(2014) An empirical taxonomy of crowdfunding intermediaries. *Paper presented at the International Conference on Information Systems (ICIS)*, Auckland, New Zealand.

International Organization of Securities Comission (2013) *Securities Markets Risk Outlook 2013-2014.*

Massolution (2015) *Crowdfunding Industry Report.*

Morgan Stanley (2015) *MORGAN STANLEY BLUE PAPER Global Marketplace Lending : Disruptive Innovation in Financials.*

DIGITAL LENDING, AUTONOMOUS, 2015

Accenture (2015) *Fintech New York: Partnerships, Platforms and Open Innovation.*

U.S. Department of the treasury (2016) *Opportunities and Challenges in Online Marketplace Lending.*

The Federal Reserve Bank et.al.. (2015) *Small Business Credit Survey.*

青木武 (2015)「躍進するマーケットプレイス貸出」『金融財政ビジネス』3 月 26 日号, 4-8 頁。

佐藤浩介 (2009)「ソーシャル・ファイナンスにおけるソーシャルキャピタルの役割社会イノベーション研究会編 ソーシャルキャピタル WG 報告書」『財団法人未来工学研究所』。

城田真琴 (2016)「マーケットプレイス・レンディングの進展と規制論の高まり」Financial Information Technology Forcus

鈴木博 (2006)「銀行の消費者金融への取り組みと今後の課題」『農林金融』

前田真一郎 (2014)「米国リテール金融の研究」日本評論社

松尾順介 (2015)「クラウドファンディングの世界的趨勢」証券レポート 1693 号

淵田康之 (2015)「金融の破壊的イノベーションとフィンテック」『野村資本市場クォータリー 2015 年』, Vol.19, 1, Summer, 5-20 頁。

淵田康之 (2015)「フィンテックの中核を占めるマーケットプレース・レンディング」『野村資本市場クォータリー 2015 年』, Vol.19, 1, Summer, 21-45 頁。

(藤原七重)

第2章
中国のパーソナルファイナンスにおける
ビッグデータの活用

1 はじめに

　人工知能が多くの産業において今後のイノベーションの重要な鍵として大きな期待を集めているが，それはビッグデータの活用と表裏一体の関係にある。しかし，金融サービス産業におけるビッグデータ活用事例に関して学術的な日本語文献は少ない。

　本章では，金融分野でのビッグデータ活用の先進例として，中国のパーソナルファイナンスに焦点を当てる。中国を研究対象とするのは，同国がビッグデータ活用に適した環境にあるからである。すなわち，インターネット利用人口が世界最大であることに加え，スマートフォンを使用した個人向けサービスの利用が盛んであり，個人のデータ蓄積が他国より圧倒的に速い。また，巨大なプラットフォーム企業BAT（百度，アリババ，テンセント）が存在するため，様々な分野のデータを組み合わせることが容易である。そのため，ビッグデータの活用において先進的な取組みが先行している。このように，中国のパーソナルファイナンスにおけるビックデータの活用事例を調査研究対象とする意義は大きいと考えられる。

　本章では，最初に人工知能とビッグデータの関係について整理したうえで，金融サービスにおける活用は具体的にどのようなものなのか，世界の先進事例を交えながら情報を整理する。次に，中国におけるビッグデータの利用環境について言及する。また，中国のパーソナルファイナンスを中心にビッグデータの活用事例を調査し，金融サービスにおいてビッグデータがどのように位置付けられているのか，期待されている効果とその成果，個人情報問題への対応，

26   第 I 部 イノベーション

などの事実を明らかにする。さらに，金融サービス業に与え得る影響や今後の
規制監督の方向性と課題についても触れたい。

2 金融サービスとビッグデータの活用

2.1 ビッグデータの定義とその特徴

　ビッグデータについて確立された定義は存在しない。McKinsey Global
Institute（2011）では，従来のデータベース・ソフトウェア・ツールでは捕捉，
保存，管理および解析しきれないデータサイズであると定義された。また，総
務省（2012）では，利用者が急拡大しているソーシャルメディア内のテキスト
データ，スマートフォンの GPS から発生する位置情報，時々刻々と生成され
るセンサーデータなど，膨大で構造が複雑なため従来の技術では管理や処理が
困難なデータ群と定義されている。

　上述のように，ビッグデータの定義は様々であるが，その特徴については，
量（volume），速度（velocity），多様性（variety）の 3 次元の特徴（3V）を
持つ（Laney, 2001），という理解が一般的になっている。2013 年には 3V に加
えて，さらに Veracity（正確性），Variability（変動性），Visualization（可視
化），Value（価値）という特徴を付け加える解釈も登場している（Rijmenam,
2013）。

　ここで，一般的に認知されたビッグデータの特徴である 3V について説明を
加える。第 1 は，データ量（Volume）の膨張である。近年，インターネット
アプリケーションの爆発的増加に伴い，データの生成速度が急上昇し，その取
扱規模も急拡大した。IT 専門調査会社（IDC）の報告書[1]によると，2012 年
に生成・複製されたデータ量は 2.8ZB（ゼタバイト：ゼタは 10 の 21 乗）に達
し，2005 年から 2020 年までに，0.13ZB から 40ZB へと 300 倍に増加するとみ
られている。2012 年から 2020 年までにはデータの量は 2 年ごとに倍増してお
り，2020 年には 40ZB（うち，中国は全体の 21％を占める）に達する見込みで
ある。

　第 2 は，データ処理速度（Velocity）の飛躍的な向上である。情報通信技術
の進歩によるハードウェアおよびソフトウェアの機能の向上により，データ伝

送と処理速度が急上昇している。今日では，人々が，ソーシャルネットワークやモノのインターネット（IoT：Internet of Things），クラウド演算などを活用することで，より迅速に正確なデータを取得し，かつ発信することが可能となった。

　第3は，データ種類（Variety）の多様化である。データ規模の急膨張に伴い，データの種類も年々複雑になっている。とりわけ，最近では音声や文字，写真，動画など，従来のデータ処理方法では対処できない非構造化データ（Unstructured Data）[2]が大量に出現し，今日では，これらのデータが全体の80％以上を占めるという[3]。

2.2　ビッグデータがもたらす変革と他産業での活用

　ビッグデータは，今や人々の日常の外出，ショッピング，運動，ウェルスマネジメントなど，あらゆる生活の場面で生成されている。ビッグデータは，他産業での活用で様々な業種に変革の機会をもたらす可能性があるものの，まだその発展段階は始まったばかりである。実際，ビッグデータはすでに米国のヘルスケアと小売り分野，欧州の政府公共管理領域，個人の位置情報サービスおよび全世界の製造業に重大な経済的影響を及ぼしているとされる（McKinsey Global Institute, 2011）。

　ビッグデータは，科学研究に限らず様々な産業分野で活用され，近年その成長ペースが急拡大している。調査会社マーケッツ＆マーケッツのレポートによれば，全世界におけるビッグデータの市場規模は，2016年の286.5億ドルから2021年の667.9億ドルまで急拡大し，年平均成長率は18.45％と予測されている[4]。地域別でみると，北アメリカは当分ビッグデータの最大の市場であり続ける。アジア太平洋地域はすでに成長段階に入り，今後最も成長の速い地域となる見通しである。これは，アジア太平洋における製造業の成長という要因だけでなく，インドや中国などの発展途上国におけるデータセンター整備ならびにデータ量の爆発的な増加も寄与しているとされる。

2.3　人工知能とビッグデータの活用

　最近人工知能（AI：Artificial Intelligence）が多くの産業において今後のイ

ノベーションの重要な鍵として大きな期待を集めているが，それはビッグデータの活用と表裏一体の関係にある。実際，社会に存在するビッグデータを「学習」させて「人工知能」を実現する試みが様々な分野で始まっている（図表2.1）。機械学習（Machine Learning）の普及により近年の人工知能の進化は目覚ましく，応用可能な領域が大きく拡大し，第3次ブームが生じている。たとえば，ニューラルネットワーク[5]（神経回路）による深層学習（Deep Learning）[6]を通じて，言葉の意味や画像・音声，動画など認識できるようになった。

実際，理論の世界では，従来の数学，統計学をベースに機械学習，自然言語処理 SNS 解析等のツールが採用されている。もっとも，各種のビッグデータにおける高次元性，高ノイズが分析結果の正確性，予測可能性といった各方面に与える影響を十分に考慮する必要がある。一方，ビッグデータによる新たなナレッジの形成や論理推論，因果分析については，新たな方法論が導入されている。すなわち，非構造的データが増大するなか，これまで観測されていなかったメカニズムから重要な特徴を捉え，これを統計的モデルの中に反映させることで，より正確性の高い結論を導くことが可能となる。さらに現実の世界から，複雑なデータの規則性と変動性を多面的に分析し，これを統計的モデルの確率変数に反映させることが，モデルの精度を強化するうえで重要となる（図表2.2）。

金融サービス業においても，AI とビッグデータの活用がイノベーションをもたらしている。その事例としてロボ・アドバイザー（以下，RA）と呼ばれる資産運用アドバイスの支援がある。従来，個人投資家向けの資産運用アドバ

図表 2.1　ビッグデータと人工知能

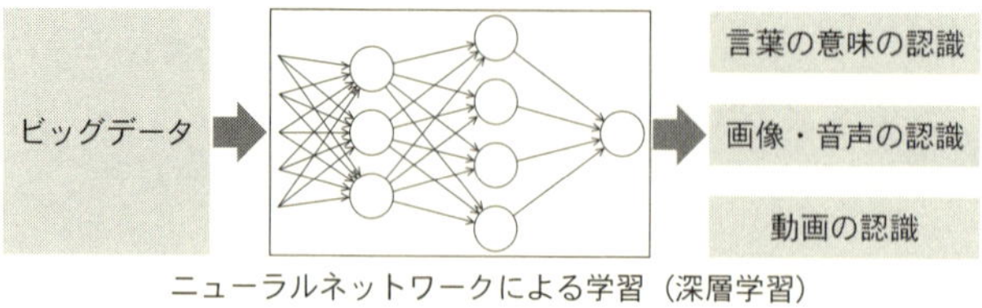

（出所）筆者作成。

図表 2.2 ビッグデータと AI の活用（現実・理論の世界の比較）

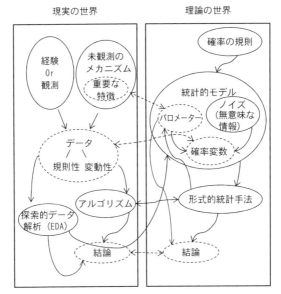

（出所）各種資料を基に筆者作成。

イスはファイナンシャル・アドバイザーにより顧客との対面で行われてきたが，米国を中心に一部もしくはすべてを自動化する試みが広まっている。イギリス規制当局では RA を「金融アドバイスの自動化，すなわち，人間の介入なく（もしくは限定的な介入により）金融アドバイス（たとえば金融商品の売買の推奨）を受けるために一般投資家が自動化されたツール（通常はウェブサイト）を利用できる様々な方法」と定義しており[7]，Deloitte による予測では将来の RA 市場は 2025 年に 5～7 兆ドルに成長するという[8]。

金融サービス業では顧客とのリレーションマネジメントが重要であるので，AI やビッグデータを活用することで，効率化や自動化，分析の深化が進み，従来以上に顧客ニーズに即したサービス提供できる可能性がある。また，増加し続ける市場データをリアルタイムに分析することにより，証券会社，銀行や資産運用会社は投資や運用におけるリスクマネジメントを強化できる。このように，金融サービス業においては以前から，高度な金融工学技術を用いた取引データの分析，予測や顧客管理システム情報に基づいたマーケティング戦略な

30　第 I 部　イノベーション

ど，ビッグデータの利活用の発展に繋がるアプリケーションが多く導入されてきている。

2.4　金融サービス産業でのイノベーションと先進事例

　情報技術の飛躍的な発展に伴い，金融機関におけるデータの集約管理や業務のデジタル化は急速に進展し，最近は以下の 2 つの金融イノベーションが注目される。

　第 1 は，SNS 上のコンテンツを収集・解析することで市場心理を分析する手法である。1 日当たりのツイッター発信数は 5 億超，1 日当たりのフェイスブック利用者は 10 億人を超える。金融市場の投資家も，研究と応用の融合に着目し始めた。2011 年前後から，ヘッジファンドは，ツイッター，フェイスブック，チャットやブログなどの SNS から市場心理の情報を採集し，アルゴリズム取引のプログラムを開発していた。たとえば，自然災害やテロ攻撃を受けたという情報が出現すると，瞬時に売り注文を行う。2008 年，精神科専門医の Richard Lewis Peterson 氏は，アメリカで MarketPsy Capital というヘッジファンドを立ちあげた。同氏は，チャット記録，ブログ投稿，Web 内容などを追跡することで，異なる企業に対する市場心理を解析し，ファンドの投資戦略に取り入れた。

　第 2 は，リスク評価や管理の強化により，より精細なリスクコントロールが実現できるようになったことである。金融機関にとって，財務健全性の欠如や経営状況の不透明さは，中小企業への融資を阻む大きな課題である。こうしたなか，中小企業に関する日常的な取引データを収集・分析することで，その経営状況，信用状況，顧客特徴，資金ニーズなどを把握して，融資に役立てようとする事業者が出現している。たとえば，中国の電子商取引最大手のアリババグループは，2010 年から，インターネット事業者として，いち早く中小企業向けに少額で，返済期間の短い，随時返済可能な小口融資サービス・阿里小貸の提供を開始した。阿里小貸は，与信審査から貸出まですべてのプロセスをオンラインで完結させ，貸出前，貸出中，貸出後の 3 段階に分けて（後述），リスク評価や管理を強化していた。

3 中国のパーソナルファイナンスにおけるビッグデータの活用

3.1 中国のビッグデータに関する利用環境

中国ではビッグデータは様々なビジネス分野に浸透しており，その市場規模も拡大しつつある。中国電子情報産業研究所の『ビッグデータ発展白書（2015年）』によれば，中国のビッグデータ産業の規模は，2011年の37.4億元から2015年の98.9億元へ約2.6倍に拡大し，2016年は約130億元の規模（前年比31％）との予測である（図表2.3）。2017～18年は同市場規模が前年比40％のペースで成長する見通しである[9]。また，ビッグデータの利用部門構成比をみると，金融（16％），通信（15.6％），小売（13.9％），政府（12.7％），医療（9％），観光（4.1％），その他（28.7％）となっている（図表2.4）。

2014年の中国のビッグデータ市場は，百度，アリババ，テンセントなどを代表とするインターネット企業，華為，レノボ，浪潮などを代表とする従来のIT企業，億賛普，拓尔思，海量数据などを代表とするビッグデータ企業を中心に，三角形の供給構造を形成している（図表2.5）。

図表2.3 中国のビッグデータ産業の市場規模

（注）2016年は予測値。
（出所）中国電子情報産業発展研究所（2015）より筆者作成。

図表2.4 中国のビッグデータ利用部門の構成（2015年）

（出所）中国電子情報産業発展研究所（2015）より筆者作成。

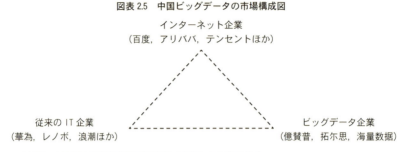

図表 2.5　中国ビッグデータの市場構成図

(出所) 中国電子情報産業発展研究所 (2015) より筆者作成。

3.2　中国のビッグデータ利用拡大の背景

　中国でのビッグデータ利用拡大の背景として，次の3点が指摘できる。第1は，世界最大のインターネット人口である。2016年末のインターネット利用者数は7億3,125万人（普及率53.2%）で世界最大であり，米国の総人口の約2.3倍，日本の総人口の約6倍に達する（図表2.6）。また近年，スマートフォンの普及によってモバイルインターネットの利用者が急増し，2016年末の利用者は6億9,531万人，インターネット利用者全体の95.1%を占めている（図表2.7）。

　第2は，世界最大規模の電子商取引市場である。インターネット人口の増加に伴い，eコマース（電子商取引）の普及が拡大しており，2013年に市場規模で米国を上回り，2016年には米国の2.1倍まで拡大した。成長の背景には，2003年に導入された第三者決済サービスの法的位置づけが2011年に明確になり，取引のインフラが整備されたことがある。

　第3は，中国政府の国家戦略である。具体的には，① 政府による情報デジタル化の推進，② ビッグデータの活用によるイノベーションの促進が挙げられる。

　① 政府による情報デジタル化の推進については，2006年5月に，中国共産党中央弁公庁と国務院弁公庁の連名により公布された「2006〜2020年国家情報化発展戦略」[10]のなかで，エネルギーと素材と同様に情報を重要な資源と位置づけ，情報技術の開発と利用の促進により経済成長の構造転換を図ることを明示した。

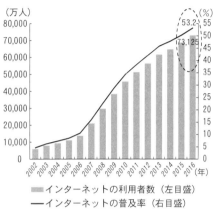

図表 2.6 中国のインターネット利用者数及び普及率の推移

（注）年末値。
（出所）中国インターネット情報センター（CNNIC）より筆者作成。

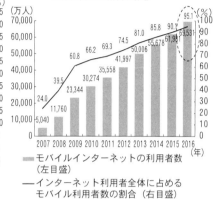

図表 2.7 中国におけるモバイルインターネットの利用者数及びインターネット利用者全体に占める割合の推移

（注）年末値。
（出所）中国インターネット情報センター（CNNIC）より筆者作成。

② ビッグデータの活用によるイノベーションの促進については，2014年3月に，李克強首相が発表した「政府活動報告」[11]の中で，イノベーションの促進を通じて経済構造の高度化を図り，とくに次世代モバイル通信やビッグデータ，新エネルギー，新素材等において世界の最先端を目指し，今後の産業発展を牽引していくことが強調された。政府が公式の場で，ビッグデータを促進分野の1つとして言及したのはこれが初めてである。また，2015年9月に国務院から「ビッグデータの発展を促進する行動要綱」[12]が公布され，ビッグデータの主な役割は政府の情報開示と共有を加速し，資源の整合を推進し，産業のイノベーション・発展の促進であると明記された。2015年10月の「第13次5カ年計画」[13]では，ビッグデータを初めて国家戦略の一部として位置づけている。さらに，2016年1月の「ビッグデータ発展の重大なプロジェクトの実施・促進に関する通知」[14]において，ビッグデータの応用，共有，流通およびインフラ施設の整備に関連するプロジェクトを重点的に推進すると表明した。

こうしたなか，中国各地でビッグデータ取引所[15]の設立が活発化している。2014年12月に，中国初のビッグデータ総合試験区に指定された貴州省で，貴

34　第Ⅰ部　イノベーション

陽ビッグデータ取引所が設立され，2015年4月より営業を開始した。開業から2016年5月末までの1年間で，同取引所の取引額が7000万元を突破し，企業会員数は410社にのぼる[16]。その他，2016年末には，湖北省の「武漢東湖」と「長江」，浙江省の「浙江」，江蘇省の「銭塘」，黒竜江省の「ハルピン」，上海，北京などでもビッグデータ取引所が設立された。今後，中国各地方政府の主導でビッグデータ取引所の新設が更に増加する見込みである。

3.3　中国のパーソナルファイナンスの概観

　中国の消費者金融は日本でのいわゆる「消費者金融」とは意味が異なる。日本の消費者金融は消費者金融専業会社が行う無担保・無保証の貸付を指して，銀行など他の金融機関からの借り入れと比較すると，与信審査が簡素化されており，概して金利が高いといった特徴がある。一方，中国の消費者金融では，商業銀行，小額貸付会社，P2Pレンディング事業者，電子商取引事業者，中国銀行業監督管理委員会の許可を得た消費者金融会社といったさまざまな提供者が含まれている。そのため，消費者金融会社に限らず，個人の消費を目的とした貸付であるなら，銀行のクレジッカードによる貸出業務なども消費者金融の一種とされる。

　近年，中国のパーソナルファイナンス市場が急成長している。その要因として次の3点を指摘できる。第1は，新常態に入り，内需主導型経済への転換を図っていることである。現在，中国政府が内需拡大ならびに経済モデルの転換を促進するうえで，重要な意義を持つ消費者金融が，とくに注目されている。

　2016年末の中国の消費者ローン市場規模（住宅ローンを含む）は25兆元超と，対名目GDPの約34％である（図表2.8）。もっとも，中国の消費者ローンの対名目GDP比率は，先進国の米国の同7割超，イギリスの同8割超，日本の同約44.4％と比較すれば（図表2.9），まだ低く，今後発展の余地が十分ある[17]。2016年末の中国の消費者ローン（残高25兆元）は前年比32.2％の増加となっており，2016年末の中国の銀行貸出（同約107兆元）の前年比13.5％の増加より成長率が高く，今後はさらに高まる見通しである。

　第2は，中国政府による規制緩和である。もともと社会主義経済であった中国では消費者金融会社は存在しなかった。経済の発展に伴い，2009年7月に

図表 2.8 中国の消費者ローン市場規模の推移

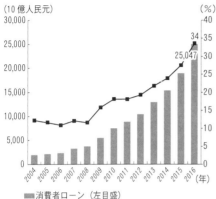

(出所) CEIC データベースより筆者作成。

図表 2.9 中国と日米英の消費者ローン対名目GDPの比較

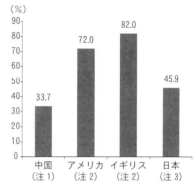

(注 1) 中国は 2016 年値。
(注 2) アメリカ，イギリスは 2014 年値。
(注 3) 日本の名目 GDP は 2016 年値，消費者ローンは 2016 年 10～12 月期。
(出所) IMF，CEIC のデータベース，内閣府，Trading Economics，Morgan Stanley Research より筆者作成。

中国銀行業監督管理委員会（以下，銀監会）が「消費者金融会社試行管理弁法」[18]（以下，旧弁法）を発表し，消費者金融会社の設立を初めて認めるようになった。さらに内需主導型経済への転換を目指すなか，2013 年 11 月に旧弁法の改正版（2014 年 1 月 1 日より実施）[19]を公布し，消費者金融業をより広く認めるよう規制を緩和した（図表 2.10）。

こうした規制緩和を受けて，2010 年以降，銀行資本以外に民間資本を中心とする消費者金融会社の設立が段階的に認められた。2015 年 6 月には，消費者金融への参入基準がさらに緩和されたほか，審査の権限を省レベルへ委譲し，非金融機関の異業種参入も奨励することとした。2015 年には地理的に設立可能地域を全国に拡大した。また，2016 年 3 月 24 日に，中国人民銀行と銀監会が「新型消費分野への金融支援を強化する指導意見」[20]を発表し，商業銀行，自動車ファイナンス会社などの金融機関による新型消費金融商品の開発を奨励するとした。

第 3 は，IT と金融が融合したフィンテック[21]の急速な成長である。中国で

36　第Ⅰ部　イノベーション

図表 2.10　中国の消費者金融会社試行管理弁法の比較（2009 年と 2013 年）

	消費者金融会社試行管理弁法 （2009 年 7 月）	消費者金融会社試行管理弁法 （2013 年 11 月）
消費金融公司の定義	消費を目的とする貸付を提供する非銀行金融機構（第 2 条）	不動産と自動車の購入を除く消費を目的とする貸付（第 3 条）
営業地域	銀監会の許可なしに，企業登記地以外の地域での事業運営は禁止（第 9 条）	左記の規制を撤廃
貸出額制限	消費者金融公司の貸出額は借入人の収入の 5 倍まで（第 18 条）	借入人の貸出残高は最高 20 万元まで（第 21 条）
主要出資者	主要出資者の出資比率は 50％以上（第 33 条）	同 30％以上（第 7 条）

（出所）消費者金融会社試行管理弁法（2009，2013）より筆者作成。

は世界最大の電子商取引の取引基盤を活用したフィンテックが発達しており，規制緩和と相まって，消費者金融が急速に拡大した。また，電子商取引事業者は消費者の購買履歴などからなるビッグデータの分析によって独自の信用評価や貸出後の追跡が可能なため，伝統的な金融機関よりリスク管理のコストを大幅に引き下げることができた。さらに，電子商取引決済インフラを利用することで取引コストも大幅に削減され，小口かつ高頻度の貸付も実現できた。

　加えて，中国では多様な消費者層による旺盛な資金ニーズが存在している。従来の銀行は，急速に多様化した消費者の金融ニーズに迅速に対応できなかったが，消費者金融は，従来の銀行より緩い条件で幅広い消費者信用と無担保マイクロローンを提供して，消費者ローン市場を急拡大している。2015 年末の中国の消費者信用市場（住宅ローンを除く）の構造をみると，クレジットカードが 52.7％と半分以上を占める。

3.4　オンライン消費者金融とその成長

　近年，中国の消費者金融市場において，ビッグデータを活用したオンライン消費者金融の急成長が近年注目されている。オンライン消費者金融は，オフラインのリスクマネジメントを中心とする伝統的な消費者金融とは異なり，与信審査から資金貸出まで，すべてをオンラインのプラットフォーム上で完結するものである。

　オンライン消費者金融のエコシステム（図表 2.11）において，電子商取引事

図表 2.11 中国のオンライン消費者金融のエコシステム

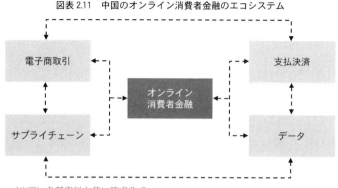

(出所) 各種資料を基に筆者作成。

業者が重要な役割を担っている。供給側のサプライヤーと需要側の消費者が，電子商取引事業者が提供するプラットフォームを通じて直接取引を行い，インターネット企業の決済ツールなどを利用して支払決済を行う。この過程において，電子商取引事業者のプラットフォームには，消費者に関するデータが蓄積され，それらを解析することで，オンライン消費者金融におけるデフォルト率を低く抑えることが可能となった。

オンライン消費者金融の市場規模（取扱高）についてみると，2013年は約60億元であったが，2014年に電子商取引の大手アリババ（天猫）と京東が市場参入したことにより，取扱高は一気に156億元（前年比160％増）まで急増した（図表2.12）。2017年の同市場規模は1,368億元と予測されている[22]。

電子商取引事業者は，オンライン消費者金融のコアな存在になっている。電子商取引事業者が参入する以前は，オンライン消費者金融の市場規模のほとんどはP2Pレンディング（全体の約98％を占める）であったが，2014年に市場構成が激変し，全体取扱高の30％強が電子商取引関連になった（図表2.13）。

また，オンライン消費者金融の形態が多様化するとともに，そのエコシステムはさらに拡充されることになった。オンライン消費者金融の資金源は，主に伝統的な金融機関や小額貸付会社からの資金，社会遊休資金（P2Pレンディング）および電子商取引事業者の売掛金などから構成される（図表2.14）。

38　第Ⅰ部　イノベーション

図表 2.12　中国のオンライン消費者金融の市場規模

(注) 2015～2017 年は予測値。
(出所) China FinTech Market Analysis (2016) より筆者作成。

図表 2.13　中国のオンライン消費者金融の市場構成

(出所) 清科研究中心 (2015) 80 頁より筆者作成。

図表 2.14　中国のオンライン消費者金融の資金源とプレーヤー

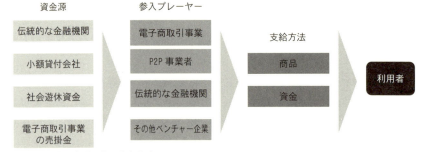

(出所) 各種資料を基に筆者作成。

3.5　事例紹介

3.5.1　注目される中国のフィンテックの発展とビッグデータの活用

　中国では近年インターネット企業による金融サービスの提供が活発化しており，様々な金融イノベーション（フィンテック）が生まれている（図表 2.15）。このような急成長が可能になったのは，ビッグデータ技術を利用して，信用リスク評価を迅速・安価に行えるようになったからである。その他，オンライン消費者金融（螞蟻花唄），中小企業向けのネット小口融資（網商貸）のパーソナルファイナンスや，オンライン保険（衆安保険），クラウドファンディング

第 2 章　中国のパーソナルファイナンスにおけるビッグデータの活用　　39

図表 2.15　中国における主要なフィンテック分野とその代表企業が提供する商品・サービス

分野	代表企業	提供商品・サービス名	商品・サービスの特徴
オンライン第三者決済	アント・フィナンシャル・サービス・グループ（蟻蟻金融服務集団：Ant Financial Service Group）	支付宝（Alipay）	・2004 年よりサービス提供開始，世界最大の決済プラットフォーム。中国第三者決済の最大手，中国国内市場シェア 42.7%（2016 年末時点） ・2016 年 12 月末の実名登録者数は 4.5 億人超。中国では，2015 年 6 月末にアリペイウォレットの決済に対応したタクシーは 50 万台超，コンビニや大手スーパー・デパートなど店舗は 20 万店超。海外では 2016 年末に 70 カ国家・地域，100,000 社以上の加盟店で，14 の主要通貨での決済が利用可能
	テンセント（騰訊：Tencent）	財付通（Tenpay）	・2005 年よりサービス提供開始。中国第三者決済の二番手，市場シェア約 19.2%（2016 年末時点） ・オンラインゲーム最大手のテンセントがサービスを運営 ・利用者数は 2 億人超。40 万以上の法人顧客に決済サービスを提供
オンライン理財（ウェルスマネジメント）	アント・フィナンシャル・サービス・グループ	余額宝（Yuebao）	・2013 年 6 月よりサービス提供開始。アリペイの利用者向けに開発した中国最大（世界第三位）の MMF 投資理財商品。 ・少額（1 元）から投資可能で，1 年物定期預金（2017 年 5 月 9 日時点 1.75%）より高い年利（同 3.995%）を得られるうえ，即日換金可能であることが人気を集めた。利用者数は 3 億人超（2017 年 3 月末時点）
オンライン・P2P レンディング	陸金所（Lufax）	穏盈（Wenying）	・2011 年 9 月設立，保険大手平安グループの傘下企業，P2P レンディング最大手 ・登録利用者数 2,800 万人超（2016 年末時点），貸出の 83.4% は 10 万元（160 万円相当）以下（2017 年 3 月 31 日時点） ・2016 年 1 月，12.16 億ドル調達（事業価値推定約 185 億ドル）
	上海拍拍貸金融信息服務有限公司	拍拍貸（Ppdai）	・2007 年 6 月設立，中国で最初にオンライン P2P レンディングサービスを提供 ・登録利用者数 3,000 万人（2016 年末時点），貸出の 100% は 10 万元（160 万円相当）以下（2017 年 3 月 31 日時点） ・主な収益源はサービス使用料，オンライン審査による無担保貸出。2017 年中 NYSE に上場予定
オンライン消費者金融	アント・フィナンシャル・サービス・グループ	蟻蟻花唄（Ant Check Later）	・2014 年 12 月開設，2015 年 4 月より正式に後払い・分割払い（800 元以上）のサービス提供開始。 ・1 件当たりの貸出限度額は 500 ～ 50,000 元（1 括払いと当初 41 日間は無利息） ・サービス当初，中国 EC 最大手アリババの淘宝サイト（C2C 事業）上での利用に限定していたが，2016 年末以降他社 EC サイトも利用可能。アリペイウォレットの決済機能で返済可能 ・消費者の購入・返済履歴のデータを分析し，利用額などの信用履歴を分類
	京東金融（JD Finance）	京東白条（JD Baitiao）	・2013 年 7 月よりサービス提供開始，月割利息 0.5-1%（当初 30 日間は無利息） ・1 件当たりの貸出上限は 100,000 元，中国 EC 二番手の京東（JD.com）サイト上でのみ利用可能 ・2015 年より，京東金融は，京東白条の売掛金を証券化し，深圳証券取引所で関連の資産担保証券（ABS）を販売開始した
ネット小口融資	浙江網商銀行（My Bank）	網商貸	・網商貸の前身は，2010 年，アリババによって設立された阿里小貸。2015 年 6 月，民営ネット専業銀行である網商銀行（アント・ファイナンシャル・サービス・グループ 30% 出資）の設立に伴い，同サービスは網商銀行に引き継がれた ・主にアリババの EC サイト上で運営する中小店舗や個人を対象に無担保小口ローンを提供 ・2016 年 6 月末時点，網商銀行は累計約 170 万の中小企業に対して融資を実施し，貸出残高は約 230 億元（3,700 億円相当）
オンライン保険	衆安保険（Zhong An）	返品送料を補償する保険（退運保険），保証保険，傷害保険，自動車保険ほか	・2013 年 11 月，アント・ファイナンシャル・サービス・グループ（出資 19.90%）やテンセント（同 15.0%），中国平安（同 15.0%）などにより設立。中国最初かつ最大のネット専業保険会社。2017 年 9 月 28 日に同社が香港取引所上場 ・ビッグデータを活用して，退運保険，保証保険，傷害保険，銀行カード盗難保険，医療保険，自動車保険など様々な革新的な保険サービスを提供 ・2017 年 3 月末時点，利用者数累計 5.82 億人，保険証券発行数累計 82.91 億枚超
クラウドファンディング	京東金融（JD Finance）	京東衆筹（JD Cloudfunding）	・2014 年 7 月よりサービス提供開始。中国の報酬型クラウドファンディング市場における最大手，市場シェア約 34.4%（2015 年末時点） ・2017 年 3 月末時点，京東衆筹の報酬型クラウドファンディングサービスを通じて累計 40 億元超（640 億円相当）の資金を調達

（注）網掛部分はパーソナルファイナンス関連。
（出所）筆者作成。

ビッグデータの活用

等多くの分野において中国のフィンテックは急成長した。こうした中国のフィンテックの発展は，インターネットの普及とビッグデータの活用と密接な関係がある。

たとえば，アリババグループが金融事業領域に参入する際の最大の優位性は，膨大な顧客基盤とデータを有していることと，クラウド演算を通じて顧客情報を徹底的に分析，発掘し，顧客の信用レベルと返済能力を的確かつリアルタイムに把握できることにある（図表2.16）。

このように，中国のフィンテックの発展においては，インターネットをベースに開発した技術やビジネスモデル，商品・サービスなどが，より深層で金融システムに変革をもたらす可能性がある。

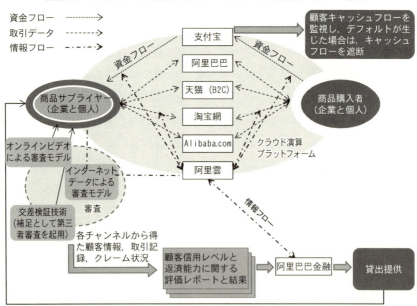

図表2.16　ビッグデータを活用するアリババグループの金融ビジネスへの参入

（出所）各種資料を基に筆者作成。

3.5.2 ビッグデータを活用する AFSG と消費者金融の事業展開

アント・ファイナンシャル・サービス・グループ（Ant Financial Service Group, 以下 AFSG）は，2014 年 6 月に世界最大規模・中国電子商取引（EC）最大手のアリババグループから金融関連事業を取得し，ビッグデータを活用する総合金融サービスのフィンテック企業である。AFSG は，アリババと直接的な資本関係を持たないが，アリババの EC 事業から得たビッグデータなどを活用して，伝統的な金融ビジネスに大きな変革をもたらすとともに，金融包摂の普及を推進している。ネット小口融資とは，インターネット事業者が傘下の少額貸付会社を通じ，自社の電子商取引サービスを利用する顧客に提供する小口融資サービスのことを指す。代表的な事業者（サービス）には，AFSG 傘下にある浙江網商銀行の「網商貸」[23]（元の阿里小貸）がある。

「網商貸」の前身は，2010 年に，アリババグループによって設立された「阿里小貸」[24]である。2015 年 6 月，民営ネット専業銀行である浙江網商銀行（AFSG30％出資）の設立に伴い，同サービスは浙江網商銀行に引き継がれた。主にアリババの EC プラットフォームを活用し，オンラインの信用データをベースに中小店舗や個人を対象に，無担保，簡単で利便性の高い小口融資（EC サイトの会員向け）を提供している。

「網商貸」のサービスには，阿里小貸が行っていたアリババ（B2B）法人会員もしくは国内サプライヤー向け貸出サービスの「阿里信用貸出」（ネット小口融資「網商貸」の 2 割，貸出上限は 300 万元まで），および淘宝（C2C）／天猫（B2C）の店舗運営者（売手）向け貸出サービスの「淘宝／天猫信用貸出」と「淘宝／天猫注文担保貸出」（同 8 割，貸出上限は 100 万元まで）に加え，アリペイ会員（個人経営者）向け貸出サービスの「網商貸」やアリババグローバルサイト（速売通）の法人会員向け貸出サービスがある。なお，個人顧客向けには無担保，貸出上限 5 万元の後払いサービス「螞蟻花唄」[25]，分割払いの「天猫帳単分期」などネット小口融資のサービスもある（図表 2.17）。

「網商貸」（元の阿里小貸）は，貸出前，貸出中，貸出後という三段階に分けて，リスク管理を行っている。貸出前は，主に顧客情報の確認と信用調査を実施している。この段階では，顧客に関する過去の取引，販売実績，銀行の預金残高など膨大な情報を審査する。貸出中では，一般的にキャッシュフローの動

図表 2.17 AFSG 傘下の浙江網商銀行・網商貸（元の阿里小貸）が提供するサービス

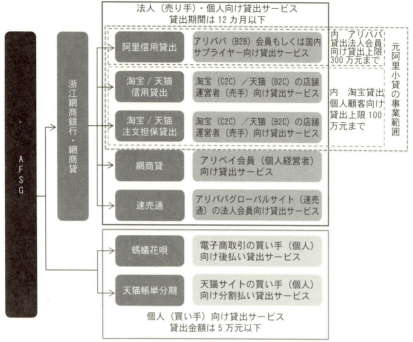

（出所）浙江網商銀行の網商貸の公開情報，各種資料を基に筆者作成。

向について監視を行っている。貸出後は，延滞のある顧客に対して資金回収の催促や，ブラックリスト公開制度の利用による資金回収の安全性を強化している。網商貸（元の阿里小貸）の貸出サービスの内容については，図表2.18の通りである。

また，2015年8月，浙江網商銀行は中国最大の通信トラフィック観測と分析の事業者であるCNZZと協力して，サイトのトラフィック（流量）や運営データの分析評価をベースに，サイト運営事業者向けの小口融資サービス「流量貸」を開発した。「流量貸」の貸出上限額は100万元，利用者の申請から浙江網商銀行の融資まですべての手続きがオンラインで実現されている。

ネット小口融資事業者は，電子商取引やネット決済で蓄積した取引記録やキャッシュフローのデータを活用し，借入者の信用に対し評価を行ったうえ

第 2 章　中国のパーソナルファイナンスにおけるビッグデータの活用　　43

図表 2.18　網商貸（元の阿里小貸）の貸出サービスの概要

カテゴリ	阿里信用貸出	速売通	網商貸	淘宝 / 天猫貸出	
				注文担保貸出	信用貸出
対象者	アリババ（B2B）の会員	アリババグローバルサイト（速売通）の会員	アリペイの法人会員	淘宝サイト or 天猫サイトの店舗運営者（売手）	
貸出上限	最高 300 万元	—	—	最高 100 万元	最高 100 万元
貸出期間	12 カ月	12 カ月	12 カ月	30 日	6 カ月 or12 カ月
利息計算方法	月割均等返済	月割均等返済	月割均等返済	日割で計算	日割で計算
利息	最低 1.5% / 月	—	—	0.05% / 日	0.05% / 日
申請条件	・アリババの中国サイトの会員あるいは中国のサプライヤー ・申請人は企業の法定代表者もしくは個人企業の責任者（18〜65歳） ・企業登記地は中国国内 ・企業登記は 1 年以上，かつ直近 1 年の売上高は 100 万元以上	・速売通の会員 ・速売通の開設店舗の有効運営期間は 6 カ月以上 ・店舗登記者の年齢は 20 〜 60 歳	・会社登記は 1 年以上 ・アリペイの個人経営者 ・法人代表年齢は 18〜65 歳 ・法人代表の信用記録は良好	・淘宝 or 天猫サイト上の売手（18 歳以上） ・淘宝 or 天猫サイト上の店舗運営期間は 2 カ月以上 ・店舗の信用は良好	・淘宝 or 天猫サイト上の売手（18 歳以上） ・淘宝 or 天猫サイト上の店舗運営期間は 6 カ月以上 ・店舗の信用は良好

（出所）浙江網商銀行・網商貸の公開情報を基に筆者作成。
https://mobilehelp.mybank.cn/bkebank/index.htm#/knowledge/1689/1690?_k=ca6trn

で，オンライン審査により便利で即時性の高い短期小口融資を提供する。これは，インターネット事業者が自社の豊富な資金力と蓄積されたデータを活用し，低コストで顧客の信用履歴や融資審査判断の分析を行うことで可能となったサービスである。

　彼らは，大型金融機関の貸出の対象外とされる信用履歴が低い個人事業主や中小・零細企業など相手に融資を行う。図表 2.19 は浙江網商銀行・網商貸（元の阿里小貸の事業）のネット小口融資業務の仕組みである（B2B の「阿里信用貸出」，C2C の「淘宝信用貸出」，B2C の「天猫信用貸出」）。彼らはインターネット企業の独自のデータを蓄積している。このデータを活用することで，内部プロセスの効率化，すなわち，信用モデル，与信審査，リスク管理などを効

44　第Ⅰ部　イノベーション

図表 2.19　浙江網商銀行・網商貸（元の阿里小貸）のネット小口融資業務の仕組み

	カスタマーシステム	信用モデル	与信審査	リスク管理	貸出商品		
浙江網商銀行の網商貸（元阿里小貸）	・アリババ・グループの顧客情報 ・ネットワーク購買行動データ	・ネットワークデータを活用した信用評価 ・現場の収録動画による信用評価	・システムによる審査 ・人手による審査 ・電子書類による契約	・貸出リスクの監視警報システム ・貸出後の管理システム ・資金回収の催促システム	・C2C（淘宝）信用貸出 ・B2C（天猫）信用貸出 ・B2B（阿里）信用貸出	C2C（淘宝） B2C（天猫） B2B（阿里）	零細企業

資金 →（浙江網商銀行の網商貸から零細企業へ）

貸出システム（開発，運営と更新は AFSG 独自で行う）

アリババのクラウドサービス（阿里雲）プラットフォーム

（出所）アリババグループ，浙江網商銀行・網商貸の公開情報を基に筆者作成。

率的に行うことが出来る。

　たとえば，AFSG 傘下の浙江網商銀行・網商貸の小額貸付会社は，自社サイトのタオバオ（淘宝）店舗開設者に対し，その短期運転資金を支援するための小口融資を提供している。貸出限度額は 100 万元以内，期限 1 年以内，年利息18～21% である。具体的には，融資を行う前の段階において，網商貸（元の阿里小貸）は，アリババの電子商取引サイト（B2B の阿里信用貸出，C2C の淘宝信用貸出，B2C の天猫信用貸出）や第三者決済のアリペイなどのプラットフォームを通じて，利用者に関する情報を収集し，与信審査を行っている。これらの情報には，利用者自身が提示した銀行預金残高，公共サービス料金支払証明のほか，アリババ電子商取引サイト上で登録した利用者の認証情報，取引記録，他の顧客とのやり取り，税関や税務当局への提出データなどが含まれる。情報の信憑性を確認するため，与信審査では，さらに利用者に対して，オンラインのビデオチャットによる心理テストや面談なども実施されている。

　融資を決定し，貸出を実施している期間中において，網商貸（元の阿里小貸）は，利用者による資金の使用状況を厳しく監視している。貸出資金は実際に利用者の事業運営に投下されれば，その事業関連のオンライン広告の投入や関連サイトへのアクセス数が増えることが予測されるため，網商貸は，企業の財務データだけでなく，こうした情報についてもタイムリーに監視している。

3.5.3 ビッグデータを活用する AFSG のその他の事例

⑴ 阿里「車秒貸」

2015 年後半，アリババグループ傘下の自動車事業部，自動車メーカーおよび AFSG と共同で，上限 20 万元の自動車ローンサービス「車秒貸」[26] を開発した。利用者は，アリババの天猫や淘宝などの電子商取引サイトを通じて，購入予定車の見積価格の 40％まで借り入れができる。「車秒貸」のリスク管理において，ビッグデータの解析技術を活用し，利用者のインターネットにおける行動データを総合的に分析して，購入する車のタイプに応じて貸出限度額を決めている。従来の自動車ローンと比較して，「車秒貸」は，利用者にとって，ハードルが低く，便利で迅速に借入ができるといった特徴を持つ。利用者は，インターネットを通じて申請を行い，審査基準（身分証明の確認，行動分析など）に達すれば，即座に融資を受けられる。資料申請から審査終了まで 30 分程度で完了する。一方，従来の自動車ローンを利用する場合，金融機関に収入証明，残高証明などの資料を提供した後，融資を実際に受けるまで 5〜6 営業日がかかる。

⑵ 信用格付の「芝麻信用」

芝麻信用（セサミクレジット）は，AFSG のエコシステムの重要な部分として，独立した第三者のクレジットファイリングおよびスコアリングサービスプロバイダである。2015 年 1 月，中国人民銀行より事業ライセンスを取得し，サービス提供を開始した。

AFSG のクラウド演算やビッグデータの処理能力は，アマゾンに次いで，世界でも高いレベルにある。芝麻信用は，クラウド演算技術や機械学習技術に基づきビッグデータの解析を行い，個人や企業の信用状況を分析・評価している。現在，同社は，クレジットカードから，消費者金融，リース，住宅ローン，ホテル宿泊，不動産賃貸，レンタカーまでと，様々な生活シーンにおいて，消費者と企業に便利な信用情報を提供している。

芝麻信用は，アリババの電子商取引データなどを活用して，アメリカでの FICO スコアのような独自の信用スコアを付与している。芝麻信用スコアは，350 点から 950 点まで 5 段階（350〜550 は不良，550〜600 は一般，600〜650 は良好，650〜700 は優秀，700〜950 は最優秀）に分類され，600 点以上は信

用良好とされる。なお，芝麻信用スコアが600点に達したユーザーは，審査なしで同社の無担保消費者ローンサービスの螞蟻花唄（アント・チェック・レター）を利用できるのは，AFSGのプラットフォームユーザーのメリットのひとつと言えよう。

2016年12月末現在，芝麻信用は様々な領域で活用されている。たとえば，芝麻信用スコアが700点以上のユーザーであれば，シンガポールへのビザ申請が免除される。750点以上のユーザーは，ルクセンブルクのビザ申請が免除されるだけでなく，国内空港で優先搭乗口の利用も可能となる。AFSGは，今後ホテルの宿泊，航空券の購入，マンションの賃貸などにも芝麻信用スコアを応用させ，利用者に様々な特典サービスを提供していく計画である。

(3) 民営ネット専業銀行の「浙江網商銀行」

浙江網商銀行（以下，マイバンク）は，AFSGが主要な発起人（出資比率30%）として設立された中国の民営ネット専業銀行であり，2015年6月からサービス提供を開始した。同行は，主に中小・零細企業や，起業者・個人事業主向けのネット小口融資関連商品を提供し，金融サービスを行い，金融包摂の役割を果たしている。同行は預金の受け入れ限度額を設け，小口預金・小口貸出の業務を行う。代表商品は「網商貸」のほか，農民向けの「旺農貸」も提供している。2016年6月末時点，マイバンクは累計約170万社の中小企業に対して融資を実施し，貸出残高は約230億元[27]（3,700億円相当）にのぼる。

同行は，実店舗を持たずオンラインサービスに特化し，ビッグデータやクラウドの演算機能を活用することでコストの削減や効率の向上を徹底的に追求した。マイバンクの利用者は，借入申請から，与信審査，資金受取まで，すべてインターネットを通じて行うことができ，1件当たりの平均的な借入のコストは2元（約32円）以下という[28]。

マイバンクの顧客の与信審査は，前述の芝麻信用のスコアを活用した独自の信用評価システムによって行われており，しかもその審査時間はおよそ1分に過ぎないとされる。審査が通れば，借り手には，同行から即時で借入金が振り込まれる。利用者の融資申請から与信審査，資金振込まで，最短5分以内で実現されるという。同行は，こうした高い利便性と効率性を持って，伝統的な銀行業務と徹底的に差別化を図っている。

アリババの電子商取引プラットフォーム（マイバンクの借り手企業はアリババのECサイト出店者）からの統計データによると，同社の中小企業顧客の76％は，借入額が50万元（約800万円）以下であった。従来ならば，こうした中小企業の約88％は融資を受けられずにいた。2016年末時点で，「阿里小貸」（2010年からアリババグループより提供），および「網商貸」（2015年から浙江網商銀行より提供）の両社累計で，500万超の中小企業に，8,000億元（13兆円相当）以上の貸出を実施した[29]。

3.6　規制監督の方向性とビッグデータの活用が金融業界に与える影響

中国の規制当局のスタンスについては，2つの指摘が可能である。1つは，イギリスのRegulation Sandbox[30]の手法に似た実験的試行を許容する姿勢である。すなわち，ビッグデータを活用するパーソナルファイナスの発展を当局がある程度黙認しながら，問題が起きた場合に規制強化を検討している。もう1つは，規制監督の強化を明確にするという方向性である。

一方，ビッグデータの活用は金融業界に大きな影響を与えている。伝統的金融と比較して，ビッグデータの活用は，金融イノベーションを促進するだけでなく，ユーザーの体験にも変化をもたらす。インターネットファイナンスなどフィンテック分野で創出された新しい事業管理モデルや業務運営方法は，金融サービス提供事業者の組織構成，データの収集と管理，ユーザー特徴の分析，商品のイノベーション，与信審査・リスク管理などに重大な影響を及ぼし，金融システムの多様性に寄与すると同時に，金融監督やマクロ経済調整にも新たな課題を突きつけた。

第1は，金融機関の縦割り構造にメスに入れたことである。伝統的な金融機関における縦割り構造は，部門間の情報共有やビッグデータの解析を阻害する大きな要因となっている。データは金融機関のあらゆる部門において蓄積されている。たとえば，担保ローンの実施管理部門では，資金の貸出先に関する大量のデータを保管している。為替，債券，通貨，株式および派生商品の取引を担当する部門は，資産価格に影響しうる情報を全世界から収集している。リテール業務の担当部門は，顧客行動に関する情報をリアルタイムで収集・分析している。異なる部門間で蓄積されたビッグデータは，往々にして従来の縦割

り的な組織構造により，情報交換が阻まれ，有効活用されないままでいる。

　こうしたなか，従来の縦割り的な組織を打破し，部門間のデータ統合を推進するとともに，他社との協業により，外部のリソースを活用する金融機関も出現した。たとえば，ニューヨークに本社を構える Movenbank は，従来の商業銀行に協力して，モバイルに特化した新業務を共同で開発して，新しい手法で商業銀行内部における縦割りの問題解決に取り組んでいる。また，イギリスの ERN 社は，利用者の取引記録，消費行動，取引実行される場所と時間のデータを解析し，銀行や事業パートナーにビッグデータのコンサルティング業務を提供して，銀行におけるビッグデータの解析能力の欠如を補完している。

　第 2 は，金融機関による情報の寡占化を打破したことである。ビッグデータは，金融市場の透明性を高める効果がある。顧客の信用状況は，その保有資産，経営状況および各種取引の結果次第で常に変化している。伝統的な商業銀行は，大量の資金と人的コストを投入して，独特の情報収集・分析および意思決定のシステムを構築し，情報の非対称性の課題に取り組んできた。これに対し，近年台頭してきたインターネットファイナンスを提供するプラットフォーム事業者は，独自のプラットフォームを通じて，資金の需要と供給の双方から直接情報を収集，マッチングし，より透明性の高い市場金利の形成に大きく寄与した。エマージング市場では，成熟した与信機関が欠如しているため，一部の企業は，SNS からのデータを活用して信用スコアを割り出している。たとえば，米国の Movenbank 社の場合，同社が CRED という独自のリスク評価システムを開発し，従来の個人信用評価スコアのほか，eBay などの電子商取引プラットフォームにおける取引評価やインターネット送金記録，Facebook の友人数，LinkedIn の人脈などの要素をも評価の対象として取り入れている。ユーザーが SNS を通じて友人数や活動を広げれば広げるほど，信用スコアが上昇し，Movenbank 社から振込手数料の減免など，いろいろな特典を得ることができる。

　第 3 は，ビッグデータはより迅速で柔軟な意思決定をサポートし，顧客のニーズに合致した商品開発に寄与していることである。インターネットや SNS の普及により，ユーザーに関する膨大なデータが日々生成され，データベースに蓄積されるようなった。これには，ユーザーの感情や行動パターンな

どの情報も含まれる。インターネットファイナンスの世界では，投資家と一般消費者の金融商品やサービスに対する反応を分析して，その因果関係を解明することにより，顧客獲得率の向上やサービスの改善に役立てようと，ビッグデータに関する研究が進んでいる。米保険会社の Progressive 社は，顧客の保有資産価値の変化をタイムリーに分析し，顧客リスクや顧客プロフィールを適宜に更新して，顧客に個性化された保険商品を提案している。今後，同社は個人の位置情報や自動車の運転記録を解析し，自動車保険の価格算出に適応していくほか，顧客に対して，交通や天気の情報，駐車違反の頻発地域に関する情報などをリアルタイムに提供し，安全運転に適した保険商品を開発していくとしている。

3.7 今後の課題と展望

今後の課題について考えてみると，第1に，法整備の問題が挙げられる。ビッグデータに関する法律は整備されておらず，現状では取引者間の契約に依拠しており，とくに所有権や使用権の帰属などに明確な法的根拠がない。中国国内で統一された規範体系やビッグデータ産業の制度基準がないことには，長期的にはビッグデータ取引の持続的な推進に支障が生じることも考えられる。そのため，政府主導のトップダウン型の制度設計と法整備の必要性が増している。

第2に，個人情報保護の問題への対応である。中国では，個人情報保護に関する単独で統一した法律はまだ存在しない。個人情報の流出や悪用が続出するなか，当局は，個人情報に関連する法律，法規，規定や司法解釈の改正などにより，情報を取り扱う企業側への規制強化を通じて，個人情報保護の強化を図っている。

一方，企業が個人情報を取り扱ううえで，とくに次の4点に注意しておく必要がある。① 情報収集対象となる主体の同意ならびにデータ収集範囲やプライバシー政策の公開，② 情報漏洩などが生じた際の通知義務および即時救済策の実施，③ 中国国内のみにおける個人情報およびデータの保存，④ クロスボーダーにおける個人情報移転の注意が必要である。

今後の展望については，次の3点に言及したい。第1は，消費者金融のオン

ライン化はさらに深化する見通しである。オンライン化には，商品のインターネット化，リスクマネジメントのインターネット化，サービスモデルのインターネット化などを含む。

第2は，消費関連企業は，市場で重要な地位を獲得する可能性が大きい。消費関連の流通企業は，パーソナルファイナンス領域における地位が次第に上昇し，今後は当該領域の成長ドライバーとなる見込みである。その地位向上の要因には，主に次の2点が指摘されよう。1つは，企業が自身で消費者金融を開発していること。もう1つは，消費者金融会社が消費関連の流通企業と協業をしていることである。

第3は，データの蓄積がリスクマネジメントの重要な資産となることである。今後は，ビッグデータによって構築されたリスクマネジメントモデルが，重要な役割を果たす見通しである。

4　おわりに

以上述べてきたように，中国のパーソナルファイナンスにおけるビッグデータの活用は金融イノベーションのエンジンとなることから，当局はこれらの動きを止めるのではなく，その発展を容認する方向である。

中国のIT企業はレガシーシステムを持たない「後発者の利益」(Leap Frog Effect) に加え，世界最大級のビッグデータの利用環境を活用してリテール金融サービスを世界最先端レベルにまで高度化する可能性がある。中国はこの点においても有利な環境にある。

最近，ビッグデータの活用はIoTや人工知能と相まって，多くの産業において実装段階に入っている。今後，次々と注目される事例が現れることが期待される。中国においては，先述したように，有利な面がいくつかあるため，その発展も目覚ましい速度で展開される可能性があり，今後さらなる動向が注目される。

注

1 "THE DIGITAL UNIVERSE IN 2020: Big Data, Bigger Digital Shadows, and Biggest Growth in the Far East", International Data Corporation, December 2012.

第2章　中国のパーソナルファイナンスにおけるビッグデータの活用　51

2　構造化データに対する用語として，データベースに収まらない「非構造化データ（Unstructured Data）」がある。非構造化データには，たとえば電子メールやテキストファイルなどの文書や，画像，動画といったデータがある。これらは，構造化データよりも複雑で，従来型のデータベースには簡単に格納できないので，「非構造化」と呼ぶようになった。文書の電子化などによって，非構造化データが大量に増え，現状は企業が抱えるデータの約80％を占めるといわれている。最近，ソーシャルメディアの利用者が増大しつつある。その影響で，インターネット上で非構造化データが急増しており，データ総容量が爆発的に増えている。このようにボリュームが大きくて，複雑化したデータを「ビッグデータ」と呼ぶ。

3　http://www.ibmbigdatahub.com/infographic/extracting-business-value-4-vs-big-data

4　http://www.marketsandmarkets.com/PressReleases/big-data.asp

5　ニューラルネットワーク（Neural Network: NN）は，脳機能に見られるいくつかの特性を計算機上のシミュレーションによって表現することを目指した数学モデルである。

6　深層学習とは，多層構造のニューラルネットワークを用いた機械学習である。

7　EBA, EIOPA and ESMA, "Joint Committee Discussion Paper on automation in financial advice", 4 December, 2015.

8　"'In The Future, We Will Have Robo-Advice on Steroids': Deloitte," ThinkAdvisor, 9 December, 2015.

9　中国信息通信研究院「ビッグデータ白書」（2016年12月），4頁。

10　http://news.xinhuanet.com/newscenter/2006-05/08/content_4522878.htm

11　http://www.gov.cn/guowuyuan/2014-03/14/content_2638989.htm

12　http://www.gov.cn/zhengce/content/2015-09/05/content_10137.htm

13　http://news.xinhuanet.com/fortune/2015-11/03/c_1117027676.htm

14　http://bigdata.sic.gov.cn/archiver/bigdata/UpFile/Files/Default/20160603145033968072.pdf

15　ビッグデータ取引所とは，複数の企業間で行うデータ売買の仲介事業者のこと。政府や企業が保有するデータや，ソーシャルなどの公共データを扱い，個人情報を匿名化するなど，データは売買可能な形に加工して流通させる。

16　http://www.cloudgateway.asia/2016/05/guiyang-bigdata/

17　Global Marketplace Lending Disruptive Innovation in Financials, Morgan Stanley Research, May 19, 2015, p.49. http://bebeez.it/wp-content/blogs.dir/5825/files/2015/06/GlobalMarketplaceLending.pdf Morgan Stanley Research

18　http://www.gov.cn/gongbao/content/2010/content_1539397.htm

19　銀監会「消費者金融会社試行管理弁法」（2013年第2号），2013年11月14日公布，2014年1月1日より実施。http://www.cbrc.gov.cn/chinese/home/docView/93BDC11D2846408CAB26E6FD615DEE4B.html

20　http://www.cbrc.gov.cn/chinese/home/docDOC_ReadView/FB21DA0230164DC680DE56502CB573DD.html

21　フィンテック（FinTech）は，FinanceとTechnologyを組み合わせた言葉で，ネットベンチャー企業などが提供する金融サービスおよび金融関連サービスを指す。

22　"China FinTech Market Analysis", ARBOR VENTURES, March 19, 2016, p.22.

23　https://mobilehelp.mybank.cn/bkebank/index.htm#/knowledge/1689/1690?_k=ca6trn

24　2010年，ネット小口融資である淘宝貸出サービスの提供を開始した。

25　オンライン消費者金融。2014年12月よりトライアルベースで，2015年4月より正式に後払い・分割払い（800元以上）のサービス提供を開始した。同サービスの1件当たりの貸出限度額は500～50,000元（約8,000～80万円）となっている。返済方法は，一括払いで当初41日間無利息

52　第 I 部　イノベーション

と，800 元以上利用の分割払いで 3，6，9，12 カ月のそれぞれの利息は 2.5，4.5，6.5，8.8％，の 2
種類がある。

26　「阿里車秒貸額度多少？怎麼申請」（2015 年 7 月 22 日付），http://www.hishop.com.cn/ecschool/
tm/show_22654.html

27　浙江網商銀行トップ記事（2016 年 7 月 15 日付），http://news.163.com/16/0715/03/BS01NVU
400014AEF.html

28　「AFSG の企業価値が 600 億ドルになるか」（2016 年 4 月 26 日付），https://www.huxiu.com/
article/146794/1.html

29　http://www.cnbeta.com/articles/573497.htm

30　イギリスの FCA（金融行為規制機関）では，「Project Innovate」というプロジェックを立ち上
げて，消費者の利益にかなう金融サービス分野におけるイノベーションを奨励している。安全面を
確保しながら，一定の範囲内で実験的な取り組みを許容する「Sandbox」制度を提案している。
Financial Conduct Authority "Regulation Sandbox", November 2015. https://www.fca.org.uk/
your-fca/documents/regulatory-sandbox

【参考・参照文献】

ARBOR VENTURES (2016) "*China FinTech Market Analysis*".

Financial Conduct Authority (2015) *Regulation Sandbox*.

International Data Corporation (2012) *THE DIGITAL UNIVERSE IN 2020: Big Data, Bigger Digital Shadows, and Biggest Growth in the Far East*.

Laney D. (2001) *3D Data Management: Controlling Data Volume, Velocity, and Variety*, META Group.

Mark van Rijmenam (2013) *Why the 3V's are not sufficient to describe big data*.

McKinsey Global Institute (2011) *Big data: The next frontier for innovation, competition, and productivity*.

Morgan Stanley Research (2015) *Global Marketplace Lending Disruptive Innovation in Financials*.

Zhang, B., Baeck, P., Ziegler, T., Bone, J. and Garvey, K. (2016) *Pushing Boundaries: The 2015 UK Alternative Finance Industry Report*.

貴陽ビッグデータ取引所（2016）『中国ビッグデータ取引　産業白書』。

関雄太・佐藤広大（2016）「機械学習型人工知能とビッグデータの結語がもたらす金融サービス業の
変化」『野村資本市場クォータリー』，2016 年春号，第 19 巻，第 4 号，30-48 頁。

清科研究中心（2015）『2015 年中国のインターネットファイナンスの投資研究報告』。

総務省（2012）『平成 24 年版情報通信白書』。

迪拜金融工作室（2012）『阿里小貸専題研究』。

中国信息通信研究院（2016）『ビッグデータ白書』。

中国電子情報産業研究所，工業情報化部賽迪智庫（2015）『ビッグデータ発展白書』。

中国互聯網絡信息中心（CNNIC）（2016）『第 38 次中国互聯網絡発展状況統計報告』。

李建軍等共著（2014）『中国普恵金融体系―理論，発展与創新―』，知識産権出版社。

李立栄（2014）「世界金融危機は再来するか―中国シャドーバンキングの実態―」（対談）『ARES 不
動産証券化ジャーナル』，Vol.18，4 月，8-24 頁。

李立栄（2015）「中国個人金融における異業種参入がもたらすイノベーションの進展―インターネッ
トを活用した金融サービスの多様化―」『パーソナルファイナンス研究』，No 2，67-85 頁。

李立栄（2015）「急成長する中国のコンシューマー向けインターネットファイナンス」『野村資本市場
クォータリー』，2015 年夏号，第 19 巻，第 1 号，82-106 頁。

李立栄（2015）「中国のシャドーバンキング（影子銀行）の形成と金融システム改革の課題」『資本市場の変貌と証券ビジネス』公益財団法人日本証券経済研究所，3月，第5章，136-173頁。

李立栄（2017）「独自の発展を遂げる中国のフィンテック」『国際金融』新年特別号，1月。

李立栄（2017）「急成長する中国のオンライン・オルタナティブ・ファイナンスと課題」『野村資本市場クォータリー』，2017年冬号，第20巻，第3号，170-190頁。

（李　立栄）

第3章

パーソナルファイナンスにおける
マイクロファイナンスの役割と地域産業の育成
—マイクロファイナンスを利用して6次化を実施した場合の小規模
ワイン・清酒産業の地域における経済効果（北海道のケース）—[1]

1 はじめに

　パーソナルファイナンスの範疇である個人向け少額貸付は，大都市圏以外の
地方都市にとっても，地域経済再生において重要な地位を占めていると思われ
る。もちろん，個人事業主や中小零細企業に対しては，様々な補助制度や優遇
制度が準備されている今日であるが，ほとんどの企業が小さくても海外から注
目されるようなレベルの高い内容の事業展開ができていないのも実態である。
たとえば，代表的な個人企業として後継者不足の農家が挙げられる。果樹や畑
作の農家が自家製の果物や野菜，もしくはその加工品を海外で販売できている
のだろうか？　酪農家が自家製の牛乳やバター・チーズ等を輸出できているの
だろうか？

　直販売として代表的な姿は，道の駅や農協の直売所などが良く見かける姿で
ある。小さな農家が農作物の生産，加工品の製造，販売まで手がけることは難
しいように思われる。酪農家にとっても同じで，たとえば，1次生産物の牛乳
を書類上は農協経由で雪印乳業などに納品することで収入を得ているのが実態
である。もちろん少量ではあるが，野菜など地元の市場に直接卸している事例
やネット販売で直販のケースもあるが，農業加工品になると，農家が加工した
ものはまだまだこれからといえる。また，昨今の外国人観光客の増加に伴っ
て，しっかりとしたインバウンドの対応が地域で整備されているのだろうか？
関東圏ではオリンピックで来日する外国個人観光客を受け入れるための宿泊施
設が絶対的に不足しているともいわれる。もちろん，政府からはマイナス金利

政策を始め，景気拡大のために様々な政策が打ち出されている。とくに，近年は多様な融資環境の改善によって新規投資へ誘導する取り組みがなされている[2]。しかし，昨今の民間投資はマクロ的にも金融政策的にも，政策目標が達成されているとはいえない状況である[3]。(図表 3.1，図表 3.2 参照)

ここでは大規模企業の民間投資を対象とはしていないものの，その投資方法の1つとしてクラウドファイナンスの1つであるマイクロファイナンスの手法を分析することによって，効果的な投資が実現できるということも，明らかにする。これは，マイクロファイナンスの手法によって，十分な資金を獲得し，夢のある事業計画を実現できた結果を地域経済に照らし合わせて明らかにする。具体的には，産業連関表によるシミュレーションから経済波及効果を明らかにし，その内容を分析することによって，地方の中小零細企業の活性化が地方の人口流出を食い止め，その地域における人口増加の起爆剤となり得ることを明らかにしようとするものである。その結果として，限界集落であるような地域でも経済の再生が可能であるとことを明らかにする。

そこで本章では，パーソナルファイナンスにおける，マイクロファイナンス

図表 3.1　新規融資件数

(出所) 中小企業庁 HP より筆者作成。

図表 3.2　新規融資金額 (億円)

(出所) 図表 3.1 と同じ。

を利用した地域産業の育成について分析を試みる。具体的には，人口約 537 万人の北海道[4]に分析地域を限定する。少子高齢化による人口減少（図表 3.3，図表 3.4，図表 3.5 参照）によって，約 195.8 万人[5]の人口を抱える札幌市以外のほとんどの市町村が消滅することを回避すること，すなわち，限界集落問題

図表 3.3　日本の将来総人口（100 万人）

（出所）2010 年は総務省『国勢調査』，2015 年以降は国立社会保障・人口問題研究所『日本の将来推計人口（平成 24 年 1 月推計）』の出生中位・死亡中位仮定による推計結果 7 を筆者編集。

図表 3.4　北海道の将来総人口（1 万人）

（出所）図表 3.3 と同じ。

図表 3.5　余市町の将来総人口（人）

（出所）図表 3.3 と同じ。

の解決が重要な政策課題となっている。そこで，北海道地域の地域活性化策として，その地域を支える個人や中小零細企業を活性化することによって，地域の経済を豊かにし，個人の所得を増加させることを通じて，限界集落問題の根幹をなす人口減少問題を解決する施策のシミュレーション分析を行う。

とくに地域に根ざす，個人もしくは中小零細企業であるワイナリーや酒蔵（以下この2業種を総称して以下「造り酒屋」と呼ぶ）を対象[6]に，これらの資金調達方法とその経済効果に焦点を絞って分析し，資金調達方法の違いによって，地域活性化の経済効果が異なることを明らかにする。

本分析で取り上げる資金調達方法は，政府補助金，制度融資，金融機関を通じた民間融資，マイクロファイナンスの4形態である。それぞれについて，シミュレーション分析し，経済波及効果や，雇用効果の大きさから，これらのファイナンス方法で最も地域経済に貢献するものを特定しようと試みる。

2 造り酒屋を活性化することで限界集落の人口が増加する理由

2.1 限界集落の努力と問題点

北海道における新規ワイナリー就業者は30代前後から40代の働き手である。日本酒の杜氏も高齢化が進み杜氏不足が深刻化している[8]反面，製造業者数も減少した[9]ことから働き手の世代が若返りつつあると推測される。近年では，どの地域の自治体でも現状打開のためにできる限りの助成手段を準備している。たとえば，保育園や幼稚園の無料化[10]，成人までの医療費無料化[11]，新規就農者インターン中の所得保障（たとえば2年間20万円／月）や農業施設整備補助（1/2以内上限500万円）等々数多く存在する[12]。それでも，地域の若年世代にとって，魅力的な就労機会を充分準備できていないことがネックとなっている。何が問題なのか？　多分おいしい食事やお酒を飲んだり，映画を見たり，カラオケしたりする場所が無いことに問題があるのか？　近くでミュージカルを観に行けない？　近くでブランド品が買えない？　文化そのものが少ない？　最新医療を享受できない？　何よりも田舎の持つ独特の閉塞感が問題？などなど多々存在する。

しかし，発想を変えてみれば，ブランド農産品はじめワインや日本酒の営業

58　第Ⅰ部　イノベーション

は，国内全国各地はもとより海外にも営業に出かけるグローバル産業になりつつある。地元にいながら，自分の食文化を背景に，世界の市場に向けて働ける魅力的な職場を準備できることでも，他の産業に比べて，政府や地元自治体の強力なバックアップをうまく利用できる大変有利な分野である。

　したがって，これらは魅力的な職場に変身し，売上が上向けば高額所得を望める職場でもある[13]。したがって，この産業を活性化することで，労働人口の流出を食い止めることができ，その地域の人口減少に歯止めをかけることができることに繋がる。

2.2　造り酒屋（ワイナリーと清酒醸造）の活性化によって地元の人口が増加する理由

　ワイナリーはワイン用葡萄畑と同じ地域に造醸所が存在するため田舎に存在する[14]。また，清酒の造り酒屋もその多くは田舎に存在し，地域で生産される酒造好適米を多く利用している[15]。北海道では20年前まではほんの数社に過ぎなかったワイナリーが，土壌も気候もブドウ生産に適しているということから，2012年では17社，2016年では36社にまで増加した[16]。一方，清酒メーカーは1921年148社あったものが2016年時点では11社にまで減少した[17]。また，これらのワイナリーや清酒の蔵元はすべて中小零細企業といえる。

　さて，若年世代の都会志向は昔も今も変わらないが，一旦都会に出た若者が故郷に帰る傾向は皆無なので，近年の少子化は果樹園や米作農家の後継者不足を加速している。

　たとえば，果樹園の廃業や離農が契機となって，同じような果樹栽培の葡萄が基本となるワイン醸造希望者の新規就農が生まれ，土壌の傾向が同じという理由や，果樹園の集中している地域が栽培に関する相談相手も多いという理由から，新規にワイナリーを開設する傾向が多くみうけられる。加えて，ワイナリーが集積しつつある余市地区や空知地区などでは，生産者間のコミュニケーションはもとより，地域行政機関の強力なバックアップもあって，多くの利便性が存在することから，近年とくに，これら2地域ではそれぞれ9社以上の集積があり，他の地域に比べてワイナリー数が突出しているといえる[18]。（図表3.6参照）

3.6図[19]では，同一縮尺で北海道と本州を比較した。清酒「北の勝」の根室から「野楽蔵」ワインの函館まで，300km以上あることが視覚的に理解できるように明示されている。

この醸造所マップから明らかなように，各醸造所は将来急速に人口が減少する地域（札幌以外）に点在する限界集落に存在している。

醸造所における製品平均単価について，ワインの例で考えることとする。現状は，充分な熟成期間を経た付加価値の高いヴィンテージになりうる商品が少なく，世界のワイン市場で認められた2～3のワイナリー以外，ほとんど熟成期間の短い1000円前後のテーブルワインが主流である（図3.7参照）。そこで，平均単価が2倍から3倍になるような工夫があれば，田舎にある醸造所の地元が経済的に潤い，同時に雇用の機会も増えることとなり，限界集落における人口減少を食い止める可能性がここに秘められているといえる。

同じように，日本酒においても，普通酒2000mlで約1000円[20]，純米酒720mlで1200円～1600円[21]が平均的な単価である[22]。

図表3.6　北海道　ワイン・清酒・ビール　醸造所マップ

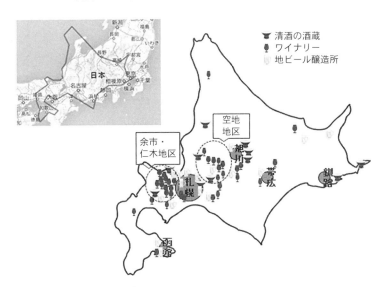

（出所）西原史暁より筆者作成。

図表 3.7 ワイン価格分布

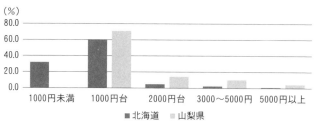

(出所) 鹿取みゆき (2011), 85-151 頁より筆者作成。

3 造り酒屋の6次産業化と4種類のファイナンス

3.1 6次産業化

ここではまず政府が地域活性化の切り札としている6次産業化[23]について説明する。

6次産業化とは, 第1次産業である農林水産業を基礎に, 農林水産物を加工する製造業の第2次産業, さらにその加工品を軸とした卸売業, 小売業, ホテルやレストランなどのサービス・観光産業の第3次産業を地域的に結合し, 個別地域の総合産地化・活性化を図ろうとするものである。この第1次, 第2次, 第3次を掛け算すると第6次となる (図表 3.8 参照)。北海道のような地域では, とりわけこの第6次産業化構想を前面に出した対策により, 1次産業から3次産業の統合的な生産販売活動による利益の集積によって, 当該地域のGDPを増加させることにより, 地域自治体の財政力をアップしながら若者が定着するような魅力ある街作りが模索されている。

図表 3.8 産業区分と6次産業

1次産業：農林水産業
2次産業：鉱業・建設業・製造業
3次産業：卸業・小売業・金融保険・宿泊・飲食・観光業などサービス産業

(出所) 筆者作成。

3.1.1 ベーゼン（ドイツ）の事例

L.Wenjing（2009）[24] はドイツのベーゼンの事例を取り上げてワイナリーとレストランの併設による6次産業化の推移と経済発展ついて以下のように紹介している。

ベーゼン（Besen）は Besenwirtschaften の略語で，「箒」を意味する。これはワイン農家が玄関前や看板の飾りに使っている。この看板を飾っている家はワイン農家兼レストランのようなものであり，ワインのほかにシンプルな伝統食の提供もしている。これはドイツに存在するワイン直売の特別な形態であり，地域によって呼び名が異なる。ベーゼンの呼称は Baden-Wurttemberg 州の Wurttemberg 地方では一般的に使用されている。この伝統は紀元 800 年頃にカール大帝によって初めてワイン農家に自家の居間でワインを販売する権利が与えられた時期からとされており，現在に至る。ワイン農家協同組合が，レストラン，バー，パブなどワインを取り扱う業者との間の合意を導いたことに成功の原因があるとされる。結果的にベーゼンは農家，ワイン協同組合，飲食業界が暗黙の了解のもとに地元ワインの販売に協力することになっており，今日では，経済のグローバル化の影響を受けつつも，8 割近いワインの地域内消費を実現している。

ベーゼンは現在も依然としてワイン農家の販売戦略の1つであり，地域における「社会的な場」，「観光の場」として活用されている。そのため，ベーゼンは伝統文化の象徴とワインの直売所としての新しい意味合いを有するようになった。農家レストランがまだ少ない日本において，地域に根付き伝統文化を生かした，地域活性化および地域間交流を目指すこれらの事例は大変参考になると思われる。

3.2 造り酒屋の6次産業化ファイナンス手法

ここでは，4種類のファイナンスケースを考える。北海道開発局（2010）『平成 17 年度北海道産業連関表および各種係数表』[25] に基づいてシミュレーションする。

（共通事項）

共通事項は以下とする。各社，新規投資額各社平均5千万円とする。この新

62　第 I 部　イノベーション

規投資を利用して土壌改良による高品質ワインの生産や，既存施設の改装による
レストラン開設費用に充当するものと考える。このような事業展開によっ
て，ワイナリー 36 社，清酒メーカー 11 社，合計 47 社がファイナンスするも
のとする[26]。新規投資額は総額 23.5 億円。これをファイナンスするときの経
済効果を以下 Policy1 政府補助金，Policy2 金融機関を通じた制度融資，
Policy3 民間金融機関の融資，Policy4 マイクロファイナンスの 4 種類に分けて
考察する。なお，本研究で利用する按分表は Iida（2016）[27] の研究を踏まえた
ものである。また，事前の支払や金利負担などが生じた場合は最終需要額に加
算した。最後に，いずれの方法のファイナンスを実行しても，前提としている
企業群はデフォルトしないと仮定する。

⑴　Policy1 政府補助金

　指定金融機関を通じ補助金を受け取る。獲得資金量は運良く満額 100％の調
達できたと仮定する。しかし，行政機関が開催するフォーラムや中小企業診断
士などのコンサルタントによる指導，および，税理士等による財務的相談な
ど，補助金獲得までの，時間的，金銭的支出に獲得資金量の 6％，300 万円を
全ての各事業体が事前支出したと仮定する[28]。もちろん補助金であるから，担
保の差し入れはなく，事業計画が失敗に終わっても，返還を求められることが
ないので安心して事業を継続できることにメリットがある。しかし，100％必
要資金を補助金で獲得することは非常に難しいといわれている。これを数値に
関連付けるため補助金獲得の確率を 30％と仮定し，補助金を獲得できた事業
者と補助金を獲得することができなかった事業者に分けるとする。補助金を獲
得できなかった事業者は計画を実施できないこととする。補助金を獲得した事
業者は，事業計画の実施についてコンサルタント会社のアドバイスを受けなが
ら事業を進めることと仮定する。

　この仮定のもとでは，総投資額 23.5 億円の 30％にあたる 7.05 億円が補助金
の獲得額と仮定する。このケースの総投資額となる。これに加えて，補助金獲
得のための事前支出額 1.41 億円（=300 万円×47 社）の合計 8.46 億円が最終
需要となる。

　資金の流れに関しての按分は，土壌改良のための耕種農業に 11％，自家製
加工品などのために，その他の食料品に 20％，ホテル・レストランの建設費

20％，商品の販売の人件費に5％，商品のネット販売などの郵送料に運輸5％，補助金を獲得するために自治体が中央政府に出向いたり補助金を使ってもらうためのフォーラムを開いたりのサービスとして公共サービスの支出2％，自治体の中小企業支援センターや中小企業診断士などへのコンサルタント料や一般のサービス業の運営費としてサービス業37％の寄与度があると仮定する。

⑵　Policy2 金融機関を通じた制度融資

⑴と同じ条件であるが，純粋な補助金は利用せず，制度融資ですべての必要資金を賄う。単純化のため返済期間は10年とする。⑴との大きな差は金利がかかることである。ここでは単純に金利を2％と仮定する。また，北海道信用保証協会の保証[29]が必要であり，保証料（借入金額の2％）を年間で支払うと仮定する。調達資金量を満額獲得できる確率は40％と⑴よりも高くなると仮定する。残りの60％は融資を受けられなかったものとする。したがって，ここでは必要資金量を100％獲得できた40％の事業者を推計の対象と仮定する。

北海道中小支援センターや日本政策投資銀行などと綿密に打合せ，経営コンサルタントにも充分に謝礼するものと考える。⑴同様に獲得資金量の6％である300万円を事前打合せ経費として支出したと仮定する。

支払金利総額と事前打合せ経費は最終需要額に加算する数値と仮定する。反対に，デフォルトした場合は信用保証協会への返済義務が生じ，担保提供した土地母屋などの担保が処分される。そこで経営者の心理的負担を調達金総額の10％程度と仮定する。この心理負担分を経済の大きさに反映するために，心理負担分を医療費や趣味娯楽等遊興費として支出すると仮定し増額して最終需要額を算出することとする。

この仮定のもとで，23.5億円の40％，9.4億円を借入期間10年間，金利と保証料の合計年利4％で借入をすると，返済総額は11.42億円。事前支出は⑴と同様1.41億円，この総額12.83と心理的負担額0.94億円を加算した金額13.77億円が最終需要となる。

資金の流れに関しての按分は，土壌改良のための耕種農業に11％，自家製加工品などのために，その他の食料品に20％，ホテル・レストランの建設費20％，商業は⑴に比べて，商品販売の人件費は金融機関の紹介もあり費用を

64　第 I 部　イノベーション

圧縮できると仮定して1%，金融・保険・不動産へは銀行サービスを通じた各手数料や金利負担などから5%，商品のネット販売などの郵送料に運輸5%，自治体の中小企業支援センターや中小企業診断士などへのコンサルタント料1%，一般のサービス業の運営費としてサービス業37%の寄与度があると仮定する。

⑶　Policy3 民間金融機関融資

⑴と同じ条件であるが，補助金や制度融資は利用せず，民間の金融機関ですべての必要資金を賄う。返済期間は10年。金利4%。民間の保証会社に担保を差し出して保証を受ける。デフォルトした場合は担保物件を失う。単純化のため保証料は年間2%と仮定する。

⑵との大きな差は金利が2倍になること，調達資金量を満額獲得できる確率が⑵よりも低くなると仮定する。ここでは獲得資金量は全体の20%と仮定する。

いつも相談している税理士などを中心に相談し，事業計画書は自前で作成し，銀行のアドバスに従った。

この仮定のもとで，23.5億円の20%，4.7億円を借入期間10年間，金利と保証料の合計年利4%で借入を実行する。返済総額は6.26億円。事前支出は⑴と同様1.41億円であることから，これを加算した7.67億円，デフォルトするかもしれないという心理的負担は借入額の10%，0.47億円を合計した8.14億円が最終需要となる。

その結果，資金の流れに関しての按分は，土壌改良のための耕種農業に11%，自家製加工品などのためにその他の食料品に20%，ホテル・レストランの建設費20%，商業は⑴に比べて，商品販売の人件費は金融機関の紹介もあり費用を圧縮できると仮定して3%，金融・保険・不動産へは8%，銀行サービスを通じた各手数料や金利負担などから商品のネット販売などの郵送料に運輸5%，自治体の中小企業支援センターや中小企業診断士などへのコンサルタント料として公共サービスに2%，一般のサービス業の運営費としてサービス業31%の寄与度があると仮定する。

⑷　Policy4 マイクロファイナンス

匿名組合に支払う取扱手数料と管理手数料は資金調達と同時に手当する。資

第3章　パーソナルファイナンスにおけるマイクロファイナンスの役割と地域産業の育成　　65

金調達額は満額100％調達できると仮定する。取扱手数料と管理手数料は調達額の10％を毎年支払うと仮定する。これは金融サービスの売り上げとなる。資金の回収はプロジェクト終了後となり，利益の如何にかかわらずプロジェクト対象の総資産を分配するものとする[30]。デフォルトした場合もプロジェクト期間が終了したときに利益がでなくても，事業者の資金返済は生じない。(1)〜(3)でファイナンスできなかった残り10％の事業者が利用するものとする。

　この仮定のもとで，23.5億円の10％，2.35億円10年間をプロジェクト期間と仮定する。取扱手数料と管理手数料は10％であるから年利10％で借入を実行することと同じと考え，最終返済総額は3.73億円となる。デフォルトするかもしれないという心理的負担は，プロジェクト終了後の清算となるので，0％であると仮定する。最終返済総額と同等の投資金額3.73億円が最終需要と

図表 3.9　按分表

産業部門名	Policy1 割合	補助金 金額 (100万円)	Policy2 割合	制度融資 金額 (100万円)	Policy3 割合	民間銀行 融資金額 (100万円)	Policy4 割合	Mファイナンス金額 (100万円)	Policy5 総合政策 (100万円)
耕種農業	0.11	93	0.11	151	0.11	90	0.11	41	375
その他の食料品	0.2	169	0.2	275	0.2	163	0.2	75	682
建築・土木	0.2	169	0.2	275	0.2	163	0.2	75	682
商業	0.05	42	0.01	14	0.03	24	0	0	80
金融・保険・不動産	0	0	0.05	69	0.08	65	0.2	75	209
運輸	0.05	42	0.05	69	0.05	41	0.05	19	171
公共サービス	0.02	17	0.01	14	0.02	16	0	0	47
サービス業	0.37	313	0.37	509	0.31	252	0.24	90	1,164
最終需要額	1	846	1	1,377	1	814	1	373	3,410

注： (1)　データは公共機関によって公表されたデータを活用する。
　　 (2)　データで補足できない項目はアンケート調査を実施した。オチガビワイナリー，ドメーヌ貴彦，山崎ワイナリー，ニセコ酒造，田中酒造，竹浪酒造店，藤井酒造，ワインショップフジキ，原田商店，などに協力いただいた。とくに，按分表の比率作成に利用した。
　　 (3)　資金獲得の成功率は関連金融機関のインタビューに基づいて仮説的に決めた。
　　 (4)　按分したPolicy1，Policy2，Policy4の各部門の金額合計は，丸めのため，最終需要額に一致しない。
（出所）筆者作成。

66   第 I 部　イノベーション

なる。

　資金の流れに関しての按分は，土壌改良のための耕種農業に11%，自家製
加工品などのために，その他の食料品に20%，ホテル・レストランの建設費
20%，商業は(1)に比べて，商品販売の人件費は金融機関の紹介もあり費用を
圧縮できると仮定して0%，金融・保険・不動産へは銀行サービスを通じた各
手数料や金利負担など20%，商品のネット販売などの郵送料に運輸5%，自治
体の中小企業支援センターや中小企業診断士などへのコンサルタント料や一般
のサービス業の運営費としてサービス業24%の寄与度があると仮定する。

4　最終需要とGDP換算の経済波及効果，波及倍率，雇用効果（人）

Policy 1　政府補助金（全体の30%）

　GDP換算の経済波及効果63.9千万円，波及倍率0.76，雇用誘発効果は67人
となる。

Policy 2　制度融資（全体の40%）

　GDP換算の経済波及効果は105.6千万円，波及倍率は0.76，雇用誘発効果は
106人となる。

Policy 3　民間銀行融資（全体の20%）

　GDP換算の経済波及効果は62.6千万円，波及倍率は0.77，雇用誘発効果は
59人となる。

Policy 4　Mファイナンス（全体の10%）

　GDP換算の経済波及効果は31.3千万円，波及倍率は0.78，雇用誘発効果は
26人となる。

Policy 5　総合政策

　GDP換算の経済波及効果は261.1千万円，波及倍率は0.77，雇用誘発効果は
257人となる。

第3章 パーソナルファイナンスにおけるマイクロファイナンスの役割と地域産業の育成　67

図表3.10　雇用誘発効果と総波及効果

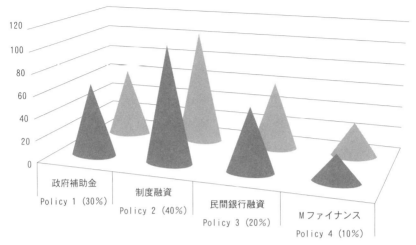

(出所) 図表3.11のシミュレーション結果をグラフ化。筆者作成。

図表3.11　粗付加価値誘発額（総合波及効果・雇用誘発効果）と波及倍率

粗付加価値誘発額	Policy 1(30%) 政府補助金	Policy 2(40%) 制度融資	Policy 3(20%) 民間銀行融資	Policy 4(10%) Mファイナンス	Policy 5 総合政策
雇用誘発効果（人）	67	106	59	26	257
総合波及効果（千万円）	63.9	105.6	62.6	31.3	261.1
波及倍率	0.76	0.76	0.77	0.78	0.77

注：Policy1〜4までのシミュレーション結果を合計したものが，Policy5と一致しないのは，Policy1〜5まで個々にシミュレーションを実施したためである。なお，Policy5の波及倍率は，Policy1〜4までの波及倍率の平均となっている。
(出所) 筆者作成。

5　結語

(1)　(Policy1〜4) 基本的に波及倍率がプラスであるので，これらの政策は有効である。
(2)　商業・金融・公共サービスの違いによる比較であったが，波及倍率に差は

68　第Ⅰ部　イノベーション

なかった。政府補助金では，充分な資金が獲得できない場合が多く，事前に説明会に出席して資金獲得の事前準備を充分する必要がある。これは時間と金銭的な負担が大きく，人的資源が不足がちな中小零細企業には負担が重いと思われる。また，多くは自己持ち出し負担分があるところが多い。従って，積極的利用は申請の慣れている企業に集中しがちである。申請書を作成するための費用と金利軽減分を考慮しても，デフォルトした場合でも創業可能であるマイクロファイナンス（投資型）のファイナンスは政府補助金と同じくらい魅力的である。借入金利として比較すれば消費者金融並みに高額であるが，将来的に伸びてゆくファイナンス手法と考えられる。

⑶　マイクロファイナンスは中小企業にとって，必要資金の手当てと顧客獲得が同時に実現可能であることから，ふるさと納税の方式に一部類似しているかもしれない。

⑷　すべてのファイナンス手法は地域の雇用および，GDP にいずれも貢献するが，第3次産業を資金が通過するように工夫し，1次産業から3次産業に至る，域内での一貫した産業形態の構築が望まれる。

　　とくに，波及倍率が7.6〜7.8 という低い倍率となる北海道のような地域，すなわち，多くの財・サービスの実質的な流れが，域内に留まらなく北海道の外に出て行ってしまう経済構造の地域では，6次産業化により，資金が北海道内に留まる倍率を拡大する努力が必要と思われる。

⑸　注意点としては，シミュレーション結果は，前提により大きく数値が変化する。したがって，金額の大小ではなく，プラスの波及効果が確認できればよいというぐらいの目安が妥当と思われる。

⑹　Policy1〜Policy4 を組み合わせた Policy5 総合政策において，各事業所の新規雇用数が5〜6人，いずれも就業労働年齢であると考えられ，家族構成4人の標準世帯で20〜24人の人口が，ワイナリーや蔵元が所在する地域において人口増加が見込めることになる。全体では1028人（=257人×4）北海道の限界集落地域で人口が増加することは大きな意味がある。たとえば，2017年2月末現在人口1万9529人の余市町[31]では9軒のワイナリーがある。上記のような単純計算では216人（=9軒×6人×4）の新規入村者が創出されたことになり，人口が1％増加したことになる。2010年の人口と

第 3 章　パーソナルファイナンスにおけるマイクロファイナンスの役割と地域産業の育成　　69

2015 年の人口を比較すると，7％の減少している地域での 1％の人口増加は大きな意味がある。

⑺　残された問題として，クラウドファンファンディングの中でもマイクロファインナススは中小零細事業者にとってのメリットは最初の顧客獲得のためには有効のようであるが，この資金調達方法の有効な範囲についての詳細な研究は今回取り上げなかった。また，ファイナンスの方法や資金の集め方，謝礼や配当の方法など多くの課題は今後の研究課題としたい。

注

1　本研究の執筆者は，加藤晃（北海道教育大学），飯田隆雄（札幌大学），藤田哲雄（日本総合研究所），渡部なつ希（東京大学大学院）である。実態調査やアンケート調査では，藤井酒造（広島県），竹浪酒造店（青森県），二世故酒造（北海道），オチガビワイナリー（北海道），白鶴酒造（兵庫県），北海道庁，空知支庁，北海道酒造組合，札幌信金，北星信金，大地みらい信用金庫，北海道銀行，北洋銀行，北海道中小企業支援センターに大変お世話になった。ここに記して感謝申し上げる。もちろんすべての誤りは筆者の責任である。

2　たとえば，平成 25 年 12 月，「経営者保証に関するガイドライン」が公表され，平成 26 年 2 月から運用が開始され，審査要件を満たせば，個人事業主が事業融資を受ける場合の個人保証が不要となった。政府広報 HP，「中小企業や小規模事業者の方へ，ご存知ですか？「経営者保証」なしで融資を受けられる可能性があります」『暮らしに役立つ情報』http://www.gov-online.go.jp/useful/article/201503/4.html#anc01（2017 年 1 月 15 日検索），中小企業庁の HP（ホームページ）『政府系金融機関における「経営者保証に関するガイドライン」の活用実績』からのデータを編集したものである。ここで，2016 年度は半期データを 2 倍にして推計値とした。http://www.chusho.meti.go.jp/kinyu/keeihosyou/2016/161227keiei.pdf（2017 年 1 月 15 日検索），図表 3.1，図表 3.2 から明らかなように，商工中金と日本政策金融公庫のデータであるが，全体の融資件数や融資額は変化していないが，無担保融資件数や金額は増加している。

3　内閣の景気判断は「平成 28 年は緩やかな回復が続いているが，個人消費や民間設備投資は，所得，収益の伸びと比べ力強さを欠いた状況となっている」としている。内閣府『平成 29 年度の経済見通しと経済財政運営の基本的態度』平成 28 年 12 月 20 日，2 頁参照。http://www5.cao.go.jp/keizai1/mitoshi/2016/1220mitoshi.pdf（2017 年 3 月 5 日検索）

4　平成 28 年 12 月 31 日付け「住基ネットにおける人口」参考値では，北海道全体で 537 万 1154 人，札幌市は 194 万 7619 人，市部で 438 万 3010 人，郡部で 98 万 8144 人と人口の 80％が市部に在住し，残りの 20％が郡部，いわゆる田舎に在住している，都市集中型の極めて特徴的な地域である。北海道 HP「住基ネットにおける人口【参考値】（北海道総合政策部地域主権・行政局市町村課調）」『住人基本代表人口・世帯数』参照。http://www.pref.hokkaido.lg.jp/ss/tuk/900brr/index2.htm（2017 年 3 月 5 日検索）

5　平成 29 年 1 月現在，195 万 8772 人。札幌市 HP「推計人口」『札幌市 HP』参照。https://www.city.sapporo.jp/toukei/jinko/suikei-jinko/suikei-jinko.html（2017 年 2 月 28 日検索）

6　ここでは，大手ビールメーカー傘下のワインメーカーや大手清酒メーカーを分析対象にしていない。あくまでも，中小企業といわれる個人か小規模会社の酒蔵が分析対象の中心である。

7　2010 年の総数は年齢不詳を含む。2010 年は総務省『国勢調査』http://www.stat.go.jp/data/kokusei/2010/（2017 年 1 月 24 日検索），2015 年以降は国立社会保障・人口問題研究所『日本の将

70　第Ⅰ部　イノベーション

来推計人口（平成 24 年 1 月推計）』http://www.ipss.go.jp/syoushika/tohkei/newest04/kaisetsu.
pdf（2017 年 1 月 24 日検索）参照。

8　日本政策投資銀行地域企画部『清酒業界の現状と成長戦略』2013 年 9 月 17 頁参照。http://
www.dbj.jp/pdf/investigate/etc/pdf/book1309_02.pdf（2017 年 2 月 15 日検索）

9　清酒製造者数は減少傾向にある。1983 年 3 月末全国で 2552 社であったが 2016 年 3 月末時点で
は 1451 社と 33 年間で約 44％減少している。（共同びん詰法人を除く 2014 年 10 月 1 日現在）。国
税庁 HP「清酒製造業の概況」『酒税行政関係情報：統計情報・各種資料』。

　①（平成 12 年度調査分）https://www.nta.go.jp/shiraberu/senmonjoho/sake/shiori-gaikyo/
seishu/2000/pdf/01.pdf（2017 年 2 月 14 日検索）

　②（平成 27 年度調査分）https://www.nta.go.jp/shiraberu/senmonjoho/sake/shiori-gaikyo/
seishu/2015/pdf/01.pdf（2017 年 2 月 14 日検索）

10　北海道 HP「子育て支援，子育て世帯向け支援」平成 27 年 4 月 1 日現在。http://www.pref.
hokkaido.lg.jp/ss/ckk/H27kosodate.pdf（2017 年 3 月 1 日検索）

11　「平取町金券」で医療費の自己負担分を還元。平取町「子育て支援医療費還元事業」参照。
http://www.town.biratori.hokkaido.jp/wp-content/uploads/2015/03/shien1.pdf（2017 年 3 月 1 日
検索）

12　北海道農業担い手育成センター「研修支援」『北海道 DE 農業をはじめるサイト』。http://www.
adhokkaido.or.jp/ninaite/support/（2017 年 3 月 1 日検索）

13　高額所得者ともなれば，ミュージカルは本場のニューヨークやロンドンへ，ブランド品の買い物
はパリへ，救急医療や最先端医療は地元からヘリコプターを利用することが当たり前となる。

14　果実酒製造業における平成 22 年の企業数は 154 社，そのうち大手 5 社の製成量シェアは 81.7％
で，前年度 81.6％に比べて横ばいである。ここでも中小企業の割合が大きく法人格差が大きいのが
特徴である。国税庁 HP「果実酒製造業の概況（平成 23 年度調査分）」『酒のしおり（概況）』参照。
http://www.nta.go.jp/shiraberu/senmonjoho/sake/shiori-gaikyo/seizogaikyo/kajitsu/pdf/h23.pdf
（2017 年 2 月 15 日検索）

　　本章で取り上げる北海道内のワイナリーはすべて中小企業に属する。これらのワイナリーは自社
畑でワイン用葡萄を栽培し，その葡萄を使ってワインを醸造する。

　　また，日本酒の製造においては，中小企業の割合は 1983 年も 2016 年 99.6％と法人格差が大きい
ことも特徴の 1 つである。脚注 6 参照。また，原料となる酒造好適米は地域の農業試験場で開発さ
れ，今日の日本酒ブームを下支えしている。

15　北海道酒造組合「北海道産酒造好適米」『お酒の豆知識』。http://www.hokkaido-sake.or.jp/
topics.html（2017 年 3 月 1 日検索）

16　本州よりも約半分の農薬で農作物を栽培できるということも大きな魅力である。日本農業気象学
会北海道支部（2012）192 頁では化学合成農薬の使用料が本州と比較して 54％（出荷量ベース）と
記載されている。

　　平成 27 年 10 月 30 日に酒税の保全および種類組合等に関する法律第 86 条の 6 第 1 項の規定に基
づく「果実酒等の製法品質表示基準」（平成 27 年国税庁告示第 18 号）により，ラベル表示に原料
の原産地と醸造場所を，北海道余市町で収穫したぶどうを 85％以上使用して同じ余市町で醸造し
たワインを① 日本ワイン② 余市ワインと表示できるようになり，海外から安いぶどうジュースを
輸入して東京で醸造して「余市ワイン」とは名乗れなくなった。詳しくは「果実酒等の製法品質表
示基準について」平成 28 年 2 月 税務署 を参照。https://www.nta.go.jp/shiraberu/ippanjoho/
pamph/sake/winelabel.pdf（2017 年 1 月 24 日検索）

17　1921 年の清酒メーカー数 48 社の出典は 2 次資料である。富永一哉「深化する北海道の清酒・ワ
イン」『道総研ランチタイムセミナー「おひるの科学」』25 頁。https://www.hro.or.jp/pdf/seisyu

第 3 章　パーソナルファイナンスにおけるマイクロファイナンスの役割と地域産業の育成　　71

wine.pdf（2017 年 2 月 12 日検索）参照。

　　2016 年の清酒メーカー数 11 社の中で都市部に本社工場があるメーカーは，札幌 1 社，小樽 1 社，旭川 3 社，帯広 1 社であり，その他はいわゆる限界集落に会社が所在する。焼酎においては清酒メーカー 4 社が兼業で生産しているのが現状である。『北海道酒造組合』ホームページ参照。http://www.hokkaido-sake.or.jp/（2017 年 1 月 24 日検索）

18　地ビールは過去 46 カ所あったものが 2016 年の参照資料 HP では 19 カ所に減少している。そのうち車で 1 時間圏内の江別市・小樽市・千歳市と札幌市を加えた地域内では 9 カ所，残り 10 社はそれ以外の地域で製造している。詳細は「北海道クラフトビール一覧」『ビアクルーズ』（2016 年 8 月 31 日更新）を参照。http://beer-cruise.net/beer/Hokkaido.html（2017 年 1 月 24 日検索）図表 3.6 におけるワイナリーは主要ワイナリー 36 社のみを表していることに注意されたい。

19　ここでは，上記脚注 11，12 の資料を参考に絵図を作成した。

20　普通酒，紙容器入り（2000ml），アルコール分 13 度以上 16 度未満。総務省統計局「清酒」『小売物価統計調査（動向編）2015』参照。http://www.e-stat.go.jp/SG1/estat/List.do?lid=00000115 2015（2017 年 2 月 14 日検索）

21　（公社）米穀安定供給確保支援機構情報部「清酒の動向（No.4　清酒製造業者，酒販卸業者等）」『米に関する調査レポート　H26-5』（公社）米穀安定供給確保支援機構情報部　2014 年 9 月 30 日，16 頁参照。http://www.komenet.jp/pdf/chousa-rep_H26-5.pdf（2017 年 2 月 14 日検索）

22　有名ブランドの入手困難な日本酒の純米酒で 620ml，1000 円以下でも，獺祭発泡にごり酒 50 360ml，972 円や白鹿おづ純米吟醸 500ml，800 円は高いと感じるであろうか？　一般的には，ブランド力を高め利益率の大きな商品を開発することに四苦八苦しているのが現状といえる。

23　首相官邸 HP「新成長戦略について」『平成 22 年 6 月 18 日閣議決定』26 頁参照。http://www.kantei.go.jp/jp/sinseichousenryaku/sinseichou01.pdf（2017 年 2 月 28 日検索）

24　Wenjing. L.(2009)「"Besenwirtschaften" in Germany: A case study in Baden-Wurttemberg」『総合政策』（岩手県立大学），Vol.10⑵，137-161 頁参照。

25　北海道開発局（2010），北海道開発局開発監理部開発計画課地域経済係編（2010）に基づいて独自にプログラムを作成し，シミュレーションした。

26　地ビール会社は麦芽を北海道内から調達しているところがどのくらいあるか信頼できるデータの入手ができなかったため，今回のシミュレーション分析対象から除外することとする。

27　Iida（2016）の研究を踏まえたものであるが，あくまでも仮説に変わりはなく，実態調査数が多くなるにつれて，按分表数値が変化する可能性は大いに存在する。

28　通常，補助金の申請期間は 2～3 週間程度であり，それまでに，事前説明会などが開催される。この開催期間中に，補助金の趣旨に合わせた形で，各事業体がそれぞれ事業計画を立案し財務収支計画と共に，申請書と必要証明書などの書類をそろえなければならないので，かなりの時間的金銭的負担が必要であることが，一般的に知られている。

29　北海道信用保証協会の料率に準拠しながら単純化して保証料 2％と仮定して算定した。したがって，「責任共有外保証料率」にて「創業後や法人成り後で決算期が未到来の場合や，個人事業主で貸借対照表を作成していない場合等では，区分 5 の料率算出する」事から区分 5，年率 1.35 の保証料率，25 回以上分割の均等分割返済係数 0.55 を前提にした。北海道信用保証協会 HP「経営安定関連（セーフティネット）保証」。http://www.cgc-hokkaido.or.jp/guide/prices.html（2017 年 2 月 20 日検索）

30　Bargain,Cardebat and Vignolles（2016）は，近年ヨーロッパ市場で伸び率は 1.6％であるのに，アジア太平洋地域では 12.4％，全体の売り上げの 28.7％が掛売販売であり，その内の 46.4％がスーパーマーケットの取引，専門店が 14.1％，4.5％がコンビニエンスストアで占められている。ワイン投資の収益率は 5.3％（1899-2012）等のサーベイと共に，クラウドファンデゥイングにおいて

72 第I部 イノベーション

は，小規模投資で最初の売り出しに潜在的な投資家や顧客の獲得に有効としている。本章ではファンド型，購入型，貸付型に大別されるファイナンスの分類ではファンド型に該当する。

31 余市町 HP 参照。http://www.town.yoichi.hokkaido.jp/（2017 年 3 月 6 日）

【参考・参照文献】

Bargain, O., Cardebat, J.M. and Vibnolles A. (2016) Crowdfunding inWine. *AAWE Working Paper* No.196, *Economics* Aprile. http://www.wine-economics.org/aawe/wp-content/uploads/2016/04/AAWE_WP196.pdf (2017 年 3 月 6 日検索).

Bonny, S. (2006) Organic Farming in Europe: Situation and Prospects. *Notre Europe*, 1-28.

Hough, E.C. and Nell, W. T. (2003) The Financial Aspect of growing Organic Wine Grapes in the Vredendal District. *International Farming Management*.

Iida, T. (2010) The nominal GDP growth rate after the revised Money Lending Business Control and Regulation Law is minus 0.98%. *Monthly Credit Age*, July, Vol.367, 10-11.

Iida, T., Watanabe, N. and Kato, A. (2016) The Impact Analysis of Regional Finance Policies-The Wine Industry in Hokkaido Japan. *Journal of Advanced Management Science*, Vol.4, No.2. March, 122-126.

Wenjing. L.(2009)「"Besenwirtschaften" in Germany : A case study in Baden-Wurttemberg」『総合政策』(岩手県立大学), Vol.10⑵，137-161 頁。

(公社)米穀安定供給確保支援機構情報部 (2014)「清酒の動向（No.4 清酒製造業者，酒販卸業者等)」『米に関する調査レポート H26-5』(公社)米穀安定供給確保支援機構情報部，16 頁。http://www.komenet.jp/pdf/chousa-rep_H26-5.pdf （2017 年 2 月 14 日検索)

土居英二・浅利一郎・中野親徳 (1996)『はじめよう地域産業連関分析―Lotus1-2-3 で初歩から実践まで』日本評論社。

日本気象学会北海道支部編著 (2012)「北海道農業のいまと新しい技術」『北海道の気象と農業』北海道新聞社，第 4 章，192 頁。

日本政策投資銀行地域企画部 (2013)「清酒業界の現状と成長戦略」http://www.dbj.jp/pdf/investigate/etc/pdf/book1309_02.pdf （2017 年 2 月 15 日検索)

(資料)

Wine Institute *World Wine Production by Country 2014*. http://www.wineinstitute.org/files/World_Wine_Production_by_Country_2014_cTradeDataAndAnalysis.pdf (2017 年 3 月 5 日検索)

金融庁 HP「貸金統計資料」2008，2009，2010。http://www.fsa.go.jp/status/kasikin/index.html/

国税庁 HP「果実酒製造業の概況（平成 23 年度調査分)」『酒のしおり（概況)』。http://www.nta.go.jp/shiraberu/senmonjoho/sake/shiori-gaikyo/seizogaikyo/kajitsu/pdf/h23.pdf （2017 年 2 月 15 日検索)。

国税庁 HP「酒税」『酒』(2014)。http://www.nta.go.jp/kohyo/tokei/kokuzeicho/sake2014/shuzei.htm

国税庁 HP「清酒製造業の概況」『酒税行政関係情報：統計情報・各種資料』

　①（平成 12 年度調査分)(2017 年 2 月 14 日検索)。https://www.nta.go.jp/shiraberu/senmonjoho/sake/shiori-gaikyo/seishu/2000/pdf/01.pdf

　②（平成 27 年度調査分)(2017 年 2 月 14 日検索)。https://www.nta.go.jp/shiraberu/senmonjoho/sake/shiori-gaikyo/seishu/2015/pdf/01.pdf

国税庁 HP「果実酒等の製法品質表示基準について」平成 28 年 2 月税務署を参照。https://www.nta.go.jp/shiraberu/ippanjoho/pamph/sake/winelabel.pdf （2017 年 1 月 24 日検索)

国立社会保障・人口問題研究所 HP「日本の将来推計人口（平成 24 年 1 月推計）」。http://www.ipss.go.jp/syoushika/tohkei/newest04/kaisetsu.pdf（2017 年 1 月 24 日検索）

札幌市 HP「推計人口」『札幌市』。https://www.city.sapporo.jp/toukei/jinko/suikei-jinko/suikei-jinko.html（2017 年 2 月 28 日検索）

首相官邸 HP「新成長戦略について」『平成 22 年 6 月 18 日閣議決定』26 頁参照。http://www.kantei.go.jp/jp/sinseichousenryaku/sinseichou01.pdf（2017 年 2 月 28 日検索）

政府広報 HP「中小企業や小規模事業者の方へ，ご存知ですか？「経営者保証」なしで融資を受けられる可能背があります」『暮らしに役立つ情報』。http://www.gov-online.go.jp/useful/article/201503/4.html#anc01（2017 年 1 月 15 日検索）

総務省 HP「国勢調査」。http://www.stat.go.jp/data/kokusei/2010/（2017 年 1 月 24 日検索）

総務省統計局 HP「清酒」『小売物価統計調査（動向編）2015』。http://www.e-stat.go.jp/SG1/estat/List.do?lid=000001152015（2017 年 2 月 14 日検索）

中小企業庁 HP「政府系金融機関における「経営者保証に関するガイドライン」の活用実績」。http://www.chusho.meti.go.jp/kinyu/keieihosyou/2016/161227keiei.pdf

富永一哉「深化する北海道の清酒・ワイン」『道総研ランチタイムセミナー「おひるの科学」』25 頁。https://www.hro.or.jp/pdf/seisyu_wine.pdf

内閣府 HP「平成 29 年度の経済見通しと経済財政運営の基本的態度」1 頁。http://www5.cao.go.jp/keizai1/mitoshi/2016/0122mitoshi.pdf（2017 年 3 月 5 日検索）

西原史暁「簡単に地図上の広がりを比較できるウェブサービス」『Colorless Greens』。http://hi.fnshr.info/2015/01/03/mapfrappe/（2017 年 3 月 5 日検索）

ビアクルーズ「北海道クラフトビール一覧」『ビアクルーズ』。http://beer-cruise.net/beer/Hokkaido.html（2017 年 1 月 24 日検索）

平取町 HP「子育て支援医療費還元事業」。http://www.town.biratori.hokkaido.jp/wp-content/uploads/2015/03/shien1.pdf（2017 年 3 月 1 日検索）

北海道 HP「子育て支援，子育て世帯向け支援」。http://www.pref.hokkaido.lg.jp/ss/ckk/H27kosodate.pdf（2017 年 3 月 1 日検索）

北海道 HP「住基ネットにおける人口【参考値】（北海道総合政策部地域主権・行政局市町村課調）」『住人基本代表人口・世帯数』。http://www.pref.hokkaido.lg.jp/ss/tuk/900brr/index2.htm

北海道開発局（2010）『平成 17 年北海道産業連関表 33 部門北海道産業連関表および各種計数表』。https://www.hkd.mlit.go.jp/ky/ki/keikaku/u23dsn0000001mzq.html

北海道開発局開発監理部開発計画課地域経済係編（2010）「平成 17 年度北海道産業連関表について」。https://www.hkd.mlit.go.jp/ky/ki/keikaku/u23dsn0000001mzq-att/u23dsn0000001n3e.pdf

北海道信用保証協会 HP「経営安定関連（セーフティネット）保証」。http://www.cgc-hokkaido.or.jp/guide/prices.html（2017 年 2 月 20 日検索）

北海道酒造組合 HP「北海道酒造組合」。http://www.hokkaido-sake.or.jp/（2017 年 3 月 1 日検索）

北海道農業担い手育成センター HP「研修支援」『北海道 DE 農業をはじめるサイト』。http://www.adhokkaido.or.jp/ninaite/support/（2017 年 3 月 1 日検索）

余市町 HP「まちの人口」「統計」。http://www.town.yoichi.hokkaido.jp/index.html（2017 年 3 月 6 日検索）

（加藤　晃・飯田隆雄・藤田哲雄・渡部なつ希）

第 II 部
グローバリゼーション

　グローバル時代の今日，企業の国際ビジネス活動は一層活発になってきている。広義の国際ビジネスの歴史は古いが，それを海外直接投資や現地生産に限定すると，本格化したのは第二次世界大戦後である。まず，1950年代後半からアメリカ企業が海外進出を本格化させ，国際ビジネス活動を展開した。70年代になると，日本や欧州の企業も国際化し，さらにアジアNIES企業がそれに続き，今では新興国の企業も国際展開し，グローバル競争に加わるようになってきている。

　この国際ビジネス活動は，当初は主に製造業の企業を中心にして展開されていたけれども，世界の先進諸国の経済のサービス化が進むにつれて，サービス産業の国際展開もみられるようになった。サービス事業は，国内とは異なる価値観，行動様式，ニーズ・嗜好などを持った顧客を対象とするため，その対応の難しさから，失敗するケースが多く，かつては典型的なドメスティック産業とみなされてきた。このため，サービス産業の企業は海外事業には二の足を踏むケースも少なくなかった。しかし，近年の日本の状況についてみると，急速な少子・高齢化時代の到来により，国内市場が縮小しつつあるので，今ではサービス産業の企業も国際展開せざるを得なくなっている。

　パーソナルファイナンス，とりわけ消費者金融業についてみると，1990年代後半まで急成長を遂げてきたが，その後その市場の成熟化やビジネス環境の急変に直面して，企業の収益が激減したため，新たな収益源を探さなければならなくなった。一般に，市場や産業が成熟化すると，企業は事業の多角化や国際化によって，その活路を切り開こうとする。このため，日本においても消費者金融企業ではM&Aや戦略提携を通じた業界再編への対応，新たな国内市場の開拓や多角化，海外市場の開拓などが課題になった。とりわけ，大手の消

費者金融には海外市場の開拓が大きな挑戦課題となった。

他方，世界に目を転じれば，将来成長・拡大すると予想される潜在的な市場が多く，なかでも20世紀の終わり頃から，世界経済の成長センターがアジアにシフトするにつれ，アジア諸国の市場の成長・拡大が明白になってきた。近年ではアジア新興国市場の成長・発展も著しい。そうした潜在的な市場の開拓は消費者金融企業にとっても魅力である。こうして，1990年代から，日本の消費者金融企業の中にもアジア市場の開拓に乗り出す企業がみられるようになった。しかし，海外市場の開拓は経済の発展段階，経済・社会・法律などの諸制度，人々の価値観や行動様式など，国内市場とは環境条件が大きく異なるので容易ではない。したがって，現在のところ日本の消費者金融企業の国際展開は，ごく少数の大手企業に限られている。加えて，その歴史も浅い。

このような事情から，日本のパーソナルファイナンス企業の国際展開に関する研究蓄積も少ない。しかしながら，この業界の国際ビジネス活動に関する研究に挑戦することは，将来その業界の企業の事業展開を考えるうえでも不可欠で，それゆえにその学問的・実践的な価値も高い。

このⅡ部は，3つの章から構成されている。

まず，第4章では，日本のパーソナルファイナンス事業の国際化プロセスについて歴史的に跡付けし，その海外事業展開の特徴を探ると同時に，さらにその今後の諸課題について検討する。具体的には，まずアコム，プロミス（現SMBCコンシューマーファイナンス）などの消費者金融会社とイオンファイナンシャルサービス社のクレジット事業を研究対象にして，それらの国際展開プロセスついて考察する。次に，その両社の現地環境への適応，日本的なビジネスモデルの移転など，国際ビジネス活動における重要な様々な要因を取り上げ，かつそれらとの関連から，その海外事業の特徴を抽出する。そしてさらに，人材育成，ブランド力の強化など，今後の海外におけるパーソナルファイナンス事業にとってのいくつかの重要な課題を明らかにしている。今後の日本のパーソナルファイナンス企業の国際展開に参考になると思われる貴重な議論が展開されている。

第5章では，日本のパーソナルファイナンス企業のアジア展開について，と

くに消費者金融業の代表的企業であるアコムと SMBC コンシュマーファイナンスの両社を取り上げ，そのタイと中国への進出ケースを紹介・議論している。国際ビジネス展開，とりわけ新興国市場への進出に関連する先行研究で主張されているキー・コンセプトを援用しつつ，両社の海外事業の展開・拡大にかかわる諸問題を考察している。たとえば，先行研究によると，新興国市場へ進出し事業展開するためには，そこに存在する「制度のすき間」の克服が重要な経営課題になるが，この章ではアコムと SMBC コンシュマーファイナンスがそれぞれタイと中国で事業を展開・拡大していくプロセスで，その「制度のすき間」をどのように克服したかについて考察している。加えて，サービス事業のアジア戦略では現地顧客との関係構築がカギとなるが，それにおけるローカルスタッフの役割，また現地組織やローカルスタッフのマネジメントで本国スタッフの役割が大きいので，そのような人材の育成も重要であると指摘している。

　第6章では，近年の小売業の国際展開において，金融サービス事業の占める比重が大きくなっている点に着目し，それが小売業にどのような影響を及ぼしているのか，またその関係がどのようになっているのか，という極めて重要な課題に接近している。この課題について，本章ではアジアに事業展開をしているイオンをケースにして議論している。具体的には，まずイオンのアジア展開のなかで，小売事業に先立って進出した同社の金融サービス事業の活動内容を検討しながら，同社の金融事業と小売事業の連動性の現状を紹介する。そしてその後，イオンのケースから導出したインプリケーションを通して同社の総合小売業としてのビジネスモデルの有効性を探っている。海外市場における小売事業と金融サービス事業との間のシナジー効果の創出についても探求しようとした興味深い研究でもある。

第4章
日本のパーソナルファイナンスの海外事業の展開

1　はじめに

　パーソナルファイナンスとは，本章では「消費者金融会社およびクレジット
カード会社が行う無担保，無保証の個人向け小口ローン」という概念で用い
る。貸金の歴史を紐解けば太古の昔に遡るが[1]，現在の日本におけるパーソナ
ルファイナンス事業の源流は，1960年代に誕生した消費者金融会社やクレジッ
トカード会社であろう。したがって，パーソナルファイナンスは誕生してから
約半世紀が経ったところである。それに対し，これらの会社の海外事業の原点
をみると，1989年にSMBCコンシューマーファイナンス（プロミス）が台湾
に現地法人を設立し，また，イオンファイナンシャルサービスは87年に香港
に支店を設立して個品あっせん事業を開始したことなどが挙げられる。

　国内のパーソナルファイナンスの規模は図表4.1のように昨今減少傾向が激
しい。その契機は，貸金業法の改正，過払い金返還などの業界への風当たりか
もしれないが，解消されないデフレ経済や少子高齢化が進む中で，パーソナル
ファイナンス市場を劇的に回復させる事柄を見つけだせないかもしれない。そ

図表4.1　消費者金融とクレジットカードの営業貸付金残高の推移

（兆円）

	2009年	2010年	2011年	2012年	2013年	2014年	2015年	2016年
クレジットカードローン	6.52	5	3.26	2.72	2.37	2.3	2.3	2.35
消費者金融	5.5	4.93	3.73	2.91	2.57	2.06	1.9	1.82

■ 消費者金融　　■ クレジットカードローン

（出所）日本貸金業協会統計（アコム2017年3月期第3四半期決算プレゼンテーション資料より）。

れに対し，海外事業展開は端緒についたばかりであるが，その量的，地域的成長の潜在的可能性は大きいものがある。

　本章では，消費者金融会社大手と小売業のクレジットに代表されるパーソナルファイナンスの国際展開のプロセスを捉え，今後の研究課題を考察する。

2　消費者金融の国際化

2.1　日本の消費者金融会社（JCFC：Japan Consumer Finance Company）の国際化の黎明期

　日本における無担保・無保証の個人向け小口ローン市場（消費者金融市場）は，1970年代頃から急成長し，個人信用情報センターが設立され，今日の消費者金融のビジネスモデルのベースが確立されつつあった。その一方，多重債務や高金利等が社会問題として注目され，1983年に貸金業規制法と改正出資法など規制が強化されると，中小の業者が淘汰された。しかし，80年代後半バブル期になると，大手を中心に国内市場は飛躍的な成長を遂げた。

　日本の消費者金融の国際化を考える際に，まず，外資の参入が挙げられる。70年～80年代，社会問題化した消費者金融市場の再編を図ろうと，外資系消費者金融会社が容認され10社以上が参入した。しかし，ブランドの浸透やスコアリング・システムが日本の実情に合わず撤退を余儀なくされた[2]。しかし，そのなかでも，80年代に，中小のJCFCを買収した外資企業は日本市場への参入を行うことができた。ただし，その後の経済環境の変化で，撤退をしている。それに対し，90年代になると，JCFCは外国での起債等を通じて資金調達をする会社[3]や対外直接投資で海外進出を行う会社が登場した。

　最初に大手消費者金融会社の中で海外消費者金融事業を手掛けたのは，1992年のプロミス香港（邦民日本財務（香港））である。その後，アコムとプロミス（現SMBCコンシューマーファイナンス）がタイに参入している。これらの背景には，国内市場の成熟化や少子高齢化，新規市場の開拓等の目的があったと思われる。香港は，既に消費者金融市場が存在しており，貸金業法も信用情報センターもあった。プロミスは，台湾で車両割賦販売のビジネスを行っていたが，消費者金融事業では香港を選んだ[4]。他方，アコムは，タイで割賦販

80　第Ⅱ部　グローバリゼーション

図表 4.2　黎明期の JCFC の海外進出

年	社名	進出国	事業・出資比率
1989	プロミス	台湾	良京實業股份有限公司 債権管理回収業（進出当初は車両割賦販売） 100％
1992	プロミス	香港	PROMISE（HONG KONG）（邦民日本財務（香港）） 消費者金融業　100％
1996	アコム	タイ	SIAM A&C　割賦販売　合弁
2001	アコム	タイ	SIAM A&C　消費者金融業　合弁
2002	プロミス	台湾	普羅米斯顧問股份有限公司 現地金融機関の一般消費者向け小口ローンの与信評価・分析業務等　合弁（のち 100％）※2007 年解散
2004	プロミス	タイ	PROMISE（THAILAND） 消費者金融業　100％　※開業は 2005 年 10 月

（出所）各社ホームページより。

　売から参入し，のちに消費者金融事業を行った。90 年代から 2000 年代前半にかけての JCFC の海外進出は，拠点作りを目的に，日本の消費者金融のビジネスモデルを現地で適応させる場であった。

　当時の消費者金融市場は，事業をすべて国内で完結する「ドメスティック型ビジネス」が大半であったが，外資の参入による「グローバル型ビジネス」，国内事業を拡充するための海外資金調達を行う「資金調達の国際化志向型ビジネス」，そして，アジアの特定の国・地域に進出し現地にサービスを提供する「マルチ・ドメスティック型ビジネス」の 4 つの事業形態がみられた。

　しかし，ポスト・バブル期には，日本市場に適合できなかった多くの外資は撤退するか，日系金融機関に吸収合併されることとなった。

　JCFC にとって，この時期は，海外進出の黎明期といえる。現地法人を設立したプロミスとアコムの 2 社は，割賦販売など本業以外のビジネスで海外に進出し，その経験を得て，その後消費者金融事業を開始した。

2.2　JCFC の海外事業の定着・成長

　JCFC の消費者金融事業の海外進出は 1992 年 2 月にプロミス香港から始まる。進出当初は日系企業の社員，現地公務員や大企業の社員を対象にして，日

図表 4.3　JCFC の海外事業の定着期

年	社名	進出国	事業・出資比率
2005	アコム	タイ	EASY BUY に商号変更，公開会社へ 2006 年リボルビングローン（Umay＋）を販売
2005	アコム	中国	北京大学アコム金融情報研究所設立 （2010 年解散）
2006	アコム	ベトナム	ホーチミン駐在事務所開設
2006	アコム	中国	北京駐在員事務所開設
2007	アコム	インドネシア	バンク・ヌサンタラ・パラヒャンガン（BNP）買収 約 75.4％（三菱東京 UFJ と共同）
2007	プロミス	中国・深圳	PROMISE（SHENZHEN）（深圳普羅米斯小額貸款）小額貸金業 2010 年プロミス香港 60％から 2014 年 100％へ

（出所）各社ホームページより。

本に準拠した金利を設定し，リボルビング方式を中心とした返済方式を採用していた。2 号店は 2 年後の 94 年に出店し，10 年で香港全域に 21 店舗を展開した[5]。

　プロミス香港の定着・成長の要因は，以下の要因が考えられる。外部状況として，香港では金融庁（HKMA-Hong Kong Monetary Authority）のもと，Money Lenders Ordinance（貸金条例）が施行されており，信用情報機関であるトランス・ユニオンも設立されていた。上限金利も日本に比べて高く，環境が整っていた[6]。

　また，創業時は契約や与信システムを日本から導入したが，今日，ベースは同じでも，香港独自の進化を遂げている。また，商品では，他社が行っていなかったリボルビング・ローンを導入し差別化を図った。営業も現地で一般的であったエージェントによる営業ではなく，窓口営業を行っていた。無人契約機も一部の店舗で導入している。従業員は約 220 名で日本人派遣者は 20 名，現地従業員については定着率が高く勤続 10 年以上のものは相当数いる[7]。日本との金利の違いから利益率も高い。このように，プロミス香港は，日本のシステムを移転しながら現地適応し，コアなマネジメントは日本人を派遣し日本スタイルのサービスを維持し，定着を図ったといえる。

　タイでは，アコムが 1996 年現地の金融機関や日系企業数社と共同出資し，

合弁という形で進出した[8]。当初は現地の状況が十分わからないこともあり，電気製品や自動車関連用品などのハイヤーパーチェスという形態で，割賦販売ビジネスを1店舗40名で小規模に開始した。その後 Easy Buy ブランドを立ち上げ，2001年には消費者金融事業も開始した[9]。翌年には支店数を22店舗に拡大，社債を発行し資金調達を行った。03年には増資を行い，05年までに72店舗まで成長し，公開会社（Public Company）へ転換し，社名も Siam A&C から Easy Buy に変更した。タイへの進出は，現地においての消費者金融の認知・理解が課題であったので，ショッピングセンター内のカウンター設置による営業や積極的なコマーシャルを行った。さらに，ショッピングセンターや BTS（バンコク高架鉄道）の駅各所に ATM を設置した。また，与信のスコアリング・システムを日本から導入し，回収にはインセンティブ制度を導入した。

折しも，1997年に端を発するアジア通貨危機により，タイではノンバンク58社が営業停止命令を受け，消費者金融は危機的状況であった。しかし，2000年になると，急速に個人消費が回復し，それに呼応するように，Easy Buy の貸付残高も増大し，ビジネスとして定着した。

2000年代半ばから，プロミスは香港とタイ，アコムはタイで，事業内容も現地向けの消費者金融事業に集中し，規模こそ大きくないが，定着していく。いずれの地域でも，パーソナルローン市場は，プレーヤー数が多く，激しい競争であった。その様な環境のなかで，JCFC は，日本で実績を上げている「スコアリング・モデル」を導入してスピード審査を行い，顧客が現金を即座に入手できるようにしたり，債権管理も日本の制度を導入したり，人材育成を通じて日本型のビジネスモデルの移転・適応を図った。また，現地特有のマーケティングや営業を学習し，性急に店舗を拡大せず，実際に現地で足下を固め，独自の競争優位を構築することに努めたのである。

消費者金融市場を構成する要素として「政府」，「企業」，「顧客」が挙げられる。政府は，免許制度，ノンバンクや外資に対する参入制度，金利，破産法，および信用情報機関の加盟義務など規制のあり方を決め，消費者金融市場の自由化度に影響を与える存在である。企業は，消費者金融サービスを行う会社であり，バンク，ノンバンクが存在する。経営資源やノウハウとして，商品構

第4章　日本のパーソナルファイナンスの海外事業の展開　83

成，与信システム，資本調達，債権管理および人材育成などが挙げられる。外資系の場合は，本国のナレッジの移転や現地適用などの能力が問われる。顧客については，国毎に人口構成，所得構造，就業状況，消費者特性，居住特性（都市部に集中しているか），ローンに対する意識，金融教育および返済に対する倫理観などの違いを把握する必要がある。

　当時の台湾では，消費者ローンの上限金利が民法上では20％であるが，多くが18.2％で行っていた（手数料分は含まず）。ローンについて，銀行では小額で利鞘が小さい消費者金融商品が多く，与信審査には定量的な手法が採用され，自己破産率は低く社会問題化していなかった。

　プロミスは，1989年に自動車割賦販売業で良京実業を設立し，2002年には，大衆銀行のローン保証業務を目的とする普羅米斯顧問を設立したが，参入規制からJCFCが台湾で消費者金融を行うことはなかった[10]。

　香港やタイの拠点が定着し，成長するにしたがって，これらの拠点が，周辺国への橋頭堡として捉えられるようになった。2000年代半ばには，周辺地域の中国やベトナム，インドネシアに展開し，事務所等の設置によって情報収集が行われた。

　サブプライムローン，リーマンショック，そして貸金業法，出資法改正，過払い金問題など国内外の問題から，海外事業の拡大は一時期停滞するが，既に進出している事業は順調であり，定着したといえる。

2.3　JCFCの海外事業の拡張

　2000年代後半になると，JCFCの海外事業に動きが出る。プロミス香港は，07年に中国・深圳に設立された合弁企業に60％の出資をした[11]。進出当初は，小額貸付会社の独資が認められず，現地の信用情報を取り扱う企業と合弁することで，現地の信用情報の収集も容易になった。2014年には，独資が認められ100％出資になった。

　それ以降，中国本土に小額貸付事業会社を6カ所設立し，中国本土で7拠点の消費者金融事業を展開して貸付残高を順調に伸ばし，先行するタイの規模に匹敵している。中国では，進出した地域は，地方政府からの誘致もあり独資での進出となっている。また，12年には深圳に深圳普羅米斯諮詢服務を設立し，

84　第Ⅱ部　グローバリゼーション

図表 4.4　JCFC の海外事業の成長・拡張

年	社名	進出国	事業・出資比率
2010	SMBC コンシューマーファイナンス	中国・深圳	PROMISE (SHENZHEN) (深圳普羅米斯小額貸款) 開業 消費者金融業　100％ (プロミス香港)
2010	SMBC コンシューマーファイナンス	中国・瀋陽	PROMISE (SHENYANG) (瀋陽金融商貿開発区普羅米斯小額貸款) 消費者金融業　100％ (プロミス香港)
2011	アコム	インドネシア	BNP の消費者金融開始
2012	アイフル	中国・上海	SANSHU Finance Corporation (上海三秀融資租)　リース業 100％ ※ 2015 年 4 月香港愛福有限公司へ持分譲渡し，アイフルグループの関連子会社となる。
2012	アコム	タイ	EASY BUY 外国人ビジネス・ライセンス取得　現在出資比率 71％
2012	SMBC コンシューマーファイナンス	中国・深圳	Promise Consulting Service (Shenzhen) (深圳普羅米斯諮詢服務) 業務受託・システム開発／運用 100％ (香港プロミス)
2012	SMBC コンシューマーファイナンス	中国・天津	PROMISE (TIANJIN) (天津普羅米斯小額貸款) 消費者金融業　100％ (香港プロミス)
2013	SMBC コンシューマーファイナンス	中国・重慶 中国・成都 中国・武漢	PROMISE (CHONGQING) (重慶普羅米斯小額貸款) PROMISE (CHENGDU) (成都普羅米斯小額貸款) PROMISE (WUHAN) (武漢普羅米斯小額貸款) 各社　消費者金融業　100％ (香港プロミス)
2014	SMBC コンシューマーファイナンス	中国・上海	PROMISE (SHANGHAI) (上海浦東新区普羅米斯小額貸款) 消費者金融業 100％ (香港プロミス)
2014	アコム	ベトナム	事業参入に向けたライセンス申請
2014	アイフル	タイ	AIRA & AIFUL　消費者金融業 合弁 (アイフル 49％，AIRA30，他 21％)

(出所) 各社ホームページより。

期日連絡などの業務受託，システム開発ならびにその運用を行い，香港の期日連絡，中国のシステム管理等を集中して行っている。

　中国本土において，パーソナルローンの個人信用情報機関はごく一部の地域にしか存在しておらず，中国人民銀行の個人信用情報を与信算出に利用するには，現地のデータでチューンナップが必要である。また，顧客の特性として，北部や内陸部の消費特性や借入ニーズは香港，深圳と異なっており，営業活動

図表 4.5　SMBC コンシューマーファイナンスの国内外事業比較

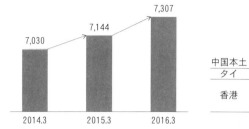
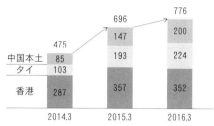

(出所) SMBC コンシューマーファイナンス 2016 年 3 月期決算説明資料より。

は既存の広告宣伝に加えて，エージェントの利用なども行い，地道な営業活動が求められている。

　2016 年の SMBC コンシューマーファイナンスの海外事業の貸付残高は 1000 億円を超える勢いがあり[12]，日本の規模の 10 分の 1 の規模まで成長してきている。

　アコムは，2007 年にインドネシア・バンドンで三菱東京 UFJ 銀行と共同でバンク・ヌサンタラ・パラヒャンガン（BNP）銀行を買収し[13]，11 年にインドネシアで消費者金融事業を本格的に開始した。開業後 4 年後の 11 年から中低所得者層向けの新商品の販売を開始し，順調に成長している。また，2014 年にはベトナムで事業参入に向けたライセンス申請を行っている。

　また，アコムのタイの子会社である Easy Buy は，2005 年にタイで金利規制が導入され消費者ローンに対する上限金利が 28％に引き下げられたため，2007 年まで貸付残高は増加するも営業利益は減少することとなった[14]。06 年に新商品として「Umay+」ブランドのキャッシュカードによるリボルビングサービスを開始した[15]。07 年からは銀行 ATM との提携を行って貸付チャネルを広げた。他方，返済チャネルもコンビニ収納代行や携帯やモバイルによる返済チャネルを構築した。それらの普及と共に業績を拡大させ，12 年に増資を行い「外国人ビジネス・ライセンス」を取得した[16]。

　アコムのタイ事業はノンバンク市場の 23％以上のシェアを占めている[17]。また，昨今の海外事業の営業債権残高は国内のローン・クレジットカード事業

図表 4.6 アコムの国内外事業比較

（出所）アコム 2017 年 3 月期第 3 四半期決算プレゼンテーション資料より。

と比べ 5 分の 1 以上の規模であり，営業収益も国内の 3 分の 1，全体の 2 割の規模になっている。

その他の JCFC では，アイフルが，2014 年にタイで合弁会社を設立し，15年 11 月に事業を開始し，中国上海でリース会社を設立している。

今日の JCFC の海外事業は，主要事業部門としての存在となっている。過払い金問題の終了と共に，投資の継続的拡大が予想され，今までの拠点設立から点から線，そして面となる展開が期待できる。そして，海外事業は，国内市場が成熟化，労働人口が急速に減少するなか，国内事業の補完的事業であり，資金調達網と絡めて，国際ネットワーク構築の可能性を秘めている。

2.4 JCFC の海外事業の特徴と課題

JCFC の海外進出から 25 年が経ち，その海外進出にはいくつかの特徴がみられる。まず，急速に展開することなく進出国を限定し漸進的に展開してきた。出資形態は独資，合弁の形態がみられるが，日本の出資比率が 100％ もしくは過半数出資となっている。また，進出に当たって，日本固有のシステムの移転が試みられている。与信システムは，日本で構築されたスコアリング・システムを移転した。実際，現地に適応するには数年の経験を要しており，それ以降利益率が向上している。商品については，リボルビング支払が主力になっている。そのほか，債権管理や回収，カウンセリングに関するシステムも移転されており，日本的なビジネスモデルが移転されているといっても過言ではな

い。なお，現在ではローン契約に関して対面式の接客が基本なので，日本国内で使用されているような無人契約機は移転されていないが，日本的な消費者金融が定着するにしたがって移転の可能性があるかもしれない。

　次に，JCFCの今後の国際展開を展望するに当たっての課題を考察する。第1の課題は人材の問題である。既存の拠点の運営において日本人の派遣人数は減っているものの，現地法人の中枢は日本人によってなされている。なぜならば，消費者金融のビジネスモデルの運営には日本国内での経験が重要であるからである。今後，さらに海外展開を行う場合には，日本国内の海外派遣者の育成と現地従業員のマネジメント能力の育成が必須である。海外派遣者の育成には，選抜と教育，キャリアパスとしての人事制度の確立が重要である。

　また，現地法人の経営スタッフの現地化を考える場合，ローカルマネジャーの研修体系の構築，とくに日本国内での研修や本社での外国人留学生の採用が必要であろう。ローカル従業員の育成には社内研修に加え，地元の大学での公開セミナーを利用しているケースもある[18]。優秀なローカル人材には離職対策もとらなければならない。そのためには，役職や職位を細分化し，昇格期間の短縮化を図ったり，インセンティブ制度や明確な評価制度を導入したりすることを考えなければならない。さらに，周辺国や地域に進出する場合に，どこの国の従業員を派遣するのか，海外事業を考慮した人事システムが求められる。

　第2の課題はブランディングである。消費者金融のマーケティングの要は，現地の伝統的な貸金ではなく，日本的な消費者金融の仕組みや社名もしくは商品の認知がされることである。これまで広告戦略としてテレビCM，新聞広告，駅やバス停での屋外広告，配布物による広告を行ってきた。店舗の立地については，初期では高額なビルの1階やショッピングセンターに出店することも有用であろう。また，日本的な営業スタイルはプル型であったが，地域によってはエージェントを利用するプッシュ型も用いている。現地に即したマーケティングメソッドを学習する必要がある。

　第3の課題は，先行者優位（ファースト・ムーバーズ・アドバンテージ）の獲得である。中国，ベトナム，インドネシアなどでは国内市場への拡張が模索されている。これまでのJCFCの海外展開は先行者優位があった。ただし，ノンバンクに関する規制や制度，顧客ニーズと現地の同業他社との競争関係を推

し量る必要があり，合弁の場合，パートナー会社や買収先企業の選定も限られた時間内で行わなければならず，事前調査がカギである。今後の拡張戦略においても先行者優位があるのか考える必要がある。

第4の課題は，持続的優位性もしくはグローバル統合による優位性の構築である。現在のところ，海外進出の成果は総和的であり，スケールメリットなどが十分得られていない。多国籍的展開をすることによる優位性の構築が今後の国際展開の動機付けになる。

PrahaladとDoz（1987）は，国際展開の戦略についてIRグリッドというモデルを提示した。JCFCの国際展開はグローバル統合とローカル適応のバランスが求められる[19]。たとえば，消費者金融商品や債権管理に関しては世界共通プラットフォームを構築し，他方，営業システムや与信スコアリングは現地適応をすることが考えられる。今後は，国内外の事業のベストプラクティスをアイデアプール化し，絶えず変革し続ける能力を構築することが求められよう。

最後に，日本型消費者金融のビジネスモデルが，個人ローンのグローバルスタンダードになる方途を考える。新興国，発展途上国への進出が期待されるが，既存のマイクロファイナンスとの棲み分けをしていく必要がある。一層の顧客との共通価値創造（CSV）を追求し，利便性向上，与信や債権管理・債権回収の適正化に加え，債務者のカウンセリングなどのソリューション・ビジネスとしての存在が求められる。JCFCの今後の国際展開は，日本型消費者金融のビジネスモデルの有用性が試されるのである。

図表4.7　IRグリッド

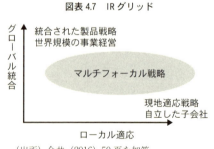

（出所）今井（2016）50頁を加筆。

第4章 日本のパーソナルファイナンスの海外事業の展開 89

3 クレジット産業の国際化
―イオンフィナンシャルサービス社の事例―[20]

3.1 イオンフィナンシャルサービス社の企業概要

　イオンフィナンシャルサービス（以下，AFS）社は，日本の大手小売りの
イオン・グループにおいてクレジットカード事業，銀行業，フィービジネスな
どを手掛ける金融持株会社である。クレジットカード事業，信用保証事業を
行っていたイオンクレジットサービス（以下，ACS）社が，2013年4月のイ
オン・グループの金融事業再編により，イオン銀行と経営統合し，現在の社名
へと商号変更し誕生したのがAFS社である[21]。

　2015年度（2016年3月期）の連結ベースで同社の経常収益は3596億円，経
常利益は593億円であった。同社はクレジット，銀行，フィー等，海外の4つ
の事業セグメントを有しているが，セグメント別で経常収益，経常利益の過去
3年間の推移を表したのが図表4.8である。これらより，① 経常収益，経常利
益ともに順調に成長している，② 同社の2大事業セグメントはクレジット，
海外であり，それぞれ経常収益で4割強，3割強，経常利益で5割半ば，3割
半ばである，③ クレジット，海外ともに成長しているものの，成長率では後
者の方が高く，全体に占めるシェアは前者が横ばいないしは若干の減少傾向に
あるのに対し，後者はシェアを伸ばしている，④ フィー等のシェアはまだ小
さいが成長率は高い，などのことが読み取れる。また，国内対海外というエリ
ア別でみると，2015年度の海外の割合は経常収益で34％，経常利益で40％に
達している。日本国内市場の「深掘り」できる余地はまだあるものの，少子高
齢化，経済の成熟化という長期的な傾向も併せ考えるなら，海外事業は同社に
とって非常に重要な事業セグメントと考えられる。

　AFS社は2016年末時点で香港，タイ，マレーシアを橋頭保としてアジア
12カ国・地域で事業展開している[22]。現時点かつこれまでの海外事業は，一
部の国における保険事業を除き，基本的に個品斡旋，リース，クレジットカー
ドなど，AFS社の母体となったACS社の事業領域である。ACS社の設立は
1981年に遡るが，設立のわずか6年後の87年には香港に支店を開設し海外事

図表 4.8 AFS 社の経常収益，経常利益のセグメント別推移（単位：億円）

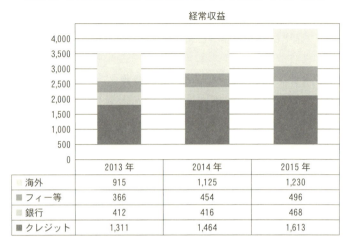

経常収益

	2013 年	2014 年	2015 年
海外	915	1,125	1,230
フィー等	366	454	496
銀行	412	416	468
クレジット	1,311	1,464	1,613

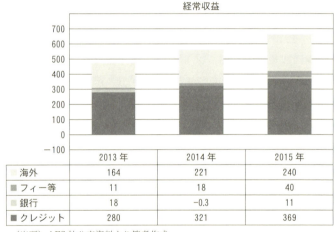

経常収益

	2013 年	2014 年	2015 年
海外	164	221	240
フィー等	11	18	40
銀行	18	-0.3	11
クレジット	280	321	369

（出所）AFS 社公表資料より筆者作成。

業を開始し，その後もタイ，マレーシアなど進出先を次々と拡大していった。次項では，同社によるクレジット事業の国際展開のプロセスをみていく[23]。

3.2 イオンフィナンシャルサービス社のクレジット事業の国際展開の歴史

親会社のイオンが小売り事業の国際展開を開始したのは1980年代半ばのこ

とである。1984 年にマレーシア，タイ，翌 85 年には香港に現地法人を設立し，
同 85 年 6 月にはマレーシアに海外 1 号店をオープンした。AFS 社の最初の海
外進出の地は香港であったが，87 年 11 月のイオンの香港 1 号店のオープンに
合わせる形で，同年 10 月に支店を開設し，個品斡旋事業を開始した。当時，
日本信販（現三菱 UFJ ニコス）が既に香港でクレジットカード事業を開始し
ていたが，日本の流通系クレジットカード事業者では本件が初の海外進出で
あった。

　クレジットカード事業を企図した進出であったが，当初はイオンが出店する
商業ビル内に営業所を設け，家具や家電商品などの大型商品の販売促進を目的
として店舗内でのショッピング・ローン提供から始めた。また，この時点で香
港だけでなく，台湾やマレーシア，タイへの進出も意図していた[24]。事業は順
調で，開業 1 年で，当初予定よりも 1 年から 1 年半早く単年度経常黒字化のめ
どがついたことから現地法人設立に向け動き始め，1990 年 7 月，100％出資で
AEON CREDIT SERVICE (ASIA) CO., LTD. を設立した[25]。同年 10 月には
消費者金融事業も開始し，さらに 93 年 8 月，クレジットカード発行を開始し
た。95 年 9 月には，香港証券取引所に上場を果たした。

　1980 年代末，イオン・グループが国内外のグループ会社の国際化を積極的
に進め，グループ内で相乗効果を発揮できる体制構築に取り組むなか，AFS
社の海外事業も拡大していく。香港に次ぐ第 2 の進出先は，経済発展に伴い中
間所得層が拡大し消費意欲も旺盛なタイであった。1992 年 12 月，現地法人
AEON THANA SINSAP (THAILAND) PLC.社を合弁で設立した（出資構成
は AFS 社が 40％，別のイオン・グループ 2 社で 20％，現地の金融機関 4 社
が 40％）。香港同様，個品斡旋事業からスタートしたが，現法設立に先立ち既
にタイに出店していたイオンの店舗で 2 カ月間，実験を行い「従来より一ラン
ク上の商品の需要が拡大し，回収状況も良好」という結果を得ていた[26]。事業
は好調に進み，開始 1 年後にはタイでのクレジットカード事業に動き出し，
1996 年に開始した。さらに 2001 年 12 月には，タイ証券取引所に上場した。

　マレーシアでは 1995 年 12 月に駐在事務所を開設し市場調査を実施し，翌
96 年 12 月に現地法人 AEON CREDIT SERVICE (M) SDN. BHD. を設立した
後，個品斡旋事業を開始した。マレーシアでは，先に進出していたイオンの店

舗が90年より来店客に対する割賦販売を独自に実施しており，蓄積していた与信情報を活用することができた[27]。その後，2004年12月，マレーシア中央銀行からクレジットカード発行のライセンスを取得し，翌年より現地銀行と提携しカード事業に乗り出した[28]。2007年12月，社名変更したAEON CREDIT SERVICE (M) BERHAD がマレーシア証券取引所に上場を果たした。その後，日本と同様に，各国拠点は保険代理店事業やサービサー事業などを開始したり，マレーシアではイスラム金融方式を取り入れた資金調達や個人向けの無担保融資サービスを導入するなど，その国の状況を合わせた事業の拡大・展開を行っている。

　このように国際展開の初期段階で進出した香港，タイ，マレーシアの事業基盤が確立されたが，この3拠点がこれ以降，とくに2000年代半ば以降のアジア各国への進出の際の橋頭保として機能することとなる。

　1992年12月には台湾に現地法人 AEON CREDIT SERVICE (TAIWAN) CO., LTD. が設立され，家電，パソコンなどの個品斡旋事業を開始した。2002年には台湾財政部よりクレジットカード発行ライセンスを取得し，現地法人 AEON CREDIT CARD (TAIWAN) CO., LTD. を設立し，翌03年にはカード事業を開始した。ちなみにこれまでの進出国は親会社のイオンが先行して進出していたが，台湾のイオン1号店のオープンは2003年7月であり，AFS社が逆に先行する初のケースとなった。これ以降，インドネシア（イオン1号店オープンは2015年），ベトナム（同2014年），カンボジア（同2014年），ミャンマー（同2016年）でも AFS社が先行して事業開始しており，現地におけるイオン・ブランドの浸透，購買情報の取得など，イオン・グループのアジア展開の「先兵」として目されるようになっていく[29]。

　巨大な人口を誇り市場として期待度の高い中国本土では，2000年6月に深圳に審査，債権監理，コールセンター業務を行う現地法人 AEON INFORMATION SERVICE (SHENZHEN) CO., LTD. の設立により事業が開始された。さらに06年8月には北京に現地法人 AEON Credit Guarantee (China) Co., LTD. を設立し，中国大手商業銀行の交通銀行と提携し，広東省で信用保証事業を開始した。当時，中国本土では規制により外資系金融機関はクレジットカードの発行主体にはなれなかった。そのため，地元の金融業者か

らの債権回収や信用保証など，バックオフィス業務受託の拡大を図るとともに，中国のWTO加盟により期待されていた規制緩和に向け審査ノウハウの蓄積など，準備を進めた[30]。

　2011年11月には瀋陽に現地法人AEON MICRO FINANCE (SHENYANG) CO.,LTD. を設立，中国家電量販店最大手の蘇寧電器集団と加盟店契約を結び，分割払い事業を開始した。当時，中国本土では外資による個人向け金融は規制されていたが，香港企業に限って参入を認める瀋陽市の特例を利用して香港法人が現地法人を設立した[31]。その後，翌12年には天津，13年には深圳に現地法人を設立し，同様に事業を開始した。また，2012年6月には，中国，台湾の中華圏事業の統括会社AEON Credit Holdings (Hong Kong) Co., Ltd. を香港に設立している。

　2000年代半ば以降は，ASEAN諸国の中でも所得水準は低いものの，経済の急成長に伴い中間層の拡大が期待される国々への進出が加速化していった。2004年8月，インドネシアのジャカルタに駐在員事務所を開設，2年後の06年5月には米GM系金融子会社のインドネシア法人を買収する形で現地法人PT. AEON CREDIT SERVICE INDONESIA を設立し，個品割賦事業を開始した[32]。フィリピンでは2008年2月に現地法人AEON CREDIT TECHNOLOGY SYSTEMS (PHILIPPINES) INC. を設立し，各国の現地法人のシステム共通化のための開発業務を，13年3月には現地法人AEON CREDIT SERVICE (PHILIPPINES) INC. を設立し，分割払い事業を開始した。

　同様にベトナムには2008年6月，インドには11年3月，カンボジアには11年10月，ミャンマーには12年11月，ラオスには13年1月と次々と現地法人を設立し，分割払い事業などを展開している。そのなかでもカンボジアでは，15年10月に同国国立銀行より専門銀行ラインセンスを取得し，翌16年よりクレジットカード事業を開始している[33]。また，これらのうちベトナム，カンボジア，ミャンマー，ラオスの事業はタイ現地法人，インドネシア，フィリピン，インドの事業はマレーシア現地法人が，各国現地法人に出資するなど設立段階から強くかかわっている。

94　第Ⅱ部　グローバリゼーション

3.3　イオンフィナンシャルサービス社のクレジット事業の国際展開の特徴

　グループ全体での国際化を積極的に進める大手小売りイオンの傘下企業であるという背景はあるにせよ，AFS社はアジア諸国の経済発展に伴う消費拡大に併せ積極的に海外展開をはかり，現在ではアジア12カ国・地域と広く事業展開している。ここでは，その国際展開の特徴について若干の検討を加えたい。

　最初に指摘したい点は，リスクを抑えた海外進出の成功モデルを初期段階で確立できたことである。AFS社は，基本的に中間層が増え耐久消費財への需要増が期待できる段階で各国へ進出しているが，この段階では，基本的に現地で割賦販売や個人向け無担保金融サービスがほとんど普及していなかったり，審査に必要な個人信用情報サービスも存在していなかったりと日本とはまったく異なる状況で事業を開始しなければならなかった。日本で蓄積してきた与信の技術・ノウハウをそのまま移転しては，大きな損失を被るリスクも高くなる。当然のことではあるが，より精度の高い与信能力は，無担保金融事業においてコスト優位の重要な源泉であり，これを武器に有利な事業展開が可能となる。

　前項でもみたように，AFS社は基本的に個品斡旋（ハイヤーパーチェスともいわれる）サービス事業からスタートしている。これは，加盟店で消費者が買い物する際，クレジット会社が審査を行い消費者と与信契約を結び，加盟店に代金を立て替え払いし，消費者が後日，クレジット会社に返済するという契約である。特徴として，① 買い物ごとに審査し契約を結ぶ，② 商品代金が完済するまで所有権はクレジット会社側にある，という2点が挙げられる。①は，つまり小さい契約を数多く結ぶことにつながり，貸し倒れが生じても損失規模が小さくて済むと同時に，与信審査の回数も多くなるので現地に合った与信技術・ノウハウの学習，蓄積が促進される。②は，つまり有担保契約ということであり，貸し倒れが発生しても損失をある程度補填できる。さらにAFS社では返済実績のいい優良顧客には会員カードを発行し，契約手続きを簡素化することで利便性を高め，優良顧客の囲い込みを行っていた。

　また，イオン・グループが持つ小売り技術・ノウハウを提供したり，イオン・グループ外の企業とも積極的に手を結んだりすることで加盟店ネットワー

クを拡大し，さらに現地での事業実績に基づいて金融当局からの（クレジット
カードなどの事業認可を得るための）信頼性を獲得する。このように個品斡旋
事業からスタートすることで，リスクを抑えながら，次の段階，つまり本命の
クレジットカード事業のための基盤を確立するという海外進出のための成功の
方程式を初期段階で確立し，以降に進出した各国に移転しながら，AFS 社は
事業の国際化を進めてきたといえる。

　しかしながら，そのような成功の方程式があったとしても，それを新たな進
出国に移転し実行する人材がいなければ意味がない。さらに，新たな進出先で
人材を確保しようにも，そもそもローンやクレジットカード・ビジネスが普及
していないので，高度な専門知識や経験をもった優秀な現地人材を獲得するこ
とは難しい。また，仮にそのような人材を獲得できても ASF 社内で勤務経験
がなければ，同社の持つ様々な技術・ノウハウを修得することも難しい。そこ
で橋頭堡となる中核拠点，香港，タイ，マレーシアを中心に，AFS 社の技術・
ノウハウと海外事業経験を持つ中核人材を育成し，新たに進出しようという国
にいわゆる「ヨコヨコ異動」で投入することで，急速な国際展開が可能になっ
た可能性が考えられる。

　不完全ながらもその証左として，AFS 社の海外法人が公表しているアニュ
アルレポートを基に，幹部クラスのキャリアをできるだけトレースしてみる
と，たとえば，カンボジアでは 2009 年の駐在事務所の開設時より責任者とし
て深くかかわっていた現地法人の副会長兼常務取締役は，少なくとも 05 年よ
りタイ現地法人にてマーケティング部門のマネジャーなどを務めながら昇格を
積み重ねたというキャリアを有している。また，インド現地法人の業務執行取
締役も，少なくとも 08 年からタイ，マレーシア，インドネシアの各現地法人
で管理職を経験していた。さらに，香港法人の現常務取締役も，マレーシアで
の勤務の後，ベトナム事業の立ち上げに携わり，現地法人のトップを経験した
キャリアを有している [34]。

　AFS 社の事業の国際展開の歴史を振り返ると，初期段階は親会社のイオン
に後押しされる形での海外進出であったかもしれないが，途中から逆に先行し
積極的な海外進出に転じている。これは本体の小売り事業と比べると初期投資
が少ないなどの身軽な業種特性もあるが，上述のようにリスクを抑えた進出の

96　第Ⅱ部　グローバリゼーション

成功モデルを早い段階で確立し，進出国拡大に必要な中核人材を橋頭堡となっ
た３拠点を中心に育成し確保するというシステムができていたためではないか
と考えられる。

4　日本のパーソナルファイナンスの海外展開の期待
　―結びにかえて―

　本章で紹介した日本の主要なパーソナルファイナンス企業（JCFS では
SMBC コンシューマーファイナンスとアコム，流通系クレジット企業では
AFS 社）の事業の国際展開のプロセスを振り返り，その特徴を一言で表すな
ら「堅実な国際化」といえよう。

　日本国内で市場が急成長する時期もあったにもかかわらず，海外展開の初期
段階では性急に海外展開を図らなかった。初期段階に進出した国でしっかり事
業基盤を固めるとともに，現地適応を含めた海外事業のノウハウ，人材育成を
図り，その後の進出国国内および周辺国への拡大の足がかりを形成していっ
た。

　また，日本で蓄積した技術・ノウハウ，たとえば与信審査の技術・ノウハウ
を進出国に移転しつつも，無理矢理「適用」せずに，それぞれの国に合わせて
「適応」させていった。また，パーソナル・ファイナンス・ビジネス全体を構
成する様々な機能・能力を最初からすべてセットで持ち込むのではなく，その
国の規制や状況によっては与信審査，信用保証，債券回収など，アンバンドリ
ングし現地金融機関などと手を結び，その機能サービスを提供することで事業
開始し，後に状況の変化に合わせて他の機能・能力を追加していくケースもみ
られた。

　今後の展望を捉えると，JCFS は中国，ベトナムおよびインドネシアでの拡
張が進められている。前者２国は社会主義国であり，後者はイスラム教国であ
る。そこでは，ノンバンクや金融に関する外資参入などの制度の違いに加え，
消費者の借金（キャッシング）や返済に関する感覚・慣習が異なる。これまで
と同様に着実な消費者金融の浸透を図っていくことが考えられよう。

　対照的に，AFS 社は，国際化を積極的に進めているイオンのグループ企業

という要因もあるものの，とくに進出国数という点で，国際化は他社に大きく
先行している。とはいえ AFS 社含め各社とも，基本的に経済発展に伴い消費
の急拡大が期待できる段階で各国に進出してきた。今後も，消費市場が成長す
るもしくは潜在的可能性がある国・地域にイオングループの一員として積極的
に展開することが予見できる。

　日本のパーソナルファイナンス各社にとって，アジアを中心に中間所得層が
拡大しており，海外事業を拡大させるチャンスが到来している。今後国際展開
を進めるうえでの諸課題もあるものの，その困難を乗り越えるほどの経験・ノ
ウハウ蓄積してきた。日本的パーソナルファイナンスの国際展開が期待され
る。

注

1　片山・神木・杉江（2005）を参照されたい。

2　当時の外資系消費者金融の金利は48％で，与信など外国のシステムが導入された。参入当初は，
日本の個人信用情報センターが利用できず，外資系は独自の機関を設立したが，収益性の問題から
多くが撤退した。

3　武富士は，1997年10月に1億6500万ドルの米ドル建て無担保普通社債を起債，2000年3月に
はロンドン市場へ上場した。さらに，2001年4月に日本企業で4社目となる6億7500万米ドル
（期間10年，年利9.2％）のグローバル債を発行，2002年3月にメリルリンチ日本証券のアレンジ
で10億米ドル相当円，期間10年の確約融資枠を設定した。2001年末で武富士の社債による直接
調達高は国内社債1600億円，米貨建社債8億4000万ドルとなり，海外資金調達を積極的に行っ
た。「ニッキン」1997年11月7日6面，「日本経済新聞」2000年3月16日19面，「日本産業新聞」
2001年4月20日18面を参照。

4　プロミスが海外事業を先行する理由の1つとして，当時のプロミスには総合商社出身者が在籍し
ており，海外事業に関して意欲が高かったことが挙げられる。最初に進出した台湾ではなく，香港
で消費者金融事業を立ち上げた背景として，既に小規模な日系の貸金会社が存在していたことも考
えられる。日系で消費者金融の体をなす会社はプロミス香港が最初である。当時の事業概要につい
ては，岸本（2003）を参照されたい。

5　現在は，香港全土に有人店舗を27店舗，無人店舗を3店舗展開している。また，消費者金融業
務が軌道に乗るまでのサブビジネスとして，一時期であるが海外赴任者向けの家具のリースも行っ
ていた。岸本（2003）参照。

6　登録・監督・ライセンス審査発行等は「香港会社登記所」，「警務処」，「管轄法院」が分担して実
施している。

7　2014年3月現在，従業員数約220名のうち，勤続が長いものを中心に営業部長，支店長，業務
部門およびIT部門のマネジャーになっている。必ずしも，在籍年数とポジションはリンクしない
とのこと。

8　設立当時は，アコムとヤオハンジャパンが1996年3月に設立したシンガポール法人が39％，ア
コムが10％，タイヤオハンが10％，現地金融機関や伊藤忠タイランドなど現地企業が残り41％で
あった。

98　第Ⅱ部　グローバリゼーション

9　割賦販売の実績もあり，タイでの消費者金融のビジネスは最初から黒字になったという。10 年
後の 2007 年には，同社の従業員は約 2500 人，口座数は約 90 万，店舗数は 84 であった。

10　良原実業は，その後，保証債権が悪化したため，買い取り債権の回収のため，債権を買い取り債
権回収業へ参入した。

11　進出時はプロミス香港が 60％，現地企業鵬元社 40％の出資で深圳市鵬民少額貸款有限公司を設
立，2014 年に独資化し深圳普羅米斯小額貸款有限公司に社名を変更する。

12　「ニッキン」2016 年 1 月 8 日 9 面を参照。

13　BNP 発行済み株をアコムが 55.4％，三菱東京 UFJ 銀行が 20％それぞれ取得した。いずれも現地
の企業グループ「ヘルマバングループ」から譲り受けた（「ニッキン」2007 年 12 月 21 日 4 面を参
照）。

14　上限金利は「15％＋手数料規制無し」から 28％（金利 15％，手数料 13％）引き下げられ，与信
限度額は月収の 5 倍までに規制された。

15　Umay+ カードは金利 15％，利用手数料 13％の与信枠内で現金が引き出せ，返済はリボルビン
グで行うサービスである。現在月給 7000 バーツ以上の Umay+ カードと月給 2 万バーツ以上の
Umay+ プレミアム・カードがある。2016 年 6 月末現在累計発行カード数は約 155 万枚で，本国の
発行数を超えている。

16　2016 年 6 月末日の出資比率はアコム 71％，GCT マネジメントタイ（伊藤忠商事）25％，バンコ
ク銀行 4％である。外国人ビジネス・ライセンスはタイ商務省の許認可で，外資系のビジネスを認
めるものである。ただし，借入金は，資本金の 7 倍までという規制がある。

17　「ニッキン」2016 年 1 月 8 日 9 面を参照。

18　佐藤直樹・竹本拓治（2014）を参照。

19　Prahalad, C. K. and Y. Doz（1987），今井雅和（2016）を参照されたい。

20　本節の事例は，AFS 社および各海外法人が公表している各種資料，新聞・雑誌記事など，各種
二次情報を基に記述している。

21　ACS 社が 1981 年にイオン（旧ジャスコ）の子会社として設立された際の社名は日本クレジット
サービス株式会社であり，94 年にイオンクレジットサービス株式会社へと商号変更している。つ
まり，2 度の商号変更を行い，現在の社名 AFS 社となっている。本章では混乱を避けるため日本
クレジットサービス株式会社，ACS 社時代の出来事も含め，必要のない限り，AFS 社で統一表記
する。また同様に，親会社イオンのジャスコ時代についてもイオンで統一する。

22　AFS 社の 2012 年度決算説明会資料には，2013 年当時，マレーシア現地法人を起点としたバン
グラディッシュ，トルコへの駐在事務所設置計画が記載されているが，実際に設置されたかについ
ては確認がとれていない。

23　本文でも述べた通り，2013 年に ACS 社はイオン銀行と経営統合し AFS 社へと商号変更を行っ
ているが，もともとの ACS 社が手掛けていた事業のうち，クレジットカード以外の債権回収，信
用保証などの事業を，12 年に設立された同名の 2 代目法人へと譲渡している。本節における ACS
社は基本的に初代法人を意味している。

24　日経流通新聞 1987 年 10 月 13 日付け 1 頁。

25　同上 1989 年 1 月 7 日付け 4 頁。

26　同 1992 年 12 月 3 日付け 7 頁。

27　同 1990 年 8 月 18 日付け 4 頁，1996 年 12 月 5 日付け 13 頁。

28　香港，タイに比べるとカード事業の開始が遅れたが，これはアジア通貨危機を受け 1997 年以降，
カード事業の新規参入を凍結していたためであり，解禁後第 1 号の認可であった。また現地銀行と
の提携がその条件であった。

29　2016 年末時点で，ラオス，フィリピン，インドではイオンの小売店舗はない。

第4章　日本のパーソナルファイナンスの海外事業の展開　99

30　日本経済新聞 2006 年 8 月 8 日付け朝刊 1 頁，日経 MJ（流通新聞）2008 年 2 月 15 日付け 11 頁。

31　日本経済新聞 2011 年 8 月 14 日付け朝刊 1 頁。

32　本件の買収で同時にクレジットカード事業などの免許も取得し 2 年後のカード事業開始を目指し準備を進めたが，現時点でまだ開始されていない。

33　各国現地法人の設立年月については当該現地法人，もしくは出資しているタイ現地法人のアニュアルレポートに基づく。

34　「【香港】アジアで 20 年以上守り続けたお客さまを大切にする心」（https://concierge.com.cn/blog/?p=9425），最終アクセス日 2017 年 1 月 31 日。

【参考・参照文献】

Doz, Y., Santos, J. and Williamson, P. (2001) *From Global to Metanational*. Boston: Harvard Business School Press.

Klingebiel, R. and Joseph, J. (2015)「先行者利益を得るか，それとも後発者か自社が進むべき道を決める 4 つのポイント」（原文）"When First Movers Are Rewarded, and When They're Not" HBR.ORG 翻訳マネジメント記事　http://www.dhbr.net/articles/-/3665.

Prahalad, C.K. and Doz, Y. (1987) *The Multinational Mission: Balancing Local Demand and Global Vision*. New York: Free Press.

「Special Interview 日本での成功ノウハウをベースに海外市場への浸透図る-イオンクレジットサービス代表取締役社長・森美樹氏 」『カード・ウェーブ』，2008 年，4 月号，12-15 頁。

Teece, D.J. (2009) *Dynamic Capabilities and Strategic Management*, Oxford Univ Pr on Demand（谷口和弘ほか訳 (2013)「ダイナミック・ケイパビリティ戦略─イノベーションを創発し，成長を加速させる力」ダイヤモンド社）

今井雅和 (2016)「新興国市場ビジネス入門─国際経営のフロンティア─」中央経済社。

「イオンクレジットサービス：営業収益の 3 分の 1 を海外市場で稼ぐ！」『Chain Store Age』，2012 年 9 月 1 日号，90-92 頁。

「海外戦略　狙うは 13 億人の中国市場─イオンクレジットのアジア戦略」『月刊消費者信用』，2005 年 6 月号，40-45 頁。

片山隆男・神木良三・杉江雅彦編 (2005)「庶民金融─消費者金融を理解するために」萌書房。

菊澤研宗 (2015)「ダイナミック・ケイパビリティの戦略学 なぜ YKK はグローバルに強いのか ダイナミック・ケイパビリティと多国籍企業論」『ハーバードビジネスレビューウェブ記事』。http://www.dhbr.net/articles/-/3312

岸本寿生 (2003)「消費者金融の国際化」『富大経済論集』，第 48 巻第 3 号，133-152 頁。

桑名義晴・岸本寿生 (2009)「日本の消費者金融企業のアジア進出戦略の課題─香港，台湾，タイを中心にして」『パーソナルファイナンス学会年報』，No.9, 40-50 頁。

桑名義晴・岸本寿生，山本崇雄 (2006)「台湾と香港における消費者金融サービスの業の現状と特徴─日本の消費者金融企業の進出に向けて─」『2005 年消費者金融サービス研究学会年報』，No.5, 43-52 頁。

佐藤直樹・竹本拓治 (2014)「最低賃金値上げ以降のタイ日系消費者金融企業における人材開発の必要性─経営現地化モデルと「求められる人材像」─」『パーソナルファイナンス研究』，No.1, 41-54 頁。

長谷川隆 (2016)「消費者金融会社である「プロミス香港」における業務展開の実情について─業務運営を支える法制度を中心に」『金沢法学』，第 59 巻，第 1 号，185-199 頁。

樋口大輔 (2005)「タイの消費者信用市場」『2005 年消費者金融サービス研究学会年報』，No.6, 29-42 頁。

100 　第Ⅱ部　グローバリゼーション

藤田哲雄（2014）「インドネシアの中小零細企業金融の成功要因について―営利目的マイクロファイ
　　ナンスの可能性―」『パーソナルファイナンス研究』，No.1，17-30 頁。

これまでのヒアリング調査
アコム　本社：2016 年 9 月
タイ（Easy Buy）：2007 年 9 月，2016 年 8 月
SMBC コンシューマーファイナンス（プロミス）　本社：2005 年 3 月，2016 年 2 月
香港：2001 年 8 月，2005 年 3 月，2007 年 3 月，2014 年 2 月
深圳：2014 年 2 月
タイ：2007 年 9 月
亞洲総合財務（香港）：2005 年 3 月
邦富銀行（台湾）：2005 年 3 月
関係各位に御礼申し上げます。
　※本章の 1 は岸本寿生，2 は佐藤幸志が主に執筆した。

（岸本寿生・佐藤幸志）

第 5 章

日本のパーソナルファイナンス企業のアジア展開
―アコムと SMBC コンシューマーファイナンスのケースを中心に―

1　はじめに

　日本におけるパーソナルファイナンス（以下 PF と記す）企業の海外展開は，1990 年頃に端を発しており，他産業の海外展開と比べるとそれほど古くから行われてきたわけではない（岸本・佐藤，2017）。1990 年初頭以降のいわゆるバブル崩壊や少子化社会の到来，金利関連規制の強化などを受けた結果，国内のビジネス環境が厳しくなるとほぼ時を同じくして，PF 企業の海外展開がスタートしていったと考えられる。これまでに，いくつかの PF 企業の海外展開が行われているが，ビジネス環境が国内外で大きく異なることもあり，あらゆる事業が順調に推移しているわけではない。また後述するように，学術研究の側面に関しても，その研究蓄積は十分とは言い難い状況である。

　そこで本章では，日本の PF 企業の海外展開の中でも，順調に推移していると考えられるケースに焦点をあてる。アコムのタイ進出のケースと SMBC コンシューマーファイナンスの中国進出のケースに焦点をあてることによって，日本の PF 企業がどのように異なる現地環境に適応してきたのか，またどのように新興国の「制度のすき間」を克服しているのかについて論じることとしたい。

2　理論的背景

　伝統的な多国籍企業理論では，企業が海外展開する場合，「外国企業であることの劣位（liability of foreignness）」を背負っており，それを相殺するよう

な企業内の何らかの強み（所有企業優位性）を有することが求められると論じられてきた（Hymer, 1976; Zaheer, 1995）。また，そうした企業内の強みを受入国に移転できる能力が求められるという点も重要であるとされてきた（Kogut & Zander, 1993）。また近年では，受入国環境特有の優位性，すなわち立地特殊的優位を獲得するだけでなく，それを多国籍企業全社ベースでいかに結合させるかも重要となってきている（Doz, Santos & Williamson, 2001）。

　また企業の国際戦略に目を転じると，PF をはじめとするコンシューマー向けサービスの業界では，国ごとの外部環境が大きく異なるため，現地環境に適応することが求められる。消費者のライフスタイルが文化や宗教などに影響を受けるために生じる相違に対応しなければならないほか，金融関連の法や政策にも対応する必要が出てくる。

　近年，世界中の企業が関心の目を向けているのが経済成長著しい新興国市場である。新興国の中でも最も注目されている市場がアジア市場であり，他地域と比較して最も中間層の人口の伸びが予測されているためであろう。

　PF 関連業界においてもアジア市場への参入が積極的になされている。1 人当たり GDP 水準が高まるにつれて，クレジットカードがより普及したり，オートローンを組む消費者の比率がより増加するという傾向がみられるためである。たとえば，東南アジア諸国が経済発展するにつれて，増大した中産階級を中心に消費構造が変化し，バイクローンやオートローンあるいはクレジットカードによる購買といった借り入れを積極的に取り入れるライフスタイルがみられるようになってきている[1]。

　こうして，中間層の市場が近年劇的に拡大していることを受けて，消費者金融企業だけでなく，クレジットカード企業を含む多くのノンバンク企業がアジア地域に事業展開を始めている。現地の銀行や小売企業と戦略的提携を締結し，ローン事業を近年スタートさせた企業もあれば（たとえば，クレディ・セゾンによるベトナムおよびインドネシアへの進出），ジャックスやセディナのように，バイクローンやオートローンといった耐久消費者向けへのローン事業に特化する企業もみられる。

　新興国市場への進出には，こうした魅力的な側面がある一方で，克服すべき課題も存在している。近年の国際ビジネス研究では，先進国市場と新興国市場

におけるビジネス環境の差異に関する概念として，新興国市場に存在する「制度のすき間（institutional void）」（Khanna & Palepu, 1997, 2010）が論じられている（今井，2012）。この「制度のすき間」とは，司法制度や様々な市場などが不完備であるために，売り手と買い手間の市場情報が非対称的な状況があることを意味している。PF 業界に特殊的なコンテクストでいえば，貸金業や上限金利にかかわる法や，金融業を管轄する行政庁からの許認可の必要性，個人信用情報機関の整備状況などが新興国では先進国と大きく異なっているため，こうした差異を克服することが求められることになる。

　このように，ノンバンクを含む PF 関連業界においても新興国市場への海外進出が多くの注目を集めているが，PF 業界における日本企業がアジア諸国にどのように事業展開がなされてきたのかについて，研究蓄積が十分に存在するわけではない。そうした先行研究として挙げられるのは，樋口（2005），桑名・岸本・山本（2006），桑名・岸本（2009），佐藤・竹本（2014），長谷川（2016）など僅かにとどまっている。そこで，本章では事業展開が順調に行われてきたと考えられるケースに焦点をあてて，新興国市場においてどのような事業展開が経時的に行われてきたのかについて記述・分析を行うことを研究の主眼とする。

3　研究方法

　本研究では，ケーススタディによる定性的な研究手法を採用した。その理由は，経時的な海外展開を捉えるという点でケーススタディが適しているということと，定量的な分析を行うのに必要なサンプル数が存在していないためである。

　ケーススタディの対象とした企業は，アコムと SMBC コンシューマーファイナンス（以下 SMBCCF）である。この 2 社を選択した理由は，第 1 に日本の消費者金融企業で早期から海外展開を図ってきた企業であることと，第 2 に企業情報へのアクセスが可能であったという点である。

　なお，ケーススタディで用いられているデータは，アコムの本社およびタイ子会社，SMBCCF の本社および中国子会社に対するヒアリング調査とアクセ

104　第Ⅱ部　グローバリゼーション

ス可能な社内資料，IR 資料などの公表データ，ならびに新聞・雑誌記事など
の 2 次データに基づいている。

4　ケーススタディ
―アコムのタイ進出と SMBCCF の中国進出を中心として―

4.1　アコムのタイ進出のケース

4.1.1　アコムの海外展開の概観

　アコムでは，1980 年代後半から事業多角化が模索された過程で，国際化の
検討も行われるようになっていった。本業である金融事業以外では，たとえば
不動産賃貸事業でアメリカに，保養所賃貸業でグアムにおける子会社が設立さ
れた。金融事業以外での海外展開の模索は，その後も台湾，中国北京と続いて
いるが，これらの事業からはすでに撤退がなされている（図表 5.1 を参照）。

図表 5.1　アコムの海外展開（概観）

	タイ	その他地域
1986		米国に不動産賃貸事業の子会社設立 （→ 2015 年解散）
1993		グアムに保養所賃貸業の子会社設立 （→ 2006 年解散）
1996	合弁会社 SIAM A&C を設立（連結子会社） 個品割賦事業を開始	
2000		台湾にハイヤーパーチェス事業の合弁会社設立 （→ 2005 年全株売却）
2001	無担保ローン事業を開始／第 1 号支店開設	
2005	EASY BUY へ社名変更	北京大学との研究所を中国・北京に設立 （→ 2010 年終了）
2006	リボルビングローンのブランド「UMAY ＋」を導入	中国・北京に駐在員事務所を開設（金融事業における展開を視野） ベトナム・ホーチミンに駐在員事務所を開設（金融事業における展開を視野）
2007		インドネシアの銀行を三菱東京 UFJ 銀行と共同で買収（連結子会社）

（注）下線部が PF 関連事業。
（出所）アコムホームページおよび資料より，筆者作成。

そして金融事業では，1995年にバンコクに駐在事務所が海外に初めて設立された。翌96年に，ヤオハン，伊藤忠商事，オムロンなどとの合弁事業により，タイに初めての海外子会社（SIAM A&C，2005年にEASY BUYに名称変更）が設立された[2]。なお2016年時点では，ホーチミン（ベトナム）と北京に駐在員事務所が開設されており，今後の海外事業への参入の可能性が模索されている。

4.1.2 EASY BUY（タイ子会社）のケース[3]

⑴ 個品割賦事業から無担保ローン事業へ

アコムがタイに初めて海外子会社を創設した1990年代半ばでは，タイにおける個人情報機関の整備は先進国のようにはなされておらず，アコムの強みである無担保ローン事業を展開しようにも展開できない状況にあった。そこで，個品割賦事業からスタートすることにより，タイの消費者の生活様式を学習することに重点が置かれた。個品割賦事業であれば，現地の加盟店との契約締結により開始することが可能であり，家電，携帯電話，スポーツ用品店など幅広い加盟店との契約を通じて様々なタイプの消費者行動のデータを入手できるためであった。

その結果，創設当初からの約5～6年間は営業資産残高の伸びはほとんどなく，利益水準も上がらない状況であった（図表5.2）。しかしながら，タイの消費者行動のパターンは，日本の消費者のそれとは大きく異なることを学習した。たとえば，第1に，日本では家族にも内緒で個人の判断でローンを申請することが多いが，タイでは家族と相談した上でローンを申し込むことが多い。第2に，ローンの返済期限に対する意識が日本よりもややルーズな傾向があるという点であった。たとえば，一部の工場労働者層には，バイクローンで現金を借りバイクを購入した場合でも，その2～3カ月後に払えなくなったからバイクを返してくるという行動がみられたという（清水，2013）。

もう1つの利点が，個品割賦事業に「EASY BUY」というブランドを冠して商品展開し続けたことにより，「EASY BUY」というブランドが徐々に浸透していったということである。ブランド「EASY BUY」は1998年より継続的に使用されてきたが，その後2005年にSIAM A&Cより変更された社名とし

て用いられるほどに浸透した。

　そして，第2の事業として，2001年より無担保事業ローンを開始した。個人信用情報などの整備は十分にできていない中でのスタートであったが，個品割賦事業で相応の契約数が積み上げられていたことにより新規事業が開始された（清水，2013）。アコム本来の強みである無担保ローン事業を早急に展開したいという意図もあったと考えられる。この頃のSIAM A&Cでは貸付残高の量拡大ではなく，質を確保することに重点を置いていた[4]。とはいえ，十分な顧客データがいまだ集まっていたわけではなく，日本と同様な質の高いクレジット・スコアリング分析を行えるわけではなかった。

　それでも，個品割賦事業と無担保ローン事業共に，2005年に個人ローン業務規制が導入されるまで，順調な成長を遂げた（図表5.2）。当時，タイでの経済発展とともに，携帯電話やバイクの購入需要が爆発的に高まったことが要因として挙げられる。こうしたローンへの需要の高まりが一旦は生じたものの，

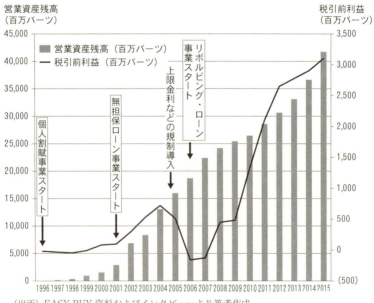

図表5.2　EASY BUYの事業展開と財務的業績

（出所）EASY BUY資料およびインタビューより筆者作成。

2005 年に規制が導入された途端にこの勢いは途絶えてしまうことになる。個人ローン業務規制の内容は，上限金利規制 28％（金利 15％＋手数料 13％）および与信限度額規制（月収の 5 倍ないし 100 万バーツまで）が含まれており，リスクの高い顧客への貸出が困難となる規制であった[5]。規制導入直後の 2006年，2007 年と 2 年連続の赤字（税引き前利益）を計上するに至るが，この規制導入による貸倒れの増加や新規顧客獲得が難しくなったことが大きな影響を与えていると考えられる（清水，2013）。

⑵　リボルビング・ローン事業のスタート

　個人ローン業務規制導入による厳しい事業環境のなかで，新たな第 3 の事業として生み出されたのが 2006 年にスタートしたリボルビング・ローン事業であった。この事業では，「UMAY+[6]」というブランドによる展開が行われた。「UMAY＋」とは，発行されたキャッシュカードを通じて，与信枠の範囲内で必要時に自由に現金が引き出せるリボルビング・ローンである。2007 年から提携銀行の ATM からの借り入れが可能となり，2016 年 9 月現在ではタイの7 つの銀行の ATM（約 4 万 1000 台）が利用可能となっている[7]。提携 ATMが徐々に拡大するにつれて，利用者の利便性の向上が図られており，その証左として貸付チャネルのうち約 8 割以上が提携先銀行となっている。また，タイの現地銀行は一定金額以上[8]でないと貸付に応じていないのに対して，「UMAY＋」は与信内であれば自由な金額を何度でも繰り返し借り入れることができる。「UMAY＋」は，こうした現地銀行の金融商品に対する差別化が図られていることも特徴となっている。

　「UMAY＋」のターゲット顧客は，タイの給与所得者層のほぼ中間に位置づけられる層であり，月額給与が 7 千〜2 万バーツの給与所得者[9]を主要な顧客ターゲットと置いている。これは，規制導入以前の無担保ローン事業でメイン顧客であったリスクの高い顧客層とは異なるものであり，リスクのやや低い層をメインターゲットとしている。

　さらに 2011 年には，よりリスクの少ない富裕層を取り込むために，「UMAY＋プレミア」という上位クラスのリボルビング・ローン商品を新たに導入した。この商品は月額 2 万バーツ以上の顧客層をターゲットとし，「UMAY＋」より約 8％も低い金利で借入が可能となっている[10]。また顧客の半数以上を女

108　第Ⅱ部　グローバリゼーション

性が占めているのも特徴であり，日本の顧客層とは異なっている。

　リボルビング・ローン事業は開始以降順調な成長ぶりをみせている。たとえば「UMAY＋」の残高有りカード数は平均4％以上の伸びで増加し，累計で約116万枚に達している。日本におけるアコムの同種の残高有りカード数が約145万枚であり，人口規模と勘案してもタイにおけるリボルビング・ローン事業への需要の強さが示唆されている。さらに，このリボルビング・ローン事業の成長と相まって，財務的業績の面においても2010年以降税引前利益が急成長を遂げている（図表5.2）[11]。以下では，どのような取り組みのもとに，こうした順調な成長がなされたのか，その考えられる要因について論じることとしたい。

⑶　現地人材を活用した顧客との関係構築

　第3の事業であるリボルビング・ローン事業の成長が近年著しい要因としては，タイの現地環境に対する様々な施策をとってきたことが挙げられる。

　具体的に論じていくと，第1は，顧客との接点のあり方を大きく変化させているという点である。たとえば，タイでは資金の借入を行うことに対するネガティブなイメージが日本ほど持たれておらず，また前述したように他者に内緒で借りたいというニーズも少ない。そのため，店舗展開の側面では，こうしたタイの現地ニーズに合わせて，大型ショッピングモール内の目立つ場所にも数多くの支店をオープンさせたり，店内への導線も非常に開放的なものとなっている。店内も開放的でクリーンなイメージが伝わるような内装となっている。つまり，日本の方式のように，都会のビル内の人目に付きにくい場所に店舗展開したり，自動契約機を多数設置するものとは対照的である。

　また，マーケティングや営業の側面については，現地人材に全面的に考えさせる方式を採っている。その結果，プロモーションを行うためのブースを街なかで開設したり，既存顧客から潜在的顧客を紹介してもらうといった新しい展開が行われている[12]。

　第2に，回収業務のあり方の徹底である。これについては日本における原理原則と変わっているわけではない。しかし，回収業務を行う現地人材に対する教育研修制度を徹底させたのと同時に，前述したようにややルーズなところもあるタイの消費者に対する啓蒙活動を行うという側面も持っている。

第5章　日本のパーソナルファイナンス企業のアジア展開　109

　第3に，これが最も重要な点であるが，第1と第2の施策を実行している現地人材のモチベーションを維持し，優秀な現地人材のリテンションを確保しているという点である。データによれば，一般的にタイで高いとされている離職率をみても，50％台と高かった数字が2016年では約15％にまで低下させることが実現できている。これについては，積極的な社員教育を行ったことにより，社員の給与所得が向上する機会が多く提供されているという認識へとつながっていったことが定着率の大幅な向上に影響していると考えられる。

　このように，EASY BUY のケースからは，現地人材をより事業にコミットメントさせるような施策を試行錯誤をしながら取り組んだことによって，財務的業績の改善がもたらされたと考えられる。

4.2　SMBC コンシューマーファイナンスのケース

4.2.1　SMBC コンシューマーファイナンスのアジア展開

　2000年代以降の貸付金利の低下や日本市場の縮小にともない，消費者金融サービス会社は収益モデルの再構築を求められていた。実際に，2000年代後半は業界にいくつもの再編が起きている。たとえば，クレディアとアエルは民事再生の申請を行い，CFJ は全店舗の閉鎖を発表し，新生銀行は GE コンシューマーファイナンスの買収を行った。そうしたなか，SMBC コンシューマーファイナンス（以下，SMBCCF）は収益基盤の多角化を進めていった。その方法として，SMBCCF は2009年のアニュアルレポートにおいて3つの方法を挙げている。3つの方法とは，①信用保証業務の拡大，②総合金融サービスの提供，③海外事業の拡大である。海外事業の拡大として，とくにアジアを中心とした新たなマーケットへの進出を重要課題とした[13]。そこで，本節では SMBCCF の海外展開についてみていくことにする。

　SMBCCF の海外展開の基本は，日本で長い時間をかけて培ってきた個人向けの「無担保」「無保証」「即時融資」というノウハウ（優位性）を活かすことである。その優位性を海外で用いることで，台湾，香港，タイ，中国本土に現地法人を設立し，海外展開を進めてきた。SMBCCF が海外事業をスタートさせたのは，1989年の台湾である。9月に良京實業を開業させたのである。台湾での事業は債権管理回収事業（当初は車両割賦販売）であった。その後，消費

者金融事業を海外で実質的にスタートさせたのは，1992年の香港である。その後，タイ，中国本土へと事業を拡大していった。

プロミス香港では，日本国内と同様に個人の顧客に対し無担保・無保証による小口資金の融資を行っている。香港における店舗ネットワークは，有人店舗として27店舗展開している[14]。また，近年ではインターネットを通じた取引ニーズが高まっており，インターネットによる申込機能の強化を進めている。プロミス香港の業績は安定的に推移しており，営業貸付金残高は352億円である（2016年3月末現在）。2012年3月期の197億円から4年間で約80％増加している。

香港に続いて進出したのが，タイである。12年にわたるプロミス香港での事業経験を経て，2005年にタイにプロミスタイランドを開業したのである。バンコクでは，すでに銀行や外資系企業がパーソナルローン事業を展開していたため，消費者金融サービスはある程度浸透していた[15]。そこで，支店を開設して，給与所得者を対象にした無担保・無保証の個人向け小口貸付からスタートした。その後，バンコクを中心とした拠点展開から，タイ全土へと拠点を拡充していった[16]。2013年2月にはテレビCMを本格スタートさせたことに加えて，申し込みチャネルの拡充を進めた。具体的には2つの施策がとられている。1つにはプロミスタイランドへの申込を紹介する協力店を募り，顧客開拓

図表5.3　地域別貸付残高の推移

（出所）SMBCCF各種公表データ。

を試みている。日本で蓄積したノウハウを用いており，飲食店や小売店などを中心に1年で数百店規模にまで拡大した。もう1つには，中古車やオートバイの担保ローンを主業とする Srisawad Power 1979 社（約 1500 店舗）と提携し，アカウント開設とローン申し込みの取次を委託している[17]。このように，広告による認知度向上（プロモーション）とアカウント開設のためのアウトレット拡充（プレイス）によるプル戦略を実行することで，顧客ベースの拡大を図っている。また，地方においては大型ショッピングセンター内にキャッシュポイント（簡易受付店舗）を設けている。

その結果，チャネルとしては有人店舗が1店舗，キャッシュポイント（簡易受付店舗）が 88 カ所となっている。2016 年 3 月末時点で，顧客数は 20 万人を超え，営業貸付残高は 224 億円となっている。推移でみると，2012 年 3 月期の 38 億円から 500％近くの増加となっている。

4.2.2　中国市場における事業展開

SMBCCF は，2010 年代に入り中国本土への事業展開を積極的に進めている。2016 年 3 月末時点で中国本土の 7 都市に現地法人を設立しており，営業貸付残高は 200 億円となっている。図表 5.4 が示すように，最初に進出を果たしたのは 2010 年の深圳市である。深圳市は香港に隣接している都市であり，香港と深圳市の間では人の往来も盛んである。すでに述べたように，2010 年当時，SMBCCF は香港で事業展開を開始してから 18 年が経過しており，香港の店舗

図表 5.4　中国市場における事業展開

開業年	現地法人名	出資比率	業務内容
2010 年	プロミス深圳	60％	消費者金融業（小額貸付事業）
2011 年	プロミス瀋陽	100％	消費者金融業（小額貸付事業）
2012 年	プロミス深圳事務センター	100％	業務受託・システム開発／運用
2012 年	プロミス天津	100％	消費者金融業（小額貸付事業）
2013 年	プロミス重慶	100％	消費者金融業（小額貸付事業）
2013 年	プロミス成都	100％	消費者金融業（小額貸付事業）
2013 年	プロミス武漢	100％	消費者金融業（小額貸付事業）
2014 年	プロミス上海	100％	消費者金融業（小額貸付事業）

注）出資比率は開業時点における出資比率である。

数は 27 店舗に達していた。18 年にわたる事業展開は，SMBCCF へ現地における資金ニーズや現地の顧客の特徴に関するノウハウの蓄積をもたらしていた。香港で蓄積したノウハウは，深圳市に適用できる可能性があった。また，深圳市の人口は香港の約 2 倍であり，1 人当たり GDP も中国国内において極めて高い水準にあった。つまり，香港市場で蓄積したノウハウの転用可能性と市場としての魅力の点で，深圳市は中国本土への最初の 1 歩として適切であったのである。

しかし，新興国市場への参入には，先進国市場への参入と異なり，制度面で壁に直面することが多い。Khanna と Palepu（1997）は，こうした制度上の壁のことを「制度のすきま（institutional voids）」と呼んでいる。新興国市場では，市場を機能させる市場の仲介者や法制度が未整備なため，事業の展開に余計なコストがかかるのである。中国市場も例外ではない。さらに，「制度のすきま」は，製造業よりもサービス業において拡大する傾向がある。たとえば，中国市場における小売業の規制の変化をみてみると，その一端をうかがうことができる。

小売業では，1992 年に上海などの一部の地域でのみ参入が認められ，1995年に外資系チェーンストア 2 社に限定して実験的に参入が認められた。その一方で，日本に住んで日本の環境に慣れている私たちには分かりづらいことであるが，中央政府の外資受け入れ方針に反して，地方政府が独自に自らの省への外資系小売業の参入を認可する事態が起きていた。つまり，政府政策が大きく変化する上に，国家レベルの政策と地方レベルの政策でずれがみられるのである。実際に，消費者金融サービスもその例外ではない。金利の違いという点では，中国の小額貸付業の上限金利は 36％だが，天津市は人民銀行の基準金利の 4 倍が上限となっている（2016 年 12 月 1 日に司法部門の定める上限金利（36％）に改正施行済み）[18]。こうした特別市や省ごとに異なる法律や規則があることも中国の特徴といえるだろう。

このように「制度のすきま」が存在する中国市場であるが，幸いなことに，ちょうどこの時期，深圳市は外資企業の消費者金融事業への門戸を開いていた。さらに，SMBCCF は深圳進出に際して現地企業との合弁での進出形態を採用している。現地企業との間に良好な関係を構築することは，国や地域に特

有な情報へ接触する上で有効であるし，取引費用を削減する上での潤滑油としても機能する。

　深圳市の進出を皮切りに，2011年に瀋陽市，2012年に天津市，2013年に重慶市，成都市，武漢市，2014年に上海市へと事業展開を進めていく。これらの都市には共通点がある。1つは，市場としての魅力が高い都市である。具体的には，人口が多く，1人当たりGDPの高い都市である。たとえば，上海は人口が2400万人で1人当たりGDPは9万7370元（2014年度）であるし，天津は人口が1500万人で1人当たりGDPは10万5231元（2014年度）である。重慶市，成都市，武漢市にしても，多くの人口を抱えており，それぞれの地域において政治・経済・文化面での中核都市となっている。2つ目は，政策的に外資へ開かれた都市なのである。加えて，SMBCCFはプロミス香港での実績をベースとして，深圳では当初合弁で（その後独資）進出し，瀋陽以降は100％出資子会社の設立許可が得られた地域から順次子会社を設立していった。

　以上のように，日本ならびに香港で蓄積したノウハウの活用，市場としての魅力，政府規制を考慮しながら，中国市場へ参入を果たしたが，その後の事業展開が容易であったわけではない。中国にも小口資金を貸す会社はあるが，大半が土地や貴金属を担保とする有担保の貸付であった[19]。また，「お金を借りるなら，身内から」「大きな資金が必要になったときは，銀行から借りる」という慣習もあった[20]。その一方で，経済が成長するにつれて，消費者の資金需要は高まっており，「小額貸付」に対する需要も生まれてきていた。市場がちょうど変化へ向かいつつあるときであったといえるだろう。したがって，その変化を把握しながら，市場開拓を進めていく必要があった。

　そこで，本国と香港で培ったノウハウを中国本土へ移転し，市場開拓を進めていった。たとえば，深圳市には11店舗，瀋陽市には1店舗の有人店舗を展開しているが，各店舗に10人弱の職員を配置した[21]。そこでは，各職員によって無担保で貸す仕組みや支払い方法についての説明が行われている。金融サービスに馴染みのない顧客へ「ローンをうまく活用すること」や「お金との上手な付き合い方」を伝えていくのである[22]。文字通り，1対1でのサービスがベースとなっている。顧客へ新たなサービスを伝えることで，事業を拡張していったのである。また，プロミス天津は，店舗数7店舗で従業員は180人程

度で事業を行っているが，マスメディア広告などで潜在顧客をプルしながらも，ダイレクトセールスによるプッシュ戦略でもって顧客へ働きかけている。

また，中国本土での事業経験を通じて，日本とは異なる顧客ニーズがあることもわかってきた。中国市場においても，結婚費用，冠婚葬祭，食事などの遊興費のために用いる人も少なくない。ただし，日本と異なり，資金使途の半分近くが投資や事業資金が占めていたのである。ビジネスマンが副業にお金を使うほかにも，個人が事業を始めるためにも借りているのである[23]。実際に事業を営みながら，現地に関する知識やノウハウを新たに蓄積していくのである。

ただし，顧客への個別対応を行うだけではない。「博民快易貸」というサービスブランドを使用し，インターネット広告の展開などを通じてマスの顧客へも働きかけも行っている。そして，こうした活動をサポートするために，2016年4月には海外事業部内に中国業務室を設置した。中国業務室は，中国本土における現地法人の営業状況を横断的に把握することで，中国事業のサポートを行っている。

4.2.3　ナショナルスタッフの育成

SMBCCFは，本国で蓄積したノウハウを移転することを通じて，中国事業を積極的に展開してきた。しかし，地域ごとに顧客ニーズや規制に相違が存在する以上，消費者金融サービス業においてローカル対応は欠かせない。経済のフラッド化が叫ばれて久しいが，現実にはフラット化は十分に進んでいない[24]。さらに，新興国市場は先進国と比較して，国内における地域間の差が大きいことが指摘されている（Chan et al., 2010）[25]。地域ごとの違いが大きいとすれば，地域ごとの特性へいかに対応するのかが重要となってくる。地域特性へ対応するために，地域情報の収集を綿密に行ったり，地域ごとの競争のルールを把握したりすることが必要である。たとえば，プロミス天津の場合であれば日本から総経理，総経理直属スタッフ，営業部長，営業副部長2名，経営管理部長が派遣されている[26]。しかし，こうした活動の柱となるのは，ローカルスタッフである。ローカルスタッフがそれぞれの地域の顧客ニーズをつかみ取り，対応していくのである。

SMBCCFでは，ローカルスタッフのことをナショナルスタッフと呼んでい

第 5 章　日本のパーソナルファイナンス企業のアジア展開　　115

図表 5.5　ナショナルスタッフ向け研修

研修名	頻度	開催場所	目的
日本受入研修	年 1 回	日本	■現地社員のグループへの帰属意識の醸成とモチベーション向上 ■海外事業全体への関心度向上 ■現地法人間の関係の強化と，知識やノウハウの共有による組織の活性化
IT 研修	年 1 回	日本または現地法人所在地域	■SMBC CF 主導で IT 担当者向け研修を行い，海外各社におけるシステム統制活動の質の向上
与信研修	年 1 回	現地法人所在地域	■「債権の質」や「収益構造」への理解の向上 ■各社ごとに独自に構築されている対面審査ノウハウの共有
経理研修	年 1 回	現地法人所在地域	■経理担当者に必要な知識の相互理解および情報連携・共有
電話対応基礎研修	年 1 回	現地法人所在地域	■外部業者を活用し，電話対応の基礎を学ぶ
コール対応品質向上研修	年 1 回	現地法人所在地域	■ミステリーコールの実施結果を受けて判明した課題をもとに，各社の対応品質の向上を図る
支店長研修	年 1 回	現地法人所在地域	■中核社員育成と組織強化を目的として，マネジメント能力の向上

（出所）2016 年 11 月 8 日インタビュー時の資料を基に加筆修正。

る。およそ 1500 名のナショナルスタッフが存在しており，ナショナルスタッフ向けの教育研究に力を入れている。実際に，日本，香港，中国のいずれかの拠点に集合して，階層別や職種ごとに研修が実施されている[27]。

　代表的なものが，1 年に 1 回実施されるナショナルスタッフ向け「日本受入研修」である。この研修は 2012 年にスタートし，海外現地法人のナショナルスタッフを対象としている。同研修では，各現地法人のナショナルスタッフが日本に集まり，1 週間程度，日本の文化，サービスなどの実体験，SMBCCF の各種業務視察，各社の現状や課題の共有などが行われる。他にも，2016 年 3 月に実施されたナショナルスタッフの日本受入業務研修は 1 カ月間にわたって行われた[28]。研修に参加したメンバーは，①営業から債権管理まで一連の業務を学ぶプログラム，②「CS 向上への取組み」の体験，③お客様サービスセンターにおける電話応対の見学，④お客様サービスプラザで開催されたセミナーの見学などを行った。それを通じて，日本の消費者金融サービス市場や日本本社の取り組みを実際に肌で感じとった。肌で感じたことと日本における事

116　第Ⅱ部　グローバリゼーション

例をベースとしながら，各地域の状況に応じて当該事例をいかに活用するのかについて議論を行った[29]。こうした研修を通じて得た知識やスキルは，それぞれの現地法人へ持ち帰られ共有されていくことになる。

　これらの研修を通じて，グローバルな一体感が形成されるとともに，ナショナルスタッフの育成を通じてローカル対応の強化が図られていくのである[30]。実際に徐々に成果が表れてきている。プロミス深圳では，深圳という都市の特徴から，地方からの移住者が多い。そうしたなかで，「申し込みの手続き時間は早いほうが良い」というニーズに対して，最短45分での対応が可能となっている[31]。その背後には，ナショナルスタッフの対応スキルの向上と与信能力の向上があるのである。

4.2.4　アジア戦略における3つのタイプの人材

　SMBCCFのアジア展開には2つの特徴がある。1つは，ローカル対応である。サービス業は，製造業と比べて，顧客と直接に接することが多い。そのため，必然的にドメスティックになりやすい。地域ごとに異なる顧客のニーズへ対応するには，現場情報が不可欠である。その際，中心的役割を果たすのは，ローカルの従業員である。加えて，中国市場における消費者金融サービス業はまだ未成熟であったため，市場を開拓する役割もローカルのスタッフに委ねられてきた。その過程で，顧客と直接接しながら情報を収集し，また働きかけていくのである。その一方で，日本や香港で蓄積したノウハウや優位性をアジア地域で共有している。本国で培った，個人向けの「無担保」「無保証」「即時融資」にかかわるノウハウを各国へ移転するのである。この側面からみれば，本国からの知識の移転を担う本国スタッフが重要である。

　このようにローカル対応とノウハウのシェアを組み合わせながら，SMBCCFはアジア戦略を展開してきた。そして，それを支えてきたのが，ローカルスタッフと本国スタッフであった。しかし，SMBCCFにはローカルと本国のスタッフに加えて，もう1つカギとなるプレーヤーがいる。SMBCCFでは，本国で培ったノウハウをプロミス香港へ移転し，そこでノウハウを利用することで，試行錯誤を繰り返しながら，新たなノウハウの再生産が行われている。知識やノウハウを利用することで，新たなノウハウが生み出

されているのである。そして，その香港で蓄積したノウハウが中国本土へ展開するうえでの一助となっている。この側面からすれば，アジア戦略において香港オフィスのスタッフも重要な役割を果たしているのである。

SMBCCF のアジア戦略は，ある特定のグローバルマネジャーが重要な役割を果たすというよりも，本社スタッフ，地域（香港）スタッフ，ローカルスタッフがそれぞれの役割を果たしながら進められてきたと言えるだろう。

5　結びにかえて

本章では，アコムのタイにおけるケースと SMBCCF の中国（香港）におけるケースを中心に，日本の PF 企業のアジア展開について論じてきた。2 社のケースで共通して示されていた発見事実は，新興国における「制度のすき間」を克服するためには，現地に精通している現地人材の役割が重要となっているという点であろう。日本企業の持つ強み（所有特殊的優位性）を損ねることなく，現地人材を通じたビジネスモデルの変革をどのように促していくのかがポイントになると考えられる。

ただし，その際にどのように現地人材にコミットメントさせるのか，あるいはどの職能や役割を現地人材に委譲するのかといった点については，2 社のケースのみでは一般化できるだけの命題を抽出することは困難といえる。これについては，われわれの今後の研究課題としたい。

＊謝辞
　研究の遂行にあたり，アコム(株)と SMBC コンシューマーファイナンス(株)へのヒアリング調査に関するご協力を賜りました。心より御礼申し上げます。

注
1　『日本経済新聞』，2003 年 1 月 28 日，2012 年 10 月 8 日。
2　なお，この子会社はその後ヤオハンの経営破綻により，現在ではアコム（出資比率 71%），GCT マネジメントタイ（伊藤忠商事）（25%），バンコク銀行（4%）による合弁子会社となっている。
3　本ケースは，何らかの注記がある場合を除いて，アコム本社（2016 年 9 月 7 日）と EASY BUY（2016 年 8 月 23 日）に対するヒアリング調査，その後のメールによる補足調査，内部資料に基づいている。
4　『日本経済新聞』，2003 年 1 月 28 日。

118　第Ⅱ部　グローバリゼーション

5　上限金利規制は民法およびBOTの通達に，与信限度額規制はBOT通達によるものである。

6　日本語の発音にあてはめると「ゆめぷらす」であり，元々は日本語の「夢」という言葉から連想されたものであるが，2016年時点ではEASY BUYではマーケティング面で「日本色」を訴求することは行っていない。

7　この7行の中に，タイのいわゆる4大銀行のうち3行（カシコン銀行，クルンタイ銀行，バンコク銀行）が含まれている。

8　1万5000バーツが貸出金額の下限となっている。

9　タイの労働人口はおよそ3900万人であるが，その約半数を給与所得者が占めている。

10　「UMAY＋」が年率28％であるのに対し，「UMAY＋プレミア」は年率19.8％となっている（金利と利用手数料の合計）。

11　個品割賦事業の全体における比率は徐々に低下している。

12　現行のタイの法では，こうしたマーケティング手法を採ることは認められている。

13　プロミス『アニュアルレポート2009』，15頁。

14　以前は，日本の自動契約機に相当する「イージースポット」を11店舗展開していたが，2016年11月現在ではすべて廃止されている。

15　SMBCコンシューマーファイナンスニュースレター（2015）『Forward』Vol.8，2頁。

16　プロミスタイランド本社で2016年8月24日に実施した丹羽秀樹氏（社長；名刺はManaging Director），平川秀一郎氏（執行副社長；名刺はExecutive Vice President）へのインタビュー調査に基づいて記述した。

17　プロミスタイランド本社で2016年8月24日に実施した丹羽秀樹氏（社長），平川秀一郎氏（執行副社長）へのインタビュー調査に基づいて記述した。

18　プロミス天津本社で2016年6月17日に安田和人氏（総経理），谷川隆氏（管理部長）へのインタビュー調査に基づいて記述した。

19　『日経ビジネス』2012年5月14日号。

20　SMBCコンシューマーファイナンスニュースレター（2014）『Forward』Vol.4，3頁。

21　『日経ビジネス』2012年5月14日号。

22　SMBCコンシューマーファイナンスニュースレター（2014）『Forward』Vol.4，3頁。

23　『日経ビジネス』2012年5月14日号。

24　Ghemawat（2001）によれば，国家間の距離は今なお重要であり，世界はセミグローバルな状況にある。

25　Chan, Makino and Isobe（2010）によれば，地域（たとえば，省や州）による経営成果への影響が，先進国市場と新興国市場では異なっている。新興国市場の方が，地域が経営成果へ与える影響が大きいのである。

26　プロミス天津本社で2016年6月17日に安田和人氏（総経理），谷川隆氏（管理部長）へのインタビュー調査に基づいて記述した。

27　SMBCコンシューマーファイナンスニュースレター（2014）『Forward』Vol.7，4頁。

28　SMBCコンシューマーファイナンス（2016）『会社案内2016』9頁。

29　SMBCコンシューマーファイナンスニュースレター（2015）『Forward』Vol.7，4頁。この事例は2014年のナショナルスタッフ向け「日本受入研修」のものである。

30　プロミス上海本社で2016年3月10日に玉井宏昌氏（董事長），朴鐘哲氏（経営企画部長）へのインタビュー調査に基づいて記述した。

31　SMBCコンシューマーファイナンスニュースレター（2014）『Forward』Vol.4，3頁。

【参考・参照文献】

Chan, C.M., Makino, S., and Isobe, T. (2010) "Interdependent Behavior in Foreign Direct Investment: The Multi-level Effects of Prior Entry and Prior Exit on Foreign Market Entry," *Journal of International Business Studies*, 37 (5) : 642-665.

Doz, Y.L., Santos, J. and Williamson, P. (2001) *From Global to Metanational : How companies win in the knowledge economy*, Harvard Business School Press.

Ghemawat, P. (2001) *Distance Still Matters. Harvard Business Review*, September-October: 2-12.

Hymer, S.H. (1976) *The international operations of national firms: A study of direct investment*, MIT Press.(宮崎義一編訳『多国籍企業論』岩波書店，1979 年)

Khannna, T. and Palepu, K.G. (1997) "Why Focused Strategies May Be Wrong for Emerging Markets," *Harvard Business Review*, July-August: 40-51.

Khannna, T. and Palepu, K.G. (2010) *Winning in Emerging Markets*, Harvard Business School Review Press.(上野裕美子訳『新興国マーケット進出戦略』日本経済新聞社，2012 年。)

Kogut, B. and Zander, U. (1993) "Knowledge of the firm and the evolutionary theory of the multinational corporation," *Journal of International Business Studies*, 24, 625-645.

Zaheer, S. (1995) Overcoming the Liability of Foreignness, *Academy of Management Journal*, Vol.38, No.2: 341-363.

今井雅和（2012）「ビジネス立地としての新興市場を考える」『多国籍企業研究』，Vol.5，19-37 頁。

岸本寿生・佐藤幸志（2017）「日本のパーソナルファイナンスの海外事業の展開」本書第 4 章。

桑名義晴・岸本寿生（2009）「日本の消費者金融企業のアジア進出戦略の課題―香港，台湾，タイを中心にして」『パーソナルファイナンス学会年報』，No.9，40-50 頁。

桑名義晴・岸本寿生・山本崇雄（2006）「台湾と香港における消費者金融サービス業の現状と特徴―日本の消費者金融企業の進出に向けて―」『消費者金融サービス研究学会年報』，No.5，43-52 頁。

佐藤直樹・竹本拓治（2014）「最低賃金値上げ以降のタイ日系消費者金融企業における人材開発の必要性―経営現地化モデルと「求められる人材像―」『パーソナルファイナンス研究』，No.1，41-54 頁。

清水勝彦（2013）「EASY BUY―タイ初の無担保ローン事業の展開―」慶應義塾大学ビジネススクール ケース・スタディ。

長谷川隆（2016）「消費者金融会社である「プロミス香港」における業務展開の実情について―業務運営を支える法制度を中心に―」『金沢法学』，Vol.59，No.1，185-199 頁。

樋口大輔（2005）「タイの消費者信用市場」『消費者金融サービス研究学会年報』，No.6，29-42 頁。

みずほ総合研究所（2010）「中間層を核に拡大する ASEAN 消費市場」『みずほリポート』

（山本崇雄・竹之内秀行・今井雅和）

第6章

小売業のアジア市場進出における
金融サービス事業とその有効性[1]

1 はじめに

「流通大手，金融で攻勢」（2011年12月27日付，日本経済新聞）。わが国を代表する流通大手2社イオンとセブン＆アイ・ホールディングスの金融事業に関して，ある注目が集まっている。総合小売業としての両社に共通する特徴の1つが，それらの決算内容にみて取れる。それは，両社ともその決算内容において，本業である小売事業よりもそれ以外の事業で収益を上げる事業構造となっている点にある。

今日，総合小売業の「総合」たる所以は，本業である小売業において様々な業態を有するという業態ミックスを越えて，小売事業以外の事業を傘下に抱えることで，新たなビジネスモデルを展開するグループ企業として存在している点にある。事実，セブン＆アイ・ホールディングスは，小売事業（専門店，百貨店，食品スーパー，総合スーパー，コンビニエンスストア）の他に金融サービス，IT・サービス，製造加工業，そして警備・不動産業といった7つの事業領域を持っている（2016年5月26日現在）。他方，イオンは，GMS（総合スーパー事業），SM（スーパーマーケット）・DS（ディスカウントストア）事業，小型店事業，ドラッグ・ファーマシー事業，サービス・専門店事業といった小売事業の他に，総合金融事業，ディベロッパー事業，デジタル事業，国際事業，純粋持株会社，そして機能会社という，実に11の事業をかかえるグループ企業である（2016年2月29日現在）。

冒頭に引用した記事は，総合小売業の収益力をけん引する役割が小売事業から非小売事業へと移行していく中で，グループ企業としての総合小売業がいか

なる価値を提供できるかという問題意識に繋がる。非小売事業の中でも，とりわけ収益に貢献している事業の1つが，金融サービス事業である。たとえば，セブン＆アイ・ホールディングスは，金融事業のセブン銀行がコンビニエンスストアの「セブンイレブン」の店舗にATMを設置していることから，店舗内のATMによる入出金時に発生する利用手数料が大きな収益源となっている。また，イオンはイオン銀行がグループ内のショッピングセンター内に有人店舗を設置し，あたかも銀行の支店のように，預金商品から住宅ローンに至るまで，個人向けの業務を総合的に手掛けるのを特徴としている。

　また，小売業のアジア市場進出に先立って，金融サービス事業の参入がみられる。何故，金融サービス事業からの参入が企図されるのか。さらにその後の小売事業展開にいかなる影響を与えるのだろうか。たとえば，金融サービス事業の他の事業との補完関係や他の事業に先立って用意されるインフラ的役割といったものが存在するのだろうか。

　本研究は，金融サービス事業を数ある事業の1つとしてとらえた場合，当該事業が他の事業に及ぼす影響を小売業の国際展開の視点から考察することを目的とする。たとえば，国際展開を企図する小売業の多くは，金融サービス事業を重要な関連事業として位置付けているが，小売業における金融サービス事業の重要性はどこにあるのか。小売業における金融サービス事業単体としての収益性にあるのか。それとも他の事業との連動性にそれが存在するのか。これらの疑問に答えるためには，グループの経営を含めたビジネスモデルの視点も考慮に入れる必要がある。

　そこで本研究では，小売業の国際展開と小売業のビジネスモデルに関する既存研究の若干のレビューの後，総合小売業イオンをケースとして，同社のアジア展開の中で，小売業態進出に先立って進出した同社の金融サービス事業の活動内容を検討しながら，同社の金融サービス事業と小売事業の連動性に関する現状を素描する。最後に，イオンのケースから導き出されるインプリケーションを通して，イオンのビジネスモデルが持つ総合小売業としての有効性を探ることとする。

2 小売業の国際化と金融サービス事業

2.1 小売業の国際展開とビジネスモデルに関する既存研究
2.1.1 小売業と海外の「関わり」に関する研究[2]

　小売業は本来，きわめてドメスティックな産業である。しかし，国内市場の成熟化は製造業のみならず，小売業にとっても戦略の大幅転換を迫られる課題である。かつては国際展開に及び腰だった小売業も，グローバリゼーションの進展とともに自らの生存領域を選択し，自らの成長を企図して，積極的に海外展開を志向する国際的な産業となっている。

　小売業の国際展開というテーマは，それ自体「小売企業が海外といかに関わるか」という問題に置き換えて考えることができる。すなわち，本来国内に留まると考えられた小売企業がいかなるきっかけで国際展開に踏み切るのか，またそれはいかなる方法でなされるのか，といったテーマとして研究対象となりうるのである。これは，国際展開を事前と事後で分類すれば，事前活動に相当する。事前活動において，まず考慮すべきは小売業の国際展開とはいかなる活動として認識できるのかという問題意識である。

　Dawson（1993）は，小売業の国際展開を次の3つの活動に見出すことができるとする。それらは，① 製品やサービスの国際調達（international sourcing）に関わる活動，② 2カ国以上へ店舗展開する活動（international retail operation），さらに③ 海外での店舗展開にあたり求められるマネジメント・スキルの国際移転に関わる活動（the transfer of management expertise from one domestic system to another）である[3]。

　小売業はそもそも品揃えの観点から商品を主体的に探索する活動体であるという点から，製品やサービスの国際調達活動は，小売業における伝統的な国際活動である。したがって，消費者のニーズや店舗のコンセプトに応じた多種多様な品揃えへの必要性から，国際的な商品調達活動が求められる。海外有名ブランド商品の輸入は，わが国でも古くから百貨店が得意とした活動である。

　加えて，競争相手との差別化という点での品揃えは，多くの場合プライベート・ブランド（以下，PB）商品の販売が挙げられる。PB商品はそもそも，小

売業が主体性を持ち，原材料の確保からその生産活動といった川上活動を戦略的に支配し，差別的優位性の獲得を狙った小売業オリジナルブランド商品である。PB商品の展開にも国際化の流れが押し寄せ，1980年代以降，「開発輸入」というあらたな国際展開のパターンが登場している。この開発輸入体制も，小売業1社がすべての工程を担当するのではなく，総合商社，また海外メーカーとの提携を含む協力関係を通じて，多元的な形態をとりつつある。その結果，当初は本国での販売を目的に海外生産された商品は，同時に海外店舗でも販売されるようになっている。すなわち，小売業の活動は今日，その調達活動，生産活動，そして販売活動のすべてにおいて，必ずしも本国を経由しない，まさにグローバルな企業活動となっているのである。その意味で，グローバルな調達活動（global sourcing）が小売業の国際活動の重要な一翼を担っているのである。

　海外への店舗展開については，1958年の高島屋によるニューヨークへの出店を皮切りに始まった戦後の日系小売業の海外進出は，今日その主戦場をアジアに移しており，欧米流通企業を巻き込んで熾烈な競争を繰り広げている。だが，当初の日系小売業の海外進出は，百貨店方式によるものが多く，進出先も欧米先進国が中心であった。というのも，当時の日系小売業の海外進出目的には，欧米の先進的な小売技術の導入があり，たとえば，品揃え，商品開発，店舗レイアウト，業態開発といった小売業経営に不可欠な技術を獲得する場所は，欧米先進国をおいて他はなかったからである。さらに，主たるターゲット顧客についても，在留邦人や当地を訪問国とする日本人観光客であった。すなわち，欧米ブランド商品や日本食品を豊富に取り揃え，当時において海外旅行を謳歌できた一部の日本人富裕層や日系人，そして在留邦人を取り込むことで，あらたな利益獲得のチャンスを狙っていたのである。

　1980年代になると，百貨店に代わってスーパーマーケットや専門店が続々と海外進出をスタートさせ，その多くは東南アジアへ店舗展開を図った。さらに，日系小売業の海外チェーン展開が始まったのもこの時期からであった。これは明らかに進出小売業のターゲット顧客層が，日本人から現地消費者へとシフトしたことの証左であった。

　小売業の海外出店行動は，同時に小売業態の海外展開を伴う。そこでは，い

124　第Ⅱ部　グローバリゼーション

かなる業態が進出先に適応するのか，あるいはいかなる業態展開を通じて現地需要を喚起（市場創造）するのか，といった視点が重要な検討課題となる。すなわち，小売業の国際展開は，国内で開発された小売業態の国際適応，ならびに国際展開の過程で開発された新たな小売業態の登場といった現象として現れる。最終的には，小売業の国際展開は，世界レベルでの小売業態間競争にまで行き着く。

　小売業の国際展開は，国際ビジネスの観点からとらえれば，異質性や多様性をいかに企業活動に反映させるかも重要となる。すなわち，本国店舗のコンテクストではなく，国際小売業あるいは現地小売業としてのコンテクストによる店舗展開が求められることになる。店舗展開に際しては，小売業に関する技術やノウハウが他国の店舗に移転（transfer）される。世界中の店舗ネットワークを通じてそのような技術やノウハウが移転される過程で，新たな小売技術が創発・共有できる可能性が，小売業の国際展開のもたらす新たな競争優位の1つと考えられている。この点について，Dawson（1993）は，次の5つを小売業において移転される専門知識としている。それらは，① 店舗形態，② 陳列や店舗内レイアウトといったデザイン・コンセプト，③ マネジメント・ツール，④ 情報システムの活用などの小売技術，そして ⑤ 卓越した消費者サービスである。これらの専門知識は，小売業と海外の関わりの中で創出・洗練されていく。

　したがって，国際展開される小売業態には，国内外で展開・開発された上記のような小売技術がふんだんに織り込まれていると考えられる。すなわち，小売業態の移転・展開は，その活動自体が知識の移転に相当し，小売業の国際展開と競争優位性の獲得を考察するうえで重要な視点である。

2.1.2　小売業のビジネスモデルに関する研究

　小売業の国際展開に関する既存研究は，国内競争からグローバル競争へ移行する中で，小売業が本来の小売業務をグローバルレベルにおいてとらえ直した場合に，いかなる競争優位性が獲得可能かに関心を寄せてきた。それは換言すれば，国際展開においてこそ実現可能な，あるいは国際展開しなければ獲得困難な視点を小売経営に積極導入したうえで，新たな価値を顧客に提供すること

に他ならない。たとえば，調達活動をグローバルに展開できれば，PB商品の開発および生産，さらには販売に至るまで，世界レベルでの最適化が追求可能となり，とくにNB商品が主体の日本市場においても，新たな商品訴求力につながることが考えられる。しかし，Dawsonの指摘する小売業の国際展開活動それ自体の履行だけでは，競合他社からの模倣を容易に招くこととなり，持続的な競争優位性には結びつかない。というのも，調達活動をグローバル化したとしても，それが結果として競合他社に比していかなる競争優位性を生み出したかという視点が考慮されていないからである。

矢作（2014）の研究[4]は，小売業が顧客に提供する価値を多元的にとらえ，それらの価値を「創造」するプロセスに焦点を当てている。それによれば，小売事業モデルは顧客のニーズを充足する市場戦略（業態・出店戦略）とそれを運営・実行する業務システム（店舗運営・商品調達・商品供給）の2つの構成要素に分類される。というのも，既存の小売業態研究では，最適な業態開発と業態ミックスの選択に焦点が当てられすぎるあまり，選択された業態が生み出す価値と収益の連動性が明確にできなかったからである。そこで，業態戦略および出店戦略と，それらをサポートする業務システムを統合した「小売事業システム」として新たな小売事業モデルを提示している。

本研究によると，ウォルマートの今日の成功要因として取り上げられる同社の「薄利多売」というビジネスモデルは，それ自体が競争優位性なのではなく，新たな顧客価値を創造したことに着目すべきであるという。というのも，「薄利多売」というビジネスモデルだけでは，容易に追随者を生み出していたと考えられるからである。ウォルマートはいかにして新たな顧客価値を創造したのか。ウォルマートは，当時大都市を商圏としていた有力な競争相手とは逆に，小都市を標的商圏とし，集中的に出店攻勢をかけた。つまり，小都市には優れた商品供給システムを持った競争相手が存在せず，ウォルマートの低価格販売に対抗できるライバルが見あたらなかった。

ウォルマートは，競合他社が目もくれない小都市圏において自社の配送センターの周囲にいち早く店舗網を配置し，商品配送の効率化を図り，同社のEDLP（Everyday Low Price）の実現に導き，成功した。一度出来上がったウォルマートの市場に，競争相手も後発参入を断念せざるを得なかった。これ

は，業態戦略と出店戦略を業務システムと連動させることで，顧客価値の提供から顧客価値の創造が可能となったことを示す事例である[5]。

同時に矢作は，このような顧客価値創造が可能になるメカニズム，たとえば小売業が取引先メーカーと結ぶ協力（補完）関係の中に，小売業の競争優位性を構築するポイントが指摘できるとしている[6]。たとえば，日本のコンビニエンスストアの場合，弁当や惣菜といったオリジナル商品は取引先メーカーとの共同活動の成果であり，それらを適切な温度で配送管理できるシステムも彼らの協力なしでは実現できなかった。

矢作の研究は，価値の提供を主眼に置いた業態戦略や出店戦略に加えて，業務システムを考慮に入れることで，小売業単独ではなく，取引先メーカーをはじめとした活動主体との連携を通じて，これまでにない顧客価値が創造できることを明らかにしたといえる。

さらに，Sorescu, Frambach, Singh, Rangaswamy and Bridges（2011）の研究に至っては，顧客満足の対象を具体的な商品に限定するのではなく，それを購入する際に知覚される利便性や快適性（経験価値）にまで拡張することを考えるのであれば，小売業は本来の業務を超えて，広範な活動を包含することで，顧客や取引先とのより密接な関係強化を図らなければならないとしている。たとえば，消費者の購買行動を購入時点でみるのではなく，購入時点を境にそれ以前と以後の場面で提供可能なサービスの必要性が知覚できれば，購買行動を促進する総合サービスの開発が求められる。これはとりもなおさず，小売業の概念拡張につながり，新たな小売業のビジネスモデル開発の必要性を示唆している。

具体的には，小売事業を積極的に支援するという意味から，非小売事業への進出や，それとの融合といった視点が想定され，顧客の経験価値を高めるための小売業のビジネスモデルを考えるうえでは極めて有効と考えられる。

2.2　小売業と金融サービス事業

小売業はなぜ金融サービス事業に参入するのか。そもそも小売業の非小売事業分野進出の歴史は古い。たとえば，金融事業，外食事業，旅行事業，情報通信事業，不動産販売事業など，極めて広い範囲にわたった事業分野への進出

は，ダイエーグループやセゾングループが一世を風靡した1970年代以降には
スタートしている。海外でもウォルマートやテスコといったグローバル・リ
テーラーの多くが，金融サービス事業を傘下に持っている。とりわけイギリス
では，小売業者が銀行との提携により銀行を設立するなど，異業種の銀行業参
入が顕著である[7]。

　小売業が他の事業分野へ進出する背景にはいかなるロジックが働いているの
だろうか。金融規制の緩和要因を除けば，他事業への進出は，通常企業の多角
化行動ととらえることができる。トヨタやGEといった製造業の金融サービス
事業は，販売金融という点で両社の親和性は比較的理解しやすいだけでなく，
収益への貢献も大きい。

　しかし，小売業の非小売事業分野への進出を，多角化と事業定義の視点から
考察した近藤（1992）によれば，小売業の多角化は製造業と異なり，製品パッ
ケージの概念ではとらえられないほど多事業に及んでいるとしている。事業定
義，すなわち「自社の事業は何か」という問いに答えることが重要であるとす
る。それによれば，1980年代初めに業績不振に陥った大規模小売業が店舗大
規模化と多店舗展開による量的拡大型路線に大幅な修正を迫られたまさにその
時に，小売業にとっての事業の再定義がなされたのである。

　小売業が事業の再定義を迫られた理由は何か。その契機の1つとなったの
は，消費者に起きた購買行動上の大きな変化にあった。すなわち，消費者から
生活者への移行である。企業が提供する商品やサービスを一方的に受領すると
いう意味での「消費者」ではなく，購買にあたって安全性や社会性を考慮に入
れる自立性を持った「生活者」が出現したことにより，小売業はそれへの対応
が求められたのである。したがって，物販を主たる事業とした時代から，物を
含めて広く生活自体の提案の必要性から，種々のサービス事業が生み出される
こととなった。当時，自らの企業グループを「総合生活文化情報提供企業集
団」と呼称したダイエーグループや，「生活総合産業」を標榜したセゾング
ループは，まさにこの変化に素早く事業を再定義した企業の好例である。しか
し，近藤によれば，これらの多角化は極めて総花的であるとし，それは十分な
事業定義がなされないか，あるいは事後的に事業定義をしたためと指摘してい
る[8]。

日本の小売業において，非小売事業への進出の中でも，金融サービス事業への進出が顕著である背景には，① 低成長経済下においても消費者信用が消費者金融，販売信用とも着実な伸びを示していた点，② シアーズ・ローバック，J. C. ペニーといったアメリカの小売企業が金融分野に本格進出している関係から，それらの企業が日本の巨大小売企業にとってのモデルケースとなっている点，そして ③ 金融サービスが，ホームショッピングやダイレクト・マーケティング，さらには人びとが実際に足を運び消費活動を行う小売業の特性からも他のサービス事業の展開にあたって，重要な地位を占めるようになるとの認識が高まった点[9]がある。

小売業の金融サービス事業への参入は，小売業を主体とした場合，いかなるメリットが存在するのであろうか。小売業が参入する金融サービス事業は，割賦販売事業，リース事業，保険サービス事業，クレジットカード事業，キャッシング事業等と多岐にわたっており，銀行業に進出してフルラインの金融サービスを提供するケースもある。たとえば，セブン＆アイ・ホールディングスの金融事業は，カードサービス事業，保険サービス事業そしてリース事業を抱えるノンバンク部門と，ATM 事業と海外送金事業を行う銀行部門を持つ。

小売業は割賦販売事業を通じて与信のノウハウを獲得できる。その後クレジットカードを発行することで，手数料ビジネスを展開できる。さらに，クレジットカード発行に伴い，固定客づくりと会員数の増加に応じて膨大な顧客情報インフラを獲得できる。それらの顧客情報インフラを通じて，本業の小売事業への販売促進活動に繋げることができる点が大きなメリットである。

また，銀行業としてセブン銀行は，セブンイレブンに設置している 24 時間稼働の ATM からの手数料を収入とする決済専門銀行としてグループの収益に貢献している。他方，イオンはイオン銀行としてイオンの GMS 内に店舗を構え，幅広い金融商品を扱うだけでなく，土日を問わず金融サービスを享受できるインストアブランチを強みとしている。さらには，イオンの店舗内のテナントに対する金融サービスも同時に行っている。

小売業の金融サービス事業には海外展開の動きもある。小売業が本業の小売事業とともに金融サービス事業を国際化させる理由は，概ね次の 3 点に集約できる[10]。第 1 に，小売事業に比して，在庫資産が少なく，動きが速いというこ

と。進出にあたっては，進出先国ごとに金融に関する諸規制を考慮しなければ
ならないが，ビジネスがパターン化されているおかげで，参入スピードが速く
なるという利点がある。これはビジネスモデルとしてのスピードに関連する。

　第2に，金融ビジネスに関して，国内で蓄積されたノウハウが海外に転用可
能である点。たとえばセブン銀行の場合，同社の収益に貢献度の高いATM
事業はその事業をアメリカとインドネシアに展開することで，競争優位性の移
転を図っているし，イオンも同様に，自社のクレジットカード事業を中心に
ファイナンス業務の拡大に取り組んでいる。

　第3に，小売業進出に先立ってのフィジビリティスタディ的役割もある。物
販に関連した金融ビジネス（ストックビジネス）においては，その経験から，
デフォルト率を含めて当地のさまざまな金融情報を獲得でき，それが主たる顧
客の設定やそれに呼応した販売促進活動へ有用なデータベースとなりうる。基
本的に，小売事業も金融サービス事業もローカルビジネスの色彩が強く，現地
化への圧力が強い事業である。そのため，経済の成長スピードの速い進出先で
は情報の陳腐化も速く，つねに最新の情報にアップデートが必要である。

　以上のように，金融サービス事業会社と比較した場合，小売業が行う金融
サービス事業には，金利収入や手数料収入という側面にとどまらず，金融サー
ビス事業を通じて獲得した情報を他事業（ここでは小売事業）へ転用可能であ
るという点で，親和性が高いといえよう。そうであるとすると，小売業は金融
サービス事業との間にいかにして親和性を高め，小売事業へ活用しているのだ
ろうか。そして，結果として小売事業のみならず，グループ全体の競争優位性
にいかに貢献しているのだろうか。

　次に，小売事業と金融サービス事業の連動性について，イオンのアジア展開
をケースにして検討する。

3　イオンのアジア進出と金融サービス事業

3.1　イオンのアジア展開

　イオンは現在，日本を除く12カ国に進出している（2016年5月現在）。進
出先のほとんどをアジアが占め（11カ国，他オーストラリア），同社にとって

アジアは国際展開の主戦場となっている。そもそも同社の国際展開は，1984年のマレーシア進出に始まる[11]。当時のマレーシアは，マハティール首相が「ルックイースト」を標榜し，自国の流通近代化を企図していた。それが，同社への強い出店要請に結びつき，それに応える形での進出が直接の背景にあった。グローバル・リテーラーの多くが，当時国内小売市場の成熟化に伴う熾烈な競争環境を嫌って国際展開に踏み切ることが多かった（プッシュ要因）のに対して，同社のそれは，プル要因によってなされたといえる。

　イオンが国際展開の中でアジアを同社の主戦場として明確に位置づけたことが，同社の中期事業計画（2011～2013）に見て取れる。その中で同社はグループ戦略として，「アジアシフト」「都市シフト」「シニアシフト」そして「デジタルシフト」を掲げ，経営資源の重点配分を行った。そして，第二フェーズである次の中期経営計画（2014～2016）には，「商品本位の改革」を推進するとされている。そして，イオンの強みとして，「グループの総合力を結集したシナジーの創出」を謳い，小売，ディベロッパー，金融，サービスをはじめとする事業群と，これを支えるITや物流等のグループ横断的な共通機能会社から生み出されるシナジー効果が次なる成長を可能にするという[12]。

　イオンのアジア展開の特徴の1つは，小売業態としての様々な事業が進出先国別に展開されている点にある。同社はそもそも多種多様な業態を傘下に抱える総合小売企業である。主たる業態であるGMSを筆頭に，食品スーパー，コンビニ，専門店といった業態がミックスされている。いかなる業態ミックスを採用するかは，進出先国の小売環境によって決定される。たとえば，タイではGMS業態の熾烈な競争環境により，GMS業態に代わり小規模の食品スーパーによる展開が選択されている。

　アジア市場は，極めて異質性の高い市場である。異質性は，人口や経済発展度，所得分布や購買慣習に至るまでさまざまな面において顕著である。そのため，小売業はアジア進出にあたって，得意とする単一業態を単純に移転するだけでは，アジア市場の異質性をカバーできない。たとえば，日本市場に比して一見遅れていると評価される市場でも，市場進化のスピードが想像以上に速く，旧態依然とした業態展開を行っていると，現地消費者からは飽きられてしまうことも考えられる。むしろ，アジア各国の市場環境の変化に適切に対応可

第6章　小売業のアジア市場進出における金融サービス事業とその有効性　131

能なコーディネーション能力が，進出小売企業には要求されると考えることができる。イオンは多くの業態を傘下に持つ総合小売企業であり，その点ではアジア市場は同社にとってグループ経営の巧拙が試される市場と位置付けることができる。

　同社のさらなる特徴は，アジアのほとんどすべての進出国（韓国を除く）において金融サービス事業を展開していることにある。なぜ，イオンはアジア展開において金融サービス事業を積極展開しているのだろうか。同社の中期経営計画（2014〜2016）にある「グループの総合力を結集したシナジーの創出」という視点に立てば，グループ内の「小売事業」「ディベロッパー事業」「サービス事業」そして「総合金融事業」が何らかの形でシナジーを創出していると考えることができる。そうであれば，金融サービス企業と小売事業のかかわり方が主要な関心事となる。ちなみに，金融サービス事業の進出時期をみると，87年の香港，92年のタイ，そして96年のマレーシア以外の進出先はすべて，金融サービス事業が先行して市場参入しており，金融サービス事業の参入後，小売事業が順次進出している。このような事業展開には何らかの法則性が存在するのだろうか。

　他の事業，すなわちディベロッパー事業やサービス事業についても，積極的なアジア進出が行われている。ディベロッパー事業は，アジア各国にショッピングセンターを開発・賃貸・管理運営する文字通りディベロッパー的役割を演じ，小売事業の支援事業として位置付けられる。サービス事業に目を向けると，たとえば，アミューズメント施設を提供するイオンファンタジー（タイ，マレーシア，ベトナム，中国），施設管理や省エネ支援を提供するイオンディライト（マレーシア，ベトナム，中国）そして結婚情報サービスを提供するツヴァイ（タイ）などがアジアでも事業展開中である。たとえば，イオンディライトは，商業施設が抱える施設管理上の諸問題に対して，「総合ファシリティサービス」を提供している。これにより，現地の商業施設は施設管理業務をアウトソースすることができる。他方，イオンファンタジーは，ファミリー向け室内遊園地を展開する。経済発展著しいアジアにおいては，遊興費への支出増加を見込むだけでなく，少子化が進行する日本とは異なり，子育てニーズに向けたソリューションビジネスとしてもサービスを提供している。

132　第Ⅱ部　グローバリゼーション

　以上のように，イオンのアジア展開はその進出先の多さだけでなく，展開する事業もバラエティに富んでいる。バラエティに富む事業展開は，アジア諸国の異質性を取り込むために不可欠であるばかりか，小売事業を様々な事業でサポートすることで，総合小売業としての同社の企業ブランドの浸透とシナジー効果を狙っている。

　しかし，イオン全体の収益構造をみると，本業の小売事業では赤字が続いており，営業収益率でみると「ディベロッパーと金融で稼ぐイオン」という姿が明らかになっている。このことは，イオンのいうグループシナジー創出がなくグループ経営に課題があるということなのか，金融サービス事業に収益性があるということなのであろうか。

　イオンのアセアン事業最高経営責任者の尾山長久執行役（2013年当時）は，「まず，金融で地ならしして小売りが進出。その後サービスでも需要をつかむ。こうした事業モデルを磨き，アジアでの収益力を一段と高めたい」と述べている[13]。

　いずれにせよ，小売業と金融サービス事業の親和性が高いのは，他の小売業を見ても明らかである。のみならず，製造業でも自社グループに金融サービス事業を抱えるケースは多く，その収益面でのインパクトは本業を凌ぐ場合も少なくない。次に，金融サービス事業と小売事業の親和性を踏まえたうえで，にもかかわらず，なぜイオンにおいて小売事業の収益への貢献が弱いのかについて，同社の金融サービス事業のアジア展開をケースとして考察する。

3.2　アジアにおけるイオンの金融サービス事業

　イオンの金融サービス事業は，銀行持株会社イオンフィナンシャルサービスの下，イオンクレジットサービス（以下，イオンクレジット）とイオン銀行を有する総合金融事業として展開されている。事業内容には大きく分けて，クレジットカード事業，銀行業そしてフィービジネスがあり，イオンクレジットが，イオン銀行から委託されたクレジットカード事業や他社からの業務委託を通じたフィービジネスを担当し，イオン銀行がいわゆる銀行業として預金調達機能を含めて融資事業を行う。海外事業についてはイオンクレジットの事業であり，経常利益（2016年第2四半期時）の約4割を海外事業が占めている[14]。

第6章　小売業のアジア市場進出における金融サービス事業とその有効性　133

　イオンクレジットのアジア展開は，1990年の香港での現地法人設立を皮切りに，その後，タイ（1992年），マレーシア（1996年），台湾（1999年），中国（2000年），インドネシア（2006年），フィリピン（2008年），ベトナム（2008年），インド（2011年），カンボジア（2011年），ミャンマー（2013年），そしてラオス（2013年）と拠点を拡大させている。

　イオングループが金融サービス事業のアジア展開を推し進める理由を，①事業上の特性，そして②アジアという地域的特性の2点からみてみよう。

　① 金融サービスという事業上の特性として，進出にあたっての金融サービス事業がもつ圧倒的な低コストという特性がある。小売業と比較してみても，巨大店舗を必要とすることもなく，在庫の必要もない。また，身軽な事業であることから進出スピードも速いという特性がある。さらに，金融サービス事業における技術に相当する本国で蓄積された与信や回収のノウハウが比較的移転しやすいというという特性も，アジア進出にあたって有利なである。

　② アジアという地域的特性として，著しい経済発展がもたらす所得水準の上昇によって，当地には耐久消費財を始め各種サービスへの旺盛な消費意欲からの豊富な資金需要が見込める。バイクや家電商品といった商品の購入には，販売金融サービスが不可欠である。他方，旺盛な資金需要は同時にデフォルトのリスクをもたらす。そのため，融資業務だけでなく，金融リテラシー教育も含めて多元的な金融サービスを展開する必要がある。

　アジアにおいて金融サービス事業を展開するうえでまず考慮すべきは，どのような商品にファイナンスを付けるかである。これはアジア各国で様々である。この点について，イオンクレジットサービス・マレーシアの藤田健二氏（AEON　Credit Service（M）Berhad, Managing Director）は，「バイクはモータリゼーションの入り口にあたり，今後の需要拡大が見込めます。しかし，業界構造の違いからマルチ販売チャネルの多い当地では，バイク購入にあたってのファイナンスがありませんでした。そこでわれわれは，バイクにファイナンスをつけることになってマーケットをとるようにしたのです」と述べている。要するに，各市場においていかなる消費財にファイナンスが必要かを判

断し，それらに順次信用を付けていくというのがアジアにおける金融サービス市場の開拓にあたって必要な活動といえる。

　しかし，一口に金融サービスといっても，与信のレベルによって，あるいは現地国における金融に関する規制の有無によっても提供可能なサービスの内容は変わってくる。市場によってはクレジットカードの発行よりも，割賦販売が必要とされるなど，求められる金融サービスは各国ごとに異なる。

　それでは，イオンは具体的に金融サービス事業をどのように展開したのか。たとえば，ベトナムでは，日系企業の中で初めて割賦販売事業をスタートさせた。まずはパソコンの取り扱いから始め，順次家電製品や家具に広げる構想を持っていた。そのために，提携の小売店数の引き上げを目標としていた[15]。インドでは，現地の金融当局の認可取得後，ムンバイに事務所を開設し，現地の中産階級を対象に白物家電や家具などの個品割賦事業を展開した[16]。割賦販売が主たる金融サービスの段階では，当該金融サービスはいかに信用を付与してゆくか，換言すれば，購入活動をサポートするかを考えておけばよい。しかし，顧客を囲い込み，データベース構築が必要となる段階にさしかかると，次にクレジットカード事業が必要になる。実際に，進出したアジア地域では，金融サービス進出の先発国である香港，タイ，マレーシアをはじめ，インドネシア，フィリピンといった後発国でもクレジットカード事業をスタートさせている。

　このように，イオンは金融サービスにおいて，進出先国ごとに所得分布や政府の認可といった要因を考慮に入れながら，その時々に最適な金融サービスを導入している。それでは，同社の小売事業との連動についてはどうであろうか。金融サービス事業と小売事業の関連性について，藤田氏は，「金融ビジネスのモデルには，ストックビジネスと決済（フィー）ビジネスがあります。ストックビジネスとは，物販に結びついたビジネスを指し，貸し付けをして貸付残高を積んで行くものです。したがって，貸付金で金利収入を得るというビジネスです。対して，クレジットカードは決済を通じて手数料を頂く手数料ビジネスです。その点では，後者の方が本来小売とは親和性が高いといえます」と述べている。

　イオンの金融サービス事業のアジア展開の現状はストックビジネスが主流

で，クレジットカードに代表されるフィービジネスは展開状況や小売事業との連動という面でも未だ道半ばである。その意味では，イオンの金融サービス事業の主目的は今のところ，まずはアジア地域に事業拠点を可能な限り設け，その中でのネットワーク構築にあるといえよう。藤田氏は今後の可能性の１つとして，「小売りと取引先との間で電子的にPOSデータベースの情報交換は行われているけれども，そこにはどのお客様がという情報は含まれていません。たとえば，どの民族の何歳ぐらいの方がどこで何を買ったという情報があれば，これは有効なマーケティングデータとなります。この情報があれば，メーカーのマーケティング活動に有益であるだけでなく，小売にとってもメリットがあるといえます。しかし，そこに金融情報が入るとどうなるかという部分は未知数です。顧客の属性情報，過去の購買履歴や借入履歴，信用情報といった情報が結びついたときに面白いことが起きるかもしれません」と述べている。

この点については，イオンアジア(株)の名取勝彦氏（AEON ASIA SDN. BHD, General Manager）も，「日本においては顧客のクレジットヒストリー（購入履歴）に関する情報は小売りにとって有益な情報になっていますので，これをアジアでも展開したい」と述べており，金融サービス事業が持つ情報に小売事業は大きく期待はしている。しかし，小売事業と金融サービス事業の連動はそれほど簡単ではないようである。名取氏は，「たとえば，ポイントカード１つとってみても，マレーシアでは，イオンマレーシアとイオンクレジットサービス・マレーシアが，それぞれにポイントカードを発行しています。ただ，両社のポイントカードの統一が取れていないのです。グループ間調整が難しいためです」とも述べている。なお，WAONは犬をキャラクターとしているが，イスラム教では犬を嫌悪するところがある。こうした宗教的・文化的対応も調整には求められる。

イオンの金融サービス事業のアジア展開は，市場のないところに市場を「創る」という意味で，「市場開拓」「市場創造」のケースとして極めて興味深い。イオンはタイにおいて金融サービス事業を開始した当初，当地の金融インフラが未整備な状態に直面した。たとえば，当時のタイでは購買にあたっての支払いが現金払いであることが一般的であった。分割で購入し，毎月一定額を支払うというクレジットによる購買方法は一般に普及していなかった。その上，銀

行口座や自宅電話もないといった状況も相まって，本人確認も困難であった。したがって，貧弱な金融インフラの中で，いかにしてファイナンスを付けてゆくかが，当地での金融ビジネスを遂行するイオンにとって大きな課題となった。

　イオンはこのような状況をいかにして乗り越えたのか。実際には，信用供与に関する従来の基準を大幅に緩和ないしは，新たな基準を採用した。たとえば，銀行口座を持たない対象者には，勤務先に本人確認が取れれば，その時点で信用を供与した。また，耐久消費財購入のための販売金融すら困難な利用者には，マイクロファイナンス（小口金融）の提供を通して信用を供与した。こういった一連の活動が金融ビジネス展開にあたってのインフラ構築に寄与した。このように，金融ビジネスにおいても，アジア市場の攻略には「市場創造」という視点が不可欠になるといえる。

　それでは，イオンのアジア展開において，金融サービス事業が持つ役割とは何か。明確にグループ事業のシナジー効果創出を目指している同社の中期経営計画とは裏腹に，金融サービス事業と小売事業に限ってみれば，それらの効果を創出するレベルに達してはいない。この点について名取氏は，「金融事業が先に出てゆくということで，マーケット特性に関する知見が得られるということは確かにありますし，実際ミャンマー進出にあたってはそうです。しかし，それ（まず金融事業から参入し，小売事業進出に繋げる）を仕組みとして，戦略的にこれまでやってきたかと言われれば，そうではないように思います」と述べている。この点については，藤田氏も「イオンクレジットのアジア進出の理由は，そこにビジネスチャンスがあるからということです」と述べている。

　今日，イオンにおける金融サービス事業のアジア進出は，単独事業としての成果創出を追求する段階にあり，同社の小売事業展開にあたって金融サービス事業が相互支援事業として機能できるかを判断するにはさらに時間が必要である。とはいえ，新たな小売事業モデルが試されるという意味では，イオンは総合小売グループ企業の先鞭をつけるケースである。

4　ケースから引き出される若干のインプリケーション

4.1　自社の事業をいかに定義するか

「イオンは小売業か？」という疑問が出るほど，イオンの利益構造における金融サービス事業の果たす役割は大きい。それどころか，本業であるGMS事業の不振が金融サービス事業の存在をより一層際立たせている。しかし，そもそも金融ビジネスにおける高い利益率という特性を考慮に入れれば，両事業を比較の対象にすること自体意味をなさないのかもしれない。ただし，「本業を下支えする周辺事業」という利益構造自体を問題視するかどうかは，当該企業が自社の事業をいかに定義するかに関係すると考えられる。IBMやアップルを製造業と定義しにくいほどに，「業種」の境界線が不明確になりつつある今日，「どこで稼ぐか」という視点はそれなりに意味を持つのかもしれない。

サービスビジネス研究の分野でも，製造業のサービス化やサービスドミナントロジック（service dominant logic）といった考え方は，たとえ顧客が購入するものが製品の形であっても，最終的に顧客が得るものはサービス価値でしかないことを教えてくれる。すなわち，小売業であっても，物販のみを目的にする時代は過ぎ去り，物販を支援する，あるいは物販を超えて顧客の生活における利便性全般を支援するサービスを総合的に提供することが求められるだけでなく，その実現に向けた事業の創造・定義を行わなければならない。

その意味で，小売事業の他に多くの非小売事業を抱えるイオンは，それ自体がビジネスモデルとは考えられないだろうか。事実，買収による小売業態の増強や新たなドラッグストア事業の開発など，その流れは現在も加速中である。しかし，事業の拡張は，結局そのマネジメントやシナジー効果の問題に行き着く。さらにイメージの分散から，顧客離れの危険性もある。すなわち，「何でもあるが欲しいものがない」という大規模小売業の弱点である。

アジア市場における金融サービス事業は，旺盛な購買意欲に支えられ，今後も多種多様な金融サービスへのニーズが高まるであろう。さらにそのニーズを求めて矢継ぎ早に新興国市場開拓を進めるのも，先行者利得の点からも理に適っている。しかし，かつて流通近代化が遅れている地域に次々と進出した小

売業のカルフール（仏）が，当地の流通システムが近代化するにつれて，ローカルの小売業者や他の外資小売業との競争に敗れ撤退してきた経緯を思い起こすと，イオンの金融サービス事業が同じ轍を踏まないという保証はない。事実，多くのノンバンク，最近は銀行までがアジア地域に事業展開するようになった。さらに，それらの企業もイオンと同様に割賦販売から参入するという黄金律に沿って進出している。イオンにとって，傘下に金融サービス事業を持つというビジネスモデル自体が競争優位性に結びつくのか否かが大きく問われており，それはとりもなおさず自社の事業定義に結びつくのである。

4.2　結果としてのシナジー効果と目的としてのシナジー効果

　現在のところ，イオングループは，アジア展開において金融サービス事業と小売事業のシナジー効果を明確な形で創出できてはいなかった。その理由はどこにあるだろうか。

　既存事業であれ，新規事業であれ，それらの成果がセグメント別に評価される以上，事業の関心事は単体での収益に収斂される。すなわち，事業セグメント別の成果によって当該事業の継続か撤退が決定される場合に，他事業への貢献を当該事業の存在意義に入れることはない。したがって，藤田氏も述べているように，「ビジネスチャンスの存在」が当該事業にとって何より重要である。事実，イオンクレジットの海外事業の当面の目的は，積極的な拠点開拓とそれらの間のネットワーク構築にあった。まずは当該事業の発展が優先課題である。

　事業間のシナジー効果創出を考えるのであれば，当該事業の競争力強化にあたって他事業の競争力を活用する戦略的意図を各事業が持つか，シナジー効果創出の仕組みをグループ内で構築することが求められる。しかし現状では，アジアに展開するイオンの金融サービス事業はストックビジネスに傾倒する傾向にあり，さらに金融サービスに関する各国毎に異なる規制の存在，貸し出しにあたって必要な資金調達コストの高い国安い国の存在，デフォルト率，そしてオペレーションにかかわるコストの違い等，さらにはそれらの組み合わせに至るまで，標準化されたビジネスモデルが通用しない状況にある。

　国際ビジネスの視点で考えれば，イオンの金融サービス事業は現在，進出先

への現地化を徹底的に推し進めている段階にあるといえ，拠点ベースの最適ポジション，すなわちマルチドメスティックな状態にあるといえる。その大きな要因は，アジア市場が持つ多様性と異質性にある。統一されたビジネスモデルを展開しようにも，各国の金融サービスに関する規制が障害となっている。半面，上限金利規制がない国もある。しかしそのような国ではデフォルト率も高くなる。これがカルフールなどは，小売事業において本国で培われたビジネスモデルを標準化して，進出先に適用してくる「プッシュ型」（藤田氏談）を採用しており，イオンが買収したカルフールの店舗では，引き継いだカルフールの店長が「自ら考える」というイオンの企業姿勢に困惑したといわれているほど，グローバルな志向が貫かれていた。

　その意味でイオンのアジア展開は，標準化されたビジネスモデルを各国に展開するというよりも，現地の声を斟酌しながら事業を進める「プル型」（藤田氏談）である。しかし，その過程で事業内での情報交換が自ずと進んでいても，事業間のそれは具体的な仕組みがなければ進展しない。結果としてのシナジー効果ではなく，金融サービス事業と小売事業間に明確なシナジー効果創出を目的とした事業デザインが必要であることをイオンのケースは示唆しているといえよう。また，それは複数関連・非関連事業を包括したグループ経営のシナジー効果創出イノベーションへの途であるともいえる。

4.3　周辺事業がカギを握るイオン

　「イオンのような総合小売グループ企業には，本業の小売事業を軸に傘下の事業間にいかなる連動性があるのだろうか」というのが，本研究のスタートラインにあった問題意識である。とりわけ，金融サービス事業の同グループ全体利益への高い貢献度，そして海外展開への積極性といった点から，金融サービス事業と小売事業のシナジー構造の有無に着目した。

　イオンのケースから導き出された次のインプリケーションは，周辺事業を含めた総合小売業の競争優位を考察するには新たなビジネスモデルの開発が必要だということである。先に紹介した，矢作（2014）の小売事業のビジネスモデルは，業態戦略や出店戦略に傾倒していた既存の小売事業研究に対して，顧客価値の創造を可能にするバックヤードに関する視点を加えて新たな小売事業モ

140　第Ⅱ部　グローバリゼーション

デルを構築したものである。そこでは，顧客価値の創造にあたって組織内関係に注目するのみならず，メーカーとの共同開発活動といった組織間関係も重視した。

　それに対して，イオンのような小売事業と周辺事業がグループ全体として生み出す顧客価値とはいかなる価値であり，それはいかなるメカニズムで生み出されるのであろうか。それについては，既存研究は明確な答えを出してはいない。たとえば，日本経済新聞社が実施した「第13回金融機関ランキング」によると，顧客満足度総合ランキングにおいてイオン銀行が首位となった[17]。その要因は小売りとの連携にあるといわれており，顧客は圧倒的な利便性を享受しているという。これは，金融サービス事業がリードした小売店舗における利便性の向上である。テスコ（英）は，同様に小売店舗内で金融サービスを展開している。テスコは，店舗内の商品棚に，他の商品と同様に金融商品を販売しているという点で興味深い。テスコは金融商品を店舗内商品化し，さらにテスコ銀行を設立してクレジットカードを発行しており，小売業と金融サービスの融合という点では1日の長がある。ただし，同社はあくまでも小売業であることを志向し，つねに小売業の市場拡大に余念がない企業であると理解できる。

　他方，イオンは，周辺事業が独立した事業として機能し，それぞれに海外展開を進行中である。それぞれにビジネス機会を追求し，事業展開を図る。その意味では，小売業を中核としながらも，グループ全体として提供可能な総合サービス企業と表現できる。

　ビジネスモデルが顧客満足を生み出す仕組みであると考えれば，イオンのビジネスモデルは，いずれの事業がリードするにせよ，最終的に顧客の生活全般における利便性向上ということになる。利便性の向上は，同時に生活における不便性の解消でもある。たとえば，コンビニエンスストアは，購買にあたっての顧客の利便性向上に寄与したが，同時に店舗への距離や営業時間といった点での不便性の解消に一役買った。すなわち，顧客の利便性の追求にせよ，不便性の解消にせよ，その役割はこれまで小売業態が担ってきた。イオンはそれに加えて，新たな事業創出という形でそのニーズに対応していると考えられる。その意味では，イオンは「総合サービス」企業の方向に進んでいるといえよう。

5　おわりに

　本章は，金融サービス事業に参入した総合小売業において，金融サービスが他の事業にいかなる影響を及ぼすのかを，グループの経営を含めたビジネスモデルの視点から検討してきた。とりわけ，単独事業としてアジア展開を進めるイオンの金融サービス事業をケースとして，グループ企業としての同社がいかにして金融サービス事業をグループ全体の利益に連動させようとしているのかについてみてきた。

　現状では，アセアン展開において，イオンには本業である小売事業と金融サービス事業の間にシナジー効果を創出する仕組みや意図を明確な形で確認することはできなかった。しかし，これは事業間のシナジーを否定するものでは決してない。むしろ，シナジー創出のための条件が整っていないと考えるべきである。この現状は，同時に新たな小売事業モデル構築の必要性を示唆している。その意味で本研究は，既存の小売事業研究への問題提起でもある。

　本研究は，単一企業のケース分析であるばかりか，同社のアセアン展開でも限定された地域のみでのインタビュー結果をベースとして執筆された。今後一層のケースを積み上げながら，アセアン各国の多様性や異質性を反映したインプリケーションの導出に努めたい。

注
1　本章は，土井一生・福田馨（2017）「日系企業の新興国市場戦略―小売業のアジア展開を事例に―」『産業経営研究所報』九州産業大学産業経営研究所，第49号，28-43頁をふまえ，小売業のアジア市場進出について「金融サービス事業とその有効性」の視点から論じたものである。ただし一部は加筆修正または組み替えている。
2　ここでの記述は，土井一生（2006）「グローバル・リテーラーの現状，その研究動向およびそれらの課題について」『サービス多国籍企業の人的資源管理―カルフールの国際展開を事例として』（江夏健一編）産研シリーズ40，早稲田大学産業経営研究所，8-11ページをベースにしている。
3　Dawson, John A.(1993) "The Internationalization of Retailing," in Rosemary D.F.Bromley & Colin J.Thomas (eds.), *Retail Change: Contemporary Issues*, UCL Press, p.15.
4　矢作敏行（2014）「小売事業モデルの革新論」『マーケティングジャーナル』，Vol.33 No.4，16-28ページ。
5　ここでのウォルマートの事例は，矢作（2014），18-9頁を参考にしている。
6　具体的には，①ロックイン，②補完関係，そして③範囲の経済性の3点を指摘している。詳しくは，矢作（2014）前掲論文，24頁を参照のこと。

7 重頭ユカリ（2000）「欧州における異業種の銀行業参入と銀行の総合金融戦略—新規参入による競合激化と伝統的な銀行の対抗策—」『農林金融』第 53 巻第 8 号，16-35 頁。

8 近藤公彦（1992）「小売企業多角化と事業定義」『岡山商大論叢』第 28 巻第 1 号，48 頁。

9 中野安（1984）「巨大小売業のサービス分野への進出」『季刊経済研究』第 7 巻第 2 号，11 頁。

10 インタビュー結果および各種資料より。

11 マレーシア進出は，第 1 号店開店の 1985 年ではなく，ジャヤ・ジャスコストアーズを設立した1984 年とした。

12 イオン株式会社 HP（https://www.aeon.info/ir/individual/advantage.html）（閲覧日 2014 年 10月 8 日）。

13 日経 MJ（2013 年 9 月 2 日付）7 頁より。

14 イオンフィナンシャルサービス株式会社 HP（http://www.aeonfinancial.co.jp/ir/info/each_segment.html）（閲覧日 2017 年 1 月 20 日）の「業績ハイライト」より

15 『日経流通新聞』（2008 年 7 月 2 日付），9 頁。

16 日本経済新聞地方経済面（2009 年 7 月 3 日付），18 頁。

17 『日経ヴェリタス』（2017 年 1 月 29 日付）48-49 頁。たとえば，イオン銀行が発行する「イオンカードセレクト」と呼ばれるカードが連携の代表格である。同カードは，キャッシュカードとクレジットカード，電子マネーを一体化したカードで，本カードの保有者には，優遇金利，イオンでのポイント（WAON）の付与，さらには，イオンでの割引サービスなど各種の優遇サービスが与えられるメリットがある。グループ全体で本カードの保有者を囲い込めることで，イオンにとっても大きなメリットがある。その他，5 万台といわれるイオン銀行の ATM は，設置場所，営業時間といった面で他の金融機関と比較して優位性が高く，圧倒的な利便性を顧客に提供している。

【参考・参照文献】

Alexander, N. and Myers, H. (2000) "The Retail Internationalization Process," *International Marketing Review*, Vol.17, No.4/5, pp.334-353.

Dawson, J. A. (1993) "The Internationalization of Retailing," in Rosemary D.F.Bromley & Colin J. Thomas (eds.), *Retail Change: Contemporary Issues*, UCL Press.

Goldman, A. (2001) "The Transfer of Retail Formats into Developing Economies: The Example of China," *Journal of Retailing*, No.77, pp.221-242.

Hollander, S. C. (2000) "Distinguished Retrospective Viewpoint: Study Retailing and See the World," *International Marketing Review*, Vol.17, No.4/5, pp.327-333.

Sorescu, A., Frambach, R. T., Singh, J., Rangaswamy, A. and Bridges, C. (2011) "Innovations in Retail Business Models," *Journal of Retailing*, 87S (1), S3-S16.

大東和武司（2003）「流通ビジネスと金融ビジネス」『消費者金融サービス研究学会年報』No.4，11-26 頁。

経済産業省（2012）「資料 4　流通業の国際展開の現状と今後の対応について」『第 3 回産業構造審議会流通部会審議用参考資料』年（http://www.meti.go.jp/committee/sankoushin/ryutsu/003_haifu.html）

近藤公彦（1992）「小売企業多角化と事業定義」『岡山商大論叢』第 28 巻第 1 号，31-51 頁。

重頭ユカリ（2000）「欧州における異業種の銀行業参入と銀行の総合金融戦略—新規参入による競合激化と伝統的な銀行の対抗策—」『農林金融』第 53 巻第 8 号，16-35 頁。

高井透（2010）「新興国市場における市場創造の条件—（株）マンダムの事例を中心に」『財団法人貿易奨励会報告書—国際ビジネスにおける新動向—新興国市場開発を中心として』財団法人貿易奨励会，157-174 頁。

土井一生（2006）「グローバル・リテーラーの現状，その研究動向およびそれらの課題について」
『サービス多国籍企業の人的資源管理―カルフールの国際展開を事例として』（江夏健一編）産研
シリーズ 40，早稲田大学産業経営研究所，5-15 頁。

土井一生，福田馨（2017）「日本企業の新興国市場戦略―小売業のアジア展開を事例に―」『産業経営
研究所報』第 49 号，九州産業大学産業経営研究所，29-43 頁。

中野安（1984）「巨大小売業のサービス分野への進出」『季刊経済研究』第 7 巻第 2 号，1-19 頁。

矢作敏行（2014）「小売事業モデルの革新論」『マーケティングジャーナル』Vol.33 No.4，16-28 頁。

『日本経済新聞』 2016 年 11 月 25 日，2016 年 5 月 12 日，2016 年 4 月 5 日，2016 年 7 月 26 日，2015
年 1 月 28 日，2014 年 7 月 27 日，2013 年 6 月 13 日，2012 年 9 月 12 日，2011 年 12 月 27 日，
2010 年 12 月 8 日，2010 年 10 月 27 日，2009 年 7 月 3 日（地方経済面），2008 年 2 月 8 日。

『日本産業新聞』2016 年 11 月 25 日，2016 年 7 月 26 日，2000 年 4 月 25 日。

『日経流通新聞』 2008 年 7 月 2 日，2015 年 8 月 25 日，2015 年 8 月 19 日，2015 年 8 月 18 日，2008
年 2 月 15 日，2005 年 4 月 29 日，2001 年 6 月 12 日。

『日経 MJ』 2016 年 8 月 12 日，2015 年 11 月 8 日，2013 年 9 月 4 日，2013 年 9 月 2 日，2013 年 8 月
30 日。

（ニュースリリース）

イオンクレジットサービス株式会社（2013 年 7 月 9 日，2013 年 4 月 11 日，2013 年 3 月 28 日，2013
年 2 月 18 日，2006 年 5 月 24 日，2005 年 11 月 17 日，2004 年 12 月 27 日，2004 年 10 月 5 日）。

（URL）

イオン株式会社 HP（https://www.aeon.info/ir/individual/advantage.html）
（閲覧日 2014 年 10 月 8 日）。

イオンフィナンシャルサービス株式会社 HP（http://www.aeonfinancial.co.jp/ir/info/each_segment.
html）（閲覧日 2017 年 1 月 20 日）。

（インタビュー）

名取勝彦氏（AEON ASIA SDN. BHD., General Manager）：2016 年 8 月 25 日および 2016 年 10 月 6
日。

藤田健二氏（AEON Credit Service（M）Berhad, Managing Director）：2016 年 10 月 6 日。

（謝辞）

　本研究にあたっては，名取勝彦氏（AEON ASIA SDN. BHD., General Manager：2016 年 8 月 25
日 お よ び 2016 年 10 月 6 日），藤 田 健 二 氏（AEON Credit Service（M）Berhad, Managing
Director：2016 年 10 月 6 日）にインタビューの機会を頂いた。記して感謝申し上げる。

（土井一生・大東和武司・高井　透）

第Ⅲ部

金融教育

　経済学の分野における金融論の独立は比較的早くから起きており，主として大学の経済学・商学系統の学部や大学院では質の高い講義が行われてきた。しかし1980年代以降の金融自由化やグローバル化により金融システムの改革が進んだため，大学だけでなく中等教育においても金融教育の必要性が認識されるようになった。これを受けて政府と日本銀行は2005年を「金融教育元年」と名付け，啓蒙活動を展開し始めた。文部科学省も学校で使用する教科書の基本である社会科の学習指導要領の中に，新しく「金融」を独立した単元として取り入れることにしたのである。この結果，わが国の学校における金融教育は中学校・高等学校から大学にいたるまで，段階的・系統的に行うことができるようになったという点に意義が認められる。

　しかし，中等教育で使用される教科書は学習指導要領によってその内容を規制されており，大学のように教員が講義ノートや著書による自由度の高い講義内容にくらべると，極めて画一的でしかも金融システムの概略を短時間で学習させるよう，よく言えば豊富な内容を短く凝縮したものであるため，生徒が興味を持って理解することは困難であるという問題がある。教科書の内容にストーリー性を持たせたり，行動経済学の要素を取り入れたものに改善する必要がある。また社会科の教員は総じて金融についての知識に乏しく，生徒に十分理解させることができていない実態も報告されている。研修などによる授業力向上策を講じることがのぞまれる。

　第2次世界大戦後における先進国を中心とした趨勢として，中間層の拡大と大衆消費社会の出現を挙げることができる。これらの中間層は所得増加によって生じた余裕金を資産運用にも注ぎ込むようになり，銀行や証券会社は新しい金融商品作りに躍起になった。しかし，なかには複雑で素人には理解しにくい

金融商品も開発されて，トラブルに巻き込まれる投資家も続発した。投資には当然ながら，自己責任が問われるが，そのためには金融商品に対する正しい知識を持つことが前提になる。また大衆消費社会の出現により人びとの欲望が掻き立てられ，クレジットカードや消費者金融などを利用して商品やサービスを購入する傾向も高まって，なかには過剰債務や自己破産に陥り家庭崩壊を招くといった社会現象も生じた。そこで金融にからむトラブルに巻き込まれるのを避けるため，あるいは過剰債務者に対するカウンセリングなど，金融に関する正しい知識を教える必要性が急速に高まったのである。

　これらの金融リテラシーは，とくに社会人にとって必要であるため，もっぱら生涯学習・社会教育の領域において整備されるようになったが，リスクとリターンの正しい知識や金融トラブルに対する防衛策などは，社会人と時間的に近い大学でもキャリア教育などで学習することが要請される。そこで全国の大学でキャリア教育の一環として取り入れられるようになった。さらにいえば，これらの金融リテラシーの実践的要素を中等教育においても学習すべきではないか。もっとも中等教育を担当する教員は総じて実践面での知識に疎いため，外部の組織や人材とも協力しながら教科の中に取り込むことが求められよう。

　さて，このⅢ部は３つの章から構成されている。

　第７章では，金融教育を４段階に分け，前半の２段階は知識を学ぶ教育，また後半の段階は経験から行動を学ぶ教育と位置づけている。すなわち段階的に知識の教育から経験による教育へと進むこととし，後半段階では金融リテラシーを学んだうえで，実際にファイナンス行動を行うにあたって起こりうる非合理的な意思決定や衝動的行動に関して，合理的期待形成を前提とした伝統的経済学よりも，人間が陥りがちな行動バイアス（偏り）を重視する行動経済学的思考と，ゲームを用いた手法を取り入れることが必要であると指摘する。したがって経験から行動を学ぶ教育は，社会人に対する教育（社会教育）と社会人の一歩手前である大学のキャリア教育において行うのが有効であると主張する。

　第８章は，問題意識が非常に高いのが特徴であり，論文全体の半分以上が中等教育における問題点を指摘するとともに，その改善策の提言に充てられてい

る。問題の第1は教科書の記述内容が金融システムの説明に終始し，実際の経済活動と関連づけた記述がないこと，第2は金融に関する授業時間が極めて少ないこと，さらに第3点として金融を教える教員の知識が低いこと，などである。そこで本論文では，カリキュラムマネジメントを活用して他教科と連繋した金融教育の体系化を強く提言している。また教員の金融知識の授業力向上のためには，継続的な教育・研修が重要であることを主張するにとどまらず，教員免許制度を改革して経済学を必修科目とすることなど，きめ細かい改善策を提言しているところに特徴がある。

　第9章は，中学校で教える社会科公民的分野の教科書の中から複数のサンプルを選び，金融に関する記述の内容を具体的に比較分析した研究である。分析の結果明らかになった問題点は次の3点に集約されている。(1)いずれの教科書も本文とコラムやグラム・写真などで構成されているが，本文と補足説明との間で整合性がないケースが多い。(2)金融に関する制度や仕組みを平板的に記述するにとどまり，中学生の興味を引く魅力に乏しい。(3)金融に関する知識の説得力を高めるには，制度論より行動論の方が強いと思われるため，生徒の一人称で語るストーリー性がある作り方がのぞましい。また本論文では，小学校でも金融の基礎知識を学習することがのぞましく，外部の人材との協働も欠かせないと提言している。

第7章

行動経済学に基づく金融教育
―大学生から社会人に向けた金融教育の手法と展開―

1　はじめに

　小中学生や高校生を対象とした金融教育内容について，金融広報中央委員会が 2016 年にまとめ[1]，また本書においても他の章で論じている。本章では，それらを土台として，大学生や社会人を対象とした金融教育はどうあるべきか，そしてその社会実装をどのような手段で行うかについて論じる。

　大学生や社会人では，知識を学ぶだけでなく，実践の場として金融とかかわる機会がより多くなる。するとさらに多くの金融知識の習得[2]と同時に，それらの知識が生活の中で理論通りに活用されているのか，そうでない場合，なぜその違いが生まれるかなどを意識した学びを行うことで，より合理的な金融行動を行うことが可能になる。大学生や社会人は金融と身近に接している場面での金融教育となることから，合理的な行動と実際の人間の行動との差異の気づきは，より効果的である。

　金融広報中央委員会では小中高等学校の金融教育について[3]，関連する 6 つの教育領域として，経済教育，消費者教育，キャリア教育，法教育，金銭教育，環境教育・食育を提示した。また金融教育の 4 つの目標として，生活設計・家計管理に関する分野，金融や経済の仕組みに関する分野，消費生活・金融トラブル防止に関する分野，キャリア教育に関する分野に分けて述べている。

　金融教育は，各学校で段階的な教育目標こそあれ，内容は分断されるものではなく，同じ目標内の同内容であっても基礎から応用など段階間での連続性がある。また連続性を意識して行うほうが望ましく，縦（学年・学校間）の連続

性のみならず，横の関係性（目標間）も無視できない。よって同委員会の小中高等学校における目標の分類を基本とすると，大学生や社会人を対象とした金融教育が目指すべき内容も，それらの延長上におきつつ考えるほうが望ましい[4]。本節では，以上のように大学生，社会人を対象とした金融教育の考え方に触れ，その手法として想定される内容を述べる。

2　大学生，社会人を対象とした金融教育の内容と考え方

2.1　生活設計・家計管理に関する分野

　同分野は「資金管理と意思決定」「貯蓄の意義と資産運用」「生活設計」「事故・災害・病気などへの備え」を目標としている。

　すると高校までに目標としている希少性や予算，トレード・オフといった概念は，大学における一般教養レベルのミクロ経済学の基礎内容，つまり消費者行動理論における無差別曲線や予算制約線などの理解と親和性が高い。資産運用に関しては，貯蓄から投資への移行に関し，リスクの理解として現物取引以外に信用売買や先物取引，オプション取引など，多様な形態が存在すること，またその理解とシミュレーションを通じて，価格変動の両方向性と資産形成の関係を学ぶことなどが想定される。生活設計や日常生活のリスクについては，災害などの時事話題から自身のパーソナルファイナンスを考えるなどの深化が考えられる。

2.2　金融や経済の仕組みに関する分野

　同分野は「お金や金融の働き」「経済把握」「経済変動と経済政策」「経済社会の諸問題」を目標としている。

　生活設計・家計管理に関する分野において，大学生や社会人が学ぶ内容が一般教養レベルのミクロ経済学であれば，金融や経済の仕組みに関する分野では同じく一般教養レベルのマクロ経済学と親和性が高い。具体的には，金利がインセンティブ（誘因）となり景気が左右されることや，逆に金利は市場の需要と供給と決定されることなどである。また経済動向と金融教育の接点を学ぶこと，たとえばインフレーションの時のパーソナルファイナンス行動などを具体

的に考えることも必要である。経済社会の諸問題では，市場の失敗などを学び，仕事や日常生活で関与しているものの事例を考察するなどが考えられる。

2.3 消費生活・金融トラブル防止に関する分野

同分野は「自立した消費者」「金融トラブル・多重債務」を目標としている。

全国の消費生活センター等に寄せられた消費生活相談件数は，図表7.1のように，2004年度の192万件をピークとし，2008年度から2015年度までは100万件を切っている。しかしながら架空請求に関するものを除けば大きく減少しておらず，依然として高い水準になっている。スマートフォンへの移行によりインターネットに関連する相談が多くなっており，このことは消費生活・金融トラブルが社会の変化に応じ，次から次へと生まれていることを示している。よってこの分野に関しては，学校教育だけでまかなえるものが少なく，大学生や社会人になっても新たな事例をもとに，継続的に実施する必要がある。また後述するが，知識の蓄積だけでなく変化に対応できる能力の養成が必要である。

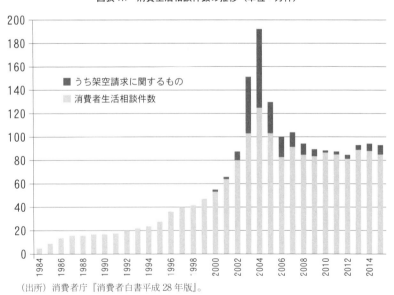

図表7.1　消費生活相談件数の推移（単位：万件）

（出所）消費者庁『消費者白書平成28年版』。

2.4 キャリア教育に関する分野

同分野は「働く意義と職業選択」「生きる意欲と活力」「社会への感謝と貢献」を目標としている。

多くの人々にとって収入の中心は労働によるものであり，その意味で職業人生全体をさすキャリアと金融の教育を切り離すことができない。大学生や社会人の金融教育にとって，日本の社会の変化が個人のキャリアに与える影響は無視できなくなっている。高度経済成長を終えゼロ成長経済となった日本において，かつての日本的経営の代表といわれた終身雇用と年功序列制度等が崩れているからである。図表7.2のように，企業に入社すれば企業がキャリアを保障してくれた時代から，自らキャリアを描く力が必要とされており，その変化はパーソナルファイナンスにおける労働収入部分に直接的な影響を与えている。

図表7.2　キャリアのデザインとパーソナルファイナンス

① キャリアを会社が保障してくれる時代（終身雇用，年功序列賃金）
　→ キャリアは就職すれば会社が描いてくれる
　→ 就職の入り口だけのキャリア教育でまかなうことのできた時代（就活に全力投球）

② 高度経済成長の終焉で倒産や買収の可能性が高い時代
　→ キャリアは自分で描かなくてはならない
　→ 就業人生全体を自らデザインしなければいけない時代（離職も視野）

（出所）筆者作成。

152　第Ⅲ部　金融教育

3　行動経済学を金融教育に応用する意義

　人は経済的合理性を判断基準とし個人主義的に金融行動を行うか，というとそうではない。人の行動を観察し，どのように判断するかを追求した学問を行動経済学という。たしかにその前提として，正しい金融知識を知ることは前提であるが，必ずしも人はその正しい知識通りに行動をしない。

3.1　パーソナルファイナンスが社会に与える影響の大きさ

　「せっかくここまで手腕を認められつつあった当時，この一取引の失敗で全てを反故にすることは是が非でも避けたかった。」[5]という心情から，1983年に5万ドルの含み損を隠蔽した元大和銀行ニューヨーク支店勤務の井口氏は，その後12年間にわたり，損を取り戻すための取引を繰り返した。その過程で井口氏は，「絶対に儲かるという保証などないが，絶対にこれ一回で7万ドルを儲けねばならなかった。」[6]という心理的に追い込まれた状況や，「損を取り返すまで『借りておく』と自ら正当化し，損を取り戻した時点で売却した証券を買い戻して返すつもりだった」[7]という心境を語る。1987年，7000万ドルの含み損を抱える頃には，「損を切るに切れない泥沼」となり，「ここでポジションを手閉まって損失を固めてしまえば二度と損を取り返すことはできない」[8]という判断が累積損を1億8000万ドルにした。1983年の5万ドルからスタートした損失額は，1995年には11億ドルとなり，同氏は全ての告白を行うに至る。

　1995年に発覚した大和銀行ニューヨーク支店巨額損失事件は，一個人の金融行動が，所属する組織や社会に大きな影響を与えた例である。度重なる損失の挽回を試みた取引担当者の行動が，大和銀行の約1100億円の損失となり，同行は約350億円の罰金を支払った上，米国から撤退させられた。

　この事例には2つの確認点が存在する。1つは井口氏本人が語る，組織の管理体制である。これは当時，当該事件のみならず様々に発覚した他の金融機関の損失事件や監査法人の失態など，組織の課題として扱うべきものである。

　もう一点は本論で扱う個人の金融リテラシーおよび心理的な課題である。同

第7章 行動経済学に基づく金融教育 153

事例では，主人公自身が想定した結果と客観的な認知が異なり，自身の行動を変えるような「認知的不協和」や，損失（投資）した費用や時間に影響を受け合理的な判断ができなくなるサンクコスト効果などがみられる。冷静かつ客観的になればそのような行動をとる可能性は低いと思われるが，たとえそのように行動すべきでないとする知識を持つプロのトレーダーでさえも陥ってしまった行動様式は，個人ならびに社会全体の金融リスクにとって課題解決の必要性を示す。

　このような金融行動の課題は，伝統的な経済学が仮定してきた人間の合理性と，行動経済学が想定する金融行動における癖，つまり行動バイアスを持つとする姿において，どちらが現実を示しているかという議論ではない。理想は前者であり，現実は後者が正しいにせよ，人は合理性を理解しつつも行動バイアスが働き，理想と現実が乖離するパーソナルファイナンス行動において，いかに行動バイアスを理解し，理想とする行動に近づくかという点で，本節では行動経済学の知見を参考にした金融教育手法の必要性を述べていきたい。

3.2　行動経済学とファイナンス行動

　Kahneman と Tversky が 1979 年に提唱したプロスペクト理論では，人はリスクを伴う意思決定では価値の評価として利益より損失に重きを置くこと，損失に関しては極めて高い回避性を持つという行動を示した。損失回避に関し，競馬では最終レースでは大穴に賭ける，株式や FX（外国為替証拠金取引）において，時価が購入額に対し損失を生み出している場合は，より大きなリスクを冒すという行動は，確かに日常の金融行動でみられる。

　現代社会では，取引の規模も大きく，内容も複雑になり，3-1 に挙げた例をはじめ，個人の金融リテラシーの重要性は高まっている。しかし社会に影響を及ぼす金融判断自体を正しい知識の教授で改善することに限界があることは，Kahneman，Tversky の他，Shleifer や Thaler らが示してきた。

　また行動経済学の知見が人のファイナンス行動と親和性が高いことはすでに知られている。行動経済学の応用に関しては，人のファイナンス行動におけるバイアス（偏り）が挙げられる。2013 年の金融広報中央委員会の報告によると，消費者の主な行動バイアスとして，① 情報過多，② 現状維持バイアス，

154　第Ⅲ部　金融教育

③自信過剰傾向，④損失回避傾向，⑤フレーミング効果を挙げている。それ
ぞれに，消費者と金融行動の関係，金融教育学習との関係をまとめている。金
融教育への応用のプロセスとして，①学習行動の喚起・促進，②学習意欲の
向上，③学習結果に基づく行動改善としている。

　日本におけるこれまでの金融教育は，貯蓄や投資運用，基本的な金融システ
ムに関する学びが中心であり，伝統的な経済学の考え方，つまり合理的な判断
に基づく意思決定が前提となっている。そのような合理性が備わることは理想
である。しかし高校生までの教育とは異なり，社会にでる直前または社会に深
くかかわる段階では，所属組織や社会全体に影響を与える可能性も高くなる。
現実の人の行動には様々な限界や癖があることを知り，自身の判断に活かすこ
とが必要である。

3.3　心理会計にみる人の行動への心理の影響

　Thaler は，心理会計（mental accounting）を用いて，伝統的な経済学が用
いるライフサイクル理論や恒常所得仮説が現実に即していないこと，人が実際
に消費についてどのような行動をとるかについて説明した。

　その一例が，人の消費行動である。Modigliani によるライフサイクル理論で
は，「現在所得」と「将来所得見込み」をもとに，「長期的視点に立てば，収入
が増えても平均消費性向の低下は起こらない」とする。Freedman の恒常所得
仮説では，「所得の固定部分」と「所得の変動部分」をもとに「消費者は固定
収入と臨時収入の割合により，貯蓄の増減を決定する」とする。

　これらに対し Thaler は，経常所得勘定と資産勘定，将来所得勘定の３つの
勘定を想定した。経常所得勘定は家計の給与振込口座に見合い限界消費性向[9]
（marginal propensity to consume）は１に近いとされる。将来所得勘定の限界
消費性向は０に近い。資産勘定は預貯金口座に見合い限界消費性向はその中間
である。人が用いるルール（経験則）は，①収入の範囲で暮らすというもの
で，将来所得や資産から借りて経常消費を増やさない，②不意の出費に備え
緊急のお金を用意する，③引退後に備えできる限り貯蓄をする，である。

　経常所得勘定においては，実際に人の消費行動（消費曲線）は所得額（所得
曲線）に依存している（影響を受けている）ことは明白であることから，ライ

フサイクル理論は適さない。また人には，恒常所得仮説を満足させるタイプと，経験則に従いお金を使ってしまうタイプが実際には半々であるとされることから，恒常所得仮説も代表的な消費行動ではないとした。

心理会計では，臨時収入を得た際の限界消費性向について，その臨時収入が少額であれば経常所得の一部とみなされ消費され，大きな額であれば資産勘定に入れられ限界消費性向が下がるとする。同様に心理会計では，次のような例も示す。同じ年収である2者が，①12で割った額を月々受け取る場合と，②特定の時期に受け取る分とそれを差し引いた残額を12で割った額を月々受け取る場合の2パターンを想定する。心理会計による2者の行動は，後者のほうがライフスタイルを低くし貯蓄を多くする。

このように伝統的な経済学が想定する人の行動パターンではなく，Thaler は人の心理が関係する行動パターンを説明した。Thaler が述べた心理会計の考え方からも，パーソナルファイナンス行動において，合理的な行動をする人を想定した正しい知識の教授だけでは金融教育として不十分であることがわかる。

4 パーソナルファイナンスにおける行動変容の実践ゲームの活用

何を学ぶかの考え方は本章の第1節で示した通りである。そのうえで学んだことを正しく活かすこと，つまりどのように行動に移すかが，大学生や社会人における金融教育の主要なテーマである。

図表7.3における第2段階以降は，能動的な学びが中心となっている。米国国立訓練研究所（National Training Laboratories）が7つの種類の学習活動を比較し，学んだ内容を半年後にどれだけ覚えているかを調査した。その結果はラーニングピラミッドと呼ばれている。ラーニングピラミッドでは，講義が5％，読書が10％，視聴覚が20％に対し，グループ討議が50％，自らの体験が75％，他人への教授が90％とされ，能動的な学びの重要性を示している[10]。

現在の日本の金融教育は，図表7.3における第1段階と第2段階が中心である。とくに第2段階のアクティブラーニングは，変化が激しく，学んだ知識が陳腐化しやすい現代社会において，将来にわたりスキルを身につけさせる自ら

156　第Ⅲ部　金融教育

図表 7.3　知識の教育から経験による教育へ

知識を学ぶ教育		経験から行動を学ぶ教育	
第 1 段階	第 2 段階	第 3 段階	第 4 段階
教科書・授業による理解	アクティブラーニングによる理解	シミュレーション・経験による体得	実際の行動を知ることによるフィードバック

（出所）筆者作成。

が学ぶ力の養成を目標としている。学びのツールには様々な方法があるが，本節ではアクティブラーニングの 1 つのツールとしても用いられるゲームに焦点をあて，ゲームが第 2 段階のみならず本節で目標とする行動変容につながる第 3 段階にも応用可能な点を説明する。

4.1　第 1 段階の知識学習

図表 7.3 における学習の第 1 段階において，授業では受動的な学びが中心となり，定着率が高くない。教科書等を参考にして自ら能動的に取り組む学習においても，学校教育段階ではお金の管理経験や社会とのかかわりの少なさから，抽象的でイメージがわきづらいことが多い。しかし第 2 段階の能動的な学びを中心としたアクティブラーニングを行うには，第 1 段階の知識は必要なものであり，とくに小中学校や高等学校の教育における第 1 段階は必要不可欠なものである。

4.2　第 2 段階の能動的な学びへの展開

Phillip は，投資とお金の大事なことはモノポリーから学ぶことができるとする。モノポリーとは，1933 年に，失業中だったとされる元エンジニアの Charles・B・Draw がその原型を作成したとされるボードゲームである。

5 人程度で行うのが最適とされ，2 個のサイコロを振り，出た目の合計の数だけ盤上の 40 マスを周回していく。止まるマスに書かれた不動産を所有し，他人からレンタル料を得たり，他人の所有する不動産マスでレンタル料を支払ったりする。他操作者と互いが納得する条件で不動産マスを交換し，同じ色のマスを集めることや，建物を建設することで不動産マスの価値を上げ，他の

第 7 章　行動経済学に基づく金融教育　　157

図表 7.4　不動産マスの所有の考え方

不動産カードの例：

| オレンジ色
テネシー通り
$180
レンタル料 $14
・
・
・
ホテルつき $950 | オレンジ色
**セントジェームス
プレース**
$200
レンタル　料 $16
・
・
・
ホテルつき $1,000 | オレンジ色
ニューヨーク通り
$200
レンタル料　$16
・
・
・
ホテルつき $1,000 |

(出所) ボードゲーム「モノポリー」を参考に筆者作成。

操作者から高いレンタル料を得る。基本的に，他の操作者を破産に追い込みゲームオーバーにするか，一定時間の終了時の純資産合計額の大小を競うゲームである。

　図表 7.4 の場合，まだ所有者のいないセントジェームスプレースのマスに止まれば，$200 で購入することができる。その後，他の操作者が同マスに止まれば $16 をレンタル料として徴収できる。しかし他の操作者が 13 回止まってくれない限り，投資した $200 を回収することができないし，少額の取引では他の操作者を破産に追い込むこともできない。そこで同じ色のマスを独占すればレンタル料が 2 倍になるルールを適用するため，同じ色のグループに属するテネシー通りとニューヨーク通りの取得を目指す。まだそれらのマスの所有者がいなければ，自分がそのマスに止まることで購入可能である。もし他の操作者が所有していれば，金額の調整を加え自身の所有不動産と交換取引することも可能である。また同じ色のマスが独占できれば，一定の建設費を出すことで家やホテルを建てることができ，セントジェームスプレースの場合，ホテルを建てれば他の操作者がそのマスに止まった時に徴収できる金額は，最初の $16 と比べ 62.5 倍となる $1000 となり，このゲームの勝者になる可能性が高まる。

　このゲームで学ぶことのできる金融知識は，① 収入と支出の管理，② 資産の管理，③ 負債の管理，④ 信用力の維持，⑤ 効果的な取引としている。これらのことから，第 2 段階のアクティブラーニングに適した金融教材ということ

ができる。

しかしPhillipが「安全にプレイしていては勝てない」と述べるように，このゲームではリスクを取ることでリターンを得るという基本的な行動様式を体感できることから，第3段階の要素も備えている。

4.3 第3段階のシミュレーションによる行動変容

第2段階までと第3段階以降の違いは，第2段階までが知識の定着を主な目的としていることに対し，第3段階以降は人の行動様式への反映を目指している点である。人の合理的な行動を前提とする伝統的な経済学に対し，人は正しい知識を持っていても必ずしもその通りに行動しないとする行動経済学の考え方に立てば，金融教育の効果として第3段階以降への発展が必要である。

パーソナルファイナンスの行動様式に関し，Kiyosaki, Sharon Letcherは，お金のために働く収入形態から，お金を自分のために働かせる収入形態を作る行動変容を提唱している（Kiyosaki and Letcher, 2000a）。その説明として，図表5のようなキャッシュフロー・クワドラント（収入の四象限分類）を提示した。まず収入形態をE（Employee：従業員），S（Self-Employed：自営業者），B（Business owner：事業所有者），I（Investor：投資家）に区分し，2×2のマトリクスに分類する。E分類は給与所得者にあたり，日本はとくにその割合が多いとされている。S分類は自らビジネスを行っている自営業者で医師や士

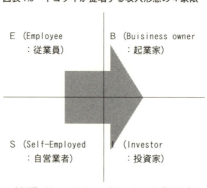

図表7.5　キヨサキが提唱する収入形態の4象限 [11]

（出所）Kiyosaki, R., and Letcher, S. (2000a).

業もこの分類にあたる。E分類とS分類に共通するのは，共に自らが働いた分に対する収入が1：1であるとする点である（つまり働いた分に対応する所得しか存在しない）。次にB分類はS分類と異なり，事業を所有しているものの，自らはほとんど働かなくてもその事業が動く形態を指す。I分類はいわゆる投資家で，E分類やS分類の人が行う投資規模ではなく，主要な収入を投資のみでまかなう人のことをさす。B分類とI分類に共通するのは，最初にそのシステムを構築する（お金を貯める）には努力が必要なものの，その後はお金が自分のために働き始めるという点で，自らが働いた分に対する収入が1：00である点である。

　Kiyosaki, Sharon Letcherの示す行動変容は，マトリクスの左側象限であるE分類，S分類から，右側象限であるB分類やI分類への移動である[12]。行動変容を促すための心構えとして，目標とする人物像に対して，①Be：どんな心構え，人柄か，②Have：どんな特性を持つか，③Do：どんな行動をしているか，の3点の着目点も示している。

　この行動変容を促す手段として，本を読むだけではなくキャッシュフローを学ぶボードゲーム「キャッシュフロー101」を何度もプレイすることを推奨している。このボードゲームは，「ラットレース」と「ファーストトラック」の2つから構成され，給料のために働く「ラットレース」から抜け，「ファーストトラック」に移ること，つまり4象限の右側に所属することを目標とし，

図表7.6　キャッシュフロー101[13]

（出所）マイクロマガジン社ホームページより。

160　第Ⅲ部　金融教育

ゲームで学ぶ仕組みになっている。

　スタート時は全操作者が定期的な給与を得る図表7.6の真ん中のラットレースの円状のマスを回ることになる。回っている中で，ラットレースマスの50％に相当する投資マスに止まると投資カードを引く。投資カードには，不動産やビジネス，株式や投資信託などが存在し，その投資物件の時価，ROI（return on investment）や頭金の額などが記載されている。操作者は購入するかしないかを決定できる。操作者の誰かがマーケットマスに止まると，マーケットカードに記載された投資物件の売却の機会が生まれ，該当の投資物件を売却するかしないかの選択をすることになる。また給与マスが存在し，そのマスを通過するたびに月1回の給与とみなし給与所得と不労所得の合計を得る機会が訪れる。

　このゲームには，ゲームの流れに応じて，キャッシュのストックとフローを計算するシートがある。操作者は売買を行いながら総資産額を増やすと共に（キャピタルゲイン），投資物件から生じる不労所得額（インカムゲイン）も増大させていく。

　この図表7.7の場合，価格＄6万に対し銀行ローンが＄5万組めるので，手持ちの現金が＄1万あれば所有することができる。しかし売却可能性＄3万～＄7万であるため，キャピタルゲインを得ることを目的とすると投資に適さない。一方で1月のキャッシュフローが＄2500であるため，1年のキャッシュフローは＄3万となりROIは50％，つまり2年で頭金である＄1万を回収できることからインカムゲインでは好条件といえる。

　ゲームを進めるなかで，不労所得額が総支出額を上回ると，最初の目標であるラットレースから卒業となる。つまり自分が働かなくても生活に必要なお金を得ることのできる状態になっており，図表7.5で示した4象限の左側から右

図表7.7　投資カードを引いた時の考え方

不動産投資の例：投資カードに記載の主な内容
コンドミニアム
価格＄60,000　ローン＄50,000　頭金＄10,000　キャッシュフロー＄2,500
ROI 50%　売却可能性＄30,000～＄70,000
（基本的な考え方）　キャピタルゲイン：×　　インカムゲイン：◎

（出所）ボードゲーム「キャッシュフロー101」を参考に筆者作成。

側に移行していることになる。このように，ゲームを通じて，収入の考え方と行動変容を促す仕組みになっている。

Kiyosaki, Sharon Letcher は，ゲームこそ講師が講義するケースとは異なる，参加者のそれぞれの状況に合わせたフィードバックシステムだとする（Kiyosaki and Letcher, 2000b）。そしてゲームで学んだことを，自分の実際に行動に反映すべきだと述べる。このゲームで最も早くラットレースから抜け出すことができるのは，数字を理解し，ファイナンシャル・マインド（financial mind）を創造できる操作者だという。これらをファイナンシャル・インテリジェンス（financial intelligence）とし，それを形成する次の4つのスキルを例示した。

① ファイナンシャル・リテラシー（financial literacy）

　数字を読む力のこと。

② 投資戦略（investment strategies）

　お金を生み出すお金の科学。

③ 市場と需給（market, supply and demand）

　市場には売る人と買う人がいるという，需要と供給を理解。

④ 法律（Law）

　会計や会社，法律に精通すること。

4.4　第4段階の行動変容から行動改善へ

　第4段階では，第3段階での望ましい方向への行動変容に加え，自身の行動の非合理性や金融行動の癖を客観的に把握することを目的とする。買い物などで購入したレシートや証券会社等から送られてくる取引明細書をみて，冷静になって行動を振り返ると，人は後悔をすることがある。しかし同じような経験を繰り返すことも多く，そのようなその人独自の癖を客観的に明示することで，行動改善を実現することを目指す。

　その方法例として，金融取引診断ゲームシステム[14]を紹介する。これはいわゆる金融取引オンラインゲームというコンテンツに，操作者の行動ログを分析し操作者にフィードバックするシステムを組み込んだものである[15]。このフィードバックにより，操作者が自らの行動バイアスに気付き，意識的に改善

が可能になる。

　ゲームシステムの部分は，主に三角関数などの基礎的な数学により，景気変動を実現した。また企業レベルの業績の変化や，景気変動，為替動向などランダムなイベントを1カ月ごとに（ゲーム時間の1カ月の標準は30秒である）一定確率で起こるように設定した。その景気変動やイベント発生が，本ゲームで設定している複数の金融商品の価格に影響する。

　操作者は1名でも参加可能であるが（その場合はコンピュータが他の操作者になる），複数人数で行う場合は不動産取引が操作者間の売買になり，また投資が過熱，またはその逆になれば，バブル経済や不況が発生し，その都度，各金融商品の価格に影響が及ぶ。オンラインゲームであることから，他の操作者の純資産変動の様子もリアルタイムで確認できる。

　扱う金融商品等は，普通預金，定期預金，金現物，株式現物（4銘柄），不動産とした。また投資の過熱状況次第でバブルや恐慌が発生する。バブルモードは，全操作者の投資が主にリスク資産に偏った場合に発生し，各株式配当価格や不動産の収益が毎月1〜10%の上昇をするが，終了後は不況モードにな

図表7.8　金融取引診断ゲームシステムのゲーム段階の画面

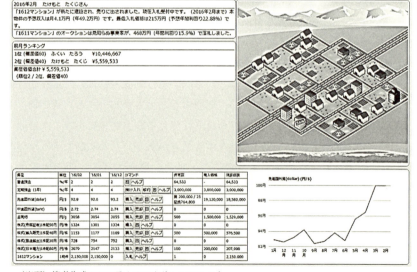

（出所）筆者作成のシステムのスクリーンショット。

る。不況モードは，基本的にバブルモードと反対条件により，発生・経過・終了する。

　ゲーム終了後は，操作者の行動ログを分析し，評価を出力する。評価は，① 資産運用基礎点，② リスク診断点，③ 資産保有指数点，④ 効率行動割合を個別に提示し，それらから総合点が算出される。① 資産運用基礎点とは，操作者の最終資産状態と，金，株式，定期で運用した場合の結果と比較し算出する。よってゲームとしての結果に近い。② リスク診断点は，安全資産とリスク資産の所有割合から算出する。③ 資産保有指数点は，保有資産の分散値を求め，その数値から操作者の行動を診断する。④ 効率行動割合は，イベントメッセージに対し効率的に行動した正答判定数を，メッセージに対し行動した数で除した割合で算出する。以上の結果，図表 7.9 の例のように，操作者の行動バイアスを定量的に明示化する。

　このシステムでは，他の操作者の存在があることや，景気変動がランダムで起こることから，基本的に複数回ゲームを行っても同じような展開にならな

図表 7.9　操作者へのフィードバック画面

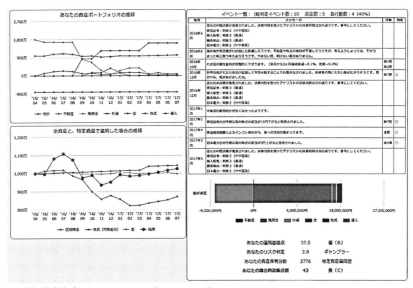

（出所）筆者作成のシステムのスクリーンショット。

164 第Ⅲ部 金融教育

い。回を重ねるごとに操作者自身の行動と上記の診断点を比べることで，合理的な金融行動の向上を図ることが可能になる。

5 シリアスゲームの応用による金融教育

人の行動の癖である行動バイアスは，認知バイアス（cognitive bias）と感情バイアス（emotional bias）に分かれる。認知バイアスは，情報を分析する際の間違い（記憶ミスなども含む）によって，感情バイアスは，人の感情によって，それぞれ合理的な思考を妨げ，判断を誤ったものにする。これらは，人のファイナンス行動では常に存在し，それがパーソナルファイナンスの範囲に留まらず，企業や社会に影響を及ぼすリスクを有する。そのため人が正しい知識を学ぶだけでなく，自身が持つ行動バイアスを正確に把握することは，未然に他への影響を防ぐ可能性を高めることから，可能な限り第3段階以降の金融教育のシステムを構築していくことが必要である。

本節では学習者にフィードバックバック可能なシステムや手法の活用を中心に，今後，行動経済学の知見等を応用した金融教育は，どのような内容を目指すべきかを述べる。

5.1 金融教育でフィードバックすべき主な内容

とくに第3段階以降の金融教育において，第2段階以前に比べその学びが効果的と思われる項目を挙げる。

① 限定合理性（bounded rationality）

3-4で紹介した金融取引診断ゲームシステムでは，現実の30秒をゲームにおける1カ月とし，その30秒以内に敢えて「複雑」と操作者が考えるようなイベントと取引項目を設定した。つまり単純な株式のみの売買ゲームではなく，情報に対し様々な選択肢から何を選択すれば合理的かを考え，その結果を後に考察することを目的としている。レバレッジ効果を持つものや，金利や為替，その他の有事と関係を持つ金融商品を用意することで，商品の選択からレバレッジの比率も自身で決定できる。

しかし人は多くの情報を処理することのできるコンピュータのような能力を

持たないため，たとえば30分，つまり60ターンの間には，何度も計算を諦め，投機的な行動にでることになる。人は自身の金融判断の限界を知ることができる。

② サンクコスト効果（sunk costs effect）

損失（投資）した費用や時間に影響を受け，合理的な判断ができなくなることをサンクコスト効果という。

3-4のシステムでは，操作者の取引の結果としての資産の増減をグラフで示した。常に順調にゲームをすすめる操作者とそうでないものが存在するが，後者に対し自身の投資行動を結果として見直すことで，自身のサンクコスト効果を反映した行動バイアスを確認できる。

③ リスク選好（risk appetite）

どの商品がリスク性のものであるかは知識として理解できるものの，その実感は経験なしには得にくい。本システムでは，ゲームを通じてリスクとリターンを，時間の経過を絡めて理解することが可能である。またゲームの結果から，リスクを取ったことによるリターンの変化を比較することもできる。たとえば，リスクをとらずに最後まで安全資産を中心に運用した操作者は，ゲーム終了後にリスクを取った操作者の結果との差異を知ることができる。本システムでは，操作者のリスク選好度を評価することが可能であり，そのような点で自身の傾向を掴むことが可能である。

④ 自身の判断の正しさ（right of judgement）

資産の増減は，どのような金融取引ゲームにおいても，ゲームを行いながら連続的に結果を確認することができる。しかし自分が決定した判断に対し，正しかったか間違いであったかという振り返りも必要である。資産の増減だけでなく，判断の正確性を復習するシステムが求められる。実際に操作者が下した決断について正答率も示すことで，3-1で確認した「認知的不協和」や3-2で触れた「自信過剰傾向」といわれる人の行動バイアスを改善することができる。

⑤ 係留効果（anchor effect）

KahnemanとTverskyが実験した，特定の数字に影響を受ける係留効果についても振り返りで気づくことは効果的である。たとえば各社の株価は業務内

容，業績，単位等が別のものであるから，本来は単純比較できないにもかかわらず，見た目の数値の大小だけで売買の意思決定を行う可能性は否定できない。なお係留効果は，枠（フレーム）を作ることから，フレーミング効果ともいわれる。

5.2　ファイナンシャル・マインドにおける柔軟性

　Krumholtz と Levin は想定外の出来事を創り出す方法を述べた（Krumholtz and Levin, 2010）。計画的偶発性理論（planned happenstance theory）といわれ，人生が偶然に左右されるもの，偶然を計画的に設計するという考え方を提唱した。Kiyosaki, Letcher は，ファイナンシャル・インテリジェンスを高める理由を，自分自身のチャンスを創り出す（Create your own luck）ためとする（Kiyosaki and Letcher, 2000b）。何が起こってもそれを良い方向に変えていく，チャンスは創り出すものであることを知る人は少ないという。

　このような考え方に共通するのは，偶然や想定外を受け入れる柔軟性である。両主張とも，失敗を恐れないこと，やってみることを重視する。そしてその時々で現状を柔軟に受け入れ，理解し，良い方向に変えていく大切さを説く。またゲームの活用を主張したフィリップも Kiyosaki, Letcher も，お金を管理する実践的な訓練の重要性を説く。

　第４節にてアクティブラーニングは，変化が激しく，学んだ知識が陳腐化しやすい現代社会において，将来にわたりスキルを身につけさせる自らが学ぶ力の養成を目標としていることに触れた。目標とすべき姿が明確でない先進国では，キャッチアップ型のお手本を吸収する教育だけでなく，変化に対応できる力を身につけなければならない。それは金融教育においても例外ではない。これからも新たな金融商品は生まれるであろうし，お金そのものについてもビットコインなどの新たな仕組みが生まれている。自分の持つ癖や思い込みを知り，柔軟な姿勢でパーソナルファイナンスリテラシーを高めていくことが，大学生や社会人に求められるこれからの金融教育だといえる。

　これまでの第２段階以前の金融教育をしっかり学び，第３段階以降の教育に活かすこと，そして第３段階以降に役立つ金融教育コンテンツの更なる作成が求められる。

注

1 金融広報中央委員会『金融教育プログラム（全面改定版）―社会のなかで生きる力を育む授業とは―』金融広報中央委員会，2016年。初版2007年。金融教育プログラムについて，小学校，中学校，高等学校別に，教示すべき内容やカリキュラム，実践例を総花的に示している。本章では，とくに断りがない限り，同書記載の教示すべき内容を高校生までに教示したという前提において，大学生や社会人を対象とした金融経済教育のあり方を論じている。

2 専門的な経済学知識という意味ではなく，高校までに学ぶ知識と同等またはその延長上にある教養的な内容を意味する。

3 金融広報中央委員会，2016年，20-29頁。

4 なお金融広報中央委員会が提示する各学校段階での内容は，必ずしも国内のすべての学校で実施されているものではない。それゆえ提示内容の学びを，現状では必ずしも多くの小中高生が理解していないと思われる。また高等学校であれば，選択科目で学ぶ生徒と学ばない生徒が存在する。そのため本章では，同書に高校以下の段階で提示されている内容であっても，大学生や社会人を対象とした内容や手法と重複して提示している内容がある。

5 井口俊英『告白』文藝春秋，1997年，130頁。

6 井口，1997年，131頁。

7 井口，1997年，135頁。

8 井口，1997年，162頁。

9 所得の増加分のうち消費にまわす割合

10 数値に対する正確さ等は対象内容や母集団によっても異なると想定されるが，少なくとも能動的な学習による効果の高さを示しているといえる。

11 Kiyosaki, Letcher（2000a）p.9を参考に筆者作成。

12 人により理想とする自分の姿はさまざまであるため，B分類やI分類がE分類やS分類が必ずしも良いと言っているわけではない。

13 マイクロマガジン社ホームページhttp://micromagazine.net/shop/b_game/bg001_001/

14 本システムは2016年度に大学等の授業で活用したが，2017年1月現在，一般には公開していない。

15 行動バイアスの存在について，これまで定性的に存在するという結論は述べられてきたものの，本研究では金融取引ゲームに「分析システム，分析方法および分析プログラム」（特願2011-206072，竹本拓治，出願人福井大学）の機能を実装することにより，定量的な分析を可能とした。

【参考・参照文献】

Kiyosaki, R., Letcher, S. (2000a) *Rich Dad's Cashflow Quadrant: Rich Dad's Guide to Financial Freedom.* Warner books: 7-16.

Kiyosaki, R., Letcher, S. (2000b) *Rich Dad Poor Dad.* Warner books, 112-120.

Krumholtz, J., Levin, A. (2010) *Luck Is No Accident: Making the Most of Happenstance in Your Life and Career.* Impact Pub 2nd edition. ジョン・クランボルツ，アル・レヴィン（2005）「その幸運は偶然ではないんです」ダイヤモンド社，5-26頁。

Orbanes, P.E. (2013) *Monopoly, Money, and You: How to Profit from the Game's Secrets of Success.* McGraw-Hill Education フィリップ・オルベーンズ『投資とお金の大事なことはモノポリーに学べ』日本実業出版社，14-19頁。

Thaler, R. (1992) *The winner's curse: paradoxes and anomalies of economic life.* Princeton University Press. リチャード・セイラー『セイラー教授の行動経済学入門』ダイヤモンド社，2007年，165-183頁。

168　第Ⅲ部　金融教育

金融広報中央委員会（2013）『行動経済学の金融教育への応用による消費者の学習促進と行動改善』，
　　4頁。
消費者庁（2016）『消費者白書平成28年版』勝美印刷，111-113頁。

（竹本拓治）

第 8 章

日本の中等教育における金融教育の課題と その解決
―学校教育における金融教育の体系化―

1　はじめに

　わが国の経済社会環境は，バブル経済崩壊後の長引く不況を経て，非正規雇用の拡大，所得格差の増大に加えて少子高齢化などによる雇用不安の解消などの問題に直面している。こうした問題の解決のためには，急速なグローバル化への対応を含めながら，経済の活性化を図っていくことが重要である。こうした社会状況を解決するための一助として，経済活性化のためには，資産状況に応じた金融商品の選択と活用が必要になってくる。

　しかし，学校教育の場における金銭に関する学習が忌み嫌われる傾向にあり，とくに中等教育の場で「金融リテラシー」を獲得するための教育は，金融機関の働きについての学習は実施されてはいるものの，十分なされているとはいいがたいのが実情である。このような状況を改善するために，本章においては検定教科書内容の検証に加えて家庭教育の状況を勘案しながら，まずは現状における金融教育の課題を解明していく。そのうえで，諸外国の取り組みにみる「金融リテラシー」涵養の必要性を示しつつ，わが国における金融教育の体系化の重要性を論証していきたい。

　とくに中等教育の場において，生徒が「金融リテラシー」を獲得するためには，その教育内容を的確に伝達されることが重要である。そこで，学校教育の場における教員の問題点にも言及する必要があると考える。こうした点を勘案し，教員養成の課題と研修制度の活用について触れながら，施策としての位置づけを明確化していくことにする。具体的には，金融教育のための授業時数の

170　第Ⅲ部　金融教育

確保，教員免許取得の要件，教員免許更新制度の活用から，学校教育における金融教育の体系化を実施する必要性を示したい。加えて，課題解消のための観点として，教育評価に際してのカリキュラム・マネジメントが必要であることもあわせて明らかにしていきたい。

2　日本の中等教育における金融教育の現状

2.1　中等教育における金融教育

　日本社会は人口減少期に突入し，加えて少子・高齢化という成長制約要因を抱えながら，これまでの価値基準で将来の変化を予測することは困難な時代が訪れようとしている。また近年，企業が決まった金額の支給を約束する確定給付年金（DB 年金）の他に運用しだいで受取額が変わる確定拠出年金（DC 年金）の導入が進むなどライフステージのあり方も大きく変化しようとしている。

　とくに 1997（平成 9）年の金融制度改革に伴う個人に対する影響のひとつとして，自己責任が求められるような経済社会環境の変化の中で，私たちは様々な金融商品やサービスなどの内容を十分理解したうえで，自らの責任と判断のもとに選択を行うことが求められている。

　こうしたなかで，わが国における金融教育に関する大きな問題は，金融に関する知識が乏しいことから，消費者トラブルに巻き込まれることが未だに多いということである。実際，国民生活センターと消費生活センターを結ぶ「全国消費生活情報ネットワークシステム（PIO-NET）」で収集された 2016 年度の消費生活相談情報において，2016 年度の相談件数は約 88.7 万件のうち（図表8.1 参照），2006（平成 18）年の貸金業法の改正や出資法の改正による影響などから「フリーローン・サラ金」に関する相談は年々減少してはきているが，2016 年のフリーローン・サラ金に関する相談件数は未だに 26,927 件もある。さらに，「社会保険」などをかたる「還付金詐欺」は 2011 年度から 2016 年度の相談件数が 5 年間で 15 倍以上も増加していることからすると看過できるものとは到底いえない。

　法整備などで規制を強化することによる効果はあるかも知れないが，それは

第 8 章　日本の中等教育における金融教育の課題とその解決　171

図表 8.1　消費生活相談の年度別総件数の推移

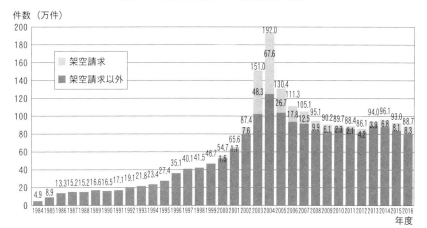

（注）架空請求の件数は 2000 年度以降集計しています。
（出所）「2016 年度の PIO-NET にみる消費生活相談の概要」（独立行政法人国民生活センター）。

あくまでも対症療法的なものであり，根本的には国民一人ひとりが健全・適正な家計管理を行うことが重要である。またトラブル後の解決手段も大切であるが，その前にこうした状況に陥らないための金融教育が重要である。

ところで，「金融教育」については，パーソナルファイナンス教育や金銭教育，投資教育，消費者教育など様々な意味合いで用いられていることが多い。そこで，本章では金融広報中央委員会の定義する「お金や金融の様々な働きを理解し，それを通じて自分の暮らしや社会について深く考え，自分の生き方や価値観を磨きながら，より豊かな生活やよりよい社会づくりに向けて主体的に行動できる態度を養う教育」をもとに，これらを幅広く含めて「金融教育」として用いることにする。

近年では，お金に関する知識や活用能力として，金融リテラシーという用語ではなく，金融教育の先進国であるイギリスやアメリカなどでは金融ケイパビリティ（financial capability）という用語が使われてきている。Literacy が意味するものは処理能力や知識だけではないとして，本章においては金融リテラシーという表現で統一しておく。

また，とくに中等教育において，適切な金融教育を実施するということは，

172　第Ⅲ部　金融教育

高等学校への進学率が約96％（通信制を含めると約98％）を超えている[1]ことからも，広く国民に身につけさせるためには重要なことであり，今後の社会の発展のために，私たちは自らの人生をどう切り拓いていくことができるかという意味で金融リテラシーを身につける必要に迫られている。

2.2　学習指導要領の基本的な考え方とその流れ

　1997年の金融制度改革以降，個人の自己責任が強調されるようになり，この流れに呼応するような形で，学校現場でも金融教育の必要性が認識され始めてきた。その後，政府および日本銀行は2005（平成17）年度を「金融教育元年」と位置づけ，2008（平成20）年公示の中学校社会科の学習指導要領および2009（平成21）年公示の高等学校公民科の学習指導要領では「金融」に関する具体的な文言が明記されるに至った。これを受けて，各種国民の金融リテラシー（financial literacy）の水準向上をめざした金融教育の普及に向けた各種団体による取り組みが進められてきている。

　わが国の中等教育において，金融教育の内容を扱うのは中学校の社会科と技術・家庭科および高等学校の公民科と家庭科がその中心となる。2008年改訂の中学校学習指導要領においては，社会科（公民的分野）では「金融などの仕組みや働き」の扱いが主な改善事項とされた。加えて，消費者の保護（消費者の自立支援等の消費者行政等，租税の意義と役割などを学ぶこととされており，「消費者の自立支援等の消費者行政」の扱いも主な改善事項とされた。また，技術・家庭科においては，「消費者基本法，環境への配慮，電子マネー」の扱いが主な改善事項とされた。

　そして2009年改訂の高等校学習指導要領においては，公民科（政治・経済）では，「経済活動の意義，環境保全，消費者問題，金融の仕組みと働き」の扱いが主な改善事項とされた。また，家庭科（家庭総合）においては「経済の管理や計画，多重債務等の消費者信用を巡る問題，自立と支援，生活資源とその有効活用」の扱いが主な改善事項とされた。

　こうした政策的要因をはらんだ流れを受けて，授業時間には制約があるものの，中等教育における社会科・公民科・家庭科などの教科を中心に，生徒の発達段階を踏まえ，消費者教育・金融経済教育に関する内容を充実して指導され

ることとなっている。

　しかしながら，一般的に金融に関する知識や技能に関してのリテラシーを十分に引き出せるような内容であるかといえば，十分であるとは言いがたく，教育目的やその指導方法と評価の一貫性を明確にした教育課程を通じて，金融教育が果すべき役割が示される必要があると考える。

2.3　教科書から捉えた金融教育

　一般社団法人教科書協会によると，2017（平成29）年度における検定教科書は，中学校の「社会科（公民的分野）」が7社，「技術・家庭科（家庭分野）」が3社から出版されている。また，高等学校の公民科の「現代社会」が8社・12冊，「政治・経済」が6社・10冊，家庭科の「家庭基礎」が6社・12冊，「家庭総合」が6社・7冊，「生活デザイン」が1社・1冊出版されている。

　学習指導要領において「金融などの仕組みや働き」の扱いが改定における主な改善事項であることから，中学校社会科では身近な具体例を取り上げ，金融機関が仲介する間接金融に関してだけでなく，株式や債券発行による直接金融も扱われている。また，技術・家庭科（家庭分野）では，優先順位を考えた計画的な支出などの消費行動の基礎や契約に関して扱われている。

　具体的には，ある中学校社会科（公民的分野）の教科書では，現代の生産や金融などの仕組みや働きを理解させることを受け，具体的な事例を取り上げながら，金融の意味や金融機関の働きについて説明がなされてきている。また，ある技術・家庭科（家庭分野）の教科書では，販売方法と同時に，様々な支払い方法や契約の意味についての説明が記載されてきており，内容の充実がはかられている。

　高等学校においては，中学校で学んだことを基礎として，公民科ではマクロ経済の観点を中心に，「金融の仕組みと働き」について，金融が経済主体間の資金の融通であることを理解させたうえで，資金需給の影響要因や金融機関の役割に加え，間接金融，直接金融の意義などの内容も扱われている。また，技術・家庭科（家庭分野）では，経済のつながりについて，消費者問題や消費者の権利と責任を理解させたうえで，経済計画の重要性や契約などをめぐる諸問題に関する内容が扱われている。

具体的には，ある高等学校「政治・経済」の教科書では，金融制度に触れつつ，金融について理解を深めさせている記述だけでなく，金融に関する環境の変化にも触れられている。また，ある「家庭総合」の教科書では，契約やそれをめぐる問題について具体的に扱われ，さらに消費者信用やそれを巡る問題についても具体的に記載されている。

しかしながら，こうした教科書の記述を掘り下げていくと，公民科のどの教科書においても「金融」という用語がキーワードとして記載されているのだが，金融システムの説明が記述内容の中心であり，実際の経済活動とはうまく関連づけられた記述がほとんどなされていないという印象を受ける。

経済社会において実生活を営むためには，金融に関する知識と実践力を兼ね備えた自立した消費者を育てることが必要で，消費者の立場に立った金融教育の充実が求められる。しかし教科書内容を前提とした学校教育における講義中心の学習内容において，その体系化は十分とは言いがたい。加えて，実際に金融にかかわる分野を授業で取り扱うことができる時間数が1〜2時間程度と大きな制限もあることから，こうした点を改善するため，各教科で学習内容を補うことでより効果的な学習が可能になるようなカリキュラム・マネジメントの検討が重要になってくると考える。

3　中等教育における金融教育の必要性

3.1　家庭教育との関連性

政府が示すようには所得が上昇せず，年金制度の変化などの社会的要因によってライフステージのあり方が大きく変化しようとしているなか，こうした状況に対応するための教育が中等教育の場においても必要とされている。

金融ビッグバン以降，規制緩和によって数多くの金融商品が開発され，平常の生活でもこれらの金融商品に触れる機会が増加している。また，銀行への預貯金やアベノミクス以降の株式投資の活発化，保険や住宅ローンなど，私たちの周りにおいて金融に関連する場面が数多く存在している。そして，金融に直面する機会が増えれば増えるほど，的確な判断に基づく意思決定場面が増えてくる。

こうした金銭の価値観を含め，生活に密着した金融関連知識や生活設計の考え方は，本来家庭内において教育されるべきだと考える。しかし，現代の日本社会における家庭状況は，雇用者の共働き世帯1077万世帯に対して男性雇用者と無業の妻から成る世帯が720万件と，全体の約60％の世帯が共働きの状況[2]ということであることから，家庭教育において時間的制約が大きいと考えられる。これは，あくまでも全世帯を示す状況であり，末子に児童がいる家庭における母親の状況では68.1％が何らかの仕事についており，末子の年齢が高くなるにしたがって「非正規の職員・従業員」の母の割合が高くなる傾向にあることが示されていることや「児童のいる世帯の世帯構造」において核家族が80.9％もあることから[3]考えて，家庭内での金融教育には多くの制限要因が含まれている。

また，日本では親が子どもに家庭内の経済状況を伝えることは余りなく，子ども達が自分たちの家庭内の経済状況を認識していることは少ないため，普段の生活の中で金融を捉えさせることが難しい。加えて，金融に関する内容の学習機会が少なかった親の下での教育には限界がある。さらに，親の期待は相変わらず受験の突破に重きが置かれており，家庭の協力は欠かせないが，金融教育の中心は学校が担わざるを得ないと考える。

実際，多重債務や自己破産，自殺に至るような社会問題を解決していくためにも，中等教育機関における金融に関する適切な教育の実施による，その予防が必要で，金融の知識や仕組みを理解したうえで適切な意思決定能力が可能な生徒を育成することが重要になってくる。

身につけた知識や技能を活用してどのような人生を歩むかということについては，あくまでも家庭教育で責任を持つことが第一義である。しかし，現在の社会状況から鑑みて，学校教育が家庭教育とかかわりをいかに持つべきかについてであるが，それは学校教育が生徒の生き方について，いかにして補完していくことができるかということが重要であると考える。

3.2 学校教育の重要性

わが国において，とくに金融教育が必要とされると考えるのは，ひとつには金融に関する知識や技能は，中高生が相応の対価を払わずに自学自習で簡単に

身につくようなものではないからである。金銭管理ができないような癖がついてしまったならば，それを修正することは難しい。

　実際，十分な学習もせずに，儲かるかも知れないという期待のもとに平然と投資して損失を出してしまうケースも報告されている。こうしたことから，投資活動が限りなくギャンブルに近いものと捉えられてしまい，学校現場において身近なお金の問題を扱う金融教育が批判される一要因となっている。そのためにも発達段階に応じて丁寧に教育していくことが重要である。

　実際，金融広報委員会の「金融リテラシー調査」の結果からも，金融教育を受けたと回答した学生の金融知識が高いことから[4]，金融教育の一定の効果は示されていると考える。したがって，金融教育をいかにして実施していくことができるのかということが重要になってくる。

　ところで，日本における金融教育は，従前からその必要性が指摘されてきただけでなく，一定の教育環境が整っており，かつ関係諸団体から様々な教材等が提示され学校教育を支援してきたにもかかわらず，教科書の金融経済教育に関する記述や授業時間が不十分との報告などからみても[5]，これまで十分に成果をあげてきているとは言いがたい。

　様々な金銭トラブルが発生していることを認識していながら，生徒たちに金融に関する知識やスキルを持たせないまま毎年のように実社会へと送り出してきた教育界の責任を痛感せざるを得ない。その要因として，授業時間の確保や教員の専門性の問題などがまず挙げられる。

　私たちは，有限な資源を使い「どのような財・サービスを生産し，消費していくか」を最終的に決定しているが，こうした経済活動が適切に実施されるためには，金融経済に関する正しい知識を身につけるだけでは不十分である。なぜなら，多様化し，複雑化した現代社会における数多くの選択肢の中から的確な選択や判断を下すことが必要とされるからである。そして，こうした選択や判断の過程において，金銭とのかかわりなしで行動することは不可能であることから，「金銭をいつ，どのように使うか」を判断し，その判断に基づいて適切に行動する力を得るための金融教育が重要となってくると考える。そこで，「自己責任が求められる社会」へと日本社会が転換していく中においては，より多くの人が学ぶ機会のある中等教育において，適切な金融教育が必要であ

る。

3.3 諸外国の取組みにみる必要性

2012（平成24）年4月にOECD（経済協力開発機構）とINFE（金融教育に関する国際ネットワーク）が金融教育のための国家戦略に関するハイレベル原則を承認した。ただし，この原則は，金融教育のための国家戦略を作成するための万能モデルはないという認識に立っている。このような状況を勘案しながら，この分野の先進国である英米の例から学ぶだけでなく，1997年の通貨危機以降の東南アジア諸国における金融教育の導入状況の調査研究の成果等を参考に，適切な金融教育の実施に向けた方策を考察していきたい。

日本社会における金融教育の普及は，2013（平成25）年6月に金融広報中央委員会の中に設置された金融経済教育推進会議が金融リテラシーマップ[6]を作成し，金融に関する知識や技術を普及させようとしているように，ライフサイクルの中から，中等教育において具体的にどのような内容を学習するべきかを俯瞰したうえでの学習体系づくりが必要となる。そのために，まずは金融教育に早い段階から取り組んできた英米における先行事例に課題解決へのヒントを求めることが必要であると考える。

たとえば，トップダウン型の先行事例とされるイギリスにおいて，近年金融教育関係の組織が大きく変化し，2013年には最新のナショナルカリキュラムが担当機関であるDfE（Department for Education）によって公表され，すでに実施が始まっている。特筆すべきは，数学とシチズンシップ教育の中に金融教育が位置づけられており，市民権の重要な側面であるという点がわが国にも参考になると考える。

また，ボトムアップ型の先行事例とされるアメリカでは，サブプライム問題発生の一要因として金融教育の不足が指摘されており，この問題以降に金融教育に関する関心が高まりつつある。アメリカでは州単位で定められた教育課程に指針は提示されているものの，全国共通のカリキュラムが存在しないため，それを補完するように非営利団体のNCEEやJumpStartから標準的な教育基準が公表され，各学校でそれぞれの取組みがなされている。しかし，優れた金融教育に関する教材が提供されているにもかかわらず，教材等のアクセスが不

178 第Ⅲ部 金融教育

十分な状態におかれているなどの状況がある。そして，それを改善していくための取組みが実施されつつあり，こうした事例は，類似した状況のわが国においても参考になると考える。

東アジアにおいても，韓国，タイなどの視察や聞き取り調査から，それぞれの国で官民協力の下での意欲的な取組みがみられた。韓国では長期的な投資のメリット等についての広報により，投資信託などの長期的な投資が進み「預金から投資」へのパラダイムシフトが進展中であった。しかし大学入試を中心と捉える学習環境下では，中等教育の場における金融教育は知識理解に中心がおかれているということであった。また，タイにおいても 1997（平成 9）年のアジア通貨危機以降に金融教育の学習機運が高まってはきているが，成績上位層が医者やエンジニアを目指す傾向にあり，社会科科目が余り重視されていない実態から，十分には機能していないとのことであった。シンガポールでは，2002 年に金融の分野を絞って国家戦略を提示し官民一体となって人材育成を進めてきているということであった。義務教育段階は小学校にあたる Primary の 6 年間であり，その後の中等教育におけるコース別のストリーミング制度が続いていることから，学校間の格差が大きく学習内容は一概に示すことができないとのことであった。しかし，将来的な金融人材のネットワークをつくりだす長期的な国家戦略が立てられており，わが国でも見習う必要があるのではないかと考える。

こうしたアジア各国の制度には一長一短があるが，日本においてはトップダウン型の全国共通のカリキュラムである学習指導要領をうまく活用し，各種団体が示す基準を踏まえた教育基準をそこに示すことが有効であると考える。

4 日本の金融教育の課題

4.1 学校教育を進めるための課題

現代の日本社会においては，自由度や選択肢が広がる一方で，不確実性も高まってきているため，各個人がリスクをしっかり認識し，判断に必要な情報を収集して，自己の責任で的確に意思決定していくことが必要とされる。そのため，生活スキルとしての金融リテラシーを確立するための資質・能力を育むた

めに，課題発見からその解決に向けた主体的な学びが必要になってくる。

つまり，単なる知識理解にとどまるということではなく，実社会や実生活の中で学んできた知識や技能を活用しながら，課題を自ら発見し成果へとつなげていくことができるような学びの内容が重視されてくる。

「金融教育プログラム[7]」においては，金融教育の目的を実現するうえでの重要な概念として，(1)「生きる力」，「自立する力」，(2)「社会とかかわり，厚生で持続可能な社会形成を意識し行動する力」，(3)「合理的で公正な意思決定をする力」，「自己責任意識」，(4)「お金と向き合い，管理する力」の4点が示されており，こうした要素を評価基準に組み込みながら，学校教育のカリキュラムを作成していくことが望ましいと考える。こうした点から考えると，(1)(2)は基礎的な分野となり，(3)が標準的な分野，(4)が発展的分野であるという位置づけになる。しかし実際に，中等教育において金融教育を進めるにあたり，とくに大きな問題が2点存在する。1つはカリキュラム上の問題であり，もう1つは教える側の教員の問題である。

現行の中学校社会科教育課程の標準授業時数（1年次105単位時間，2年次105単位時間，3年次140単位時間）とその時間数の配当は，一般的に地理的分野に120単位時間，歴史的分野に130単位時間，公民的分野に100単位時間とされていること[8]からみても，公民的分野の絶対的な時間数不足というカリキュラム上の制限は明らかである。この状況下で金融教育の成果をあげるということは，単に担当教員の努力だけで改善することは難しい問題であり，こうした制約の中で，いかなる教育が有効かを考察する必要がある。

また後者について，淺野・山岡・阿部（2014）によると，教える側の多くの教員が教えにくい分野として金融分野を挙げていることから，こうしたことを改善していく手立てがあわせて必要であると考える。各種団体からは豊富な教材が示されてはいるのだが，それが十分に現場に伝わっていないことや使いこなせる教員が少ないということが現場における実感である。その要因として，現場の教員がそもそも経済についての知識の素養に欠けているという教員養成課程上の問題などが挙げられる。

また，相変わらず教育現場においては不労所得に対しての抵抗感があり，教育の場で「お金」を扱うことに対する反発も根強い。では，お金に疎い人間ほ

ど善良であるのかといえば，そんなことがあるわけはなく，お金を通じて生活・社会・将来を考えることを踏まえた，金融教育の概念の共有化が教育現場に求められる。こうした点では，量的にも質的にも十分とはいえない中で金融教育が行われている実情を勘案しながら金融教育の実施にあたっていかなければならない。

4.2　金融教育の転換

　現在の金融教育は，訪問販売を巡る消費者を想定したものから，金融の自由化を受けて自己責任をうたうような傾向に変化してきている。これは，社会構造の変化を受けたものであり，こうした変化に対応するためには環境整備が必要である。

　2005年の「金融教育元年」以前においては，金融庁に加えて，1952（昭和27年）設立の貯蓄増強中央委員会を前身とし，その活動内容も貯蓄増強運動から金融全般にわたる知識や情報を提供活動する金融広報中央委員会をはじめとする関係諸団体が様々な取組みを実施してきた。

　その後高度経済成長期を経て，貯蓄から金銭教育への流れのもとで，1989（平成元）年の学習指導要領改定で「金融」の文言が掲載された。これは，1986（昭和61年）に国民生活審議会が文部省に提出した「学校における消費者教育について」において，学校教育で消費者教育として契約の重要性を取り上げることの要望を受けたものである。この流れを受けて，その後の中学校の社会科（公民的分野）や技術・家庭科や高校の公民科や家庭科の教科書に「金融」の文言が掲載されるようになっている。

　そして，2000（平成12）年には大蔵省の金融審議会答申が公表され，金融分野における消費者教育の重要性が指摘されている。この内容は，翌2001（平成14）年の金融広報中央委員会の『金融に関する消費者教育の推進にあたっての指針』に影響を与え，2004（平成16）年の「金融改革プログラム」において，「金融教育に関する消費者教育」から「金融教育の概念」へと向かう要因となり，金融教育を各教科などの学習指導に取り込んでいくための手がかりとして提供することとなったと考える。その後は，とくに政府が推進する「貯蓄から投資へ」という流れに向かって，直接金融市場の活性化をすすめる過程

で，投資教育や金融消費者教育などの側面が強調されていくことになった。

　中等教育における金融教育を捉えると，消費生活をする私たちにとって金融トラブルを回避し，よりよい生活を送っていくためには，計画的な利用などの家計管理や資産運用に関しての自己責任意識を育む適切な教育が必要であると考える。そのため，中等教育における金融教育を実施する際，金融知識や金融政策などのマクロ経済分野を扱うことが中心になると考えるが，実生活で役立てるためには，生活スキルとしての金融リテラシー育成のための責任意識を育む金融教育こそが必要である。そこで，机上の理論だけでなく，社会の実情を勘案しながら金融教育の内容を段階的・体系的に構築することが望まれている。

4.3　教育評価における課題

　日本の金融教育が十分に効果をあげられてこなかった要因の1つとして，金融教育における適切な評価がなされてこなかったことが挙げられる。実際の教育評価については一見簡単に思えるかも知れないが，単に知識を問うようなものでない場合は，いざ実施してみると評価に迷うことが多くあり易しいものではない。

　評価の基本は一般に，⑴「可能な限り客観的で公平な評価」であること，⑵「測定の実施およびその方法が適正」であること，⑶「教育評価という目的を外れていない」こと，⑷知識・理解なのか，思考力や課題解決力なのか，そのための評価材をどう採用するのかを含めた「どのような学力を評価するのか」という4点に集約される。そして，それに加えて目標到達程度の低かった生徒に対していかにして学力水準を保証していくことができるかが重要である。つまり，金融教育を評価するにあたって，何をどのように評価するのかを明確にしなければならない。その前提として，中等教育の現場における評価がどのように実施されているかを確認する必要がある。

　現状の中学校においては，「知識・理解」，「技能・表現」，「関心・意欲・態度」，「思考・判断」という観点別評価が定着してきている。しかし，その負担感や評価に対応する授業改善に関しては課題がある。また，高等学校においては学習指導計画やシラバスに観点別の評価基準を設けているケースはまだ少な

182　第Ⅲ部　金融教育

く，大学入試を前提とした「知識・理解」中心の評価が行われており，多様性を持った教育評価は十分ではない。

　2008（平成20）年1月の中央教育審議会の「幼稚園，小学校，中学校，高等学校および特別支援学校の学習指導要領等の改善について」において，学習評価については「学校や教師は指導の説明責任だけではなく，指導の結果責任も問われていることを前提としつつ，評価の観点ならびにそれぞれの評価の考え方，設定する評価規準，評価方法および評価時期等について，2017（平成29）年以降の戦後9度目の学習指導要領改訂の基本的な考え方を踏まえ，より一層簡素で効率的な学習評価が実施できるような枠組みについて，さらに専門的な見地から検討を行う」こととされた。

　この内容を受け，金融教育においても文部科学省が新たに示している学習評価[9]の基礎的・基本的な知識・技能（「知識・理解」および「技能」），思考力・判断力・表現力等（「思考・判断・表現」）および主体的に学習に取り組む態度（「関心・意欲・態度」）に対応させ整理することが課題となってくると考える。

5　課題解消のための観点

5.1　カリキュラム・マネジメントの必要性

　OECD の金融教育に関する国際ネットワーク（international network on financial education）が示しているように，利用者側の金融リテラシーを向上させ，利用者の金融行動を改善することが重要であるとの認識が G20 などの国際的な議論において共有されている。そのための適切な金融教育の実施は，国際的な課題とされ，わが国では金融経済教育推進会議が 2014（平成26）年に「金融リテラシーマップ」において，最低限修得すべき金融リテラシーとして「家計管理」，「生活設計」，「金融知識および金融経済事情の理解と適切な金融商品の利用選択」，「外部の知見の適切な活用」の4分野15項目からなる年齢別のスタンダードを公表した。

　あわせて，2016（平成28）年に全面改定された「金融教育プログラム」においては200項目を超える教育目標が整理されているが，これらの項目をすべて学校教育の中で網羅するのは困難であるため，それらの優先順位が必要に

図表8.2　金融リテラシー・マップによる中高生が最低限身につけるべきリテラシー

分野	家計管理	生活設計	金融知識及び金融経済事情の理解と適切な金融商品の利用選択					外部の知見の適切な活用
分類	家計管理	生活設計	金融取引の基本としての素養	金融分野共通	保険商品	ローン・クレジット	資産形成型商品	外部の知見の適切な活用
中学生　将来の自立に向けた基本的な力を養う時期	家計の収入・支出について理解を深めるとともに、学校活動等に基づいた活動等を通じて収支管理を実践できる	勤労に関する理解を深めるとともに、生活設計の必要性を理解し、自分の価値観に基づいて生活設計を立ててみる	契約の基本を理解し、悪質商法等を見分け、被害に遭わないようにする	お金や金融・経済の基本的な役割を理解する	リスクを予測して行動するとともに、人を負傷させたり、人の物を壊した場合には弁償しなければ成らないことを理解する　事故や病気のリスクや負担を軽減させる手段のひとつに保険があることを理解する	ローン等の仕組みや留意点について理解する	リスクとリターンの関係について理解する　金利計算（複利）を理解し、継続して貯蓄・運用に取り組む態度を身に付ける	トラブルに遭ったときの相談窓口に、必要に応じて連絡する方法を身に付ける
高校生　社会人として自立するための基礎的な能力を養う時期	自分のために社会人として自立するための基礎的な能力を養い、家計全体を意識しながらよりよい選択・意思決定ができる	職業選択と生活設計を関連付けて考え、生涯の収支内容を理解して生活設計を立てる	契約およびローンに関連する責任に伴う責任を理解し、消費生活に活用する技能を身に付ける	お金や金融・経済の機能・役割を把握するとともに、自らの責任をもって、預金、株式、保険などの基本的な金融商品の内容を身に付ける	リスクを予測・制御して行動することとともに、加害事故を起こした場合には責任や負傷問題が生じることを理解する　社会保険と民間保険の補完関係を理解する	貸与型の奨学金などローンの仕組みを理解し、返済方法、延滞時には金利や延滞時に負担が生じることの影響について考える　各種カードの機能や各種カードの機能や使用上の留意点を理解し、適切に行動する能力を身に付ける	基本的な金融商品の特徴とリスク・リターンの関係を理解し、自己責任で金融商品を選択する必要があることを理解する　リスク管理の方法や運用について留意点を理解し、適切に貯蓄・運用し続けることの大切さを理解する	トラブルに対処できる具体的な方法を学び、実際に行使できる技能を身に付ける

（出所）金融経済教育推進会議「金融リテラシー・マップ」（2015年6月改訂版）より筆者作成。

184　第Ⅲ部　金融教育

なってくると考える。そこで，本章においては，その「金融リテラシーマップ」の中学校および高校生のスタンダード（図表 8.2 参照）を参考に留意点などを示したい。その際に，各教科等の教育内容を相互の関係で捉えて，教科横断的な視点から，金融教育の教育目標達成に必要な教育内容を組織的に配列するカリキュラム・マネジメントが必要になってくる。

　カリキュラム・マネジメントは，2016（平成 28）年 8 月の中央教育審議会のとりまとめ案にもその実施に資するために学習指導要領の「総則」の構造を刷新するということが記載され，次期学習指導要領の重要キーワードである。

　現在の学習指導要領の記述から勘案すると，金融に関する学習内容は，中学校の社会科，高等学校の公民科，家庭科が中心になって扱うことになる。つまり金融教育は，教科性が高く，また実際の科目の位置づけからすると，あくまでも経済に関する学習の一部にしか過ぎない。また，他教科との関連や学年配当など，個々の教員の努力だけでは解決できないカリキュラムの制限を含んでいることから，金融リテラシー育成のための教育実践は，そう簡単には解決できない問題をはらんでいる。

　そこで金融教育を実践していくために，教育課程の編成から，実施，評価，改善の一連のカリキュラム・マネジメントを定着させていくことが，学校教育における金融教育の体系化にとって必要であると考える。

5.2　教員養成と教員研修

　金融教育の実施にあたっては，OECD 加盟国として，金融教育を国家戦略として推進すべきであり，その際に金融教育を消費者教育の一環として改めて位置づけるべきであるとの提言（伊藤，2012）がなされている。しかし，事実上は，経済に関する学習の一部であるとの認識が強く，政策上のバイアスがかからない限り現状では容易に推進していくことが難しい。

　そこで，現実的な方策として金融教育に携わる主体となる教員への継続的な教育・研修の実施が重要であると考える。そこでは，まず経済学という学問内容に教員が触れる必要が大切である。現行の教育職員免許法施行規則では，免許を取得するために，教科に関する科目として，中学校教諭普通免許状の専修免許状および一種免許状，高等学校の普通免許状の授与を受けようとする場

合，図表 8.3 に掲げる科目について，それぞれ 1 単位以上計 20 単位の修得が必要であることが要件である。

つまり，社会科および公民科の免許取得に際しては「社会学または経済学」の単位修得が，家庭科の免許取得に際しては「家庭経営学」の単位修得が最低要件でしかないわけである。ただし，他にも教科に関する科目の修得が必要であることから，経済に関連する一定の学習を経たうえで教育現場に出ていくことになるであろうが，経済学の単位を修得しなくても公民科の教育職員免許状を取得することができることについては，一考の余地があるといえる。

また，教員養成系大学・学部に対して経済教育の状況を把握するために行われた岩田・水野（2011）のアンケートでは，「教員養成学部の学生全員が受講する経済学の授業はありますか」との質問に，あると回答したのは 3 校，ないと回答したのは 9 校，無回答が 1 校という結果も出ており，これまで金融教育における大きなウェイトを担ってきた社会科および公民科の教員の中には，「経済学」を学んでこなかった教員がある程度いるということは，容易に推測

図表 8.3　社会科・公民科・家庭科の教科に関する科目

免許教科・種類	教科に関する科目
中学校 1 種社会	日本史及び外国史 地理学（地誌を含む。） 「法律学，政治学」 「社会学，経済学」
高校 1 種公民	「法律学（国際法を含む。），政治学（国際政治を含む。）」 「社会学，経済学（国際経済を含む。）」 「哲学，倫理学，宗教学，心理学」
中学校 1 種家庭	家庭経営学（家族関係学及び家庭経済学を含む。） 被服学（被服製作実習を含む。） 食物学（栄養学，食品学及び調理実習を含む。） 住居学 保育学（実習を含む。）
高校 1 種家庭	家庭経営学（家族関係学及び家庭経済学を含む。） 被服学（被服製作実習を含む。） 食物学（栄養学，食品学及び調理実習を含む。） 住居学（製図を含む。） 保育学（実習及び家庭看護を含む。） 家庭電気・機械及び情報処理

（出所）「教育職員免許法施行規則第四条及び第五条」より作成。

される。また，家庭科においては家族関係学を含めた家庭経営学という，免許法上最低限の「経済学」しか学んでこなかった教員がいることも推測できる。

そのような教員の中には，金融教育を望んで教えているのではなく，免許を有しているということだけで教えている者も少なからずいると考えられる。本気で国が成長戦略として金融市場の活性化をめざすのであれば，適切な金融教育実施のために，こうした状況を回避することが必要である。

そこで，現行の教育職員免許法の施行規則の科目区分「社会学，経済学」おいて経済学を選択必修ではなく，必修とすることを提案したい。加えて，教育職員免許更新制度において選択必修領域に金融教育の内容を設定することを提案する。

5.3　施策としての位置づけの明確化

これまでにも述べてきたように，学校教育においては単元ごとの時間が限られており，金融教育を扱う十分な時間は与えられていない。そのために，各教科内で金融教育を効率的に実施するにあたっては，各教科科目の連携が欠かせない。しかしながら，現実的には各教科の壁は高く，まずは何らかの形で模範となるカリキュラムの例示が必要になってくると考える。

教育内容が大切であるのは当然のことであるが，最大の課題になると考えられるのは，実際に授業を担当する側の教員の問題である。本来，「教育のプロである教員にまかせざるをえないのだが，普通の教員の手に負えるかどうかというと，まず難しいだろう」と宮坂（2006）が指摘した状況は大きくは変化していない。学習指導要領の改善を受け，教科書や教材の内容をいかに充実したとしても，担当教員の力量でその内容を適切に扱うことが難しければ，授業がうまくいかないことは明白である。

実際に筆者の周囲でも，公民科や家庭科の教員で経済学や家庭経済を専門的に学んだ人間は少ない。実際，以前から指摘されているように，他の教員が実践した授業の事例を聞いたり勉強したりしても，それを自分の授業として組み替えるのは簡単ではないことや，教員によって授業スタイルに個人差があり，実際に生徒がどう反応するかはやってみないと分からないということは多い。そうであれば，外部の専門家とうまくコネクトすることも考えられるのである

が，学習指導要領に沿って学習計画を立てるのであれば，全国でほぼ同時期に金融教育を学ぶということになり，一部の学校でしか外部の人材活用ができないということが考えられる。

こうしたことから，教える側の教員のスキルを高めていくことこそが金融教育を推進するためには必要となるのである。そこで，現状で，最も即効性があると考えられるのが，「教員免許更新制度」の講習プログラムに金融教育を組み込むということである。実際に，これまでは一部の教員の自主的な研鑽に負うところが大きかったが，少しは一般化してくると考える。

2016（平成28）年4月から教育職員免許法施行規則等の一部が改正されて「教員免許更新制度」の講習プログラムに「選択必修領域」が定められたが，事項の定めのない「選択領域」の改正はなされず，任意に受講する仕組みは変更されずにいる。そこで，教科科目の適正を鑑みて，社会・公民科および家庭科の更新制度に金融教育の分野を必修化していくなどの施策の明確化が必要であると考える。

金融制度改革に伴い，自己責任が求められるような経済社会環境へと変化するなかで，その環境整備としての金融教育の充実が欠かせないことは明らかである。教員のスキルアップにより，学校教育関係者の知識と理解が浅薄であることに不安を覚えている消費者行政関係者が，金融教育の実施を鑑みて，その現状や動向についての最新の教材や情報を提供してくれてはいるのだが，実際には十分に現場では活用しきれていないという状況を改善していくことが必要である。

6 課題解決のための提案

6.1 政策としての金融教育

学校教育の場に金融教育が導入されて久しいが，その中身は仕組みに関する知識理解が中心で，金銭の具体的な問題は遠ざけられてきた傾向にある。しかし，資本主義経済社会に生きる私たちにとって，金銭管理は誰もが必要とする事項であり，適切な金融教育の実施については，政策として前向きに検討する必要がある。

ところで，2020 年からは，日本の大学入試において現在の大学入試センター試験に代わる「大学入学希望者学力評価テスト」と高校生としての最低限度の学習内容を念頭に置く「高等学校基礎学力テスト（いわゆる新テスト）」が実施されることになる。現在のセンター試験と大きく異なるのは，思考力や判断力，表現力が問われ，記述式での解答も求められる点であり，この特性を鑑みて，そのなかでキャリア教育の一環として金融知識に関する出題がなされるようなことができれば，金融教育の扱いは劇的に変化すると考える。

現実に即して問題を考えると，まずは学習指導要領における改善事項に対応して「金融の仕組みと働き」を理解させるための体系的な内容の教科書が必要である。学習指導要領の内容に関しては，すべての学校で記載内容を取り組むわけであり，生徒に対してより深い理解を促すためにも，教科書内容の問題点を改善し，質・量の両面で充実させる必要がある。そこでは，多角的な考察に資する公正・中立でバランスの取れた教科書記述が不可欠であり，その概要を示すためのプロジェクトなどを政策的に立ち上げることが望まれる。

また，戦後 9 度目の改訂となる，新学習指導要領の鍵となるアクティブ・ラーニングを念頭に置けば，具体的事例を用いた練習問題を例示するなど，作業を伴う内容を教科書に盛り込むことが望ましく，こうした意味での適切な内容の教科書作成を提案したい。

金融に関するトラブルを事後的に救済する措置は，行政を中心に制度が整えられつつあるが，問題の根源をなくすためには，事前の予防策としての的確な知識の習得は欠かせない。中等教育の場で，金融リテラシー育成に関して学ぶ機会を得られなかった生徒を社会に送り出さないために，適切な学習を行うためのカリキュラム・マネジメントのモデルケースを作成していくことも必要になる。

わが国におけるこうした現状を打破するためには，諸外国のように行政が主導的な立場を取り，金融教育で具体的に何をどう教えるのかを規定する必要がある。そこで，現実的な対応をするならば，検定教科書の内容改善のため関係機関への働きかけや補助教材を有効に活用するためのシステムづくりが最優先課題となると考える。

6.2　教育評価の明確化

　社会環境の変化が激しい社会において，金融教育を学ぶことの必要性は高まっていると考えることから，目ざすべき到達点として，知識理解に加え，いかに実践的態度を育成するかについて，今後さらなる検討が必要となってくる。そのために，金融教育の実践における教育評価をいかに実施していくかということを明確にすることが重要である。

　そこで，教育評価においては，成績評価を念頭に計画を立てることが必要である。中等教育の場においては，教科が主に学期や学年ごとに評価を実施している。確かに単元ごとに細かく評価することが望ましいのだが，数時間単位の単元ごとに評価することは，多忙化している教育現場では不可能に近い。

　したがって，教育評価のためのテスト作成の工夫が重要になってくる。それは単元で学んだことを整理し，自身の理解度を確認できるものでなくてはならない。つまり，学習支援のためのテスト作成が必要である。それとともに，解答例や採点基準を明示し，生徒に対して学ぶ動機を与えなければならない。

　多様化した社会においては，単なる知識を持ち合わせているだけでは，不十分であり，知識を組み合わせて，より実践的な理解と態度の育成が必要である。ただ，そうなると単に公民科や家庭科といった1つの教科内容だけでは十分にその内容や意義を包括できないと考える。そこで，教科教育を主としながら，主体的に自己の進路を選択・決定できる能力やしっかりとした勤労観，職業観を身に付け，それぞれが直面する様々な課題に柔軟にかつたくましく対応し，社会人・職業人として自立していくことができるようにするキャリア教育の一環として金融教育を捉えることが望ましいと考える。

　これまでも，様々な形で金融教育に関する情報が提供されてはいるが，それらは十分に活用されているといいがたいことから，金融教育を個々の生徒に定着させるためにも，教育課程の編成から，実施，評価，改善の一連のカリキュラム・マネジメントを定着させていくことが改善方法になるのではないかと考える。

　あわせて，これからの時代を自立した個人として生きていくために必要な資質や能力育成に向けた教育目標および内容の改善が望まれる。

7 おわりに

わが国は，明治期以来の人口減少期に突入し，社会のあり方も大きく変化してきている。戦後の政策もあり，金融資産に占める現金・預金の比率は 52.7％とアメリカの 13.6％，ユーロ圏の 34.4％と比較しても非常に高い[10] のが実態である。しかし，昨今のゼロ金利状況においては，貯めた分しか資産が増えることがないため，高い利回りをあげたいのであれば，他の金融商品に目を向ける必要が出てくる。このように，お金を銀行に預けていれば何とかなった時代は，とっくの昔に過ぎ去って，自分自身でライフプランを立てていく必要が出てきている。そのためには，金融リテラシーを身につけるための教育が必要とされるのである。

ただし，現実問題として，学校教育においては他にも学ばねばならない重要なことも多く，一教科の範疇だけで取り扱うことには無理が多い。そこで，本章における結論は，第 1 に金融教育の時間を明確に取ることができるようにすることとともに評価制度の確立を推進すべきである。第 2 に，教員免許の取得にあたり，経済分野の履修を必修化するなどの法改正を実施すべきである。そして，第 3 に平成 21 年から導入されている「教員免許更新制度」の積極的な活用を進めていくべきである。そして，このように指摘した点について，政策として実施していくことが求められる。

こうした流れの実現により，実際に金融教育を実践する学校現場の教員への継続的な教育・研修が可能になってくると考える。そして，このような経験を積んだ教員が養成されることで，中等教育の各教科内で金融教育を効果的に実施するにあたって，「何を学ぶのか」，「どのように学ぶのか」，「何ができるようになるのか」ということに焦点を当てて，学習評価を含めたカリキュラム・マネジメントも含めた金融教育の体系化が構築されていくのではないかと考える。

注
1　文部科学省の「学校基本調査の推移」による。
2　内閣府の 2014（平成 26）年度の「男女共同参画社会の形成の状況」による。

3　厚生労働省の「平成 27 年国民生活基礎調査の概況」による。

4　2016（平成 28）年に金融広報委員会が公開した「金融リテラシー調査」による。

5　2014（平成 26）年 4 月に金融経済教育を推進する研究会がまとめた「中学校・高等学校における金融経済教育の実態調査報告書」による。

6　「生活スキルとして最低限身に付けるべき金融リテラシー」の内容を具体化して，年齢層別対応づけしたもの。

7　金融広報中央委員会が，2007 年 2 月に学校における金融教育をより効果的に進めるために金融教育のあり方や関連する教科等の指導計画例を紹介したもので，2016 年 2 月に全面改訂版が発行された。

8　文部科学省の義務教育課が 2008（平成 20）年 7 月に示した「学習指導要領改訂のポイント」による。

9　平成 28 年 1 月 18 日，文部科学省・評価特別部会「学習評価に関する資料」による。

10　日本銀行の「資金循環の日米欧比較」（2016 年 9 月速報値）による。

【参考・参照文献】

Clayton, G.E. (1999) *Economics Principles and Practices.6/E*, McGrow-Hill.

淺野忠克・山岡道男・阿部信太郎（2014）「高等学校公民科教員の研究：経済教育の視点から [2]」『山村学園短期大学紀要第 24 号』。

伊藤宏一（2012）「金融ケイパビリティの地平」『ファイナンシャルプランニング研究 No.12』日本 FP 学会。

岩田年浩・水野英雄編著（2012）『教員養成における経済教育の課題と展望』三恵社。

片岡隆・二村宮国（1988）『パーソナルファイナンス入門』春秋社。

木村俊文（2006）「金融教育の現状と課題」『農林金融 2006. 4』農林中央金庫。

金融経済教育を推進する研究会（2014）『中学校・高等学校における金融経済教育の実態調査報告書』金融経済教育を推進する研究会。

金融広報中央委員会（2016）『金融教育プログラム［全面改訂版］』。

金融庁金融研究センター（2013）『金融経済教育研究会報告書』。

栗原久，他（2014）『海外における金融経済教育の調査・研究報告書』。

大和証券商品企画部訳（2005）『アメリカの高校生が学ぶ経済学』WAVE 出版。

宮坂広作（2006）『消費者教育の開発』明石書店。

文部科学省（2008）『中学校学習指導要領解説　社会編』日本文教出版。

文部科学省（2010）『高等学校学習指導要領解説　公民編』教育出版。

文部科学省（2008）『中学校学習指導要領解説　技術・家庭編』教育図書。

文部科学省（2010）『高等学校学習指導要領解説　家庭編』開隆堂出版。

山岡道男・淺野忠克（2009）『アメリカの高校生が読んでいる金融の教科書』アスペクト。

山根栄次（2006）『金融教育のマニフェスト』明治図書。

山根栄次（2013）「新学習指導要領を踏まえた金融教育」『わたしは消費者 No.131』東京都消費生活総合センター。

（大谷和海）

第9章

学校における金融教育のあり方
―中学校教科書にみる金融の扱い方と方向性―

1 学校における金融教育―はじめに代えて―

1.1 金融教育とは何か

金融教育を一言で定義するのは困難であるが，家計管理における意思決定から始まって，貯蓄・投資・借入れなどについての知識（最近では金融リテラシーという用語が使われている）や，商品購入や金融のトラブルに巻き込まれない方法など，生活者として社会で生きていく力を身につける教育という，かなり幅広い領域を対象としている。そのなかで，とくにお金に関する実践的な教育を金銭教育と呼ぶこともあるが，金融教育は経済全体との関係が深い，より広い概念であると考えてよかろう。

金融教育の最先進国である米国では，かなり以前から金融に関する知識が低い低所得者や英語を母国語としないマイノリティ（minority）などが，悪質な貸金業者の犠牲になることを防ぐ目的で，全米銀行協会や大手消費者金融業者などが全国的に金融教育を展開してきたという歴史がある[1]。当初はもっぱら社会人を対象にしていたが，子どもの時から金融リテラシーを学ぶことが大人になってから役立つことに着目して，近年では幼稚園から高校まで（米国では高校までが義務教育である）の学校教育の中で金融教育を行うことを重視する傾向が強くなってきている。

米国ほど深刻ではなかったわが国でも，近年，金融商品に対する無知から生じたトラブルや過剰債務による自己破産など，米国に似た状態が多発するようになって，金融教育の必要性が喚起されたのも当然のことといえる。そこで銀行業界や証券業界を中心に金融教育を行う組織が増えてきている。

1.2 学校における金融教育の必要性

　金融教育を「社会で生きる力を身につける教育」と位置づけると，それなら金融教育は大人になってからでもよいではないかという認識が生じるかも知れない。もちろん，成人教育（生涯学習）として社会に出てから必要に応じて金融リテラシーを深めるのは個人の自由ではあるが，成人に達するまでに学校で行う金融教育は，小学校から大学までの教育課程の中で基本から始めて段階的に高度化していく体系的な教育であるため，子ども達は年齢を重ね学校種が変わるごとに知識を豊富に蓄積して，社会人になってすぐに使えるツールになるという点で，学校における金融教育を軽視してはならない。

　ところが現実には，わが国においては金融教育が教科の中で独立して存在しておらず，第2節でくわしく検討するように，社会科の公民的分野で経済領域の1つの単元として扱われているにすぎない。金融教育の必要性を重視する金融庁は10年前から文部科学省に対して，学校における金融教育を要請してきたとのことであるが，学校で使用する教科書の内容を学習指導要領で指示している同省は，現在でも金融庁の要請に真剣に対応しているとは思えない。

1.3 中学校における金融教育の必要性

　学校における金融教育の基本的部分は，中学校で教えるべきであると考える。その理由は，中学校は義務教育の最終段階に位置し，中学校を卒業すれば社会人として生活者になる者も現れるからである。もっとも近年になって，中学校を卒業してすぐに社会に跳び立つ者は少なくなり，高校，大学まで進学を続ける子供の比率が高まってはいるが，その場合は中学校より高度な金融教育やキャリア教育を受けることができる。また別の理由として，中学生という年齢は知識欲が旺盛になり，思考力も高まる時期にあたる。したがって，この段階で基本的な金融知識を身につけておくことが，将来社会人として生きる重要な動機づけになるといえよう。本研究の対象をもっぱら中学校に特定したのはそのためである。もっとも筆者自身は後述するように，小学校時代の経験を通して，むしろ小学校から金融教育を行うべきだと考えていることを付記しておきたい。

194　第Ⅲ部　金融教育

2　中学校の教科書にみる金融リテラシーの内容とその問題点

2.1　学習指導要領による規定と教科書発行

2.1.1　中学校における金融教育の必要性

　学校における教育課程は学校教育法施行規則によって校種別に規定されており，中学校の規定もある。その第74条によると，教育課程の基準として文部科学大臣が別に公示する中学校学習指導要領によるものとする，とされている[2]。この中学校学習指導要領が中学校の授業で教員が生徒に教える内容を大きく方向づけているといってよく，したがって金融教育においても，まず学習指導要領の内容を吟味することから始めなければならない。

　中学校において経済・金融関連の制度や事象などは社会科の公民的分野で扱われる。学習指導要領は全教科について，1目標，2内容，3内容の取扱いに分けて規定しており，社会科公民的分野に関しても同様である。公民的分野の内容は，⑴私たちと現代社会，⑵私たちと経済，⑶私たちと政治，⑷私たちと国際社会の諸課題に区分されているが，このあと検討する代表的な教科書をみると，⑵の私たちと経済についての記述量は全体の約4分の1にすぎない。しかも金融に関してはその中の数ページしか割り当てられていない。

　次に，私たちの経済という大項目は，ア　市場の働きと経済，イ　国民の生活と政府の役割という2つの中項目に分けられており，金融はアのなかで扱われている。このアの内容について学習指導要領は次のように指示しているので，少し長くなるが，ここでまず引用しておく[3]。

　「身近な消費生活を中心に経済活動の意義を理解させるとともに，価格の働きに着目させて市場経済の基本的な考え方について理解させる。また，現代の生産や金融などの仕組みや働きを理解させるとともに，社会における企業の役割と責任について考えさせる。その際，社会生活における職業の意義と役割および雇用と労働条件の改善について，勤労の権利と義務，労働組合の意義および労働基準法の精神と関連付けて考えさせる」。

　さらに学習指導要領では，内容の取扱いについて「市場における価格の決まり方や資源の配分について理解させること。その際，市場における取引が貨幣

を通して行われていることに気付かせること」と念を押すことも忘れてはいない。

2.1.2　学習指導要領に基づく検定教科書発行

　学習指導要領は学校教育法施行規則により定められた学校における教育課程の基礎となるもので，いわば教科書のバイブル的な在であるといえよう。それというのも現在，小学校から高等学校にいたるまでの各校種ごとに提示されている学習指導要領に基づいて，教科書発行会社が教科書を制作し，文部科学省の検定に合格した教科書のみが検定教科書として各学校における授業で使用されるからである。

　しかしながら，学習指導要領によって教科書の内容が一定度（教科によってはかなりきびしく）規制されているため，教科書発行会社がそれぞれの編集方針により自由な内容にすることはできない。しかし，とくに小，中学校の場合，公立学校については各自治体の教育委員会あるいは地区ごとの協議会などにより教科書が採択されると，少なくとも4年間は一括して大量の販売が約束される。したがって教科書発行会社としては，学習指導要領の範囲内で多くの自治体に採択されうる教科書の制作に精力を傾注することになる。

2.2　代表的な公民的分野の教科書の内容チェック

　それではここで，代表的な2社の公民的分野の教科書を取り上げて，金融リテラシーについてどのように記述しているかをチェックすることにしたい。取り上げた2社の教科書とは，東京書籍と日本文教出版である。東京書籍は全国の自治体で最も多く使用されている教科書であり，また日本文教出版は主に西日本に強い地盤を持っている点を考慮して，この2社を選ぶことにした。いずれの教科書も主に金融の仕組みと価格の決定，貨幣の価値を中心に吟味する。

2.2.1　東京書籍『新編新しい社会・公民』

　東京書籍（以下，東書と略称する）は学習指導要領に準拠して，教科書の第4章「私たちの暮らしと経済」の3節を以下のような項目に分けて記述している。

196 第Ⅲ部 金融教育

3節 価格の働きと金融

1 市場経済の仕組み
2 価格の働き
3 貨幣の役割と金融
4 私たちの生活と金融機関
5 景気と金融政策

　まず，1「市場経済の仕組み」と2「価格の働き」では，市場における価格の決定プロセスを図表を使って具体的に分かりやすく説明している。たとえばキャベツを例に挙げて売り手（供給者）と買い手（需要者）のそれぞれが，価格の変化にともなって供給量，需要量を変えていくことにより，どの価格かで両者の希望が一致する点が得られることを，生徒たちがグラフに描くことにより理解できるような工夫がなされている点は評価されてよい。

　多数の売り手と買い手が同じ条件で市場に参加し，そこで両者の間に競争が起こり（いわゆる完全競争），その結果として価格の均衡が実現することは，夙にレオン・ワルラスの一般均衡理論として知られているが，中学校のレベルではそこまで精緻な理論分析は必要なかろう。しかし現実の資本主義経済では，完全競争は一部の特殊な市場においてしか実現しておらず，極端な場合には独占あるいは寡占といった不完全競争がむしろ現実的であることを，この教科書では「価格の働き」の項目のところで説明している。なお，高等学校の「政治・経済」という教科では，需要曲線と供給曲線のグラフの移動により価格の均衡を説明する教科書が多い。

　続いて，3「貨幣の役割と金融」の項目では，貨幣の役割について市場での売買取引の媒体として用いられてきたことに触れ，かっては貨幣といえば金貨など貴金属貨幣を指していたものが，近代以降になって紙幣が使われるようになったという貨幣の歴史を，図入りで詳しく説明している。ところで，この教科書では貨幣とくに紙幣への思い入れが強いことを指摘しておきたい。それは「紙幣の起源」というコラムを設け，1899年に発行された拾（10）円紙幣の写真を掲載して，紙幣が兌換券から金本位制度の廃止で管理通貨に変わるまでの歴史を説明するだけでなく，現在の1万円札の偽造防止策までくわしく記述していることに現れている。中学校の段階でここまでやるかという感じである。

第 9 章　学校における金融教育のあり方　　197

　その一方で，金融の働きや方法に関しては直接金融と間接金融の違いについて簡単に説明し，金融手段に関しては 4 の「私たちの生活と金融機関」の項目に譲っている。しかしこの項目では，間接金融（資金の貸し借り）を担う金融機関として銀行以外の金融機関（もしくはその類似機関）にはまったく触れられていないのが気になるところである。消費者などの支払い手段としては，1 節の「消費生活と経済」の中で電子マネーやプリペイドカード，クレジットカードなどの説明はあるが，銀行は消費者にとって預金の手段であるという記述だけで，銀行からの借り入れ（たとえば住宅ローンなど）についてはまったく記述がない。前節でも述べたように，中学生にとっても金融リテラシーとして借入れ手段についての知識は必要と思われるのだが，その点についての配慮が東書の編集者にはないようである。先ほどの紙幣に関する思い入れと考え合わせると，妙に精粗バラバラの印象が強い。

　東書の教科書では，銀行の説明に続けて銀行の銀行といわれる中央銀行（日本では日本銀行）へと視点を移して記述している。もちろん中央銀行の役割は銀行との取引だけではなく，銀行券の発行および政府の資金を預金として預かる役割も果たしているのは，万国共通といってよかろう。中央銀行に関しては，5「景気と金融政策」において物価と景気変動の関係，そして金融政策という流れで説明が続く。実はこの中央銀行の（日本銀行のと言い換えてもよい）金融政策が，近年における世界経済のコントロール策の中で最も重要な要素の 1 つになっているため，中学校の教科書がどのように扱っているのかを知るのは，筆者にとっても大きな関心事となっている。そのことを念頭に置きながら，東書のこの項目を検討することにした。

　一口で評するなら，この項目に関する記述は，恐らく 30 年以上前と同じではないかと思わせるくらい，よく言えば常識的，悪く言うなら現代の状況に即していない陳腐な内容に終始している。まず景気と物価の関係であるが，景気がよくなれば商品が売れ企業の生産もふえて，家計の消費が増加する。その結果物価が上がることは常識とされてきた（デマンドプル型インフレ）。しかし物価の上昇は好景気だけが原因ではないことが，1970 年半ばから起きた石油ショックによって実証された。原油価格が急上昇したことにより，ガソリンや灯油などの石油製品が軒並み上昇した。そこでコストプッシュ型インフレとい

う新語が生まれた。このあたりの記述がまったくない。そうかと思うと反対に，これは本文ではなく図によるデフレスパイラルの説明が載せられている。しかし本文では，1990年代前半以降に発生していまなお脱出し切れていない長期デフレーションについての説明がまったく見当たらない。これでは教員が生徒に十分な説明ができるだろうかと心配になる。

　また，物価変動を抑えて景気の安定を図るために中央銀行が行う金融政策の手段に関しても，主に公開市場操作（オペレーション）という方法が採られるとして，中央銀行が銀行との間で行う国債の売買について記述されている。しかし伝統的金融政策手段としては，公開市場操作などの量的金融政策とともに，質的金融政策である中央銀行貸出金利の変更がむしろ主流であったという歴史がある。この教科書で故意か偶然かわからないが，金利政策をまったく無視しているのが気になる。それというのも，近年は日本銀行はもちろん主要国の中央銀行金利はゼロ金利もしくはゼロに近い金利になっていて，金利政策を行う余地が残されていないのが現状ではある。しかし日本銀行が2016年2月に導入したマイナス金利に言及すべきであるとまではいわないが，少なくとも伝統的金融政策に代わって非伝統的金融政策が世界の常識になりつつあることを書き加える努力はしてほしかった。

2.2.2　日本文教出版『中学社会・公民的分野』

　次に日本文教出版（以下，日文と呼ぶ）の社会科公民的分野の教科書を取り上げ，先の東京書籍と同様，その経済とくに金融に関する箇所の内容を検討することにする。

　この教科書も学習指導要領の指示に従って，第3編「私たちの生活と経済」の3「金融のしくみとお金の価値」で，以下の3項目を金融の説明に充てている。

1　金融のしくみ
2　日本銀行と金融政策
3　金融のグローバル化と為替相場

　もっとも，これに先立ち，第3編1「消費生活と経済のしくみ」の中でも

3　家計の収入と支出

4　ものの流れとお金の流れ

　5　市場のしくみと価格の決まり方

に分けて金融に関する記述があり，ここではこの両者についてチェックしたい
と思う。

　まず，第3編の1「消費生活と経済のしくみ」の3「家計の収入と支出」の
項目であるが，家計を中心に考えると給与所得や事業所得などの収入から税金
や社会保険料などを差し引いた分を消費支出に振り分け，残りが貯蓄となるこ
とは他社の教科書と大差のない説明である。しかし，この項目の同ページに掲
載されているコラム「お金を借りること」では，唐突に消費者金融について触
れ，銀行などから借りるよりもはるかに高い利息を払わなければならないた
め，借り過ぎにならないようにと戒めたり，もし払わなければ自己破産に陥る
と警告もしている。たしかに消費者金融を含めた借金に関する知識は，中学校
でも教えるべきであるが，まだ金融について記述していないこの項目の段階で
は，生徒にとっては理解しにくいのではないか。この後に触れることになる
が，この教科書には折角「金融スキルアップ」という好企画があるので，そこ
で一緒に教える方が効果的であると思われる。

　続く，4「ものの流れとお金の流れ」においては，商品などを買うときはお
金で支払うが，現金のほかプリペイドカードやクレジットカード，電子マネー
なども代金の支払いに利用できることを，本文とともに図やグラフを使って説
明しているのはわかりやすい。また，5「市場のしくみと価格の決まり方」で
需要と供給の関係をグラフで説明し（需要曲線，供給曲線という専門用語を
使っている），市場価格と均衡価格の関係を示唆しているのは，前述の東京書
籍とほぼ同様である。なお，市場経済においては競争は完全には行われず，独
占や寡占が生じているのが現実であり，そこで独占禁止法が制定されていると
の説明は，この教科書では次の単元である，2「生産の場としての企業」の3
「企業と独占の問題」で扱われているので，教員はこの点に注意して均衡価格
の問題を教えることがのぞましい。

　さて，ここからは単元3「金融のしくみとお金の価値」に関する日文の教科
書の検討に入る。まず金融という言葉の意味であるが，これはお金の貸し借り
であるというくらいの知識は，中学生にもなれば漠然とはしていても理解でき

るはずである。それを体系的に教えるのが公民の教科書の役割であるが，一般的にいって，どの会社の教科書も金融といえば銀行しかないように記述しているところが多い。現在では金融システムはかなり多面的に発展しているにもかかわらず，である。その点ではこの教科書も例外とはいえず，銀行の働きや役割の説明に終始している。たとえば本文中の「お金の借り手や貸し手が，直接，相手を探すのは大変なので，両者のあいだに立って，金融のなかだちをする企業（金融機関）があれば，お金の活用がすすみます。その代表は銀行です」などはその典型例である。

　私たちの社会に流通しているお金は通貨と呼ばれ，それは現金通貨と預金通貨に分けることができるが，そのうちの90％以上は預金通貨である。このことは，2「日本銀行と金融政策」の項目でグラフで示されており，「預金通貨の創造」というパラグラフにその説明がある。実は，この点についての記述があるのは日文の教科書だけである。もっとも，現金通貨と預金通貨の簡単な説明は東書の教科書にもあるが，預金創造という銀行が持つ機能に言及しているのは日文のみである。もちろん，大学の金融論や銀行論の授業では相当精緻な講義がなされているが，中学校のレベルでも，銀行が借り手に貸し出すときは借り手の預金口座に振り込まれ，それがさらに貸し出しの資金源となって，「貸し借りでつくられたお金が，ものやサービスの取り引きとともに世の中を血液のようにめぐっていきます」という程度の知識は知っておくべきであろう。

　ところで，2「日本銀行と金融政策」の項目では，預金通貨の創造にはかなりの行数を使って説明しているのに対して，肝心の中央銀行（日本銀行）の金融政策に関する記述は驚くほど少ないのが気になる。というのも，本文がわずか7行と小さな図が1枚にすぎないからである。先の東書についても金融政策の説明が不十分で物足りないことを指摘したが，日文の場合は東書よりもさらに不十分であると言わざるをえない。しかし，その点に関しここで繰りかえし指摘することは避けておこう。

　次に，3「金融のグローバル化と為替相場」の項目であるが，最近の新聞やテレビでは毎日のように円高とか円安について比較的詳しく報道するようになった。中学校でも新聞を読んで，その中の記事について生徒同士で討論し合う，アクティブ・ラーニングが普及しつつあるが，グローバル化がすすむ世界

経済の温度計の１つが為替相場だといっても過言ではなかろう。その意味でも
この項目は重要である。先に東書の教科書を検討した際には触れなかったが，
東書でも日文と同様に「グローバル化する日本経済」を項目の１つに挙げてい
る。しかし東書の場合は金融の単元のなかではなく，その次の単元である４節
「政府の役割と国民の福祉」の項目の１つとして位置づけており，そこではむ
しろ日本の貿易を中心に記述しているため，為替相場自体の説明は少ない。

　その点，日文では為替相場が変動する原因や円高，円安によって日本経済に
どのような影響が起きるのかなどについて，２ページにわたって解説してい
る。しかし，為替相場の変動が消費者や中学生にとってどのように関係するの
かについての記述がみられないのが残念である。マクロ経済的視点も大事では
あるが，私たちに身近なミクロ経済分析を欠いてはならないと思われる。

　金融に関する単元の中で日文の教科書最大のヒット企画は，見開き２ページ
を使った「金融スキルアップ―自分と社会へのお金の生かし方」という欄であ
る。中学生に金融リテラシーを教える金融教育の視点に立てば，この種の企画
がすべての公民教科書で取り上げられるべきだと考えるが，筆者が日文，東書
を含む代表的な６社の教科書について調べたところでは，このような企画を載
せている教科書は日文以外には見当たらなかった。ここでは，１「金利につい
てもっと知ろう」，２「リスクとリターンについて考えよう」という２つのテー
マが取り上げられている。なかでもリスクとリターンという概念は，中学生の
段階でもその基本的な考え方を持つべきであると考える。

　まず金利については，「72を金利で割ると元本が２倍になるおよその年数が
出ます（72の法則を使ってみよう）」という見出しが興味を引く。普通預金や
定期預金（定額貯金），国債などの金利を比較するときにこの法則を使うと便
利である。筆者の記憶では過去には年利７％以上の預金があり，それが複利計
算（日文の教科書には単利と複利の計算方法も図表で示されている）では10
年後に元本の２倍になるという，いまでは夢のような時代があった。マイナス
金利もある現在では，金利を比較すること自体が無意味だともいえようが，い
つまたインフレになり高金利時代が到来するかも知れず，中学生にも金利の基
本的な知識は是非身につけておいてほしい。

　続いてリスクとリターンの関係では，いくつかの設問とリスクとリターンの

202 第Ⅲ部 金融教育

関係を示すグラフとで，どの金融商品を投資対象として選ぶべきかを考えさせる構成になっている。リスクを回避（安全を重視）しようとすればリターン（収益）を犠牲にしなければならず，反対にリターンを追求しようと思えばリスクを覚悟する必要がある。リターンを最大にしてリスクを最小限に抑えるためのポートフォリオ管理の考え方が年金基金などの投資機関では日常的に行われており，そのための理論的基礎を研究してノーベル経済学賞を得た研究者もいるが[4]，中学生にそこまでの知識を求める必要はなかろう。しかし，株式などへの投資やクラウドファンディング（crowd funding）などへの出資は，自分自身のお金をふやすためにリスクを負担することにはなるが，そのことが社会に貢献することにつながるという点は，中学生にも知ってもらうべきだと思われる。リスクとリターンの関係を知ることの重要性をここでも強調しておきたい。

2.2.3 家庭科における金融リテラシーの扱い

中学校では，社会科公民的分野とは別個に，技術・家庭科の家庭的分野でも金融リテラシーに関する学習が行われている。中学校学習指導要領によれば，家庭的分野の目標として「衣食住などに関する実践的・体験的な学習指導を通して，生活の自立に必要な基礎的・基本的な知識および技術を習得するとともに，家庭の機能について理解を深め，これからの生活を展望して，課題をもって生活をよりよくしようとする能力と態度を育てる」[5]とされている。その内容はA，B，C，Dの4項目に分かれていて，D「身近な消費生活と環境」で，ア 自分や家族の消費生活に関心をもち，消費者の基本的な権利と責任について理解すること，イ 販売方法の特徴についても知り，生活に必要な物資・サービスの適切な選択，購入および活用ができること，を指示している

なかでもイについては，「本当に必要かどうかの判断が大切であることに気付くようにし，多くの情報の中から適切な情報を収集・整理し，物資・サービスの適切な選択ができるようにする」と指示したうえで，物資やサービスの購入時の支払いに関しては，「二者間の契約を中心に取り上げ，即時払い・前払い・後払いのそれぞれの特徴について理解できるようにする。なお，地域や生徒の実態によっては，プリペイド型の電子マネーが増加していることにも触

れ，その適切な取扱いについて指導することも考えられる」と，かなり具体的に踏み込んだ表現で指示している[6]。

　同じ学習指導要領でも，教科によってその指示の仕方や内容にはトーンの相違があるように見受けられるが，これは教科の性格の違いによるところが大きいように思われる。前述した社会科公民的分野などは，その対象が政治・経済・国際社会というように流動性の高い現象や制度であるため，学習指導要領の指示は抽象的・中立的なものにならざるをえない。その分，各教科書会社の編集自由度も高まる。その点，家庭科の場合は法規や制度がある程度まで固まっているだけに，学習指導要領も具体的な指示を出しやすいのであろう。逆にいえば，それだけ教科書会社もほぼ学習指導要領に沿った形で編集せざるをえず，独自性を出しにくかろう。そこで，任意に2社の家庭科教科書を選び，主として商品購入の支払い方法についての各社教科書の説明の仕方を検討することにしたい。

　検討の対象として取り上げた教科書は東京書籍『新編新しい技術・家庭，家庭分野』と教育図書『新技術・家庭，家庭分野』であるが，学習指導要領では支払い方法として前払い，即時払い，後払いの3方法を指示しているのを受けて，2社ともこれらの方法での支払い手段について解説している。

　まず東京書籍[7]は，本文で支払い方法には3つの方法があることを説明した後，別表でもそれぞれの支払い手段，種類，カードによる支払いの特徴などを，絵入りで詳しく説明しているのが目につく。なお，後払いの支払い手段の1つであるクレジットカードについては，わざわざアンダーラインを引いて「18歳未満の人は，自分のクレジットカードを作ることができない」とも注意している。当然ながら中学生は自分のクレジットカードで買い物をすることはできないのだから，カードの使いすぎを警告する必要はあるまいが，社会人になると利用の機会がふえるだろうから知識としては知っておきたい。

　次に教育図書[8]は，本文と絵入りの説明文とで支払い方法の説明をした後，現金以外で支払いに使用できる例として，これもイラストを使ってプリペイドカード，電子マネー，デビットカード，クレジットカード，それにポイントカードも説明している。またコラム欄で「クレジットカードの使用は借金」であることを強調しており（もちろん，18歳未満は自分のクレジットカードを

作れないとの注意をしている），「カードの使い方について家族と話し合ってみ
ましょう」ともつけ加えている。支払い方法や現金以外の支払い手段などにつ
いての説明は，東書よりも丁寧である。さらにこの教科書は，支払い方法など
を記述したページに続けて，お年玉を例にとって貯蓄の重要性を強調すること
に1ページを割いている。そこでは，「銀行や信用金庫にお金を預けると利子
もつきます。中学生も自分の口座を開くことができます」とまで書き加える念
の入れ方である。

2.2.4　小学校社会科教科書との関連性

　本来であれば，ここで上述2社の社会科公民的分野の教科書に共通した問題
点を指摘すべきであろうが，この問題は次節で他の関連課題とともに扱うこと
にして，その前に，現在，全国の小中学校で進行中の小中一貫教育の推進との
関連で，小学校ではどのように経済や金融に関して児童に教えているのかを検
討しておきたい。筆者の見解では，金融リテラシーの教育は中学生からではな
く，すでに小学校とくに中高学年で実施すべきである。筆者にとっては小学生
時代に経験したことが，大袈裟にいえばその後の人生を方向づけたといまでも
思っているので，小学校から経済・金融の教育を施すべきだと確信するに至っ
たものである。それではどのような経験をしたのか，余談にはなるが以下にそ
の要約を記しておく。

　第二次世界大戦中のこと，小学生だった筆者は放課後家に帰ると仲間の誰か
の家に集まって，銀行ごっこに興じることが多かった。近所の駄菓子屋ではお
もちゃのお札を売っていて，いつもはそれを使っていたが，あるとき同じ駄菓
子屋で大きなお札を束にしたものを見付けて買って帰ったことがあった。その
お札は外国語で書かれていて，どこの国のものか見当がつかなかったが，ゼロ
の数がやたらに多く不思議に思ったので父親に見せたら，これは第一次世界大
戦で敗れたドイツが戦後インフレに陥った時のもので，1兆マイク紙幣だと教
えられた。つまり，その時のドイツのインフレは物価が1兆倍になったため，
インフレが終息すると紙屑になってしまい，日本にまで流れてきて駄菓子屋で
束にして売られるという運命をたどったらしい。もちろん当時の筆者にはイン
フレの意味が理解できず，お札自体が不気味に感じられて，1回限りで使わな

くなってしまったと記憶している。

　話はこれだけで終るのではない。それから2，3年経って日本が戦争に敗れ，第一次世界大戦後のドイツと同じように戦後インフレを経験した際，筆者にあのドイツマルク紙幣を思い出させる事件が起きた。終戦の年の暮，父親に大阪鶴橋の闇市に連れていかれた時のことである。戦時中はきびしい統制が敷かれ，食糧は配給制で食べ盛りの筆者には1個5銭のアンパンも滅多に口にする機会がなかった。ところが鶴橋の闇市にはなんとアンパンが山積みされている。大喜びで買おうと値段をみて魂消てしまった。1個5円と書いてある。財布の中を探ってもそんな大金は入っていない。わずか数カ月の間に物価は100倍になっていたのである。これが，かつて父親から教わったインフレというものだと実感した。筆者にとってこの2回の経験は強烈でいつまでも頭からはなれず，結局は金融論を専攻する研究者になってしまった，という落ちがつく。

　さて，ここで再び本論に戻ると，現在，小学校の社会科で使用している教科書では，お金はおろか金融に関する記述がほとんど皆無に近いことに気付かされる。このことは，先の中学校の教科書と同様に（筆者の印象ではそれ以上に）小学校でも学習指導要領による規制がなされており，各教科書会社は小学校学習指導要領の指示に基づいて教科書を編集・制作しなければならない。そこでまず，学習指導要領がどのような指示を下しているかを検討しておかなければなるまい。学習指導要領社会科の教科目標では次のように指示している。すなわち，「社会生活についての理解を図り，わが国の国土と歴史に対する理解と愛情を育て，国際社会に生きる平和で民主的な国家・社会の形成者として必要な公民的資質の基礎を養う」というものである。これだけではいかにも抽象的表現に終始しているが，要するに⑴社会生活についての理解，⑵わが国の国土と歴史に対する理解と愛情，⑶公民的資質の基礎の3点を強調していることになる[9]。

　小学校における社会科の授業は，3年生から始めて6年生までの4年間を通して行われることになるため，上述の目標も各年次ごとに振り分けられる構成になっている。そこで，教科の内容に関する学習指導要領の指示も，3・4年生では自分たちの住んでいる地域の社会生活を総合的に理解するために，身近かな地域の状況や生産・販売に従事している人々の働き，地域の文化財や年中

行事などの実態を教えることを目的にしている。経済の領域でいえば，生産や販売に従事している人たちの働きを見知るということになる。次に5年生では，主に経済面に重点を置いてはいるが，わが国の農業・水産業・工業・情報産業などを理解させるにとどまり，銀行など金融業への関心を払っていない。さらに6年生になると，わが国の歴史・政治・憲法，あるいは国際社会におけるわが国の役割などの理解に集中している。この学年では経済面を取り上げていないことに疑問を抱かざるをえない。

　学習指導要領がおよそ上に述べたような指示であるため，各社の教科書ももっぱらその枠内で独自性を出そうと努力してきた点は認められてよい。しかし紙幅の制限もあって，各社の教科書の内容の紹介をほとんど省略し，ここでは東京書籍1社にしぼって，それも目次の提示にとどめておくことにしたい。東京書籍の社会科教科書は[10]，3・4年生用，5年生用，6年生用がそれぞれ上下に分かれており，合計6冊になっている。このなかで，たとえば3・4年生上巻の目次では，1わたしたちのまち，みんなのまち，2はたらく人とわたしたちのくらし（ささかまぼこ工場），3わかってきた人々のくらし，となっている。同じく下巻では，4くらしを守る，5きょうどの発展につくす，6わたしたちの県，となっている。次に5年生上巻では，1わたしたちの国土（地形・くらし・気候），2わたしたちの生活と食料生産（米づくり・水産業），同じく下巻では，3わたしたちの生活と工業生産（自動車・鉄鋼・食料品工業），4情報化した社会とわたしたちの生活（TV・新聞），5わたしたちの生活と環境，などが記述されている。他の教科書会社の教科書も東書と大同小異である。なお6年生については，既述したように経済に関する単元はないため，ここでも省略する。

　小学生の時からお金の値打ちや怖さ，賢い使い方などを教えておくべきことを，筆者は小学生当時のインフレーションに関する実感的体験を背景に，いまでも持論としているところである。しかしながら，すでに触れた通り，文部科学省にはお金や金融について小学生から教えることには関心が薄いようで，それは中学生になってからでよいとの判断があるからに違いない。次節で改めて触れ直すが，近年になって全国的に小中一貫学習が推進され，また2016年度から9年制の義務教育学校が制度化されたという流れの中で，他の教科と同

様，社会科においても小中学校のカリキュラムの連続性・継続性が求められることはまちがいない。その意味からも小中学校を通じて一貫的な経済・金融教育が必要であることを指摘しておきたい。

3 中学校における金融教育のあり方

3.1 社会科公民的分野の教科書の課題

2.2.1 と 2.2.2 で，東京書籍と日本文教出版の社会科公民的分野の教科書を検討した結果（追加的にこの 2 社以外の複数の教科書も含めて），現在，中学校で使用中の教科書にはいくつかの欠陥が明らかになった。そこでここでは，是正すべきだと思われる事項を次の 3 点にまとめて記しておきたいと思う。

その第 1 点は，いずれの教科書も見開き 2 ページで 1 つの項目を完結するように編集されており，本文を中心としてその周りにグラフや写真，イラストあるいはコラムなどを配するというレイアウトになっている点で共通している。問題は本文と周りの補足説明との間に一貫性がみられないという点である。下種（げす）の勘繰りは慎むべきであるが，これは本文の執筆者とコラムやグラフ，イラストなどの執筆者・制作者が別々で，両者の間で十分な意思の疎通がはかられていないからではなかろうか。編集者と執筆者間の一貫した思考が求められるところである。

第 2 点として指摘したいのは，金融に関する制度や仕組みを記述する本文が，平板で血の通わない文章に終始していることである。これでは中学生の興味を引く魅力に乏しいとしか言いようがない。もっと文章にストーリー性を持たせる努力が欲しい。たとえば，格差論で一躍世界的に有名になったトマ・ピケティ教授の『21 世紀の資本』[11] は，優に 600 ページに及ぶ大著であるが，そのなかでピケティは，彼の中心的主張の 1 つである世襲資本主義の説明を補強する目的で，バルザックの『ゴリオ爺さん』[12] という小説を何回も引用している。これでピケティの説得力が倍加されていると言っても過言ではなかろう。難解な経済学の理論書でも小説が引用されているのである。公民的分野の教科書も，シェイクスピアの『ヴェニスの商人』[13] を金利の説明に使ってはどうだろうか。

208   第Ⅲ部　金融教育

　さらに第３点として，金融に関する記述は制度論よりも行動論の方が説得力が高いと思われる。たとえば生徒に株式の模擬売買を机上でやらせ，一定期間中の株価変動でいくら利益もしくは損失が出たのか，また，その間の株価変動の原因を新聞を読んで知るといった訓練を教えることも有効であろう。要するに，三人称ではなく一人称で経済・金融現象を学ばせる姿勢が重要である[14]。

3.2　小中一貫教育と金融教育の小中連繋の必要性

　近年，小中一貫教育の取り組みが進展し，教育課程や教員の指導体制，施設形態などの多様化が続いている。このように小中一貫教育が全国的に展開した背景には，近年における教育内容の充実への対応や，小学校から中学校進学時の不登校，いじめ等の急増など，いわゆる"中１ギャップ"への対応などがあるものと考えられる。また2016年度からは，小学校から中学校への９年間の系統性を確保したうえで，学年の区切りを「４・３・２」や「５・４」としたりできる義務教育学校が，小中一貫型小・中学校と並んで新たな校種として制度化された。このような状況のなかで，学習指導要領の大幅な改訂作業が目下，文部科学省の中央教育審議会で進行中である。今回の改訂においては小学校から高等学校に至るまで，従来のような児童・生徒が何を憶えるかについての記載が中心であった点を大きく改め，どのような資質・能力をつけるのか，何ができるようになるのか，つまり「生きる力」を身につけることに重点が置かれている。すでに学校の授業にアクティブ・ラーニング（能動的学習）を取り入れる試みが進められつつあるが，今回の学習指導要領の改訂の中でも，教員が一方的に知識を教えるだけでなく，生徒同士の議論や調べ学習を授業に取り入れる必要性を強調している。

　このような文部科学省の姿勢や方針は，小・中学校の金融教育強化の必要性を主張してきた筆者の主張とも一致するもので，とくに小学校高学年と中学校との教育の連続性・系統化が重要である。そのためにも，小学校から身近な金融リテラシーの具体的内容を教えていく必要がある。たとえば，銀行預金や郵便貯金にお金を預けると利息がもらえること（現在はほとんどゼロに近いが），スマホや携帯電話の料金の違い，さらにはプリペイドカードでバスや電車に乗れること（電子マネー）など，小学生から知っておいた方がよいと思われる知

識は，筆者が小学生時代に経験したほど驚愕的なものでなくても，中学生に
なっても記憶しているにちがいない。したがって，中学校における社会科の授
業の年次別割り振りに関しても，現在のように1，2年生を通じて地理的分野
と歴史的分野を並行して学習させ，公民的分野は3年生になって歴史的分野と
並行して学習させることを改め，公民的分野も1年生から学習させた方がのぞ
ましいと考える。なお，授業単位時間も現行の100時間（地理的分野と歴史的
分野はそれぞれ130時間）から130時間に引き上げることも必要ではなかろう
か。

3.3　民間機関との連繋の必要性

　金融教育は学校の教育課程で行う学校教育と，成人や高齢者などを対象とし
た社会教育（生涯学習）とに大きく分類することができるが，金融教育を重視
する民間機関がこの分野の草分け的存在であることは，すでに第1節の冒頭で
米国の事情を紹介しながら述べた通りである。わが国でも銀行業界や証券業界
が従前から熱心に活動を続けてきた実績がある。とくに日本銀行が関与してい
る金融広報中央委員会は積極的に金融教育を先導してきた[15]。金融関係機関な
どでは成人を対象にしたセミナー等を開催するだけでなく，小，中学校から高
校，大学までの教育機関にも出向いて課外授業を行い，さらに教員にもセミ
ナーや研修によって教員の授業力向上に協力している。

　しかし，筆者が中学校の出前授業に参加した経験からいえば，中学校側は特
定の時間帯を金融教育の課外授業に提供するだけにとどまり，公民科の授業の
内容とリンクした授業を行っている学校は少くないとの印象を持っている。

　筆者は2005年に，米国メリーランド州の高等学校で金融教育の授業を見学
したことがある。そこでは高校の正規の授業として，クレジットカードを利用
した買物をテーマにした授業が，3人の教員によって行われていた。金融教育
が正規の教科として組み込まれている点が，わが国との大きな違いである。わ
が国と米国とでは教育制度が異なり，米国には全国統一の学習指導要領は存在
せず，金融教育も外部機関が作成した企画を州や郡の教育委員会に提案してカ
リキュラムを作るというケースが多くみられる。学校と金融教育プログラムを
提供する外部機関とが緊密に連絡し合って，金融教育の内容や授業のすすめ方

210　第Ⅲ部　金融教育

を事前に協議することができる米国流のやり方から強い刺激を受けた[16]。

注

1　全米銀行協会（ABA）は別組織の全米銀行協会教育財団（ABA Education Foundation）により，おもに銀行員が講師になって幼稚園から高校までの学校と地域を対象に，金融教育を行ってきた長い歴史がある。また大手の消費者金融業者によって組織された全米消費者金融サービス協会（AFSA）も，別組織の NPO 法人 AFSA 教育財団がジャンプスタート（Jump Start）という，これも幼稚園から高校までの学校を対象にした金融教育事業を全国展開している。なお詳しくは『フィナンシャルカウンセリング研究会（FCF）米国視察報告書』2006 年，日本消費者金融協会（JCFA）金銭管理事業団，を参照されたい。

2　『中学校学習指導要領』2008 年 3 月告示，文部科学省 133 頁。

3　同書 42 頁および 44-45 頁。

4　投資証券のリスクとリターンの関係をポートフォリオ（portfolio）全体の中でとらえ，投資家の効用が最大になるような最適ポートフォリオの選択を，統計的手法を駆使して 1 つの理論的体系として提示した最初の研究者がハリー・マーコビッツ（Harry M. Markowitz）である。（杉江雅彦『証券に関する十二章』2001 年，萌書房，77-81 頁。）

5　『中学校学習指導要領解説技術・家庭編』2008 年 9 月，文部科学省，38 頁。

6　同書，68 頁。

7　東京書籍『新編新しい技術・家庭（家庭分野）』2015 年 2 月 27 日検定済，228-229 頁。

8　教育図書『新技術・家庭（家庭的分野）』2015 年 2 月 27 日検定済，236-239 頁。

9　『小学校学習指導要領解説社会編』2008 年 8 月，文部科学省，10-12 頁。

10　東京書籍『新編新しい社会 3・4 年上下，5 年上下，6 年上下』2014 年 4 月 4 日検定済。

11　フランスの気鋭経済学者ピケティ教授は，資産家の資本成長率は経済成長率を上回ることを膨大な税務資料から読み取り，ごく一部の資産家とその他多勢との格差は拡大するばかりであると主張して，一大センセーションを引き起こした。ピケティによれば格差は 19 世紀から 20 世紀にかけて拡大を続け，2 度の世界大戦と大恐慌，経済成長期にはいったん縮少したものの，20 世紀後半から再び拡大しているという。その大きな理由が世襲資本主義だとして 19 世紀のフランス社会をとらえ，主にバルザックの小説『ゴリオ爺さん』を引用している（Piketty, Thomas, Le Capital de XXIsiècle, 2013. 山形浩生ほか訳『21 世紀の資本』みすず書房，2014）。

12　ピケティがたびたび引用したバルザックの『ゴリオ爺さん』では，野心に燃える主人公の貧乏な法学生ラスティニャックに対して，同じ下宿屋に住むシニカルな自称商人のヴォートランは「勉強して弁護士を目指しても収入は多寡が知れている。それより資産家の娘と結婚した方が成功の早道だ」と説教した。もう一人，この小説の題名である「ゴリオ爺さん」は，製麺業者として財を成し二人の娘をそれぞれ貴族に嫁がせたものの，娘達は父親からむしり取るだけで虚栄と享楽の生活に浸り，窮死した父親の葬儀にも立ち合わない。ゴリオ爺さんの葬儀を済ませたラスティニャックは，墓地の高台から貴族階級が多く住む地域を見下ろしながら，こう叫ぶ。「さぁ今度は，おれとお前の勝負だ！」。そして，社会に対する最初の挑戦的行為として，亡きゴリオ爺さんの妹娘のニュシンゲン男爵夫人の屋敷に晩餐をとりに出かけたのである。Honore de Balzac, Le Pere Goriot, 1835. 平岡篤頼訳『ゴリオ爺さん』新潮文庫，1952，178-193 頁，508 頁。

13　この物語は，ユダヤ人の高利貸シャイロックが，ヴェニスの商人アントーニオに金を貸したが，「利子は取らない。しかしその代わりに，もし決めた期日に返済できなければ，あんたの身体からきっかり 1 ポンドの肉を，私の好きな部分から切り取ってもよいという証文を書いてくれ」と約束させた。案の定，アントーニオは借金が返せず，法廷でシャイロックから攻め立てられるが，アントーニオの友人バッサニオの婚約者であるポーシャが裁判官になって，彼女の才覚でシャイロック

を逆転敗訴に追い込み，めでたしめでたしとなる。あの有名な台詞，「証文の通り1ポンドの肉を切り取るがよい。但し，血を1滴でも流したらお前の土地と財産を没収する」の一言で。シャイロックが何故，アントーニオから利子を取らずに金を貸したのか。それは当時（1590年代）のイギリス人の多くが，中世のキリスト教会がきびしく定めた利子つき貸し付けの禁止を"観念"として持ち続けていたという社会風潮があったからである。ユダヤ人は英国への入国を禁じられており，イギリス人もユダヤ人に高利貸というレッテルを貼りつけて忌み嫌っていた。シェイクスピアはそんなイギリス人の心情に訴えて，大当たりを取ろうとしたのであろう。Shakespear, William, The Merchant of Venice, 1596? 邦訳書には中野好夫訳『ヴェニスの商人』（岩波文庫・1939年），福田恒存訳（新潮文庫・1967年）他。

14　ストーリー性という点では，これは金融教育のテキストではなく児童文学の範疇に入る作品だが，ニコラウス・ピーパーの『フェリックスとお金の秘密』が圧倒的に面白く，金融教育の副読本として役に立つ。簡単にその内容を要約しておこう。12歳の少年フェリックスはある日突然，「金持ちになってやる」と決心し，親友のペーターと生意気だが活動力のあるジョアンナを誘って，草刈りやパンの配達をする会社を設立した。近所の楽器店主シュミットさんから経済やお金の知識を聞きながら，にわとりを飼って卵を売ったり，株式に投資したりして，お金をふやしていく。ところが，自分たちだけで決断して商品先物取引に手を出したら，これがとんでもない詐欺で3人は大損してしまった。このあとは，犯人を追跡し逮捕に協力して賞金をもらうことになって，めでたしめでたし。この間，経済や金融，お金の話が随所に出てきて，それも小学生高学年以上なら理解できる内容になっている。もっとも著者がドイツ人のため，ドイツの制度が中心になっているが，全体としての理解を妨げるものではない。（天沼春樹訳，徳間書店，2008。）

15　金融広報中央委員会は，2005年を金融教育元年と名付け，新たな金融教育の推進活動を始めた。07年には年齢層別の金融教育内容を発表し，さらに14年にはその改訂後も公表している。その全文は同委員会のホームページで見ることができる。

16　前掲，『フィナンシャルカウンセリング研究会米国視察報告書』38-46頁。

【参考・参照文献】

『中学校学習指導要領』2008年3月告示，文部科学省。
『中学校学習指導要領解説社会編』2008年9月，文部科学省。
『中学校学習指導要領解説技術・家庭編』2008年9月，文部科学省。
『小学校学習指導要領解説社会編』2008年9月，文部科学省。
『新編新しい社会・公民』2014年3月検定済，東京書籍。
『中学社会公民的分野』2015年3月検定済，日本文教出版。
『新編新しい社会技術・家庭（家庭分野）』2015年2月検定済，東京書籍。
『新・技術家庭（家庭分野）』2015年2月検定済，教育図書。
『技術・家庭（家庭分野）』2015年2月検定済，開隆堂。
『新編新しい社会（3・4年上下，5年上下，6年上下）』2014年3月検定済，東京書籍。
フィナンシャルカウンセリング研究会（FCF）（2006）『米国視察報告書』JCFA（日本消費者金融協会）金銭管理カウンセリング事業団。

（杉江雅彦）

第Ⅳ部
制度設計

　いわゆるグローバリゼーションとイノベーションが急進展する今日にあって，それらが金融サービス（わけてもパーソナルファイナンス）に及ぼす影響は計り知れない。

　金融と高度な情報技術（IT）との融合にその名が由来する「フィンテック」，データ管理を分散する技術で仮想通貨（たとえばビットコイン）などに使われる「ブロックチェーン」（分散台帳），そして「クラウド」といった用語が，経済・金融紙や専門誌のみならず，われわれの日常生活での会話の中でも飛び交うようになってきた。

　しかしながら，最近の新聞報道（2017年4月11日付日本経済新聞）によれば，国内金融機関のフィンテック対応は，諸外国に比べて立ち遅れており，世界の金融機関の45％がフィンテック企業と協業しているのに対し，わが国では30％にとどまっている。また，国際金融機関のフィンテックへの投資額も，年間営業収益の6％にすぎず，世界平均（15％）を大きく下回っている。

　また，71カ国の銀行や保険会社，資産運用会社などの経営幹部1,308人を対象にした調査では，国内外とも既存金融機関の9割が「フィンテックは脅威」と回答。さらに国内では，情報セキュリティーや価格競争の拡大への懸念を表明するものの，日本ではフィンテックへのアクセスの目的は，商品・サービスの拡大や顧客層の拡大よりも，人件費削減効果を期待すると回答するものが多く，「フィンテックをビジネスモデルの革新ではなく効率化の手段と捉える傾向が強い」との調査結果が報じられている。（PWCジャパンの調査）

　このようなわが国企業の行動特性の背景には，諸外国に比べて，政府・民間諸機関における制度設計，新たなシステム導入への取り組みに対する立ち遅れ，より具体的には法制度の見直し・改正，政策的枠組みの再構築へのアク

214　第Ⅳ部　制度設計

ションの緩慢さが指摘されている。

　本来，法律は社会に問題が起きるとそれに対処するためにつくられる。すなわち，立法の必要性を示すための「立法事実」としての問題や課題の発生，それに対する関係当事者の積極的なコミットメントや人々の認識の高まりが何よりも重要な前提条件となる。

　制度設計面でのわが国の官民双方での意識と行動の立ち遅れと稚拙さが懸念される。

　第Ⅳ部は，3つの章で構成されている。

　まず第10章では，パーソナルファイナンスの担い手は，フィンテック・クラウド時代を迎えて多様化していること，また与信・決済・運用などの環境条件も大きく変化しているとの基本的視座を出発点として，総与信規制の枠組みがどう変化するか，その現在と将来像（仮想モデル）を提示している。フィンテックに適応する法制度のあり方，対応すべき様々な課題が発生する「可能性」，そして留意すべき複雑な問題を丹念に指摘している。フィンテックの活用が，金融グループの内部統制・コンプライアンス態勢の構築にどうかかわってくるかなど，極めて難解な諸課題の提示に挑戦している。

　第11章では，携帯電話（モバイル）の普及に象徴される情報技術環境の急進展が，パーソナルファイナンスビジネスを取り巻く経済的・法的インフラにいかなるインパクトをもたらしているか，日本とアジア主要8カ国における現状把握を行っている。具体的には本章の前半で，アジア各国の発展状況を比較するための様々な基礎データの収集とその一覧化に多大なエネルギーが費やされている。また後半では，パーソナルファイナンス業に関連する各国の法規制と監理，情報機関や外資規制などに関する制度設計の現状を極めてコンパクトに整理し，提示している。本章での筆者らの狙いは，これらの国際比較作業を通じて，関連法規の整備は，経済的に合理的な行動であることを解明するところにある。提示された国際比較データは，極めて「Informative」である。しかし，それらが「Instructive」であるためには，より動態的な分析が求められるであろう。

　最後の第12章は，戦後約50年にわたって日本における新たなビジネスモデ

ルとして生成・発展してきた消費者金融サービス業が，1つの法的判断，すなわち，最高裁での「任意による支払いの有効性」を否定した判決（2006年1月13日）が下され，貸金業法による「みなし弁済」が実質的に無効になったことが契機となって，瞬く間に消滅した歴史的・政治的プロセスを探究したものである。本章では，同法が改正に至るまでの様々な会合の公開記録を精査し，また改正に関係した関係者等に対するヒアリング調査に基づいて，同改正が日弁連やマスメディア主導で形成された世論，すなわち「空気を読んで」拙速になされた，との結論を導出している。制度設計の政治プロセスを解明した貴重なドキュメントである。

第10章

パーソナルファイナンスの主体をめぐる与信・決済・運用のモデル像と債権法改正・倒産法改正・特別法改正のあり方の視点
—フィンテック・クラウド時代の金融グループの内部統制とコンプライアンスの枠組みの将来像—

1　はじめに

　最初に，われわれの共同研究の基本的視座を確認しておきたい。

　今後のパーソナルファイナンスを考える場合には，その担い手の多様化が想定されることになるが，基本的には

1．既存の個人に対する資金需要に対して資金供給を行う主体と，

2．①個人と法人，②個人と個人，③法人と法人間の，それぞれの主体間の資金決済の分野での取引を行う主体，

3．そしてそれぞれの主体が株式会社として資金調達する場合のそれぞれの場面での法的枠組みを理解しつつ，

⑴　今後の上記システムのあり方を考えるには，いわゆるフィンテックの枠組みとクラウドコンピューティングシステム（以下「クラウド」という）[1]の考え方をどうとらえるかが重要である。

⑵　いわゆるフィンテックとクラウドを考える際には，その会社法・金融商品取引法の内部統制・コンプライアンスの枠組みとの関係で，それらの枠組みをどう位置づけるかの検証が必要である。

⑶　それらの内部統制・コンプライアンスの枠組みを考える際には，上記主体のみでなく実質支配基準による連結規制の枠組みによる金融グループの内部統制とコンプライアンスの視点が必要である。

(4) それらの主体の法的枠組みを考える際には，各種業法・民商法・倒産法・消費者関連法の法的枠組みを踏まえた金融グループにおける内部統制とコンプライアンスの体制整備が必須となる。

これらの視座を踏まえたうえで，以下に今後のパーソナルファイナンスの担い手が留意すべき問題を検討することとする。

2 与信・決済・運用の環境の変化とモデル像

2.1 パーソナルファイナンスの担い手をめぐる環境変化

今後のパーソナルファイナンスの枠組みを考えるには既存の金融機関・金融グループの枠組みの変化を検証する必要がある。そして新たな金融の担い手の枠組みとしてのいわゆるフィンテックの枠組みの実情を踏まえた枠組みの検証が必要となる。

昨今のフィンテック[2]の議論においては，ビットコイン等の分散型暗号通貨が取り上げられ，それに関連するキーワードとしてのブロックチェーン[3]に言及されることもある。しかし，この場合，これらの決済手段や仕組みがその導入を検討する主体にとって

① 何のための制度ととらえるか

② 既存のシステムの何とどこが違うのか，

を理解せずに導入することの当否や，ともかくブロックチェーンを導入することが必要であると議論される場合もあるように思われる。しかし，そもそも

① の目的と② の既存のシステムとの差異を踏まえた導入可能性，

③ 導入に際してどのような既存の各種制度・システム・法制度に影響を及ぼす可能性があるのか

を検討せずに拙速に導入を検討すればいいというものでもないように思われる。

以下では，パーソナルファイナンスの担い手との関係で，パーソナルファイナンスに限らず，その機能における新たな可能性について，いくつかの経済環境・制度環境の枠組みの変化に言及しながら検討してみることにする。

218　第Ⅳ部　制度設計

3　総与信規制の枠組みの現在と将来

3.1　銀行における貸付の現状

　アベノミクスの進捗による日銀のいわゆる異次元緩和の施策の実施により，パーソナルファイナンスの担い手としての金融機関の収益構造への大きな影響が懸念されることになった。いわゆるマイナス金利の導入により従来に比べて，金融機関の収益構造への大規模な構造的な影響が生ずることになり，金融機関においては運用サイドの施策としての個人向け事業による収益機会の拡大を推進せざるを得ない状況が生じてきている。この影響は，預金機能を持たない貸金業法の適用事業者であるファイナンス会社，クレジットカード会社等の金銭消費貸借事業の収益構造と収益機会への影響をどのように考えられることになるのか。

　従来よりも個人向けリテール部門でのカードローン等の推進を金融機関が推進する場合に，個人信用の担い手として一定の役割を果たしてきたノンバンクの業者としては，銀行がその競合主体となることの関係で，事業の再構築も含めた制度的な検証を行う必要が出てくる。この場合，貸金業法上の貸金業者については総与信規制の枠組みの中で，どのように競業主体となる金融機関との競争を位置づけるかが問題となる。

3.2　貸金業法適用除外領域

　周知のとおり，貸金業法の総与信規制の適用除外領域としての住宅ローンと銀行の学資ローンの領域[4]での競争が検討されることになるように思われる。とはいえ，上記マイナス金利の状況において，金融機関サイドは従来の調達コストの相対的に低廉な状況を活用し得るとは限らない点に留意する必要がある。マイナス金利の導入により，金融機関の収益構造における各種運用のスキームの1つである日銀の口座へのべた積みがむしろコスト要因になったことで，積極的な形で個人貸付領域での運用力を強化せざるを得なくなる一方で，貸金業者ほどには個人向け審査能力と情報の活用能力が得意とは限らない状況で，いかに収益性の確保のために向上させるかの課題を解決する必要がある。

その意味では金融機関サイドのこの環境変化への対応と競争する形で個人向け貸金業者がどのような対応を図るのかがそれぞれの主体に問われることになる。その際には法人の資金需要で想定される新たな枠組みの理解を深めつつ，その個人信用での応用が可能かの精査が必要になる。

4　金融手法の高度化とモデル論

そのような中で，既存の金融機関は当然，法人の資金需要を満たすべく各種枠組みを検討するであろう。具体的可能性は何があるのか。われわれはあくまでもモデル論として，以下の法人の資金需要を踏まえた2つのモデルを検討してみたい。

4.1　検討の対象としての金融当事者・株式当事者の新たなモデル

ここでは，まず，資金需要を有する

① 金融関連の当事者に関連するモデルと，

② 資金需要を有する株式関連の当事者の関連するモデル

を検討の対象としてみる。

この2つをここでの検討の対象とするのは，ともにファイナンスの関連では重要な資金需要を有する当事者であるとともに，かかる資金需要に関するシステム・制度に関連する当事者についてのモデルであるからである。

4.2　関連主体におけるシステムの連続性・継続性

ところで金融機関やノンバンクに限らず，新たなファイナンスの制度を検討する場合は，現状の既存のシステムと法制度を含めた外部環境の認識と理解とその鳥瞰の視点が必要である。これは新たなファイナンスの制度導入により既存のファイナンスシステムとの連続性・継続性を配慮する必要が高い客体か否かの認識が必要となるからであり，また資金需要に応える事業者のサイドの既存のシステムの連続性・継続性について，どのようにその主体のシステムにおいて位置づける必要があるかを検証しないことには以下の金融関係当事者についての各種制度環境を満たしたうえで事業を継続することができないからであ

220　第Ⅳ部　制度設計

る。

4.3　金融関係当事者間の各種制約環境

　では，金融機関にしろ，借り手にしろ，金融関係当事者として，そのシステムに関与する場合に，自らの行動環境と外部環境として日々の業務遂行において考慮せざるを得ない枠組みは何であろうか。少なくとも以下の法的枠組みについての考慮が必要となる。

　①　株式会社であれば会社法による規制

　会社法348条3項4号，4項等に基づくコーポレートガバナンス，内部統制・コンプライアンス体制等の枠組みの構築・管理・遵守について理解し，業務執行においてそれらの枠組みを考慮した運営が必須となる。

　②　上場会社であれば金融商品取引法による規制

　金融商品取引法24条の4の4に基づく内部統制や発行開示規制やインサイダー取引の禁止等，投資家との関係での法的規制枠組みの内容を理解しつつ，法令の遵守を配慮する必要がある。

　③　それらも踏まえた，情報の管理システムの構築・管理，リスク管理体制
　　　の構築・管理

　個人向けの事業展開をコアコンピタンスとする場合は，顧客情報の管理等についての個人情報保護法等の情報関連の各種特別法の規制内容の理解および法令遵守はもちろんのこと，①と②を踏まえて，社内およびグループ会社における情報管理システムの構築に際して各種帳票をどのように作成・管理しているかの体制も含み法令遵守に配慮することが必要である。

　④　それらを踏まえた，専門家による帳票・データ閲覧，データ交流を踏ま
　　　えた体制整備

　①②③を踏まえた監査法人，税理士，顧問弁護士，国税，地方自治体，他行，日銀，監督官庁（金融庁，金融取引等監視委員会等）によるデータ・帳票検証体制による各種法制度による制約も配慮したうえで，制度設計を考える必要性の有無とこれらの制約環境との関係で，

　ア．既存の制度・体制の中を入れ替えるのか，

　イ．併存させるのか，

ウ．独立の事業環境を創出するのか

を検討・管理することが必要である。

そして，これらの検証・検討・管理・配慮により，上記金融関連主体において選択され構築される金融関連システムのモデルも当然個々の主体により異なることになるのである。その意味では，かかるモデルは，同業他社で当然に利用可能とは限らないことは忘れてはならない。

4.4　フィンテックに手を出せば十分なのか

では新たなモデルを考える際には現状の金融機関およびノンバンクの環境を踏まえるとどのようなシステム構築環境の要素を想定すべきか。実際にはブロックチェーンを導入する場合のメリットとは何なのであろうか[5]。

現状では少なくとも以下の3つのメリットを想定できるように思われる

① 履歴管理の機能の活用

いわゆるプルーフオブワークのシステムに裏付けられた分散型暗号を活用したシステムであることから，ネットワーク型の分散型暗号を利用した履歴管理の機能の活用が導入のメリットとして想定される。

だが，ブロックチェーンに限らず電子暗号の利用と認証機能，改変防御機能をどの程度の強度と程度で目標とするかで他の制度による代替は当然あり得る。その意味では，既存の電子認証や電子暗号の制度の活用によっても同様の目的を構築する可能性はあり得る。

② 審査関連の書類の電子化との関係（非書面化との関連）

上記① でのネットワーク型の分散型暗号を利用した履歴管理の機能により与信業務における紙以外の電子的な帳票の各種場面での認証や証票としての帳票の信用性・証拠性の確保を目的とした審査関連書類の電子化の推進等の，既存の金融機関における各種書類の電子化や非書面化の事業の推進の目的が考えられる。

しかし，これもブロックチェーンシステムを使わなければ不可能なわけではなく，既存のシステムの延長上で審査関連書類の電子化とデータ管理体制をどのように設計するかにより他の代替的な認証システムや決済システムを構築することは当然可能である。

222　第Ⅳ部　制度設計

③ 仮想デスクトップからの権限者によるアクセス制限との関係

　いわゆる P2P システムを前提とするネットワーク型の分散型暗号システム
での運用が前提とされてきたブロックチェーンシステムの検討においては，新
しいモデル像においてクラウドをどのように位置づけるかにより，導入するシ
ステムの位置づけも異なる可能性に留意する必要がある。

　そもそも社内のシステムが外部に情報を出さない形の閉鎖型のシステム構築
においては，P2P システムを前提とするネットワーク型の分散型暗号システ
ムとしてのブロックチェーンシステムの採用の必然性はない。

　オンプレミス（社内完結型）のクラウドシステム（いわゆるプライベートク
ラウドシステム）における認証システムをどのように考えるかの選択肢の中
に，ブロックチェーンシステムを活用することは当然考えられるが，そこで検
討されるブロックチェーンシステムは，ビットコイン等の分散型暗号通貨にお
いて想定されている「P2P システムを前提とするネットワーク型の分散型暗号
としてのブロックチェーンシステム」とは異なるものであるからである。いわ
ゆるプライベートブロックチェーンの概念がここで検討されることになる。

　他方，パブリッククラウドの枠組みにおいてファイナンスシステムを構築す
る場合には，パブリッククラウドにあるデータへのアクセスに必然的に自行・
自社以外のデータストレージへの外部ネットワークによる権限に基づく認証シ
ステムを利用したアクセスが必須になるので，上記仮想デスクトップからの権
限者によるアクセス制限の枠組みが必要になるとともに，なぜプライベートク
ラウドではなく，パブリッククラウドを採用する必要があるのかの目的の明確
化が必要になるように思われる。

　このように考えると，新しいモデルを検討する場合に重要なのは，どのよう
な目的で何を達成しようとするのかを確定する視点が重要であることがわか
る。闇雲にブロックチェーンの導入の検討をすることの是非はかかる点からも
検証されなければならないことは論を待たないであろう。

4.5　ブロックチェーンとクラウドシステムの組み合わせについて

　次にブロックチェーン的な管理システムとクラウドの特性を整理する必要も
あるのではないかと思われる。

ブロックチェーンシステム自体はネットの各主体によるプルーフオブワークによりデータの妥当性と認証を達成するオープンネットワークを前提としたシステムである反面，クラウド（とくにパブリッククラウド）の特性は何かといえば，

① 外部のデータ保有主体を活用することによるデータストレージの効果的なシステム構築

② データのセキュリティ体制の構築の選択肢の１つ

③ 自行・自社でデータを保有しないことによるデータ改ざんの可能性の低減

④ 仮想デスクトップからの権限者によるアクセス制御によるデータの階層化とデータセキュリティ

である。

したがって，ブロックチェーンシステムを導入することにより「ブロックチェーン的な特質」の何を使って何を達成しようとするのかを，このクラウドの特性との関係でどう位置づけるのかを検討することで，リソースの効率的管理と上記金融関連当事者それぞれの内部統制とコンプライアンスの目的の割合をどの程度とするかで，対象とされる制度におけるブロックチェーン的な特性とクラウドの特性の内容・割合，そしてその有無での具体的な場面の絵も変わってくるはずである。

以上のようなフィンテックにありがちな視点への認識を踏まえて具体的に２つのモデルについて検討していくことにする。

5　金融手法の高度化とモデル論（２つの仮想モデル）

5.1　金融関連主体における与信モデル（中小企業向け）

最初に検討するのは中小企業向けの与信モデルである。このモデルの前提となるのは

① 貸付先企業は税務会計等についての管理までは十分手が回っていない。

② 自社システム開発余力・人材余力なし

という特性を有する中小企業に対する与信のためのシステムである。

224　第Ⅳ部　制度設計

　上述のマイナス金利の世界を前提とした場合，信用力が低く，実際の与信主体が金融機関である場合の金融検査マニュアル等の枠組みや，会社法・金融商品取引法等の内部統制やコンプライアンスの枠組みを遵守しながらの新規開拓については，相応のリスク管理を必要としつつも想定される潜在的資金需要者サイドの需要の掘り起こしと実務対応の社内的な適応可能性を配慮したモデルの構築が必要となってくる。

　与信主体と資金需要者の関係で考慮するのは，以下の想定モデル① の図に示された① 〜④ の目的とそれに応じた① 〜③ を内容とする想定モデルである。

　上記① の需要は与信主体と資金需要者双方に存在する。与信サイドでは中小企業向けシステムを従来の自行システムの中で区分けするよりも外部のストレージを利用することでシステム投資を効率化できる。他方，企業サイドは金融機関のコンプライアンス対応としての自社システムの投資，およびそれを管理する従業員を確保する手間を軽減することができる。

　これはクラウドを利用することで，独自のシステム投資から解放され，金融機関提供のシステムに権限を有する人間が ID を利用してアクセスすることにより，関連書類の企業サイドでの保存・改変防止・紛失防止リスクを低減できる。

　この点は金融機関でも同様で，ID による権限者によるアクセスが必要となるため無権限者による与信関連の紙ベースの帳票類の内部者による改竄リスクを低減できるとともに，企業サイドの内部での改竄リスクも低減することができるのは融資先企業・金融機関双方の経営に資することになる。仮に紛議が生じても双方の責任の所在を明確にすることができるとともに，双方の権限者の注意義務の程度と範囲を明確にすることが可能となる。このシステムはクレジットカード会社・貸金会社等でも同様のメリットが想定できるように思われる。

　実際に，前提の① ② については，パーソナルファイナンスの客体としての個人についても共通するものであり，前記目的の① ② ③ についても共通し，④ は既存の制度ですでに共通する。さらに想定モデルの内容の① ② ③ は現在のネット取引の延長上で構築可能となるからである。

図表 10.1　想定モデル①　中小企業向け貸付先管理

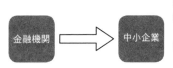

① 審査情報の一元管理とストレージの効率化
② 審査・管理情報の限定による注意義務の明確化
③ 紙の情報が後から出てきてもそれにより業務が左右されない体制管理
④ 定式化・システム化・クラウド利用の導入で融資先の自社システム構築の負担軽減
⑤ このシステムはクレジットカード会社・貸金会社等でも同様のメリットが想定できるように思われる

（前提）
　貸付先企業は税務会計等についての管理までは十分手が回っていない。
　自社システム開発余力・人材余力なし
（想定モデル）
① 当該企業の貸付にあたって ID を発行、財務諸表等については仮想デスクトップから帳票、あるいは画像で入力を要請（帳票作成に関するソフト、アプリは制度利用時にあらかじめ指定したものを指定・提供）
② 金融機関サイドでは、紙の帳票は極力先方で管理させ、権限に基づき先方から提供された情報に基づき取引を行う。
③ 金融機関サイトではデータをクラウドで（も）管理、金融機関サイトでも権限に基づき ID 管理の体制の中で仮想デスクトップからのアクセスを前提に情報管理を行う。

5.2　株式関連の主体によるモデル（新規公開事業向け）

　次に資本市場におけるいわゆる IPO（Initial Public Offering）を行う企業の投資家からの調達を支援するモデルである。

　モデルの前提となるのは上記① と② という点は、上記中小企業向けの与信システムと同様であるが、これに加えて、IPO を行う経営者ならびに社員による社内体制の整備等における会社法・金融商品取引法の関連規制枠組みの理解不足・悪意による濫用・組織的対応の人材不足による対応ができないリスクを管理するためのシステムとなることが想定される。と同時に、このシステムの利用により、いわゆる「上場ゴール」といわれるような、IPO の濫用的な実務慣行により投資家が不測の損害を被ることがないような投資家保護のためのシステム的な側面も有することになるであろう。

　実際に、目的の項目については上記最初のモデルと重複するのであるが、各項目の意味合いが若干異なることに留意されたい。

　すなわち、この IPO モデルにおいて考慮するのは、以下の目的のためである。まず① の審査情報の一元管理とストレージの効率化については、投資家

226　第Ⅳ部　制度設計

との関係だけでなく，証券会社の経営者・担当者や上場する企業の経営者・担当者，さらには法的内容をチェックする弁護士や財務内容について監査する監査法人・公認会計士等の自らの業務を権限に基づいて遂行する際のベースの情報が，クラウドに権限に基づき蓄積される情報に限定されることで，内部統制やコンプライアンスの枠組みでの業務が円滑に遂行できる。加えて紙ベースの情報が自らの判断を行う際に企業サイドに隠匿されていたり，判断の前提から回避・隔離されているという状況を阻む効果を有することで，より妥当で投資家にも開かれた情報管理のシステムを構築することを可能にすることになる。

　それは同時に② 審査・管理情報の限定による注意義務の明確化として関係各主体の IPO に関連する自己の権限に基づく業務に関する各種注意義務の程度と範囲を明確にする。たとえば，弁護士が法的判断をするに際して，特定の法的判断の前提となるべき重要な情報が弁護士に提供されていなかった場合，通常であれば紙ベースの情報の存在が弁護士の注意義務との関係で企業サイドに要求する必要性があったかなかったか等の問題を惹起することになる。そしてその可能性がある場合，このモデルであれば，自らの業務に関する権限に基づく判断のベースとなる情報が改竄される可能性が少なく，秘匿されることなく各当事者共有の情報として明確になっていることから，紛議が生じた場合に責任の所在を明確にすることで仕組み全体のリスクを低減し，各当事者による情報の権限の程度に応じた情報の共有がより確保されることになる。

　これは場合によっては投資家との関係においても監査役等を通じてアクセスできる可能性もあり，その場合には潜在的な投資家との関係での IPO による投資対象情報の不明確性のリスクを低減することで投資家保護に資する程度が高まることにもなり得るだろう。

　すなわち③ 紙の情報が後から出てきても，それにより業務が左右されない体制管理を前提とすることにより上場前の状態でありながら株式会社としての上場しようとする企業の内部統制とコンプライアンスシステムをより高次のものにするインセンティブを IPO に関与する各当事者に与えることになることで，全体としてのより透明な情報アクセスを前提とする新規上場会社の手続き参加を促すことになると思われる。

　また，④ 定式化・システム化・クラウド利用の導入により，融資先・IPO

図表 10.2　想定モデル②　IPO 実施会社向け取引先管理

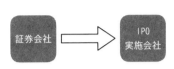

① 審査情報の一元・共有化，情報の改変の回避
② 審査・管理情報の限定による注意義務の明確化
③ 共有情報以外の情報が存在すること，共有情報が虚偽であった場合の責任の所在の明確化
④ 定型化・クラウド化による情報の意図的な紛失・消去リスクの回避，改変リスクの回避

[上場株管理において株式名簿管理にブロックチェーンを導入した場合のメリットは一考に値する。]

① 証券会社はIPO実施会社に対して，IPO手続きに関係するすべての情報・帳票は仮装デスクトップからの権限ある者によるIDからのアクセスにより提供することを求める。
② 証券会社の担当者等も，仮装デスクトップからの権限ある者によるIDからのアクセスによってかかる情報にアクセスし，そこで提供されて情報のみに基づいてIPO手続きを進める。
③ 手続きに関連する当事者（IPO実施会社の役員，特定の社員，顧問弁護士，税理士，公認会計士，IPO手続きとの関係で株式の引受や販売を担う当事者等）は自らの業務に必要とされる範囲であらかじめ証券会社による確認を取りながら提供されている情報にアクセスし，それ以外の方法でのアクセスや人的接触は行わないのを原則とする（この辺りの問題状況についてはM＆A等を行う場合の関係当事者の慣行を想起されたい）。
④ 以上の情報はクラウドシステムで管理され，証券会社はシステム的にアクセスした者の履歴の管理を行う。

主体の自社システム構築の負担軽減を促すだけでなく，そもそもの最初のモデルの金融機関が，融資先のIPOを促すことで，融資先の事業成長と発展を自己の与信のみでなく市場の潜在的な投資家の助力により可能となる。また，それによって，当初の融資主体として，場合によっては出資するインセンティブを与えることで上場時の企業価値の向上の可能性を高めることで，類似の案件についての当初の与信のインセンティブを高める効果を期待することも可能となるのではないかと考える。

5.3　最初のモデルと2つ目のモデルの連携の可能性

　この2つ目のモデルも次の段階としてのIPOを励行することにより，すでに与信した分についての金融関連当事者間の関係での内部統制とコンプライアンスの枠組みを遵守させたうえで，さらにその最初のシステムで蓄積された財務諸表を，常にチェックが可能な形で企業の成長の過程を見守ることができる[6]。IPOへと導くことが，それらの財務諸表の蓄積で可能となる可能性が相対的に高まるのであるから，当初の段階とは言わぬまでも途中の適当な段階で

228　第Ⅳ部　制度設計

出資を持ち掛け受け入られた場合の株主としての企業価値の共有と実現の可能性が相対的に高くなるだろう。

　なお，個人信用の枠組みにおいても，個人事業主に対する与信から起業支援，コンサルティング業務を行うことでのバイアウトによる企業価値の確保の選択肢を実装することにもなるので，個人向け与信の起業支援的な側面での事業展開の可能性を検討することが可能になるモデルであるということができる。

　このモデルは，弁護士や公認会計士等の専門的な業種のコンプライアンスとの関係でも，自らの責任の範囲を注意義務のレベルと対象を明確化する情報共有のシステムとしてより円滑な業務環境の確保に資することが可能であると思われる。

5.4　ブロックチェーンの利用の可能性

　この最初のモデル，後者のモデル双方に，情報の管理でブロックチェーンを利用することも検討され得るように思われる。これはプルーフオブワークによるネットを通じた分散型暗号の認証性を活用することで，取引と情報の共有と真正性を権限に基づいてそれぞれの主体に資する形で実現するシステムのレベルを高めることが可能であるように思われる。

6　既存のシステムとの関係

6.1　各主体の既存のシステムとの関係

　上記 4.1 の ① の融資モデルについては，既存の規模の大きい会社においてクラウドの導入を前提とすることに難色を示す主体については，金融機関サイドでの導入メリットが減殺されることは想定され得る。

　前提としてクラウドシステム自体が，そもそも融資先において自社情報を外部の主体にゆだねることについての懸念が従来は喧伝されてきたという経緯もあるように思われる。しかし，この点については，自社システムにおいて自らの会社で管理していた場合に，ネットワーク経由でウィルスや悪意あるネット経由の攻撃により情報が流出することが増えている状況をどう考えるかによる

だろう。

　自らの社内および会社法の連結対象となる企業グループの各社での情報管理体制のシステム構築と情報流出リスクの解消については，自社で保有し，自社の人事システムの問題等も含めて実際にデータを管理している人単位での脆弱性の問題が重要な情報の流出を招く可能性があることも忘れてはならない。

　むしろ，情報管理体制がしっかりしており，社内の人間のアクセスも権限に基づく ID とパスワードによるアクセスに限定されるようなストレージを外部に求めるほうが，仮に自社システムに悪意ある攻撃がなされたような場合にもリスクから隔離される可能性が高くなることになるだろう。また，仮に業務委託契約により外部のストレージに保管されている情報が受託業者の過失により消失・流失した場合でも，受託者の責任を追及しやすくなるなど，法的リスクの分界点を明確にすることで担当者ベースだけでなく経営者単位でのベースでの委任契約に基づく注意義務違反の有無をより明確にすることが可能になる。とくに上場している会社における内部統制とコンプライアンスシステムとの関係では，より円滑な業務執行が可能な体制の構築が可能になるという点を，融資先に訴求することで，自行での情報管理リスクの低減が可能となる点に留意する必要がある。

　なお，上記 4.1 の ① のシステム導入に際しては，少なくとも自行・自社との与信契約に関する業務展開との関係で上記モデルを採用し，契約を結ぶことで，融資先との融資の前提となる財務諸表や情報の範囲を明確化することを可能とする。これによって双方の内部統制とコンプライアンスのレベルを向上させ，責任の所在の明確化が図れるから，仮に融資先が保有する別の業務システムを無理に止めさせ一本化を図る必然性はない。

　検討に当たっては，業態特性を配慮し，複数のモデルの併用の可能性も排除せず，少なくとも自行・自社のシステムに影響のある事象の報告義務や，情報・文書の提供義務を融資契約あるいは包括的な取引約定書の中に盛り込む必要がある。また，規定の創設での法務対応等の方途の選択の際のリスク低減も当然検討されるべきである。

　したがって，検証を経たうえの複数制度の併存コストとデメリットとの見合いで，先方の信用度・業務対応可能性に応じて，中小向けのシステムは検討さ

230　第IV部　制度設計

れるべきである。

6.2　現状の会社法のシステムの見直しを後押しする可能性はあるか

上記 4.1 の ② の株式発行システム関係では，既存の上場会社等へのブロックチェーンシステムに類似のシステムの導入による株主管理システムとして，現行の株主確定手続きに比して履歴がオープンな形で確認し得ることはメリットとなり得るとは思われるが，匿名でのシステムであることをどう実装時に改変するのかの問題はある。

既存の個社の株式発行実務との連続性との関係で，IPO 時に当初からクラウドとブロックチェーンシステムを併用することは，手続きの透明性と関係当事者の注意義務の程度と範囲を明らかにし，共有する点，手続き的な不正防止の観点，投資家にとっても判断対象の情報の範囲が明確になる，という点でメリットが各方面で共有できるように思われる。

本研究では，この点の言及にとどめるが，今後の法改正の可能性の議論が出てきた際には，殊に濫用的な IPO システムの利用を防止する意味でも，かかるメリットは検討される実益があるように考える。

7　債権法改正・倒産法改正・特別法改正と金融グループ運営

今後のパーソナルファイナンスのあり方を考えるにあたり，ブロックチェーンを様々な金融取引や金融商品で取り扱うことは，既存の金融商品とは異なり，情報の管理・認証のあり方，安全で安心な取引を担保できるシステムの提供が不可欠であり，新たに構築されつつあるフィンテックも枠組みの実情を踏まえて，従来の金融商品の開発，販売や普及方法に大きな見直しを要求することになることが考えられる。したがって，今後改正・施行される法律を踏まえた，各種法的枠組みの変更および改正の可能性・必要性について検証する必要がある。そこで，既存の法制度を中心に，現状の把握と検討モデルにおける課題を明らかにする。

7.1 民法改正とパーソナルファイナンス

7.1.1 民法改正とパーソナルファイナンス

　2016 年秋の臨時国会で成立は持ち越されたが，民法改正法案は，32 時間にわたり議論され，2017 年の通常国会で成立した。この民法改正法案には，パーソナルファイナンスの今後に影響する大きな改正点が盛り込まれている。

　最も大きなものが，定型約款について新たに規律が導入された点である。パーソナルファイナンスは，多数の消費者を取引の相手方として行い，定型的な条件を適用するケースが多くみられるからである。「定型約款」に該当するかどうかは，改正法 548 条 1 項の① 不特定多数の者を相手方として行う取引であって，② 取引内容の全部または一部が画一的であることが両当事者にとって合理的である取引をいう「定型取引」の定義に該当するか，が問題である。クレジットカード会員規約，カードローン規定など，相手方が誰であろうと不特定多数の者と画一的な条件で取引するので，要件を満たすと考えられる。

　該当するとすれば，改正民法 548 条 2 項における「相手方の権利を制限し，又は相手方の義務を加重する条項」であって，当該「定型取引の態様及びその実情ならびに取引上の社会通念に照らして民法第 1 条第 2 項に規定する基本原則に反して相手方の利益を一方的に害すると認められるもの」を不当条項とする規定に留意する必要がある。いわゆる『不当条項』である。

　パーソナルファイナンス取引において，不特定多数との大量かつ迅速な処理が求められることが多く，かつ小口取引であることも多い。その特性から，「相手方の権利を制限し，又は相手方の義務を加重する条項」を設けることが考えられる。しかし，民法の規律により，これらが一律に無効になるわけではなく，パーソナルファイナンス取引の態様や実情，社会通念に照らして不当性があるかどうかで判断される。しかしながら，消費者団体訴訟制度（差止請求・被害回復）を考慮すると，消費者契約にあっては，保守的に考えておく必要があろう。

　第 2 に，書面でする消費貸借契約（諾成的消費貸借契約）が明文化され，書面作成を要件とし，引渡しまで借主に解除権を認める規定が創設された。さらには，第三者のためにする契約について，契約が成立したときに，第三者が現

232 第Ⅳ部 制度設計

に存しない場合や特定していない場合でも有効となることが明確化された（537条2項）。これらの規定が，パーソナルファイナンスの取引の安定をさらに増すものと考えられる。

第3に，債権譲渡における債務者の抗弁についての規定が改められ，異議なき承諾の制度が廃止された（468条）。クレジットカード取引など異議なき承諾を利用している取引においては，抗弁の放棄の意思表示を確認する必要が生じる点が大きな負担になる。少なくとも，包括的な抗弁の放棄の意思表示を受ける必要があるが，その有効性は解釈にゆだねられることから，個別取引で，再度確認するスキームを構築する必要があるのではないか。

ほかに，損害賠償の予定について，従来当事者の特約が優先されたが，裁判所による増減が可能になった（420条）ことが挙げられる。

7.1.2　金利の考え方と枠組の変化

金利規制については，2006年の貸金業法・出資法・利息制限法の改正により，新たな枠組みが導入されている。すなわち，出資法の保証料を含めた罰則上限金利の引き下げ，営業的金銭消費貸借契約における利息制限法上限金利規制の見直し，保証料規制，みなし利息，みなし保証料の規定の導入などである。

しかし，フィンテックが既存の金融商品や金融取引と組み合わせられることにより，現行のみなし利息・利息制限に抵触する可能性が高まっている。すなわち，利息制限法では，金銭を目的とする消費貸借契約に「関し」債権者の受け取る元本以外の金銭は，「営業的金銭消費貸借契約」の場合は限定列挙されており（利息制限法3条，6条），「関し」を広義に解釈すると付帯して提供されるサービスの手数料等が，利息に該当しかねず，利便性のあるサービス提供の障害となりかねない問題がある。

また，金利規制にしても，高額な資金を長期間にわたり借り入れること，そのための金利上限規制がかけられており，フィンテック企業の超短期借り入れなどを想定していない問題がある。50万円を1日の短期間貸付に際し利息・手数料込みで1,000円を受領する契約を行った場合，実質年利73％となり，利息制限法の20％制限を超過するため，貸金業法違反の違法な金利徴収となる

が，これを暴利行為と評価することには，異論があろう。（注）出資法には，貸付期間が 15 日未満のときはこれを 15 日として計算する特則があり，刑事罰に問われることはないが，貸金業法では，利息制限法を超える金利での貸付けが禁じられている（12 条の 8 第 3 項）ことから，貸付はできない。したがって，上限金利規制を期間や金額帯で見直すこと，営業的金銭消費貸借契約のみなし利息についての見直しなどが今後必要と考えられる。

7.1.3　相殺法理の整序と金融グループ・パーソナルファイナンス

わが国の銀行実務では預金債権を決済手段とし，いわゆる相殺の担保手的機能と呼ばれる預金債権の位置づけがなされてきた。今般の民法改正では相殺の枠組みも大幅な変更が予定されており，その関係でブロックチェーンシステムを利用するようになった場合に従来のこれらの枠組みとの関係をどのように位置づけていくことになるのかも注目されることになる。

7.2　フィンテックに適応した法規制のあり方の視点
7.2.1　フィンテックと新たな法的論点の発生

フィンテックとは，金融（finance）と技術（technology）を掛け合わせた造語であり，主に IT を活用した革新的な金融サービス事業を指すとされる。「革新的」な金融サービス事業という言葉が示すとおり，従来の法的な枠組みでは必ずしも捕捉しきれない新たな法的論点が生じることとなる。

この問題が顕在化する端緒となったのは，いわゆる仮想通貨であるビットコイン（以下「BTC」という。）のオンライン交換取引所を運営する株式会社MTGOX（以下「MTGOX」という。）の破綻である。パーソナルファイナンスの主体としての金融機関等がフィンテックの導入を検討する際は，MTGOXの破綻により浮き彫りとなった法的論点およびリスク等を把握の上，その対策を踏まえた検討が必須となる。

7.2.2　MTGOX 破綻後の経過と法整備の流れ

MTGOX は，BTC の基礎ソフトシステムバクを悪用した不正アクセスによって同社の管理する BTC が不正に引き出された可能性があること，同社の

預金も原因不明であるが，減少していたことなどの結果，支払不能，債務超過の状態にあるとして，平成26年2月28日，東京地方裁判所において民事再生手続開始申立てを行った。

その後，MTGOX は，BTC の消失や預金残高の不足等の事実関係の調査を進めたが，調査には時間を要する見込みとなり，事業再開の見込みも立たず，またスポンサーの具体的な選定作業に入ることもできなかったこと等から，再生計画案の立案等が困難であるとして，東京地方裁判所は，同年4月16日，同社の民事再生手続開始申立てを棄却，保全管理命令を発令し，その後同月24日，破産手続開始を決定した。この事件を契機として，いわゆる仮想通貨について法的性質と倒産法上の取扱いが問題となるとともに，仮想通貨に関する法的規制の必要性が明確に認識されるに至った。

平成27年6月8日，G7エルマウ・サミット首脳宣言「我々は，仮想通貨およびその他の新たな支払い手段の適切な規制を含め，すべての金融の流れの透明性拡大を確保するためにさらなる行動をとる」を受け，平成27年6月27日，金融活動作業部会（FATF Financial Action Task Force on Money Laundering）は，「各国は，仮想通貨と法定通貨を交換する交換所に対し，登録・免許制を課すとともに，顧客の本人確認義務や疑わしい取引の届出，記録保存の義務等のマネロン・テロ資金供与規制を課すべきである」と公表した。

国内では，平成26年9月26日，金融担当大臣より金融審議会に対して，「決済サービスの高度化に対する要請の高まり等を踏まえ，決済および関連する記入業務のあり方並びにそれらを支える基盤整備のあり方等について多角的に検討する」旨の諮問があり，平成27年12月22日，「金融審議会決済業務等の高度化に関するワーキング・グループ報告～決済高度化に向けた戦略的取組～」（以下「決済高度化WG報告」という）にまとめられた。

決済高度化WG報告では，「決済サービスは，リテール分野・ホールセール分野において，多様な形で提供されているが，いずれの分野においても，フィンテックの拡大に代表される金融・IT融合の動きが加速している。これに伴い，決済サービスのイノベーションが急速に進行し，その担い手も多様化するなど，決済サービス分野における構造的変化が進行している」という決済をめぐる昨今の情勢変化のもと，ITイノベーションの取り組みと決済サービスの

革新，決済システムの安定性・情報セキュリティの確保，イノベーションの促進と利用者保護の確保，決済をめぐる国際的な動きの中での主導性の発揮という4つの基本的な方向性をもって取り組む必要があるとされた。

決済高度化WG報告は，仮想通貨に関する制度のあり方について，「ITの進展等も背景に，近年，インターネットを通じて電子的に取引される，いわゆる仮想通貨が登場している。仮想通貨の種類には様々なものがあるが，仮想通貨の代表的な例である「ビットコイン」についてみると，全世界において，本年11月末時点で，取扱業者は約10万，1日当たりの取引件数は約17万件，時価総額は約52億ドルに上ることが指摘されている」との状況を踏まえ，「仮想通貨について，その移転が迅速かつ容易であること，匿名での利用が可能であること等から，マネー・ローンダリング等に悪用されるリスクが国際的に指摘されている」として，「仮想通貨に対するマネロン・テロ資金供与対策は，我が国を含む国際社会の最優先課題の1つとなっている」ことを指摘し，また既述のMTGOXの破綻に言及のうえ，利用者保護の観点からの制度的な枠組みを構築する必要性を指摘した。

その後，平成28年5月25日，BTC等の仮想通貨について国内で初めて規制を含む「情報通信技術の進展等の環境変化に対応するための銀行法等の一部を改正する法律」が成立し，同年6月3日公布された。同法により，本則と附則の改正をあわせ，銀行法，電子記録債権法，資金決済に関する法律（以下「資金決済法」という。），犯罪による収益の移転防止に関する法律等20の法改正が行われた。

7.2.3　資金決済法の改正と実定法・倒産法における未解決の問題

資金決済法の改正による仮想通貨に関するマネロン・テロ資金供与対策と利用者の信頼確保の観点からの法規制の主要な点は次のとおりである[7]。
・仮想通貨交換業への登録制の導入（資金決済法63条の2）
・名義貸しの禁止（同63条の7）
・情報の安全管理（同63条の8）
・利用者に対する情報提供（同63条の10）
・利用者が預託した金銭・仮想通貨の分別管理（同63条の11）

236　第Ⅳ部　制度設計

・分別管理および財務諸表についての外部監査（同 63 条の 11）
・当局による報告徴求・検査・業務改善命令・自主規制等（同 63 条の
　14〜）
・外国仮想通貨交換業者の勧誘の禁止（同 63 条の 22）

　仮想通貨という名称には「通貨」の文字が含まれているが，資金決済法における定義規定によっても，「財産的価値」と定められているにすぎない（資金決済法 2 条 5 項）。

　また，通貨の単位および貨幣の発行等に関する法律 2 条 3 項において，通貨とは，貨幣および日本銀行法 46 条 1 項の規定により日本銀行が発行する銀行券をいうと定められているが，今回の改正において同法の改正は含まれておらず，仮想通貨は法定通貨ではない。したがって，資金決済法の改正後も，財産的価値である仮想通貨が，他の実定法上・倒産法上，どのように取り扱われるか，その位置づけは依然として明確ではない。

　このように，これまでに行われた仮想通貨に関する法改正では対応し切れない未解決の法的課題が残されており，フィンテックを導入する金融機関，フィンテックの利用者いずれの立場からも，その法的リスクや課題を十分に把握・検討したうえでの制度設計や対策を講じがたい状況にある。

7.2.4　現行の倒産手続におけるフィンテックへの適応

　フィンテックおよびその具現化たる仮想通貨が，実定法上・倒産法上どのように取り扱われるかについては，未だ十分な検討および議論がなされているとはいえず，今後の研究が待たれるところである。もっとも，フィンテックへの法整備への端緒となった MTGOX の破産手続においては，破産法の改正を経ることなく，一部フィンテックの特性に適応した破産手続がとられている。

　既述のとおり，MTGOX について，平成 26 年 4 月 24 日，破産手続開始決定がなされ，その後，平成 28 年 5 月 25 日まで，5 回の債権者集会が開催されているが，各債権者集会で配布された資料はすべて，ウェブサイトで一般に公開されている。

　MTGOX に対しては，全世界百数十カ国に 10 万人以上の債権者がいるため，従来の破産手続により，全債権者が書面による破産債権届け出をする場

第10章 パーソナルファイナンスの主体をめぐる与信・決済・運用のモデル像と債権法改正・倒産法改正・特別法改正のあり方の視点　237

合，書面の送付，受領，管理等甚大な事務処理の必要性が見込まれ，また多大
な費用および時間を要することが予想されたとして，破産管財人の事務負荷の
軽減および破産債権者の利便性の向上の観点から，フィンテックの特性に応じ
た対応として従前とは異なる次のような対応がとられている。

　・ウェブサイトでの情報提供
　・BTC 交換所業・取引に精通する支援企業との支援契約締結
　・BTC 取引所の利用者である債権者とそれ以外の債権者の類型化
　・BTC 取引所の利用者である債権者について，支援企業の BTC 取引所と
　　の連動によるウェブサイトによる債権届出
　・BTC による破産配当可能性の検討

　当該破産手続きは，平成 28 年 5 月 28 日の債権調査期日において，すべての
届け出債権について認否を完了した段階であり，平成 28 年 5 月 25 日付報告書
において「破産配当が可能となる場合に BTC を配布する方法を用いるか否か
については，引き続き検討中である」との記載があることから，今後の手続き
の進行等を注視する必要がある。また当該破産手続きが，今後のフィンテック
企業にかかる倒産手続きを方向付ける試金石となることが見込まれる。

7.2.5　フィンテックをめぐる法整備の必要性とその課題

　改正資金決済法は，公布の日から起算して 1 年を超えない範囲内において，
政令で定める日から施行されることとされている。もっとも，既に述べたとお
り，同法による仮想通貨に対する規制は，資金決済という局面に限られたもの
であり，民法上，仮想通貨はどのように取り扱われるかすら定まっていない。

　またフィンテックは，仮想通貨に限定されるものではなく，ブロックチェー
ン等の技術を利用し，今後どのような金融サービス等が開発されるか，未知数
である。

　既述のとおり，破産手続においては，法律改正を待つことなく，一部フィン
テックに適応した手段が講じられているところではあるが，これは破産法が内
包する手続の柔軟性によるところが大きい。

　仮想通貨 1 つをとっても，金融商品取引法，出資法，利息制限法，消費者契
約法の規制は及びうるのか，また仮想通貨に対する保全，差押え等は可能か，

238 第Ⅳ部　制度設計

税法上どのように取り扱われるべきか等，様々な論点が考えうるところであり，引き続き，検討する必要がある。

　なお，注3の田中・遠藤（2014）論文の後編の論文では，以上の点について，場合によっては判例上の信託の法理を用いての利用者保護の必要性も含めた詳細な検討をなしているが，その際に法的問題状況を以下の図表10.3でまとめているので参照されたい。

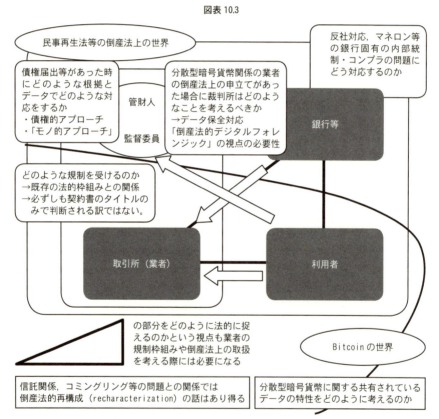

図表10.3

（出所）田中幸弘・遠藤元一（2014）「分散型暗号通貨・貨幣の法的問題と倒産法上の対応・規制の法的枠組み（下）マウントゴックス社の再生手続開始申立て後の状況を踏まえて」『金融法務事情』，62 (12), 54頁。

8 特別法立法・改正とパーソナルファイナンス

8.1 消費者契約法の改正

消費者契約法では，重要事実の不実告知が行われて，それが事実と誤認して契約した場合について，消費者の取り消しを認めているが，2016年の改正でその範囲が拡大された。いままで，重要事実は，契約の目的となるものの質，用途，内容や取引条件とされていたが，消費者の生命，身体，財産その他の重要な利益についての損害または危険を回避するために通常必要であると判断される事情についても，不実告知があった場合の取消しが可能になった。また，勧誘規制については，不特定多数に向けた広告でも，勧誘に含まれると解釈される可能性があることが最高裁の平成29年1月24日判決で示され，広告やパンフレット類において適切な正確な表現が行われているか，不当表示ではないかなど慎重なチェックを行う必要がある。

また，無効条項に関しては，「債務不履行の規定に基づく解除権または瑕疵担保責任の規定に基づく解除権をあらかじめ放棄させる条項」が無効条項とされ，10条前段の「民法，商法その他の法律の公の秩序に関しない規定の適用による場合に比し，消費者の権利を制限し，又は消費者の義務を加重する消費者契約の条項」の例示として，「消費者の不作為をもって当該消費者が新たな契約の申込み又は承諾の意思表示をしたものとみなす条項」が「消費者の利益を一方的に害する」場合に無効とする規定が設けられた。

これらは，民法の定型約款における不当条項ともども，規約等に定めておいても，契約の内容とはならない。パーソナルファイナンスにおける取引約款の相手方不利益条項についての妥当性の検証を行う必要がある。

8.2 割賦販売法の見直しと今後

8.2.1 割賦販売法の改正

わが国では1961年の割賦販売法の制定以来，「割賦購入あっせん」として，クレジットカード会社とその会員（利用者），販売店（クレジットの加盟店）

という，直接契約関係のある三当事者型を念頭に，適正な取引条件の表示など取引の公正を確保するとともに，三当事者型における抗弁の接続などの利用者保護を図ってきた[8]。しかし，今日一般化しているカード取引は，多数当事者型クレジットカード取引である。すなわち，カード会員が利用する販売店等はカード会員の所属するカード会社とは限らないし，国際ブランドを冠した国際カードにおける原則的な取引は，1回払いであって，割賦販売法が適用される分割払方式やリボルビング払方式でないのである。また，国際ブランドとの提携により，販売店は，わが国の販売店であるとは限らず，また，インターネット取引の進展により，海外の販売店との取引も，日常的になっており，伝統的三当事者型取引における分割返済を想定した現行の民事ルールでは，対応できなくなっている問題がある。

そこで 2015 年 7 月に「産業構造審議会商務流通情報分科会割賦販売小委員会」で取りまとめられた報告書では，クレジットカード取引にかかわる主体が多様化している実態を把握したうえ，割賦販売法の規制対象とならない加盟店管理専業者（acquire）や決済代行会社（Payment Service Provider：PSP）における悪質販売業者への排除のインセンティブが不足していることを指摘して，カード発行会社（issuer）と販売店が異なるオフアス取引が一般化している現状を踏まえ，カード会社の機能分化に対応した規制を導入することを提言した。

これを受けて経済産業省は，割賦販売法の改正に着手し，追加で提言のあったカードおよび端末機の完全 IC 化やカード情報のセキュリティ強化の義務付けを含めた改正割賦販売法が 2016 年 12 月に成立し，公布されている[9]。これにより，Acquire と PSP は，経済産業省に登録しなければ営業ができなくなり，1 回払い取引も含めたカード番号の取扱の安全管理がカード会社だけでなく，販売店にも義務化され，カード情報の取扱のセキュリティは大きく向上することが見込まれている。また，インターネット取引を含め，不良販売店の排除の基本的な枠組みが完成したといえよう。

また，カード取引において，加盟店に対しても，不正なカード取引を排除する義務を課したことから，IC カード端末の設置を促進するほか，カード番号等の非保持化を進める必要があるが，スマートフォンやパソコンを利用した取

引において，カード番号ではなく，これをトークン化して決済に活用すること
など，今まで以上にフィンテックを活用した安全な情報取引に取り組むインセ
ンティブが生まれたといえる。

　消費者信用取引でも，数十年続いたカードという有体物を媒体とした取引か
ら，情報とフィンテックを利用した取引に大きく変化し，2015年に改正され
た個人情報保護法とともに，情報の安全な取扱いと他からの不正アクセスを排
除することが強く求められるようになり，取引関係者の義務が強化されてい
る。

8.2.2 国際決済システムの多角的活用

　また，国際ブランドマークを冠したカードは，クレジットカードにとどまら
ない。2015年頃から，まずインターネット専用の国際ブランドマークを冠し
たプリペイドカードの発行が始まり[10]，次に店頭でも利用できるプリペイド
カードが発行された。

　また，銀行がキャッシュカードとは別に，国際ブランドマークを掲げる世界
中の販売店で利用できるデビットカードを発行するようになり，2017年1月
現在，三メガバンクと主要な銀行で発行されるようになり，利用者は，世界中
の販売店で，前払い・即時払い・後払いの方法で商品の購入ができるようにな
り，資金の引き出しも可能となっている。このように，国際ブランドの決済シ
ステムを活用して，多様な決済システムが利用可能となっている。

　これらの取引においても，媒体がカードから，Apple Pay, Android Pay な
どスマートフォンの情報処理と Felica 方式の NFC 機能を利用し，カード番号
を保存しないで，トークンで取引するなど等新たな視点での安全対策が盛り込
まれるようになっている。Apple Pay では，i Touch 認証というスマホの媒体
と指紋で認証する制度を採用し，Android Pay も同様な指紋認証を採用してお
り，紛失や盗難にあっても，他人の不正使用を防止できる仕組みを導入してい
る。プリペイドカードが資金決済法，デビットカードが銀行法の規制下にあ
り，割賦販売法の規制があるクレジットカードとは，異なる法制下にあるが，
Acquire（アクワイアラ）を共通としている面があり，割賦販売法のアクワイ
アラ規制により，その加盟店もカードの種類，Issuer（イシュア）の違いにか

242　第IV部　制度設計

かわらず，共通の不正使用対策，安全管理を行うことが必要になってきたといえるだろう。

8.3　銀行法・貸金業法の規制緩和と整理

8.3.1　フィンテック企業の金融サービスの拡大

　仮想通貨にとどまらず，内外のスタートアップ企業が，様々な金融サービスを提供しており，また企画している[11]。これらを受けて，日本銀行は2016年6月1日，「情報通信関連など新しいテクノロジーを金融面に応用し新しいサービスに繋げていく，いわゆる「フィンテック」への注目が一段と高まっている環境を踏まえ」，決済機構局内に「フィンテックセンター」を設立した。また，金融庁は，2015年12月にフィンテックに関する一元的な相談・情報交換窓口として「フィンテックサポートデスク」を設置し，フィンテックをはじめとした様々なイノベーションを伴う新たな事業分野を対象に，具体的な事業・事業計画等に関連する事項について，幅広く金融面等に関する相談を受け付け，積極的な情報交換・意見交換等を行うとして，金融イノベーションに対して積極的に対応を行っている。

　2016年11月に公表された「金融庁におけるフィンテックに関する取組み」によると，法令解釈を問い合わせてきた事業主のサービス分野は，金融機関の協業（代理・仲介・販売）に関するものが3割弱，仮想通貨が2割，クラウドファンディングが1割強となっている。また，法令別の問い合わせでは，金融商品取引法が3割，資金決済法・銀行法がそれぞれ2割，貸金業法が1割弱となっている。

　このような相談状況から，フィンテック企業が金融機関と共同して利用者向けの新サービスを提供しようとする場合，金融商品取引法や銀行法，貸金業法の代理や仲介の問題が大きなネックとなっていることが窺われる。

8.3.2　代理と媒介に関する整理

　フィンテック企業のサービスの提供や銀行や貸金業者との協業業務が，銀行法や貸金業法の代理店等に該当し，当局の許可や登録等の必要性があるかどう

かは，そのサービスの拡大に大きな影響がある。というのも，フィンテック企業の多くは，スタートアップ企業であり，許可等が必要となるならば，要件としてのその人的資源や財産的基礎，法令の求める適切な運営体制の整備等に，多大な負荷がかかることになり，サービスの提供価格や運営に反映されるからである。

現在の銀行法では，「銀行代理業」とは，銀行のために① 預金又は定期積金等の受入れを内容とする契約の締結の代理又は媒介，② 資金の貸付け又は手形の割引を内容とする契約の締結の代理又は媒介，③ 為替取引を内容とする契約の締結の代理又は媒介のいずれかを行う営業をいう，と明確に定義されている。ここには，代理だけでなく，媒介を行うときも銀行代理業であるとして，内閣総理大臣の銀行代理業の許可が必要とされている。

次に貸金業法をみると，代理についての明確な定義はなく，内閣総理大臣への登録事業者からの届出が必要とされており，媒介についての規定はない。しかし，平成27年12月1日付けの金融庁における一般的な法令解釈に係る書面照会手続において，貸金業法第2条第1項に規定する「金銭の貸借の媒介」（以下「金銭の貸借の媒介」という。）に該当する行為として，原則として，① 契約の締結の勧誘，② 契約の勧誘を目的とした商品説明，③ 契約の締結に向けた条件交渉をあげている。なお，金銭の貸借に関して① から③ の各行為の事務処理の一部のみを行うに過ぎない場合は，金銭の貸借の媒介に至らない行為といえる場合もあるとして，

① 商品案内チラシ・パンフレット・契約申込書等（以下「契約申込書等」という。）の単なる配布・交付
② 契約申込書及びその添付書類等の受領・回収
③ 住宅ローン等の説明会における一般的な住宅ローン商品の仕組み・活用法等についての説明

をあげ，金融機関サイドに立ち，① 商品案内チラシ・パンフレット・契約申込書等の単なる配布・交付，契約申込書およびその添付書類等の受領・回収，住宅ローン等の説明会における一般的な住宅ローン商品の仕組み・活用法等についての説明を行うだけなら，貸金業の登録は不要な業務として行うことも可能である。しかし商品案内チラシやパンフレット，契約申込書等の単なる配布

または交付を超えて，契約申込書等の記載方法等の説明まで行う場合には金銭の貸借の媒介に当たる可能性があり，契約申込書の単なる受領・回収または申込書の誤記・記載漏れ・必要書類の添付漏れの指摘を超えて，契約申込書の記載内容の確認等まで行う場合には，金銭の貸借の媒介に当たる可能性があることとしている。

なお，銀行の預金等の契約に際して媒介する場合，主要行等向けの総合的な監督指針では，銀行の立場に立って行うものだけを規制対象にしているのに対し，貸金業法では資金の融通を受けたい者と資金の融資を行いたい者との間に立って金銭消費貸借契約の成立に尽力する行為は，資金の融通を受けたい者または資金の融資を行いたい者のどちらのために行われているかを問わず，金銭の貸借の媒介に該当するとしている点が異なる。

したがって，貸金業者の行う貸付けにフィンテック企業が協業・競業する場合には，このような当局の解釈の相違が大きな制約になる可能性がある[12]。

8.4　金融行政の今後の方向性との関係[13]

銀行が，従来の法制度では必ずしも想定されていなかった様々な金融サービスを検討するにあたり，フィンテックベンチャー企業に関する「様々なリスクを適切に管理するなど業務の健全かつ適切な運営を確保することが求められ」ることは，先駆的な銀行の経営者であったとしても，経営判断として，受け入れ難いと考えらえる[14]。

また銀行が，フィンテックの進展等にあたり，新たな金融サービスを提供するにあたり，リーガル・チェック等態勢もイノベーションの阻害要因になる可能性がある。銀行の法務・コンプライアンス部門として，悩ましいのは，「FinTech・ベンチャーに関する有識者会議」2018 年 5 月 16 日に第 1 回会合における森金融庁長官の発言にも登場する「レギュラトリー・サンドボックス」への対応である[15]。

アナウンスメントをして，そこに耳目を集めて，いろいろな人を集めるという戦略もあるのかもしれないが，日本にそれだけのニーズがあるか，あるいは日本にそれだけ準備があるのか，一方で，金融庁のフィンテックにおける対応の目的は，金融サービスの向上とそれによって利用者の利便性を高めていくこ

とととともに，金融システムの健全性・安定性をしっかりと確保することである
ことを踏まえると，「もし日本で真に革新的で，真にユーザーのニーズを満た
すもので，しかもセキュリティをきちんと確保した上で，これを試したいとい
うものがあれば，金融庁の目的に照らしてそれを拒否する理由は全くない。大
事なことは，アナウンスメントすることではなく，こういう案件があるが，こ
れは規制にひっかかっているものの，真にユーザーの利便性を高めるものであ
り，革新的なものなので，こういう工夫でセキュリティを確保した上で試した
いという案件を見出すこと。そうした案件を持ってきていただければ，金融庁
は喜んで取り組むことになる」とされていることに留意すべきであろう。

　もっとも，地域金融の改革をみる限り，森金融庁長官は，1998 年の金融危
機以後の金融行政を着実に改革しているように思われる。不良債権の処理のた
めに，1999 年に生まれた金融検査マニュアルが廃止されるのであれば，メガ
バンクから地域金融機関まで，発想の転換を余儀なくされるだろう。

　2016 年 8 月 24 日，「金融モニタリング有識者会議」の第 1 回会合が開催さ
れた。越智金融担当副大臣の冒頭挨拶，これに続く，森金融庁長官による問題
提起などで，金融庁が「金融処分庁」から，「金融育成庁」に生まれ変わろう
とする強いメッセージが述べられている[16]。

　「平成 27 事務年度金融行政方針」を改めて見返すと，「Ⅰ．金融行政の目的」
「Ⅱ．金融行政の目指す姿・重点施策」に続き，「Ⅲ．金融庁の改革」がテーマ
になっている。「金融庁職員が積極的に国益へ貢献するための意識改革を推進
していく」なかで，民間の銀行も意識改革をしなければ，金融資本市場から取
り残されることになる。

　フィンテックが，「既存の金融ビジネスを最新の IT を駆使して再編成しよ
うとする試み」になるのか[17]は今後の帰趨次第だが，金融業界の価値観の世
代交代をもたらす起爆剤にはなるだろう。変化に対応できない銀行が淘汰され
ていくのは，歴史の必然である点は自覚したうえで，メガバンクを中心とした
対応と，地方再生の文脈における地方の金融機関での対応が検討せざるを得な
いことになるように思われる。

　なお，その点，メガバンクの一角においてアマゾンのクラウドシステムとの
業務提携により，三菱 UFJ 銀行のグループがクラウドの本格的な投入を発表

246　第IV部　制度設計

したことは注目に値する（日本経済新聞，2017）。

　今後は同様の施策がフィンテックの文脈で展開され，本章で指摘した内部統制・コンプライアンス対応が各主体において精査されつつ事業展開されていくように思われる。

9　金融グループの内部統制・コンプライアンス態勢と　パーソナルファイナンスを考える視点と意義

9.1　フィンテックとブロックチェーンとクラウド後の世界

　現状で日本の金融機関およびファイナンス会社においてブロックチェーンシステムやクラウドをいわゆる「フィンテック」との関係で考える意義は以下の点ではないかと思われる。

　① 全銀システムが関係する領域以外の分野での業務切り出し・データ管理　の可能性の検討

　これは，フィンテックと称して自行・グループ会社の全業務を改革するのか，主要業務はそのままのシステムで運用しつつ，特定の業務を「フィンテック」的に業務を切り離して展開するのかによっても意義が異なってくるように思われる。

　少なくともデータの保存先が異なり（外部ストレージ），ブロックチェーン（とくにパブリックブロックチェーンによる場合）の情報の特定性は高くなるであろうから，別段預金等のロジックを利用する必要のあるシステム（資金の帰属がどの利用者に帰属するのかが不明確となる）と別途，資金移動（電子的資金移動）が明確に時系列に従うものを別システムで回すことも金融機関等の選択肢として活用しやすくなる可能性があるように思われる。

　② 自行・自行グループにおけるデータの登録・保存・管理体制の再構築に　よる業務効率化・低コスト化・リスク分散化

　紙ベースでの情報の管理は，訴訟等における証票としての証拠能力を一定レベル以上で確保する必要性が従来は配慮されていたと思われる。しかし，ネットワークを通じた分散型電子暗号を利用することで法制度上も，その証拠力が一定レベル以上を確保される環境が進捗した場合（ようやくわが国でもe司

法・e 裁判が進展する可能性が出てきつつある）には，紙ベースでの自行・自社およびそれぞれのグループにおける情報管理体制の再構築を効果的に進めることができる可能性がある。

　③ 信託業務との関係でのアカウント概念の明確化（誰の資産なのかの特定化）→通常業務での別段預金概念の無用化まで踏み込めるかは銀行次第

　日本には「アカウント」を取り扱う特別法が存在しないが，信託業務における金銭の帰属の特定性，それを踏まえた分別管理性を補完する機能をブロックチェーンシステムは果たす可能性があるように思われる。これは信託銀行の倒産リスクにおける信託財産と銀行財産の倒産法ベースでの分別管理性の確保で，これは換言すれば，コミングリングリスクの解消へと連なる機能を果たす可能性があることに留意するべきであるように思われる。

　この点はビットコインを取り扱っていたマウントゴックス社の破綻と債権者の権利の確保の枠組みでも関連してくる事項であるので，のちに言及することにする。

　④ ネットワーク経由での情報リスクに対するリスク管理体制，セキュリティ体制の効果的な対応

　クラウドにより外部ストレージで情報を管理することで，データを自社システムに集中させていることによるネット経由の悪意ある攻撃による流出リスクを分散させ，当該被害が生じた場合の責任分界点を明確にすることができる点はすでに述べたとおりである。

　しかしながら，わが国の金融機関における預金の特別な位置づけについては別途検討が必要かもしれない。すなわち支払手段としての預金債権，担保的機能を有する預金の担保的機能という特性が，① 〜④ の関連で従来の金融機関の業務にどのような影響を与えるかという問題である。この点については民法改正における相殺関連の規定との関連での話も含めて金融機関における預金の位置づけの変化を導くのかどうかという問題でもあるように思われる。

　上記① における既存のシステムとは別に別途決済系の機能を切り出すについてビットコインやブロックチェーンとクラウドを利用する場合は，このような問題への対応の選択肢の１つとなる可能性を有しているように思われる。

　この点について，預金機能を持たないファイナンス会社ではかかる問題を検

248 第IV部 制度設計

討する余地は基本的には存在しないことになるので，その点競争条件の問題として優位に解する余地があるのかどうかについての検証が重要になってくるように思われる。

9.2 他の制約要因をどうするか

金融機関やファイナンス会社がフィンテック関連で，ブロックチェーンやクラウドを利用することが進展していく場合に，とくに上場会社である金融機関やファイナンス会社については単体とともに実質支配基準による連結の枠組みでの企業グループについての内部統制とコンプライアンスの枠組みでの対応が必須となる。

この場合，以下の主体による，フィンテック関連でのブロックチェーンやクラウドで保有されているデータについての検証がそれぞれの主体の職務と注意義務により遂行されることになるのであるが，フィンテックを推進している主体はこの点についてどの程度留意したうえで制度設計を行っているのかは，とくに業務提携等を行っている主体と以下の各主体においては気になるところであろう。

① 監査法人の監査業務との関係をどうするか

監査法人が会計監査をする場合，内部統制報告書を監査する場合に，具体的なブロックチェーンを用いた取引についての調査を行う可能性があるであろう。どのようなブロックチェーンのシステムを使うかにより，実際の監査業務における調査がどこまで可能なのかを事前に明らかにしておく必要性はあるように思う。

ビットコインを用いた取引において，その取引分が当該金額について適切に特定のホルダーに保有されていることをどのように確認するのかは監査法人の公認会計士によっても適切な基準を想定していない場合も想定されるように思われる。特定のプライベートキーをホルダーに確認するところまでは概念的には可能であるとは思われるが，実際に確認することを要するのか等の検討が必要であるように思われる。

この点，オンプレミスのクラウドの枠組みであれば内部で必要なキーの管理規定を整備しておくことで，円滑な監査に必要な調査をすることは可能である

ように思われる。その分パブリッククラウドの利便性を享受することができなくなる場合がある。

② 監督官庁による検査体制との関係をどうするか

金融機関の場合は銀行法に基づく金融庁による検査，貸金業者の場合は貸金業法に基づく金融庁による検査があるわけであるが，当該検査において監督官庁の担当者が上記取引において何を検査することができるのかについてはあらかじめ行内的・社内的に整備をしておく必要があるように思われる。

殊に金融検査マニュアルにおいて，ブロックチェーンシステムを利用している主体との関係では，犯収法（犯罪収益移転防止法）との関係での反社チェックについての具体的な対応もグループ内で手続を整序しておく必要もあるように思われる。

この点はブロックチェーン固有の問題のみでなく，たとえば他の主体との関係でのブロックチェーンを利用したシステムに関連する資産を担保として取引を行うことができるか等の担保関連の業務に付随する問題としても，内部統制とコンプライアンスの問題としてあらかじめ対応しておく必要があるように思われる。担保実行しようとしたときに権利実行や権利の特定のためのツールを容易に入手できない等の状況が招来されるような場合には実質的に担保の実行力を欠く担保取得を行ったと受け取られかねないなど，本来の金融機関やファイナンス会社の担保管理業務との関連での問題も想定される点に留意する必要があるように思われる。

③ 国税等徴税当局による査察対応をどうするか

国税徴収法等による特定の主体についての国税あるいは地方税法に基づく自治体職員による査察等に対してどのように対応するか，必要な情報としてどのような情報の適用が要請される可能性があるのかについては，社内的な対応を整備しておく必要があるであろう。

殊に今後パブリッククラウドを前提としたシステム構築が認められた社会になった場合において，どのような形で必要な情報にアクセスし，その際のアクセスの先の特定をどのように必要な範囲で行うことになるのかを社内システムの中で明定しておく必要があるように思われる。

以上の3点について，それぞれの主体の監査業務・検査業務・査察業務の慣

250　第IV部　制度設計

行・体制との整合性・適用可能性が確保できるのかは，とくに上場企業，上場企業グループにおいては内部統制とコンプライアンス対応の問題として重要であるように思われる。

10　今後さらに検討されるべき問題

　以上，フィンテックを検討・推進している主体，およびそのグループ会社との関連でのモデルを検証する際の視点について総則的に言及してきたわけであるが，この後検討を要する各論的な項目を含めた項目には以下のようなものがあるように思われる。

10.1　金融機関の三大業務（預金，貸付，為替）との関係での具体的な展開についてのフィンテックについての可能性

　ブロックチェーンを利用したシステムの具体的な内容次第であるが，ネットを利用した分散型暗号システムとしてのブロックチェーンを用いた場合に，銀行の基本業務としての預金，貸付，為替の各取引の残高との関係で，この制度を利用した業務残高を他の業務との関係でどう位置づけるのかという問題はあるように思われる。とくに，ブロックチェーンを用いた特定の資産分について預金債権を支払手段とする相殺制度の中での法的構成をどのようにするのか等の問題は今後検討される必要があるであろうし，別段預金を前提とするシステムの中でブロックチェーンで匿名性を確保しつつも特定性が確保されている残高分の帰属関係のロジックをどのように整合性をもって説明することになるのかは今後の課題であるように思われる（三式簿記を用いた資産とそれ以外の資産をどのように取り扱うのか等の問題も関連するように思われる）。

10.2　銀行の全銀システムとの関係で出てくる可能性のある問題の検討

　各行は日本の全銀システムの中で，その枠組みを踏まえて他行取引を行っているわけであるが，全銀システムにおいてブロックチェーンを用いた取引を連続性をもって取扱うのか，別途の資産勘定として取り扱うことになるのかは今後の課題となるように思われる。

この問題は，預金口座に対する差し押さえ等が行われた場合にブロック
チェーンを用いたシステムの取引をどのように取り扱うのかという問題にも関
係する可能性があるだろう。あまりに財産としての独立性を強調しすぎると，
ある意味では差し押さえ禁止財産を作ることになるとの議論を招来しかねない
場合はないかどうかという問題を内包していると思われるからである。

10.3　預金を決済手段とする日本の金融機関における担保システムと
　　フィンテックの進捗により懸念される摩擦的問題

　いわゆる相殺の担保的機能との関係でブロックチェーンを用いたシステムで
の資産をどのように取り扱うのか，受働債権としての預金債権に，ブロック
チェーンを用いない従来のシステムでの預金債権とブロックチェーンを用いた
預金債権を同じ預金債権として取り扱うことになるのか等の問題の整序が今後
必要になるように思われる。

10.4　金融機関の倒産手続とフィンテック

　上記 10.1～10.3 との関係もあるのであるが，銀行の倒産時の預金債権の取扱
いについてブロックチェーンを用いた預金債権はどのように取り扱われること
になるのか，預金保険機構との関係で預金保険法の適用対象債権に入るのか
入ったとして，それを超過した分の債権届け出において預金者はどのような債
権届け出をする必要があるのか。この点については，秘密鍵の取り扱いを要す
るブロックチェーンなのか，オンプレミスでのプライベートブロックチェーン
の場合なのかで預金者の利益状況に差は出てくるのか等が，倒産法の枠組みと
の関係で問題になるように思われる。これはマウントゴックス社の経営破綻に
よるビットコインホルダーの債権届け出の問題とパラレルな問題を惹起する可
能性があるように思われる。

10.5　金融機関のM&Aとフィンテック

　仮に今後金融機関やファイナンス会社がブロックチェーンシステムを用いた
システムを業務の一部についてでも採用することになる場合に，パブリックな
システムかプライベートなシステムかにより，実際にM&Aが問題になった

252　第Ⅳ部　制度設計

ような場合に，当該資産の評価や査定をどのように行い，かつデューデリジェンスを行う主体はどのような形で，それを行うことになるのかを検証しておく必要があるように思われる。

　この点は，適切な資産評価の方法如何の問題だけでなく，実際にパブリッククラウドでのブロックチェーンシステムを保有するに至った場合に資産状況を過小に装ったり，資産を隠匿したりする手段としてブロックチェーンを利用することが行われるリスクについて，その検証方法を精査しておく必要があるように思われるということである。

　また，M&A の客体となったような場合に，特定の資産について責任財産から外す等のいわばポイズンピルの亜種のような利用が可能なのかどうかについても検証しておく必要があるように思われる。

10.6　各種決済機能の担い手との業務交流と関連当事者の倒産リスクとフィンテック

　ブロックチェーンを利用した資産の取り扱いについて，ブロックチェーン上の履歴と当該履歴を移転させずにアカウント上金額ベースで取引を行い，それを直に名義を移転させることなく取引が行われる可能性があり得ることがマウントゴックス社の倒産時に検討された。

　筆者は別稿において，場合によってはわが国の最高裁判決における信託法理により適切なホルダーの救済が必要である旨を説いたのであるが（後掲参考文献田中・遠藤論文後編（下）73 頁以下），今後はブロックチェーンを用いた取引が他行間でも行われたり，他業態の決済手段として利用される余地も想定されることから，この決済も含めたアカウント間の取引のブロックチェーン履歴と実際の取引の齟齬の問題をどのように認定するのかの基本的考え方を整理しておく必要があるように思われる。

10.7　フィンテックにおける会計準則，税務の考え方―グループ会社の監査は現行通りで実施できるのか

　クラウドを用いた資産の情報が多方面に分散している場合に，このデータに基づく資産の取り扱いについては，現行の会計準則ならびに税務の考え方では

第10章　パーソナルファイナンスの主体をめぐる与信・決済・運用のモデル像と債権法改正・倒産法改正・特別法改正のあり方の視点　　253

どのように取り扱うことになるのかの実務上の整序が必要であるように思われる。

　その際，資産の特定性の問題と，決済を実行するに際して必要とされる権限あるいはデータの帰属がどのような基準で整理されることになるのかは監査を行う監査法人ならびに公認会計士，リーガルの判断を行うことになる弁護士，課税基準を判断することになる税理士からすると否応がなく検証が必要になる問題であるように思われる。

10.8　ビットコイン等の分散型暗号通貨保有者を取引先として審査する場合に信用リスクをどう考えるか

　単純な債権債務関係に基づく債権者としての当該債権の資産価値と，ビットコイン等の分散暗号型通貨の資産価値をどのように考えるのかは場合によっては微妙な問題を惹起する可能性がある。上記 10.6 のような取引を前提とした資産帰属の問題だけでなく，取引当初には実行に必要な秘密鍵を保有していた主体が秘密鍵を失念したような場合をどのように取り扱うのかなどの実務上の担保価値の管理の問題が存在するように思われる。

10.9　銀行の取引先の倒産とフィンテック

　取引先が倒産した場合に，ブロックチェーンシステムを利用した資産からどのように債権回収を行うか，換言すれば担保権実行を行うためにはどのようなものを入手しておく必要があるのか，あとからどのようなものの提供を受けることができる旨契約で定めておく必要があるのか，場合によっては担保実行に必要な行為についての協力義務を別途定めておく必要がないのか，等についての債権回収上の留意点についての問題の整理をしておく必要がある。また相手先が破産法や会社更生法の申請をした場合に，担保権者あるいは債権者として手続上どのように手続きする必要があるのか，また管財人はどのような対応をし，場合によってはどのような情報を入手するために誰に業務委託を行うことができるのかなどの問題を検証しておく必要があるように思われる。最後の問題はデジタルフォレンジックの問題として MTGOX 社の会社更生法の枠組みとの関係でも問題となったものである。

254　第IV部　制度設計

10.10　ブロックチェーンシステムを使った上場会社株式管理システムの構想

　これは，上述の2つのモデルの後者の延長上の問題であるが，既存の上場会社の株主名義の管理をブロックチェーンシステムを利用して管理することは現行法上可能か。可能とした場合はどのような点に留意する必要があるか。不可能とした場合はどのような法改正を行う必要があるのかというのは今後の会社法のあり方を考えるうえでも非常に重要な問題であるように思われる。

　現状の株主の確定，議決権・権利落ちをめぐる基準日の問題を解消する可能性を内包する可能性があるように思われるからである。

注

1　クラウドシステムについては，以下の記述については，金丸浩二・河野省二・久保田朋秀ほか著「クラウドセキュリティ　クラウド活用のためのリスクマネージメント入門」翔泳社を参照している。なお，会計関係については，土井貴達・米津良治・河江健史編著『会計事務所と会社の経理がクラウド会計を使いこなす本』ダイヤモンド社を参照のこと。

2　フィンテックとは何かについては，取り上げられる論者・報告書・書籍等で多義的であるが，金融をめぐる電子暗号やネットシステムを利用したテクノロジーに関する議論であることは共通しているといってよいであろう。この点については，たとえば，森・濱田松本法律事務所増島雅和・堀天子編著「Fintechの法律」（日経BP社）12頁以下では，「インターネット関連技術をはじめとする最新のITで既存のビジネス秩序を再編成しようとする一連の動きの1つ」とする。

3　たとえば前掲「Fintechの法律」130頁以下。なお，本共同研究者の共著論文である，田中幸弘・遠藤元一「分散型暗号通貨・貨幣の法的問題と倒産法上の対応・規制の法的枠組み（上）マウントゴックス社の再生手続開始申立て後の状況を踏まえて」金融法務事情62 (11)，52-63頁，2014-06-10でも，この点について言及しているので，以下の本文でのビットコインをはじめとする分散型暗号通貨およびブロックチェーンの記述については，基本的にはこれを参照されたい。

4　住宅ローンは，貸金業法施行規則10条の21第1項第1号で総量規制の適用除外，銀行のローンは，貸金業法2条1項2号にて貸金業法の適用除外。

5　前掲注3田中・遠藤論文参照。また，ビットコイン型仮想通貨を支えるブロックチェーンとプルーフオブワーク法については，さらに岡田仁志・高橋郁夫・山崎重一郎『仮想通貨　技術・法律・制度』95頁以下も参照のこと。

6　貸借対照表や損益計算書，キャッシュフロー計算書を融資先独自に管理させると粉飾のリスクが紙ベースの資料の改竄可能性との関係で問題となり得るところを，最初のシステムではそもそも財務諸表の改善可能性自体を封殺まではいかないまでも権限を持った企業サイドのアクセスによる改竄はあり得るが，金融機関サイドで権限を持った主体が常にモニタリングし得る状態にあることで，通常の場合よりも粉飾等のリスクは軽減させることが可能である

7　同法の改正および仮想通貨ならびに仮想通貨交換業の内容については，同改正内容のほか堀天子『実務解説　資金決済法（第二版）』『商事法務』37頁以下参照。

8　割賦販売法の最新の解説書である経済産業省商務情報政策局取引信用課編『平成20年版割賦販売法の解説』（日本クレジット産業協会，2009年）39頁以下参照。ここでは，包括信用購入あっせんの契約形態として，①債務引受（立替払）型，②債権譲渡型，③保証委託型等が存在するとして解説する。しかし，多数当事者が主要取引形態となっている現在でも，信販会社等，販売業者

等，購入者等の三当事者のみの関与する形態でしか表示・解説しておらず，国際カードなど多数当事者型クレジットカード取引に関する言及は苦情の処理と苦情処理体制の構築の関係で触れられているだけである。

9　施行は，経済産業省の説明では，2018年5月頃と見込まれている。

10　ライフカードのVプリカなど，券面に登録されたカード番号を入力して決済する方式である。

11　決済分野では，SETL，FactoryBankingなど，為替・送金・貯蓄等では，Ripple，Stellarなど，証券取引分野では，Overstock，Symbiont，BitShares，Mirror，Hedgyなど，仮想通貨では，Bitcoinのほかに，itbit，Coinffeineなど，ソーシャルバンキングでは，ROSCA，移民向け送金では，Toast，新興国向け送金ではBitpesa，イスラム向け送金/シャリア遵法では，Abra，Blossoms等があげられる。

12　金融庁は，2016年12月27日にフィンテック企業の取り組みにおいて当面支障と考えられる項目のいくつかについて見直しを行う旨案を公表し，パブリックコメントを募集し，代理店の許可要件の一部等を見直しこととしているが，媒介関連についての見直しがあるかどうかは不明である。

13　この項目については，「金融行政の重点施策」として，フィンテックを明示した2015年9月18日付金融庁「平成27事務年度金融行政方針」金融庁HP。http://www.fsa.go.jp/news/27/20150918-1.html 参照。

14　「主要行等向けの総合的な監督指針（平成28年3月）」金融庁HP。http://www.fsa.go.jp/common/law/guide/city/03c1.html

15　金融庁HP　http://www.fsa.go.jp/singi/fintech_venture/index.html。なお，レギュラトリー・サンドボックスについては，経済産業省経済産業政策局産業資金課が設置した「FinTechの課題と今後の方向性に関する検討会合（FinTech検討会合）」において，より具体的に議論がなされている。経済産業省HP。http://www.meti.go.jp/committee/kenkyukai/sansei/fintech_kadai/pdf/002_gijiroku.pdf

16　金融庁HP　http://www.fsa.go.jp/singi/monitoring/siryou/20160824.html

17　前掲『FinTechの法律』12頁・24頁（日経BP社）

【参考・参照文献】

田中幸弘・遠藤元一（2014）「分散型暗号通貨・貨幣の法的問題と倒産法上の対応・規制の法的枠組み（下）マウントゴックス社の再生手続開始申立て後の状況を踏まえて」『金融法務事情』，62(12)，72-85頁。

日本経済新聞「三菱UFJ，システムをクラウド化　大手行で初」2017年1月23日朝刊電子版http://www.nikkei.com/article/DGXLZO11980880R20C17A1NN7000/

（田中幸弘・吉本利行・茶めぐみ・林　恵子）

第11章

パーソナルファイナンス関連法制における
経済合理性
―日本とアジア諸国の比較―[1]

1 はじめに

　本章では，アジア各国の経済発展とパーソナルファイナンス関連法制について，日本とアジア諸国の現状を比較することによって，携帯電話（以下モバイルと呼ぶ）の普及率の高まりに合わせた関連法制の整備が急務であり，その法体系整備は経済的に合理的な行動であることを明らかにする。

　さて，一般的に，パーソナルファイナンスは，銀行が行う小口貸付や割賦販売なども含むものと考えられる。具体的には，銀行・証券・保険会社から割賦販売業者・クレジットカード会社および消費者金融事業者（以下，貸金業者と呼ぶ）はじめ質屋に至るまで，幅広い領域で使用される単語である。そこで，本研究では，日本における貸金業法の対象となるビジネスにかかわる研究に範囲を限定する。したがって，ここで取り扱う「関連法制」とは，ノンバンクの中でも，いわゆる貸金業者に適用される貸付にかかわる法令等を対象とし，たとえば銀行法，割販関連法等は対象外である。

　最初に，日本における改正貸金業法施行後の関連業法とアジア各国の関連規制を比較することによって，アジア各国の経済発展に応じて無担保個人貸付業務が発展している様子を明らかにしたい。次に，モバイルの普及は通信端末でできるすべてのサービスを一挙に先進国並みに引き上げる要素も持っていることから，先進国の事例を参考に自国経済の発展状況や実情に合わせた法制整備が急務である。本章の目的はこれが経済的に合理的な行動であることを明らかにする。

具体的には，前半ではアジア各国の発展状況を，各国の一人当たりのGDP，銀行口座保有割合，電子決済割合，モバイル携帯電話普及率，固定ブロードバンド回線契約者数，自動車販売台数，クレジットカード発行枚数，デビットカード発行枚数，フィンテック分野への投資額から分析する。次に，後半では，業法の規制，返済能力調査の義務化や上限金利規制，取立行為に関する規制や監督官庁，信用情報機関の利用などの義務化や外資規制と比較しながら，議論を進めていくことにする。

2　アジア各国の経済発展の現状

ここでは，代表的なアジア各国（シンガポール，日本，香港，韓国，マレーシア，中国，タイ，インドネシア，ベトナム）の経済状況を，以下の視点から明らかにする（図表1，図表2参照）。

2.1　1人当たりのGDP

ここでは，経済発展の目安として1人当たりのGDPで考えることにする。1人当たりGDPが1万3000ドル以上の国を先進国，5000ドル以上1万3000

図表11.1　アジア各国の豊かさ・電子決済率・モバイル普及率・固定ブロードバンド回線等

国　名	シンガポール	香港	日本	韓国	マレーシア	中国	タイ	インドネシア	ベトナム
＄（GDP／人：2015）	52,239	42,431	34,629	27,397	9,768	8,109	5,815	3,346	2,068
％実質GDP成長率（2015）	2	2.4	0.5	2.6	5	6.9	2.8	4.8	6.7
％（銀行預金口座数／100人）（2015）	96	96	97	94	81	79	78	36	31
％（電子決済数／銀行口座数）	90	85	89	88	63	49	37	23	19
％モバイル普及率（台数／100人）（2016）	146	178	173	113	142	95	122	126	152
固定ブロードバンド回線契約者数／100人（2013）	25.7	30.8	28.8	38	8.2	13.6	7.4	1.3	5.6

（出所）IMF *World Economic Outlook*（Oct, 2016），IMF *Financial Access Survey*（*FAS*）（2016），ICT *2016 Digital Year Book*（Jan, 2016），ICT *Fact and Figures 2016*（2016）より筆者作成。

ドル未満の国を中進国，その他を発展途上国と呼ぶことにする。シンガポール，香港，日本，韓国は先進国となり，比較的豊かに暮らしているといえる[2]。マレーシア，中国，タイは中進国となり，まだ発展する余地があると考えられる。インドネシアやベトナムは発展途上国に分類され，これからの発展が大いに期待される。

2.2　GDP 成長率

実質 GDP 成長率は，シンガポール 2.0％，香港 2.4％，日本 0.5％，韓国 2.6％と先進国では 2.6％以下の低い成長率である。中進国，発展途上国は，マレーシア 5.0％，中国 6.9％，タイ 2.8％，インドネシア 4.8％，ベトナム 6.7％と，タイを除いておおむね 4.8％以上という高い成長率である。

2.3　人口 1 人当たりの銀行口座保有率

人口 1 人当たりの銀行口座保有率においては，先進国グループのシンガポールと香港が 96％，日本は 97％，韓国 94％とほとんどの国民が銀行口座を保有していることがわかる。しかし，中進国になると，マレーシア 81％，中国 79％，タイ 78％と国民の中でも約 20％の人達が銀行口座を持たないで生活しているといえる。発展途上国に至っては銀行口座とは無関係に生活している人々がほとんどで，インドネシア 36％，ベトナム 31％と銀行口座を保有している人達はその国のなかでも少数派となる。

2.4　電子決済率

先進国であるシンガポール 90％，香港 85％，日本 89％，韓国 88％は決済取引の 85％が電子決済であるのに比較して，中進国であるマレーシア 63％，中国 49％，タイ 37％と電子決済の比率が急減する。さらに，発展途上国であるインドネシアでは 23％，ベトナム 19％と電子決済そのものが政府や大手企業等のごく限られた決済手段となっている。

2.5　モバイル普及率

シンガポール 146％，香港 178％，日本 173％，韓国 113％，マレーシア

142％，タイ122％と中国95％を除いて1台以上の機種を所有している。とくに中進国のマレーシア126％，発展途上国のベトナム152％となっており，これらの国々でも必需品アイテムとなっていると考えられる。

1人1台以上のモバイル所持率は，インフラ整備が不十分な発展途上国でも，先進国と遜色のない通信回線の確保が保証できることを示しており，インフラ整備の完了を飛び越して，先進国並みのサービスを獲得できることを意味している。したがって，モバイルサービスのプラットフォームに決済機能を付ければ預金口座がなくても送金や決済ができることになる。したがって，発展途上国は，限られた国家予算をダム，道路，水道，学校などのインフラ整備に予算を優先的に回すことができるメリットも享受できる。

2.6 固定ブロードバンド回線契約者数

固定ブロードバンド回線契約（100人当たり）の数値は，その国のインフラストラクチャーの整備状況を推測するうえでも重要な数値である。すなわち，100人当たりの数値は先進国のシンガポール25.7，香港30.8，日本28.8，韓国38.0と4人に1人以上は固定ブロードバンド回線の契約者であるが，中進国のマレーシア8.2，中国13.6，タイ7.4と15％以下の利用者数となっている。発展途上国に至ってはインドネシア1.3，ベトナム5.6，とこれからこの回線を利用するサービスが始まる時期を示す数値である。先進国とそれ以外の国々との大きな差は，電話線網の整備状態に大きく依存していると考えられる。とくに，中進国と発展途上国においては，電話線網がなくてもモバイル回線を用いて固定ブロード回線に備わった同一のサービスを受けていると考えられる[3]。

2.7 アジアのモバイル決済市場

アジア太平洋地域のモバイル決済市場[4]は2016年から2021年にかけて年平均成長率（CAGR）30.4％，同市場規模は2016年予測の719.2億USDから，2021年までに2714.7億USDに成長すると予測している。アジア太平洋地域はスマートフォンの普及率が世界で最も高く，モバイル決済市場も世界的にリードすることが見込まれており，アジア太平洋地域でのモバイル決済のアクティブカスタマー数は今後5年間で2倍に増加し，2021年までに1.3億人に到

260 第Ⅳ部 制度設計

達する[5]。アジア太平洋地域のモバイル決済市場では日本と韓国，シンガポール，オーストラリアといった先進国が市場をリードし，日本と韓国は同市場全体のうち 89.2％のシェアを占めている。さらに，中国のモバイル決済市場の成長も今後見込まれており，アジア市場の成長を加速することが期待される。また，中国のモバイル決済の市場規模は 2021 年までに 1 兆 4233.8 億 USD に成長すると予測している[6]。

2.8 自動車販売，2 輪車販売台数および割賦販売の実態

100 人当たりの自動車販売台数（2015）はシンガポール 1.05 台，日本 3.97 台，韓国 3.12 台，マレーシア 2.14 台，中国 1.79 台，タイ 1.16 台，インドネシア 0.4 台，ベトナム 0.02 台，同じく 2 輪車の販売台数はシンガポール 1.4 台，日本 0.3 台，マレーシア 1.2 台，中国 0.7 台，タイ 2.4 台，インドネシア 2.5 台，ベトナム 3.1 台となっている。経済発展が成熟している先進国は自動車の比率が多く，発展途上国になるほど 2 輪車の比率が増加している。

個品割賦販売の代表として自動車販売におけるファイナンス状況を考察すると，タイとインドネシアの自動車ファイナンス利用率は 80％，ベトナムでは

図表 11.2　自動車販売台数，クレジット・デビットカード発行枚数，フィンテックへの投資額

国　名	シンガポール	香港	日本	韓国	マレーシア	中国	タイ	インドネシア	ベトナム
自動車販売台数 （／100 人）(2015)	1.05	N/A	3.97	3.12	2.14	1.79	1.16	0.401	0.02
2 輪車販売台数 （／100 人）(2015)	1.4	N/A	0.3	N/A	1.2	0.7	2.4	2.5	3.1
クレジットカード発行枚数 (2009)（／100 人）	N/A	N/A	253	N/A	38.9	11.9	22.1	0.6	0.4
デビットカード発行枚数 (2009)（／100 人）	N/A	N/A	N/A	N/A	137.9	135.2	50.4	1.9	32.5
フィンティク分野への投資 (2016 年 7 月末)(100 万 USD)	35	165	68	N/A	N/A	8,848	N/A	N/A	N/A

（出所）MRARKLINE『自動車産業ポータル』，FAMI HP, 劉（2010), Lara Wozniak 'China Leads Global Fintech Investments, Accenture Finds', *News release* 2016/8/24,『アジア自動車調査月報』2017 年 2 月号（第 122 号）より筆者作成。

20-30％，2輪車ではタイが95％，インドネシアでは80％，ベトナムでは15％である[7]ことから，中進国では自動車も二輪車もファイナンスの利用率が高い。発展途上国の中でもインドネシアとベトナムではかなり事情が異なり，自動車も2輪車もほとんどの購入者がファイナンスサービスを受けるインドネシアと，市場規模も小さくファイナンス利用も少ないベトナムとは大きな経済格差が存在するようにみえる[8]。

2.9 クレジットカードとデビットカード

100人当たりのクレジット発行枚数（2009）は，日本は253枚，マレーシア38.9枚，中国11.9枚，タイ22.1枚，インドネシア0.6枚，ベトナム0.4枚となっている。先進国の日本では1人平均2枚以上所有し，3枚持っている人が国民の過半数を超える状態である。それに比べて，中進国では，中国の10人に1枚からタイの5人で1枚，マレーシアの5人で約2枚である。インドネシアやベトナムではクレジットカード所有者は社会のほんの一部の富裕層に限られているという実態が浮かび上がる。

これに対して，デビットカードはマレーシア137.9枚，中国135.2枚，タイ50.4枚，インドネシア1.9枚，ベトナム32.5枚となっており，マレーシア，中国，タイは突出しているが，インドネシアやベトナムでも，デビットカードの方が大量に流布している。この現象は，掛け売りであるクレジットカードと，預金残高以上は利用できないキャッシュレスカードであるデビットカードの仕組み上の違いが，カード発行にかかわる与信に大きく影響している。

2.10 フィンテック

最後に，アジア太平洋地域におけるベンチャーキャピタルのフィンテックへの投資額は96.2億USD（2016年7月末），国別では中国88.48億USDと突出している。その次に香港1.65億USD，日本0.68億USD，シンガポール0.35億USDと続く。とくに中国ではP2Pレンディングなどの代替貸し出し（alternative finance）市場が2013年55.6億USD，2014年243億USD，2015年1017億USDと2年間の平均成長率328％と急拡大している。これはこの地域で2番目の日本の取引高3.6億USDの280倍となっていることからも代替

262　第Ⅳ部　制度設計

貸し出し市場が飛び抜けて発達しているといえる[9]。

2.11　各国の経済発展段階と決済事情

　これらの分析結果から，中進国や発展途上国が先進国並みの莫大なインフラ投資を回避しながら，先進国並みのサービスを享受できるモバイル通信の普及は，大きな福音となっている。アフリカや中国で始まったモバイル決済の仕組みは，時の最先端技術の発展と共に，これら中進国や発展途上国のモバイルサービスの業務サービスエリアを拡大していくものと考えられる。したがって，経済発展における雁行形態[10]とは異なる発展の姿が予想される。消費者金融サービスの分野では，最初に担保付与信サービスから始まることから，担保が少額なモバイル普及率，1万人当たりの自動車販売数など，個品割賦販売の対象商品の普及から，デビットカードやクレジットカードへと与信の範囲が拡大していくことを，先進国，中進国，発展途上国と経済の発展段階をケース分けして比較してきた。ここで対象としている無担保小口個人貸金サービスの与信サービスは発展段階の最終段階と考えられる。

　与信スコアのデータベースを構築するためには個人情報等から財務状況から消費行動に至る膨大なデータを活用しなければならず，その情報の集積によってどのような与信サービスが可能かどうか判断される。実物経済では，労働集約的な軽工業部門から，装置産業である重化学工業，そして技術集約的なハイテク産業へと順を追って進んできた NIES や ASEAN などは雁行形態型発展段階といわれる。しかし，中国の発展段階の説明には当てはまらず，軽工業から重工業，さらにはハイテク産業までも包括して工業化を達成している。近年のモバイル技術の進展によって，膨大な設備投資をしなくても最先端技術を簡単に導入できることになったことから，金融分野の与信サービスの発展段階は，上記のような雁行形態型発展段階とは必ずしも一致しなくなってきたように思われる。

3　各国の消費者金融サービスに関する規制（業法）

　ここではこれから消費者金融の貸金業ビジネスを始めるにあたって必要な法

令を中心に解説を進める（図表 11.3 参照）[11]。外国資本規制，貸金業法の存在，ビジネスを開始するにあたっての営業登録の必要性の可否，貸金業ビジネスの運営企業に資本金規制が課せられるのか？　資金の貸付を実行する前に顧客の返済能力を調査する義務があるのか？　貸付金利に上限金利規制が存在するのか？　返済が遅延した時の取立行為に関して規制が存在するのか？　貸金業ビジネスを監督する監督官庁が存在するのか？　信用情報機関が存在するのか？の 10 項目について，以下明らかにする。

3.1　貸金業法の存在

　これら本研究の対象国では，すべての国に貸金業法[12] は存在する。しかし，隣国の台湾では，消費者金融業に関する法律がなく，公司法 15 条により一般会社の貸金業ビジネスが禁止されているため，貸金業の営業はできない。ただし，銀行・証券・保険は個別に法律があり，その範囲で貸金業の営業は可能である[13]。

　香港では，① 貸金条例（法律）Money Lenders Ordinance, Cap 163 (2014 年 3 月 3 日改正施行），② 貸金規則 Money Lenders Regulations, Cap 163A (2014 年 3 月 3 日改正施行），③ 貸金業免許認可の新規交付，更新の申請ガイドライン Guideline on Application for New Issue/ Renewal of and Endorsement on Money Lenders License（2016 年 1 月 4 日改正施行）がある[14]。

　日本は貸金業法（2010 年 6 月 18 日完全施行）が存在する[15]。

　韓国では貸付業等の登録および金融利用者保護に関する法律（2016 年 3 月 3 日法律第 14072 号により一部改正 2016 年 9 月 4 日完全施行）がある[16]。

　マレーシアでは，① Moneylenders Act 1951，② The Licensing System under the Malaysian Moneylenders Act 2003，③ BOLD ON AH LONG NO PERMIT ISSUED BY MINISTRY OF HOUSING AND LOCAL GOVERNMENT (MHLG) がある[17]。

　中国では，① 小額貸付公司テストに関する指導意見（銀監 2008 年 23 号）关于小额贷款公司试点的指导意见银监发〔2008〕23 号（2008 年 5 月 4 日公布・施行）と，これに基づき，各地域で② 小額貸付会社試行暫定管理弁法等が制

264　第IV部　制度設計

図表11.3　アジア各国の貸金業法等と外国資本規制

国名	シンガポール	香港	日本	韓国	マレーシア	中国	タイ	インドネシア	ベトナム
貸金業法	有	有	有	有	有	有	有	有	有
登録必要性	要	要	要	要	要	要	要	要	要
資本規制（最低額）	無	無	5千万JPY	無	無	有限責任会社5百万RMB,株式会社1千万RMB	5千万THB	無	5千億VND
返済能力調査義務	有	有（協会の自主ルール）	有	N/A	N/A	N/A	有	N/A	N/A
上限金利規制（最高金利／年）	月利4%	48%以内	20%	27.9%	18%	有	15%以内	N/A	制定中
書面交付義務	N/A	有	有	N/A	N/A	有（契約法）	有	N/A	N/A
取立行為規制	N/A	有（一般法）	有	N/A	N/A	有（一般法）	有（債権回収法）	N/A	N/A
監督官庁	政府	政府	政府	政府	政府	政府	中央銀行	政府	中央銀行
信用情報機関（数）	有	有	有	有	有	有	有	有	有
消費者金融業への特別な外資規制	無	無	無	無	無	小額貸付業規制有	無	出資規制	最低資本規制等有

（出所）執筆協力者の情報に基づいて作成。

定されている[18]。

　タイでは，① 革命団布告第58号（法律）の第5項に基づき許可を申請しなければならない事業について（監督下にある個人向けローンについて）の財務省布告（2005年6月9日布告翌日施行），② 革命団布告第58号の第5項に基づき許可を申請しなければならない事業について（監督下にある個人向けローンについて）の財務省布告（No.2）（2015年12月17日告示翌日施行），③ タイ中央銀行通達（監督下にあるノンバンクによる個人向けローンの業務の規制，方法及び条件について）（2007年1月1日施行）がある[19]。

　インドネシアでは，① Decree of President of Republic of Indonesia No.61/1988 on Financial Institution，② Regulation of the Minister of Finance No.

84/PMK012/2006 on Finance Company がある[20]。

ベトナムでは，①LAW ON CREDIT INSTITUTIONS（No.47/2010/QH12）
（2010年6月16日公布 2011年10月1日施行），②DECREE ON OPERATION
OF FINACIAL COMPANY AND FINANCIAL LEASING COMPANY
No.39/2014/ND-CP，③DECREE No.141/2006/ND-CP 2006.11.22
PROMULGATING THE LIST OF LEGAL CAPITAL LEVELS OF CREDIT
INSTITUTIONS がある[21]。

3.2　営業登録義務

すべての国において，消費者金融ビジネスとして営業を開始する時，その貸
金業者は営業登録が必要である。明確に届け出先が判明している国の届け出先
は，香港では貸金業者登録局長，日本では財務局長か都道府県知事に対して登
録する。中国では各地域を監督する金融弁公室，タイでは財務大臣に対してで
ある。

3.3　資本規制

日本，中国，タイ，ベトナムにおいて資本規制が存在する。シンガポール，
香港，韓国，マレーシア，インドネシアでは資本規制が存在しない。日本では
最低純資産額5000万JPY以上である[22]。中国では登録資本額が有限責任会社
500万RMB，株式会社1000万RMB以上である[23]。タイでは払込済み資本金
額が5000万THB以上である[24]。ベトナムではノンバンク金融会社の最低資
本金を5千億VNDとしている[25]。

3.4　返済能力調査義務

返済能力調査が義務とされる国は，香港，日本，中国，タイである。香港で
はLMLA（香港貸金業協会）のCode of Practice（協会員向けの自主ルール）
にて協会員が返済能力調査をするよう記載がある。したがって，これは法令で
はなく，自主ルールといえる[26]。日本では，信用情報機関が保有する信用情報
を使用した返済能力調査，年収を証明する書面の受領，総量規制，極度方式基
本契約における途上調査義務等が定められている[27]。中国では，同一借主への

266　第IV部　制度設計

貸付残高は会社の正味資本の5％を超えてはならない。この基準内において，小額貸付会社は所在地の経済状況と1人当たりGDPレベルを考慮し，貸付限度額を制定できるとしている[28]。タイでは，事業者が設定する各消費者向けの被管理下個人向けローン枠は，消費者の平均月給もしくは消費者の金融機関預金口座の6カ月以上の平均キャッシュフローの5倍を超過してはならないものとするとしている[29]。

3.5　上限金利規制

シンガポール，香港，日本，韓国，マレーシア，中国，タイでは上限金利規制がある[30]。また，シンガポールでは，名目月利4％（遅延利率も同率である），借入人の年収に応じた総量規制がある。また，広告規制も存在する[31]。

香港では，年率48％超〜60％は「法外な取引」とみなされ，行政罰の対象になりうる。また，60％超は「法外な利率」として，刑事罰の対象とされている[32]。

日本において，貸金業者は，ATM手数料等は除いた，その利息（手数料等のみなし利息を含む）が利息制限法第1条に規定する金額を超える利息の契約を締結してはならないとしている。具体的には元本10万円未満は年20％，元本10万円以上100万円未満は年18％，元本100万円以上は年15％としている[33]。

韓国では，貸付業者の利子率制限は年率27.9％である[34]。

マレーシアでは，有担保では年率12％，無担保では年率18％である[35]。

中国では，小額貸付会社は，市場原理によって経営を行い，貸付利率の上限を開放する。ただし司法部門に規定された上限を上回ってはならず，下限は中国人民銀行に公示された貸付基準利率の0.9倍を下回ってはならない。具体的な調整幅は，市場原理に基づき，自ら確定する。そのうえで，各地域で小額貸付会社試行暫定管理弁法等を制定している[36]。

タイでは，利息，違約金，サービス料，手数料の合計額は最高で年利28％を超過してはならないこと，および印紙代，信用情報照会手数料，督促費用等については，実費に基づく適正な費用を別途徴収できる。また，民商法典における消費貸借第654条では，利息は年率15％を超えてはならないとされ，契

約においてそれを超える利息が定められていたときは，年率15％に引き下げるとしている[37]。

ベトナムでは，2017年1月1日改正民法施行に伴い上限金利は年率20％となる模様である[38]。

3.6 書面交付義務

書面交付義務を課している国は，香港，日本，中国，タイである。香港では，契約締結時書面や取引内容書面の交付義務等が課されている[39]。日本では，契約締結前の書面の交付，契約締結時の書面の交付，受取証書の交付が義務付けられている[40]。中国では，契約法において金銭消費貸借契約は書面形式を採用する旨記載がある。タイでは，償還予定表，請求書，受取証書の交付義務等が義務付けられている[41]。

3.7 取立行為規制

取立行為規制がある国としては，香港，日本，中国，タイが挙げられる。香港では，一般法の定めによる。LMLA（香港貸金業協会）のCode of Practice（協会員向け自主ルール）に協会員が守るべき取立て行為にかかる規制の記載がある。協会の自主規制のため，法令ではない[42]。日本では，取立てにかかる時間帯，連絡先，相手先，催告書面等について規定している[43]。中国では，一般法の定めによる。タイでは，督促先，時間，禁止行為等について規定されている[44]。

3.8 監督官庁

シンガポール，香港，日本，韓国，マレーシア，中国，タイ，インドネシア，ベトナムとすべての国が設置している。シンガポールはMinistry of Law Registry of Moneylenders[45]，香港は香港会社登記所および警務処，日本は金融庁（財務局または都道府県），韓国は金融監督院（FSS）[46]，マレーシアはMinistry of Urban Wellbeing, Housing and Local Government[47]，中国は各地域を監督する金融弁公室，タイはタイ中央銀行，インドネシアはOtoritas Jasa Keuangan（OJK）（金融サービス庁），ベトナムはベトナム国家銀行

268　第IV部　制度設計

(SBV：中央銀行)[48] である。

3.9　信用情報機関

　すべての国において信用情報機関が存在している[49]。日本では3社[50]，韓国では2社[51]，ベトナムでは2社[52] と複数の機関が稼働していることを確認した。これら代表的信用調査機関以外にもリスト漏れの信用調査機関が存在している国があることに注意されたい[53]。

3.10　各国の消費者信用サービスに関する規制（外国資本規制）

　一般的に，外国資本規制についてはそれぞれの国で，独自の各種外国資本規制はあるものの，消費者金融業に対する個別の外国資本規制の有無について，明らかにする。外国資本の企業による貸金業ビジネスを規制している国は中国，インドネシア，ベトナムの3国である。それ以外の国は特別な規制をしていない。中国では小額貸付業規制がある。各地域の小額貸付会社試行暫定管理弁法により異なる規制が存在する。その他にも外資にかかる規制がある[54]。インドネシアでは外国資本からの出資比率が85％までという出資制限が存在する[55]。ベトナムではノンバンク独自資本の参入が可能であるが，最低資本規制などが存在する[56]。その他の国では貸金業ビジネスを行おうとする消費者金融事業者に対する特別な規制は存在しない。

3.11　貸金業に対する日本の法制とアジア各国の法制

　法制について日本とその他のアジアの国々を比較する。先進国であるシンガポール，香港，韓国については，サービスを受ける消費者も自己管理のできる企業人の資質があるという前提に立っているといえるかもしれない。理由は，上限金利規制は存在するが，それ以外の項目についてはほとんど法による規制がなく，自由な経済活動を保証しているようにみえる。日本以外は資本規制がなく，外資の規制もないのは，金融ビジネスが発達している証拠と考えられる。

　次に，中進国と発展途上国について，日本の法制と比較する。基本的には，返済能力調査義務を除けば，サービスを開始前に必ず与信審査を実行すること

から，法として明文化し公平性や透明性をルール化して担保しているかどうか
を保証できればビジネスに支障はなく，問題視される事柄も存在しないかもし
れない。書面交付と取立規制行為についてはマレーシア，インドネシア，ベト
ナムでは法制としては確認できていない。また，外資規制においては，何らか
の要件が存在することも含めて，特別な規制のない国はマレーシア，タイのみ
である。イスラム圏での金融ビジネスであるマレーシアとインドネシアの法整
備は将来どのように発展するか興味深い。

　今回調査対象とした国々は識字率が90％以上[57]と高い。これは文字の理解
力が高いことを意味している。将来，中進国，発展途上国とも，各種の申し込
みや結果の通知，送金などの決済実務などが文字によるモバイル通信を通じて
実行され，たとえばSNSやメールの添付ファイルで書面が交付され，先進国
のような公平性と透明性と高度なセキュリティ機能のサービスを担保される可
能性が高い。

4　おわりに

　上記分析から，各国の発展段階に応じて必要な商品サービスが提供されるこ
とを前提に，以下のような事柄が明らかとなる。

　アジアの発展途上国は，経済の発展が急速に拡大するなかで，2輪車の販売
台数は伸び悩みながら自動車の販売台数が急拡大しつつある。同時に，固定電
話回線網が発達していなくても，モバイル決済が今後急拡大すると予想され
る。また，中進国でも中国を中心に，モバイル決済ができる商品内容が多様化
し，金融商品の決済機能を中心にますます発展していくと思われる。これらの
趨勢から，今後アジア諸国では，モバイル決済を前提とした無担保貸し出し
サービスの可能性が大幅に高まると予想され，各国の実情に合わせた法制の整
備が急がれることになる。モバイル通信の拡大は経済の発展段階とは関係な
く，莫大なインフラ設備投資をスキップして最新のプラットフォームを提供し
てくれる。すなわち，モバイル通信の環境が整っていれば，世界中何処でもモ
バイル端末を利用して最新の広範囲なサービスを利用できることになる。たと
えば，ある個人を確実に特定して確認できるようになり，この仕組みを利用し

270 第IV部 制度設計

て金融決済ができる。その結果，個人への与信供与も広がり，経済活動を後押しできることとなる。経済の拡大に伴って，必要とされる金融決済のモバイルサービスも広がり，国民生活の様々な分野へと急速に浸透していくものと推測される。

こういった急激に拡大するモバイル金融サービスにともなって，公平性や透明性およびセキュリティの確保を担保するために様々な規制が必要となってくる。その結果，精緻なビジネスルールが構築されるようになる。

公平で透明性のあるルールができれば，金融サービスを提供する側も利用する側も，マーケットの参加者全員にとって，公平な競争条件が整ったマーケットを提供できることとなる。すなわち，株式市場のように，そこで決定された資金量と価格（金利）の関係は，規制があったにしても，ある程度競争均衡の条件を満たすこととなり，生産者余剰や消費者余剰を最大限受け取ることができるよう可能性が発生する。すなわち，社会的厚生を極大化できることになる[58]。したがって，経済合理性が達成される。

日本の貸金業規制は日本の経済発展を踏まえた歴史的経験から育まれ，公平性と透明性を担保しようと努力されてきた法体系である。その意味で経済合理性があり，今後日本の法体系がアジアの国々の法体系整備の参考となる可能性も高いと考えられる。

本章ではアジアの中進国や発展途上国のデータを時系列的に捉えて，その発展スピードも考慮しての分析はできていない。また，データ収集が不完全な部分もあり，これらを踏まえた分析は今後の課題としたい。

注

1　本章の執筆は，飯田隆雄（札幌大学），藤田哲雄（日本総合研究所），佐伯隆博（東北大学），渡部なつ希（東京大学大学院）による。また，資料作成にあたっては，麗澤大学陳玉雄先生はじめ，SMBC コンシューマーファイナンス，アコム，日本総合研究所，HD SAISON Finance, JACCS International Vietnam Finance, ACS Trading Vietnam に多大な協力を賜った，ここに記してお礼申し上げる。なお，本章の間違いはすべて筆者に属するものである。

2　ここではほぼ世界銀行の区分けに従っている。経済産業省『通商白書 2015』29 頁，World Bank *World Development Indicators* 参照。なお，シンガポール，香港は金融に関する最先端都市国家と位置付け，指標的役割を持たせるために，本章で取り上げている。

3　モバイルブロードバンドで 5G 回線が登場し始めている今日，固定回線は不要となる可能性が高いと思われる。たとえば，アフリカ諸国の自宅に固定電話回線のある比率（2014）はガーナ，ナイジェリアとウガンダでは 1%，タンザニアでは 2%，セネガルと南アフリカでは 6% である。これ

らのアフリカ諸国では携帯電話所有率（2014）が高くウガンダでは65％，タンザニアでは79％，ケニアでは82％，セネガルとガーナでは83％，ナイジェリアと南アフリカでは89％である。Poushter, Jacob and Russ Oates "Cell Phones in Africa: Communication", *Pew Research Center*, 15 April 2015.参照。

　また，アフリカの新興地域ではローエンド／エントリーレベルの端末が多く，携帯電話サービスもその限られた機能の中での提供が必要とされることから，携帯電話のSIMカード側にアプリケーションを搭載させることで実現するサービスが広がりをみせている。たとえば，ケニアの携帯電話事業者サファリコムは，2007年から携帯電話を活用した決済サービス，M-Pesaを提供している。このサービスでは，携帯電話を利用して送金と支払い，携帯電話の通話時間購入が可能となる。1.口座開設：ユーザーはM-Pesaの代理店となるMobile Money Shopで携帯電話番号や名前，誕生日をIDカードで証明し，サービス登録を行い，自己の携帯電話でM-Pesaをアクティベートし口座を開設する。2.現金の預け入れ：送金のためMobile Money Shopへ行き設置されたキオスク端末に現金を入れると，自己の口座にその金額が登録される。3.送金手続きと通知：自己の携帯電話を利用し，その口座から送金手続きを行う。手続きが完了すると，送金先の携帯電話ユーザーにSMS（ショートメッセージ）で送金があったことが知らされる。4.現金受取り：送金のメッセージを受け取った側は，最寄りの代理店で現金を受け取る。アフリカ全体では，銀行口座を持たない人々が75％を占めるともいわれ，銀行関連のインフラは不十分である。その一方で貧困層も多く，出稼ぎに出る人々が送金する需要は大きい。M-Pesaの利用者は1千万を超えさらに広範する兆しをみせている。このようなサービスを実現するため，M-Pesaでは，SIMにSTK（SIM Tool Kit）と呼称されるツールを活用し，SIM側にアプリケーションを搭載している。この方法を活用すれば，SIMの抜き差しによりどの端末でも利用できる利点がある。宮下洋子「アフリカ編(2)生活に密着したアフリカの携帯電話端末」『世界のモバイル事情』WirelessWire News　2011年1月27日参照。

4　ここではオーストラリア，シンガポール，日本，韓国，ニュージーランド，マレーシア，インドネシア，タイ，フィリピン，ベトナムの10カ国合計である。

5　Frost & Sullivan 'Asia-Pacific Mobile Payments' 27 Sept. 2016 参照。

6　中国のAlipayやWeChatといったモバイル決済サービスは，中国でのモバイル決済サービスの利用回数のうち89％がこの2つのサービスによる。藤田（2016），2頁参照。

7　MRAKLINE『自動車産業ポータル』https://www.marklines.com/ja/statistics/flash_sales/salesfig_korea_2015（2017年3月16日検索）このほかSingapore, Japan, Malaysia, China, Thailand, Indonesia, Vietnamを参照。

　FAMI（Federation of Asian Motorcycle Industries）HP参照。http://www.fami-motorcycle.org/databases/?tx_rwmember_pi1%5Btahun%5D=2015

　みずほ総合研究所『わが国販売金融業者の国際展開に関する調査』経済産業省委託，平成25年3月参照。『アジア自動車調査月報』2017年2月号，63頁。http://www.fourin.jp/monthly/asia_repo.html（2017年3月14日検索）

8　*Vietnam Consumer Trends 2016*では，経済の拡大が続いている。2005年と2015年を比較すると，2015年は1923USD，1人当たりのGDP成長率は261％，新車販売台数は2500台から12万台，消費者ローンは1.6bill.USDから16bill.USDと10倍に増加，GDP比でも3.6％から9％となっている。インターネット普及率は13％から48％，モバイルホーンは37％から69％，スマートホーンはデータ無しから28％，モバイルアプリケーションダウンロード成長率は60％となっている。Cimigo（2016）*Vietnam consumer market trends 2016*, April 2016（2017年3月6日検索）http://www.cimigo.com/ja/research-report/vietnam-consumer-market-trends-2016

9　藤田（2016）15頁参照。

272 第Ⅳ部 制度設計

10 一橋大学赤松要教授の命名による。理論的な研究として小島（2003），三木（2010）．

11 ここでは，消費者金融事業固有の法律のみを対象とすることから，銀行，信託，保険，証券，為替，先物，質屋，リース，割賦，クレジットカード，マイクロファイナンス等その他の金融の業態は対象としていない。

12 これは，条例や通達を含む。

13 （参考）公司法（日本語 2012 年 1 月 4 日改正施行，現地語 2015 年 7 月 1 日改正施行）。
（日本語）http://www.japandesk.com.tw/pdffile/Company%20Act.pdf?msgid=723&msgType=en
（現地語）http://law.moj.gov.tw/Eng/LawClass/LawAllPara.aspx?PCode=J0080001

14 ① 貸金条例（法律）Money Lenders Ordinance, Cap 163（2014 年 3 月 3 日改正施行）
（英語）http://www.legislation.gov.hk/blis_pdf.nsf/6799165D2FEE3FA94825755E0033E532/CC0DC5405B229FE3482575EE004868A6/$FILE/CAP_163_e_b5.pdf
② 貸金規則 Money Lenders Regulations, Cap 163A.（2014 年 3 月 3 日改正施行）
（英語）http://www.legislation.gov.hk/blis_pdf.nsf/6799165D2FEE3FA94825755E0033E532/40A40CD11A246E01482575EE004876C4/$FILE/CAP_163A_e_b5.pdf
③ 貸金業免許認可の新規交付，更新の申請ガイドライン Guideline on Application for New Issue/ Renewal of and Endorsement on Money Lenders License（2016 年 1 月 4 日改正施行）。
（英語）http://www.cr.gov.hk/en/public/docs/mll_guideline-e.pdf

15 貸金業法（2010 年 6 月 18 日完全施行）
（日本語）http://law.e-gov.go.jp/htmldata/S58/S58HO032.html

16 貸付業等の登録および金融利用者保護に関する法律（2016 年 3 月 3 日法律第 14072 号により一部改正 2016 年 9 月 4 日完全施行）http://www.law.go.kr/%EB%B2%95%EB%A0%B9/%EB%8C%80%EB%B6%80%EC%97%85%20%EB%93%B1%EC%9D%98%20%EB%93%B1%EB%A1%9D%20%EB%B0%8F%20%EA%B8%88%EC%9C%B5%EC%9D%B4%EC%9A%A9%EC%9E%90%20%EB%B3%B4%ED%98%B8%EC%97%90%20%EA%B4%80%ED%95%9C%20%EB%B2%95%EA%B5%A0

17 ① Moneylenders Act 1951. http://54.251.120.208/doc/laws/Moneylenders_Act_1951.pdf
② The Licensing System under the Malaysian Moneylenders Act 2003. http://econ.upm.edu.my/ijem/vol3no1/bab01.pdf
③ BOLD ON AH LONG NO PERMIT ISSUED BY MINISTRY OF HOUSING AND LOCAL GOVERNMENT（MHLG）http://www.kpkt.gov.my/resources/index/user_1/siaran_media/2011/apr11/Ah_Long_Teksi02.pdf

18 ① 小額貸付公司テストに関する指導意見（銀監 2008 年 23 号）
关于小额贷款公司试点的指导意见银监发〔2008〕23 号（2008 年 5 月 4 日公布・施行）
（現地語）http://www.cbrc.gov.cn/chinese/home/docDOC_ReadView/2008050844C6FDE83536CF44FFF6E85E5BC32C00.html
② 上記に基づき，各地域で小額貸付会社試行暫定管理弁法等を制定

19 ① 革命団布告第 58 号（法律）の第 5 項に基づき許可を申請しなければならない事業について（監督下にある個人向けローンについて）の財務省布告（2005 年 6 月 9 日布告翌日施行）
（現地語）https://www.bot.or.th/Thai/FIPCS/Documents/FPG/2548/ThaiPDF/25480030.pdf
② 革命団布告第 58 号の第 5 項に基づき許可を申請しなければならない事業について（監督下にある個人向けローンについて）の財務省布告（No.2）（2015 年 12 月 17 日告示翌日施行）
（現地語）http://www.ratchakitcha.soc.go.th/DATA/PDF/2558/E/344/2.PDF
③ タイ中央銀行通達（監督下にあるノンバンクによる個人向けローンの業務の規制，方法および条件について）（2007 年 1 月 1 日施行）

（現地語）https://www.bot.or.th/Thai/FIPCS/Documents/FPG/2549/ThaiPDF/25490080.pdf

20 ① Decree of President of Republic of Indonesia No.61/1988 on Financial Institution. http:// www.jdih.kemenkeu.go.id/fulltext/1988/61TAHUN～1988Kpres.htm

② Regulation of the Minister of Finance No. 84/PMK012/2006 on Finance Company. http:// www.jdih.kemenkeu.go.id/fulltext/2006/84～PMK.012～2006Per.HTM

21 ① LAW ON CREDIT INSTITUTIONS（No.47/2010/QH12）（2010 年 6 月 16 日公布 2011 年 10 月 1 日施行）http://www.itpc.gov.vn/investors/how_to_invest/law/Law_on_Credit_ Institutions/mldocument_view/?set_language=en

② DECREE ON OPERATION OF FINACIAL COMPANY AND FINANCIAL LEASING COMPANY No.39/2014/ND-CP. http://www.itpc.gov.vn/investors/how_to_invest/law/ Decree_No.39_2014/mldocument_view/?set_language=en

③ DECREE No.141/2006/ND-CP 2006.11.22 PROMULGATING THE LIST OF LEAGAL CAPITAL LEVELS OFCREDIT INSTITUTIONS. http://www.kenfoxlaw.com/resources/ legal-documents/governmental-decrees/2608-vbpl-sp-14337.html

22 貸金業法第 6 条（登録の拒否）第 1 項第 14 号。

23 小額貸付公司テストに関する指導意見 2 条（2008 年 5 月 4 日公布・施行），これに基づき，各地域で小額貸付会社試行暫定管理弁法等を制定しており各地域で異なる。

24 革命団布告第 58 号の第 5 項に基づき許可を申請しなければならない事業について（監督下にある個人向けローンについて）の財務省布告 第一章 4 条。

25 DECREE No.141/2006/ND-CP 2006.11.22 PROMULGATING THE LIST OF LEAGAL CAPITAL LEVELS OF CREDIT INSTITUTIONS, UL は脚注 15 ③ を参照。

26 LMLA（香港貸金業協会）の Code of Practice（協会員向けの自主ルール）にて協会員が返済能力調査をするように記載されており，したがって，自主ルールとして運営されているといえる。 http://www.lmla.com.hk/Code%20of%20Money%20Lending%20Practice_e.pdf

27 貸金業法第 13 条（返済能力の調査等）～法第 13 条の 4（基準額超過極度方式基本契約に係る必要な措置）参照。

28 小額貸付公司テストに関する指導意見（銀監 2008 年 23 号）4 条（2008 年 5 月 4 日公布・施行）。 上記に基づき，各地域で小額貸付会社試行暫定管理弁法等を制定している。したがって，地域によって異なる。

29 タイ中央銀行通達（監督下にあるノンバンクによる個人向けローンの業務の規制，方法および条件について）第四章 4 条参照。

30 中国では 2015 年 8 月中国最高人民法院による司法解釈で「民間貸借事件の審理に適用する法律の若干問題に関する規定」により，企業間貸付を含む民間貸借の最高利率について新たに 24％と 36％という 2 つの固定値によるラインを設け，24％以下は司法により保護されるエリア，24％超〜 36％以下は自然債務エリア（債務者が任意に弁済すれば有効で不当利得にはならない。人民法院に訴えても保護されない），36％超は無効のエリア，の 3 エリアに分けた。（本司法解釈 26 条）。 Anderson & Tomotsune（2015）*ANT CHINA LEGAL UPDATE*, 2015 年 8 月 31 日 p.4.参照。 http://www.amt-law.com/pdf/bulletins7_pdf/CPG_150831.pdf（2017 年 3 月 6 日検索）

　表 2 では法律条文として記載されていることを前提に比較しているので，ここでは掲載していないことに注意されたい。

　ベトナムでは最近 1 人 1 億 VND 以上の与信をしてはならないという通達が出た。1 種の総量規制と思われる。民法では年利 20％という上限金利規制があるが，2017 年 3 月 3 日上限が 43％となって，実情に近づいた。ベトナムでのヒアリングによる。

31 脚注 12 参照。

274 第IV部 制度設計

32 貸金条例 CAP163 24 条・25 条，別表 2 による計算，参照。

33 貸金業法第 12 条の 8（利息，保証料等に係る制限等），利息制限法第 1 条（利息の制限）参照。

34 脚注 15 参照。

35 脚注 16 参照。

36 小額貸付公司テストに関する指導意見（銀監 2008 年 23 号）4 条（2008 年 5 月 4 日公布・施行）参照。

37 革命団布告第 58 号の第 5 項に基づき許可を申請しなければならない事業について（監督下にある個人向けローンについて）の財務省布告（No.2）第 3 条，第 5 条（2005 年 6 月 9 日布告翌日施行の財務省布告，タイ中央銀行通達（監督下にあるノンバンクによる個人向けローンの業務の規制，方法および条件について）においても上限金利の規制は同様）参照。https://www.jetro.go.jp/ext_images/world/asia/th/business/regulations/pdf/corporate_019.pdf 参照。

38 この法律は金融会社には適用しない予定で，別途契約の約定という従来の方法となりそうである。金融会社による消費者金融の金利は，借り手との合意に基づいて設定との草案についてパブリックコメントを募集中。実態としては 20％では営業ができないというところが原因と思われる。（2016 年 12 月 28 日現在）

39 貸金条例 CAP163 18 条（契約書の書類様式），貸金条例 CAP163 19 条（貸金業者の借主への情報提供義務），貸金条例 CAP163 20 条（貸金業者の連帯保証人への情報提供義務）参照。

40 貸金業法第 16 条の 2（契約締結前の書面の交付），貸金業法第 17 条（契約締結時の書面の交付），貸金業法第 18 条（受取証書の交付）参照。

41 タイ中央銀行通達（監督下にあるノンバンクによる個人向けローンの業務の規制，方法および条件について）第四章第 7 条 参照。

42 http://www.lmla.com.hk/Code%20of%20Money%20Lending%20Practice_e.pdf 参照。

43 貸金業法第 21 条（取立て行為の規制）参照。

44 債権回収法（2015 年 9 月 2 日施行）。（現地語）http://www.ratchakitcha.soc.go.th/DATA/PDF/2558/A/016/1.PDF

45 https://www.mlaw.gov.sg/content/rom/en.html 参照。

46 http://www.fss.or.kr/fss/kr/wpge/minsubmain.jsp 参照。

47 http://www.kpkt.gov.my/ 参照。

48 http://www.sbv.gov.vn 参照。

49 シンガポールは Moneylenders Credit Bureau https://www.mlcb.com.sg/ 参照。
香港は Trans Union Limited（TU）https://www.transunion.hk/about-us/company-history 参照。
中国は The Credit Reference Center, the People's Bank of China（CCRC）http://www.pbccrc.org.cn/crc/zxgk/index_list_list.shtml 参照。
マレーシアは CTOS http://www.ctoscredit.com.my/ 参照。
タイは National Credit Bureau Co., Ltd（NCB）https://www.ncb.co.th/Company_Profile_en.htm 参照。
インドネシアは BI ホームページ "Monetary, Credit Bureau, Historical Information of Individual Debtor", 'Debtor Information System'. http://www.bi.go.id/en/moneter/biro-informasi-kredit/idi-historis/Contents/Default.aspx, BI（インドネシア中央銀行）が運営する BIK（公的信用情報機関）債務者情報システム。野村総合研究所『平成 26 年度新興国市場開拓事業―インドネシア：信用情報制度整備支援事業 最終報告書』平成 27 年 3 月，3 頁参照。

50 日本は株式会社日本信用情報機構。http://www.jicc.co.jp/
株式会社シー・アイ・シー。http://www.cic.co.jp/index.html
全国銀行個人信用情報センター。http://www.zenginkyo.or.jp/pcic/ 参照。

第 11 章　パーソナルファイナンス関連法制における経済合理性　　275

51　韓国は韓国信用情報 NICE。http://eng.nice.co.kr/
　　韓国信用情報院（2016 年 1 月設立）。http://www.kcredit.or.kr/index.jsp　参照。
52　ベトナムは National Credit Information Centre of Vietnam https://cic.org.vn/ Vietnam Credit
　　Information Joint Stock Company http://pcb.vn/ 参照。
53　隣国台湾においても信用調査機関は存在する。Joint Credit Information Center（JCIC）。http://
　　www.jcic.org.tw/main_en/docDetail.aspx?uid=242&pid=242&docid=347 参照。
54　参考として，ジェトロ HP　https://www.jetro.go.jp/world/asia/cn/invest_02.html を参照。
55　脚注 19 参照。
56　投資法 67/2014/QH13　参照。ノンバンク金融会社の最低資本金は 5 千億 VND である。http://
　　www.moj.go.jp/content/001138245.pdf
57　2014 年データによる。UNESCO *50th Anniversary of International Literacy*, No.38 Sept.2016, p.2
　　参照。
58　ただし，直接国家のファイナンシャルシステムに影響を与える事柄は，当時国の経済発展の状況
　　に応じた金融取引の実態や商習慣などの状態によって，各国で異なった規制がされると思われる。

【参考・参照文献】

Anderson & Tomotsune（2015）*ANT CHINA LEGAL UPDATE*, 2015 年 8 月 31 日改訂版 p.4.
　　http://www.amt-law.com/pdf/bulletins7_pdf/CPG_150831.pdf（2017 年 3 月 6 日検索）
Cimigo（2016）*Vietnam consumer market trends 2016*, April 2016. http://www.cimigo.com/ja/
　　research-report/vietnam-consumer-market-trends-2016（2017 年 3 月 6 日検索）
ICT（2016）*2016 Digital Year Book*. http://www.slideshare.net/wearesocialsg/2016-digital-
　　yearbook（2017 年 1 月 5 日検索）
ICT（2016）*Fact and Figures 2016*. https://www.itu.int/en/ITU-D/Statistics/Pages/stat/default.
　　aspx（2017 年 1 月 5 日検索）
IMF（2016）*World Economic Outlook*. http://unstats.un.org/unsd/snaama/dnlList.asp（2017 年 1 月
　　5 日検索）
IMF（2016）*Financial Access Survey*（*FAS*）. http://www.slideshare.net/wearesocialsg/2016-
　　digital-yearbook（2017 年 1 月 5 日）
JETRO 改題調査部調査企画課編（2014）『2013 年　主要国の自動車生産・販売動向』JETRO。
　　https://www.jetro.go.jp/ext_images/jfile/report/07001700/07001700.pdf（2017 年 1 月 17 日検索）
Poushter, J. and Oates, R.（2015）*Cell Phones in Africa: Communication*. Pew Research Center, 15.
　　http://www.pewglobal.org/files/2015/04/Pew-Research-Center-Africa-Cell-Phone-Report-
　　FINAL-April-15-2015.pdf（2017 年 1 月 16 日検索）
UNESCO（2016）*50ᵗʰ Anniversary of International Literacy*, No.38, Sept.2016. http://uis.unesco.org/
　　sites/default/files/documents/fs38-50th-anniversary-of-international-literacy-day-literacy-
　　rates-are-on-the-rise-but-millions-remain-illiterate-2016-en.pdf（2017 年 1 月 18 日検索）
World Bank *World Development Indicator*. http://wdi.worldbank.org/tables（2017 年 1 月 18 日検索）
経済産業省（2016）『通商白書 2015』経済産業省。http://www.meti.go.jp/report/tsuhaku2015/
　　2015honbun/i1210000.html（2017 年 1 月 18 日検索）
総務省「携帯電話事情」『世界情報通信事情』。http://www.soumu.go.jp/g-ict/item/mobile/（2017
　　年 1 月 14 日検索）
小島清（2003）『雁行形態型経済発展論』文眞堂。
藤田哲雄（2016）「アジアに広がるフィンテック」『国際金融』。https://www.jri.co.jp/MediaLibrary/
　　file/report/rim/pdf/9495.pdf（2017 年 1 月 16 日検索）

276　第IV部　制度設計

三木敏夫（2010）「雁行形態的経済発展と東アジア共同体に関する研究」『第69回日本国際経済学会全国大会』（大阪大学 2010 年 10 月 16 日 17 日）。http://www2.econ.osaka-u.ac.jp/jsie/6-2.pdf（2017 年 1 月 17 日検索）

フォーリン（2017）「アジア自動車調査月報」, 63 頁。http://www.fourin.jp/monthly/asia_repo.html（2017 年 3 月 14 日検索）

みずほ総合研究所（2013）『わが国販売金融業者の国際展開に関する調査』。http://www.meti.go.jp/meti_lib/report/2013fy/E002518.pdf（2017 年 1 月 14 日検索）

宮下洋子（2011）「アフリカ編(2)生活に密着したアフリカの携帯電話端末」『世界のモバイル事情』Wireless Wire News。https://wirelesswire.jp/Global_Trendline/201101272030-4.html（2017 年 1 月 16 日検索）

野村総合研究所（2015）「平成 26 年度新興国市場開拓事業—インドネシア：信用情報制度整備支援事業 最終報告書」, 平成 27 年 3 月, 3 頁。http://www.meti.go.jp/meti_lib/report/2015fy/000778.pdf（2017 年 1 月 14 日）

劉家敏（2010）「中国都市部家計の負債状況」『みずほアジア・オセアニア・インサイト』みずほ総合研究所, 11 頁。http://www.mizuho-ri.co.jp/publication/research/pdf/asia-insight/asia-insight100128.pdf_(2017 年 1 月 13 日検索）

白倉裕子（2015）「アジアの IT 動向比較」アジア情報化動向報告会。http://www.cicc.or.jp/japanese/kouenkai/pdf_ppt/pastfile/h27/150903-01.pdf（2017 年 1 月 18 日検索）

（飯田隆雄・藤田哲雄・佐伯隆博・渡部なつ希）

第 12 章

貸金業法の政策決定プロセスに関する調査研究

1 はじめに

　政府はいわゆる「多重債務者[1]」の数を抑制することを目的として貸金業法を 2006 年 12 月 20 日に改正した。貸金業法は図表 12.1 に示される通り，公布日より段階的に施行された[2]。また貸金業法は公布される際に附則が付けられ，施行にあたり 2 年 6 カ月以内に必要な検討を行うという見直し規定も制定された（附則第 67 条関係）。

　ただし，この見直し規定は法律の施行後に実態を勘案して見直すものではなく，法律の完全施行にあたり，「法律が円滑に実施するために講ずべき施策の有無を検討する」という規定である。このような完全施行の前に見直しを検討する条文が盛り込まれた法律は日本において戦前の大日本帝国憲法下から今日に至るまで貸金業法が唯一の法律であった。

　貸金業法に異例ともいえる「施行前の見直し規定」が附則として盛り込まれた背景には，貸金業法は資金需要者と貸金業者に与える影響が大きいにも拘らず，その影響を十分に予測できていない状況下で余儀なく改正された当時の事情を窺わせる。津田（2006）[3] が指摘するように貸金業法の議論は一貫して貸金業界を否定する空気（ムード）の下で進展し，世論からの批判が長引くことを恐れた立法府および政府によって議論の終結が急がれたと考えることもできる。実際，貸金業法の審議が重要な局面に差し掛かった 2006 年 9 月当時，法務省副大臣として政府内で制定に深くかかわっていた衆議院議員の河野太郎も貸金業法に関する検証が十分でなかったと指摘している（河野〈2010〉[4]）。つまり国会で貸金業法は全会一致で改正されたにも拘らず，その審議は尽くされたとは言い難い状況にあったといえる。

278　第IV部　制度設計

図表 12.1　貸金業法の段階別施行日と主な施行内容

施行順次	施行日	主な施行内容
第 1 次施行	2006 年 12 月 20 日	多重債務問題に対する政府の責務について規定
第 2 次施行	2007 年 1 月 20 日	違法業者や違法行為に対する罰則の強化
第 3 次施行	2007 年 12 月 19 日	法律の名称変更　「貸金業の規制等に関する法律」から「貸金業法」。業者の登録要件強化 行為規制強化 監督庁の監督強化 「社団法人全国貸金業協会連合会」の解散と，内閣総理大臣の認可に基づく自主規制団体「日本貸金業協会」設立
第 4 次施行	2009 年 6 月 18 日	業者の財産的基礎要件の引上げ 貸金業務取扱主任者資格制度の創設 国家資格として貸金業務取扱主任者制度の導入 指定信用情報機関制度の創設
完全施行	2010 年 6 月 18 日	貸金業務取扱主任者の必置 財産的基礎要件の再引上げ 行為規制の強化 過剰貸付規制の強化（総量規制の導入） みなし弁済制度廃止 利息制限法改正 出資法改正

（出所）筆者作成。

　実際，貸金業法が改正され，完全施行に向けて金融庁が作業を進めていた2008 年から，内閣府規制改革会議では貸金業法の影響について調査が開始された。その過程では，貸金業法を完全施行させたい金融庁担当官と，貸金業法の実効性に疑問を有する内閣府委員の間で激論が交わされた経緯もある。

　そこで本章の 2 では先ず，2006 年貸金業法改正時のプロセスにおいて法案が具体化する局面ごとに整理しながら，当時法改正に携わった国会議員を含めた関係者へのヒアリング調査を通して貸金業法の立法プロセスを検証する。次に 3 では貸金業法改正後の市場にとくに大きな影響を及ぼした，① 金利規制，② 少額短期特例貸付，③ 量的規制（総量規制），④ 日賦金融業者の特例，⑤ 見直し規定，という 5 つの制度変更点に注目して，立法プロセスで規制強化の勢いが強まった経緯を時系列で分析する。続いて 4 では，2006 年 12 月に貸金業法が改正され，完全施行されるまでの期間に，内閣府規制改革会議が行った

貸金業法の実効性に関する調査作業に関しても記載する。最後に5では以上の分析結果を下に貸金業法再改正の必要性を論じる。

2　貸金業法改正までのプロセス[5]

2.1　法改正の審議・第一局面（2005年3月〜2006年4月）

　2005年3月より金融庁総務企画局長の私的諮問機関として「貸金業制度等に関する懇談会」が設置された。懇談会が設置された理由は大きく2つある。1つ目の理由が2003年に改正された貸金業規制法の附則「3年を目途として，必要な見直しを行うものとする」に基づく，3年目である2006年を控え，見直しの是非を検討する機会が政府部内で必要であったという点。もう1つの理由として，2004年12月に金融庁により公表された「金融改革プログラム」が挙げられる。当時の金融庁は同プログラムに基づき貸金業界における将来的な規制を検討する必要性があった。なお同プログラムは必ずしも規制を強化することを目的とせず，むしろ金融システムの活力を重視した制度設計を論点の柱としていた。

　懇談会では2006年8月までの全19回にわたり貸金業制度のあり方について議論された。懇談会の開催状況を整理すると図表12.2の通りである。開始当初は出資法上限金利の引下げに関する議論だけでなく，海外における金銭カウンセリングの先行事例に関する討議など2005年12月に開催された第8回懇談会までは吉野直行座長（慶應義塾大学・教授）によるテーマの幅を広げた議論姿勢が貫かれ，賛否両論の意見を聞きながら冷静な審議が続けられた。この頃までは懇談会を傍聴するマスコミ関係者も極めて僅かであり，委員の出席率も総じて高かった。

　しかしながら，懇談会における議論のトーンが大きく変わったのが，2006年1月27日に開催された第9回懇談会からである。第8回と第9回懇談会の狭間である2006年1月13日に最高裁判所で「任意による支払いの有効性」を否定した判決が下され，貸金業法による「みなし弁済」が実質的に無効となった[6]。みなし弁済規定（いわゆるグレーゾーン）とは，一定の要件下で利息制限法の制限金利を超過した利息につき借主の支払いを有効な利息とみなすとい

う貸金業規制法43条に記された法律であり，同判例はみなし弁済規定を実質的に無効化するものであった。このため，これ以降「最高裁でグレーゾーン金利は違法であると判断された」という解釈から，本議論においては出資法上限金利の引き下げは既定路線とする空気が広がり，以後の議論では過剰貸し付け禁止の明確化と規制強化に論点が大きく傾斜した。また議事運営の方法も規制強化を主張する後藤田正純・内閣府大臣政務官が主体的に審議をリードする立場となり，この頃より同政務官が本件で持論を展開してマスコミに露出する機会が増えた。なお，同政務官が懇談会に出席し始めたのは2005年12月に開催された第8回懇談会からであるが，この日は丁度「ジェイコム株大量誤発注事件[7]」が発生し，冒頭からの出席には間に合わなかったため，同政務官は懇談会の終了間際に出席し，当日の審議に影響を及ぼす発言はしていなかった。実質的に懇談会の議論に影響を与えるようになったのは第9回懇談会からである。

　第9回懇談会から後藤田政務官が活発に審議で発言するようになり，かつ同政務官がマスコミで積極的に発言し始めたことも影響し，この頃から懇談会における議論が当初の論点から乖離し始め，金利水準に偏った展開に陥った。つまり，この頃より消費者保護を，いわゆる「多重債務者問題」と同一視したうえで，高金利が多重債務者問題の原因であるとした単一的な前提で審議が進められるようになった。併せて金融庁事務局側ではこの頃から金利引き下げの副作用を矮小化させようと議論を誘導していた節がある。たとえば，第10回懇談会において金融庁金融会社室長は貸金業者へのヒアリング調査の結果として報告書を読み上げる格好で「中小企業に対するヒアリングの結果，金利が下がったために金利収入を確保するため与信を緩める業者もいることがわかった。その結果，顧客が返済不能となりヤミ金融に流れることもあるがそこまでを金利引き下げの影響と考えることはできない」と報告した。

　このように金融庁の事務局側が金利引き下げの意向を，懇談会を通じて世論に示唆することで徐々に懇談会が耳目を集めるようになった。その結果，これまでは限られたマスコミしか懇談会の取材に来ていなかったが，回数を重ねるごとに懇談会の審議内容はマスコミでの露出度を高めるようになった。一方で開催頻度が増した2月中旬以降の懇談会への委員出席率は低下し始めた。こう

第 12 章　貸金業法の政策決定プロセスに関する調査研究　　281

図表 12.2　「貸金業制度等に関する懇談会」開催状況

開催日	主なテーマ	主な参考人
（第 1 回） 2005/3/30	資料に基づき事務局（金融庁総務企画局信用制度参事官室）が説明	
（第 2 回） 2005/4/27	参考人からのヒアリング	（日本弁護士連合会　消費者問題対策委員会） ・宇都宮健児，木村達也，三木俊博，新里宏二
（第 3 回） 2005/5/27	資金供給者からの意見発表	・木下盛好　アコム(株)代表取締役社長 ・小倉利夫　全国貸金業協会連合会会長 ・飯島巌　(株)オリエントコーポレーション代表取締役会長
（第 4 回） 2005/6/15	多重債務，ヤミ金に関するヒアリング	・全国クレジット・サラ金被害者連絡協議会 ・警察庁
（第 5 回） 2005/6/29	資金供給者からの報告	・栗山道義　三井住友カード(株) ・藤木保彦　オリックス(株) ・山川丈人　GE コンシューマー・ファイナンス(株)
（第 6 回） 2005/7/29	商工ローンに関するヒアリング，都道府県金融課担当者からの悪質業者の実態に関するヒアリング	・商工ローン関係者 ・柴田昌彦税理士 ・東京都貸金業対策課 ・大阪府貸金業対策課 ・熊本県商工観光労働部 ・長野県生活環境部
（第 7 回） 2005/9/7	学識者意見発表「諸外国の貸金業制度，法規制のあり方について」	・鎌野邦樹　千葉大学教授 ・堂下浩　東京情報大学助教授
（第 8 回） 2005/12/8	参考人からのヒアリング，海外調査報告①	・堂下浩　東京情報大学助教授 ・西ヶ谷葉子　(株)生活行動研究所所長 ・西村隆男　横浜国立大学教授
（第 9 回） 2006/1/27	議論の整理（事務局説明），海外調査報告②	・山岸親雄　(財)日本クレジットカウンセリング協会　専務理事 ・杉江雅彦　フィナンシャルカウンセリング研究会　座長 ・小倉利夫　(社)全国貸金業協会連合会　会長
（第 10 回） 2006/2/15	「資金業の規制等に関する法律施行規則の一部を改正する内閣府令（案）」の公表について（事務局から説明），参考人からのヒアリング	・木下盛好　アコム(株)社長 ・髙橋亘　NIC 会会長 ・河野聡　弁護士
（第 11 回） 2006/2/28	参考人等からのヒアリング	・嵜岡邦彦　(株)ニッシン社長 ・土屋明道　日本事業者金融協会会長 ・事務局（説明） ・竹谷和芳　全国信用情報センター連合会事務局長

282 第Ⅳ部 制度設計

開催日	主なテーマ	主な参考人
（第12回） 2006/3/10	グレーゾーン問題と金利規制のあり方について，事務局から説明	
（第13回） 2006/3/22	契約・取立てにかかる行為規制等のあり方について（事務局から説明），ヤミ金融事犯取締り状況について（警察庁から説明）	
（第14回） 2006/3/31	貸金業規制法の主な論点	
（第15回） 2006/4/7	懇談会におけるこれまでの議論（とりあえずの整理），リボルビングについて	・飯島巖　（株）オリエントコーポレーション代表取締役会長 ・木下盛好　アコム（株）代表取締役社長
（第16回） 2006/4/18	懇談会におけるこれまでの議論（中間整理）①	
（第17回） 2006/4/21	懇談会におけるこれまでの議論（中間整理）②	
（第18回） 2006/7/27	検討課題について	
（第19回） 2006/8/24	制度等の検討状況	

（出所）筆者作成。

したなか，2006（平成18）年4月7日の第15回開催において，吉野直行座長による中間整理（案）が示され，その後2回の討議を経て，4月21日に「懇談会におけるこれまでの議論（座長としての中間整理）」（以下，「骨子1」とする）が公表された。なお第15回懇談会では後藤田政務官より「報告書においては両論併記ではなく，金利とヤミ金は関係ないという方向性を示して欲しい」と座長へ要望が出された。

　また当時の懇談会の雰囲気を知るうえで，ある委員（実名は公開されていないので伏せる）による第15回懇談会における「過剰融資によって市場が拡大しているなら，そこがなくなって市場が小さくなることは問題ない」との発言は象徴的であった。実は懇談会では過剰融資に関する定義は定性的にも定量的にも定義されず，金利引き下げが唯一万能な特効薬であるかのような考え方が支配的となり，客観的なデータに基づく科学的な議論は行われていなかった。

　ところで，第8回および第9回の懇談会において，金融庁事務局の担当官は

海外調査を2回にわたり報告した。このなかで提出された「貸金業に関する国際比較表」では，フランスやドイツにおける金利規制を日本と同列で表記し，各国の上限金利を単純に比較しながら説明した。同表をみると，日本よりもフランスやドイツは厳しい規制であるように理解できる。しかしながら，日本と異なりフランスやドイツでは貸し手は金利手数料とは別に手数料収入（期前返済手数料，延滞手数料など）を徴収できる。事実，実質的には借り手が負担する年率換算コストは日本よりもフランスの方が高くなるという調査結果も英国政府から出されている[8]。また米国市場での報告では消費者信用市場の僅か0.1％シェアしか持たない高金利商品であるペイデーローン（年率250〜800％）に関する報告がレポートの大半（文字数ベースで81％）を割くなど（英国市場の報告もほぼ同様），担当官による報告のし方を含めて規制強化を意図的に誘導する姿勢が明らかだった。

　何れにしても，貸金業のあり方という世論が沸騰しやすい政策を，当初は世論との距離を保ちながら冷静に議論してきた金融庁懇談会も，第9回懇談会からは逆にマスコミを通して世論を沸騰させる場となりながら骨子1の公表をもって実質的に終息した。これ以降，法改正を議論する場は懇談会から自民党と公明党の小委員会に移った。

2.2　法改正の審議・第二局面（2005年5月〜2006年8月）

　2006年5月11日に自民党における金融調査会・財務金融部会[9]による合同会議が開催され，金融調査会の下に「貸金業制度等に関する小委員会（委員長・増原義剛[10]衆議院議員）」が設けられた。この合同会議において，金融調査会長である金子一義・衆議院議員は，「金融庁の懇談会では灰色金利撤廃，上限金利引下げで一致している。ただ，実態としては（上限金利が下がれば信用力が低く借りられなくなった消費者が）ヤミ金に走るのではとの話もでてくる」としたうえで，「（議論の焦点として）多重債務者をいかになくしていくかにある。議論の中で貸金業者と消費者の主張を足して2で割るようなことはしない」と語り，社会実態に即した形で多重債務問題に対応していく考えが示された。また，同小委員長の増原議員は，「今国会中（会期2006年6月18日まで）に方向性を出し，臨時国会（2006年9月〜12月）で改正法案提出を目指

284　第Ⅳ部　制度設計

す」旨を表明した。これ以降，同小委員会は幹部会を含め国会会期中には週1〜2回の頻度で開催され，金融庁の担当官を交えて具体的な検討に入った。

　併せて同年6月から公明党も金融問題調査委員会（委員長・上田勇　衆議院議員）が中心となり検討を始めた[11]。自民党の小委員会では党会合に金融庁の担当官がほぼ毎回陪席していたが，公明党における審議は国会議員が中心となり立法府として中立性を保ちながら審議が進められた。また自民党の小委員会では政府（金融庁や警察庁など）と業界関係者（全国貸金業連合会や日本弁護士連合会など）からの意見聴取に留まっていた一方で，公明党ではこれら関係団体に加え研究者からも意見を聴取するなど広範囲にわたる問題を調査しながら審議が進められた。なお自民党の小委員会がフルオープンで行われたのに対して，公明党は党機関紙を除き非公開で行われた。また自民党の小委員会がフルオープンで開催され，マスコミに議論が晒される格好となり，一部自民党議員によるパフォーマンス紛いの議事光景（たとえば，出席する記者の前で小委員長を叱責する若手議員など）がマスコミを通して衆目を集めるなか，公明党は党内で冷静な環境を保ち世論との距離を慎重に置きながら委員会が党内で主導的に政策立案を検討していた。筆者も公明党の上田委員会に招聘され意見陳述する機会を持ったが，多数の質問や意見が出されながらも終始極めて落ち着いた雰囲気の中で会合が進行していた様子を記憶する。

　このように自民党，公明党ともに党内委員会で異なる議事運営方法ながら議論を深める中で，国会委員会では自民党議員から金利引下げを主張する場面が目立つようになってきた。たとえば衆議院決算行政監視委員会（2006年6月6日）において自民党衆議院議員の広津素子委員は「年利29.2%の利息を支払える真面目な事業者は存在しない」と事業者金融の実態に触れることなく発言したうえで，事業者金融分野においても消費者金融と同様の規制強化を求めた。また，金融庁高官による「（刑事罰の上限金利を）利息制限法に合わせてもまだ高いのが実情だ」との異例とも言える発言が新聞報道[12]されるなど，いわゆる「高金利」という論点にのみ着目した主張が一段と際立ってきた。

　一方で，公明党側はいわゆる「多重債務問題」を金利規制の強化で解決しようとする自民党側の流れに警戒感を持っていた。マスコミ媒体が貸金業界の規制強化を支持する報道で埋め尽くされていた2006年6月に同党の機関誌『月

刊公明』への寄稿論文として，一方的な規制強化に警鐘を鳴らす論文が掲載された[13]。当時これは政党による掲載論文として極めて稀有な内容であった。また7月には公明党の機関紙である「公明新聞」でも『多重債務　過剰融資抑制へ体制整えよ』という論説記事が掲載された[14]。この記事で注目されるのが「金利」という単語が1回も文中に現れず，逆に規制強化に備えて緊急小口資金の充実（後の少額短期特例貸付制度）が公明党側から提案されたという点である。当時，自民党側の議論では若手議員を中心に金利規制の強化が声高に主張され，この点のみで単純に問題解決を図れるとの意見が支配的であった。

このように自民党と公明党はそれぞれの委員会で並行して貸金業を巡り検討を進め，2006年7月5日の夜に自民党と公明党の財金部門の幹部は都内ホテルで会合を開き，自民党側が法改正の基本方針を公明党に伝えた。公明党は自民党案に概ね了承する格好で翌6日に与党の法改正指針として「貸金業制度等に関する基本的な考え方」（以下，「骨子2」とする）は発表された。併せて関係省庁に対し同年8月末を期限として本指針に基づき実務的現実性を考慮したうえで，提案を行うよう指示がなされた。その後も，国会は夏休みを迎える一方で与党間の政策協議は8月から断続的に行われ，その協議内容は逐次金融庁側に伝えられ，法改正の基本方針は徐々に具体的内容へと固められていった。

夏期休暇中にも拘らず，与党が法改正を急いだ理由として加熱したマスコミ報道への対応が挙げられる。先に述べた通り自民党の小委員会は公開で開催され，国会議員以外にも傍聴が可能なため，討議の様子は広くマスコミに流出し，その報道姿勢は段々と過熱してきた。とくに2006年7月22日，読売新聞は全国信用情報センターが自民党小委員会に取扱注意として提出していた内部データを公表し，「大手貸金業者などから借り手は1,200万人余りであり，5社以上の貸金業者から融資を受けていた『多重債務者』は230万人余りであった。その平均借入残高は200万円を超える」との報道が流された。この情報リークは自民党小委員会と政府の意向を汲んだものと推測できるが，数字が独り歩きする格好で過剰な報道合戦に油を差す結果となった。なお，この「5社以上の貸金業者から融資を受けていた」という解釈は正確ではなく，相当数の「休眠カード」保有者が含まれていたため，本来は「契約が残っていた」というべきであり，借入数がかなり過大な人数に膨れ上がっていた。事実，法改正

後に金融庁は多重債務者を「230万人余り」から171万人に下方修正した。さらにこの頃からマスメディアには情緒的な報道が目立つようになり，自殺者数の多くなった理由を短絡的に多重債務問題と結びつける報道や，消費者信用団体生命保険を使って「回収できない顧客を自殺に追い込み回収を行っている」と報じたセンセーショナルな記事も見受けられるようになった。

こうした情緒的な報道が過熱するなか，金融庁では「懇談会におけるこれまでの議論（座長としての中間整理）」を2006年4月に発表して以来中断されていた「貸金業制度等に関する懇談会」（第18回）が7月27日に開催された。再開にあたって自民党・公明党による「基本的考え方」を反映させた検討資料の提出がなされたが，なかでも公明党側が主張して「基本的考え方」に盛り込まれていた「特例措置としての少額短期貸付のあり方」に対して批判的な意見が委員から多数出された。先述した通り，この特例措置が盛り込まれた理由として，規制強化に議論が傾く中で信用力の低い資金需要者への資金供与の制度確保があった。公明党委員会では多重債務問題の主因を単に金利と捉えていなかったうえに，都市部の個人事業主が公明党の支持基盤層であったため，金利引き下げの影響には慎重な態度で臨まざるを得なかった。しかしながら，懇談会では逆に消費者サイドの委員から「例外は潜脱行為につながる」との反対意見が出され，議論が紛糾する皮肉な結末となった。そして貸金市場の規制強化へと世論喚起を導いてきた「貸金業制度等に関する懇談会」は2006年8月24日に開催された第19回を最後に閉会となった。残念ながら，最後まで貸金市場における資金需要者の利便性に関して有意義な議論は現れず幕を閉じた。

ところで，第19回懇談会の開催日前日である2006年8月24日に金融庁が業界大手であるアコムへの立ち入り検査を行い，その様子がマスコミに広く報道される異常な事態となっていた。金融庁の検査は1年から2年程度の間隔で行われるが，アコムは同庁の検査を同年1月に受けたばかりであった。その検査が第19回懇談会の開催日前日に実施された点はいかにも作為的だが，当日の新聞が事前に検査情報を把握し，同社本社前に多数の報道カメラが集結していた。さらにTBSだけが本社でなくアコムの横浜駅前支店という特定の店舗で検査官が立ち入る際の様子と検査官の顔のアップをベストアングルで放映するという先例のない事件も起きていた[15]。金融検査官のモラルは高いといわれ

るなかで，検査情報が事前にマスコミに流出される事態は異常ともいえる。この時に起きた検査情報の漏洩問題は国会で野党・民主党から追及され，金融庁は中央大学法科大学院の野村修也・教授らによるヒアリング調査を行ったが，情報漏洩の当事者は不明とされている。当初この情報漏洩の問題点を指摘する報道は皆無であったが，後に本件を取り上げる報道が散見されるようになり，当時，金融庁総務企画局に所属する担当職員が検査官を兼ねる「前代未聞」の人事が行われていた点を問題視する報道[16]もみられる。何れにしても，本件が翌日の第 19 回懇談会における議論に少なからず影響を及ぼしたことは事実であり，その結果は規制強化を図りたい金融庁にとって好都合であった。

2.3　法改正の審議・第三局面（2006 年 9 月〜2006 年 10 月）

　臨時国会の開催と自民党および公明党の党首選を控えた 2006 年 9 月 5 日に金融庁と法務省は「『貸金業制度等の改革に関する基本的な考え』に基づく，具体的検討内容」（以下，「骨子 3」とする）を公表した。これを受けて自民党では，これまでの金融調査会の下部組織としての小委員会ではなく，「金融調査会・財務金融部会・法務部会・金融調査会 貸金業制度等に関する小委員会」の合同会議として開催することとなった。

　当初，自民党の小委員会はフルオープンの形式で開催されたため，数多くの傍聴者が出席して会議が進められてきた。当時のマスコミは紛糾する小委員会の様子を「守旧派（商工族議員）vs. 改革派（多くの若手議員）」として対立を 2 極化して報じていた。しかし，加熱した報道を背景に一部の若手議員によるパフォーマンス的な質疑模様がマスコミへ大々的に流れるだけでなく，自民党内の異様な審議風景が野党の政党新聞に報じられるなど，明らかに自民党側による広報体制の拙さが党内幹部からも指摘される事態となった。併せて，こうした報道合戦により世論は一段と沸騰する様相を呈していった。そこでフルオープン形式の議論が議事運営上支障をきたすとして，9 月開催以降の合同会議からは一転して自民党議員と関係省庁のみによる，秘書の入室も禁止した非公開秘密審議で行われ，報道陣はその会議室を廊下から様子を伺いながら取材する形となった[17]。

　2006 年 9 月 5 日の合同会議では，同年 7 月 6 日に自民党・公明党が合意し

288　第IV部　制度設計

た「基本的考え方」の中で示された金利の方向性について議論が噴出した。党財金部門で制度設計に長年財金部会に携わってきたベテラン議員から「上限金利の引下げ，総量規制，登録要件強化等の施策を一気に行うことが，本当にリテールマーケットの健全化につながるのか」という意見が出される一方で一部の若手議員からは，「多重債務問題の解決は1日も早い金利の引下げが必要であり，今回示された少額短期貸付特例のあり方や，施行準備期間を含め計9年に及ぶ経過措置については問題がある」等の意見が出されるなど議論の収束を見出せない状況に陥り，小委員会および合同会議は継続協議となった。

　ところが2006年9月6日の早朝に金融庁「貸金業制度等に関する懇談会」の議論をリードしてきた後藤田正純内閣府政務官が，「少額短期貸付特例」を長期間認める金融庁案に納得できないとして辞意を表明する報道が伝わった。マスコミも本件に関する報道で沸騰していた時期でもあり，NHKも速報で辞任のニュースを伝えた。これを受けて，同政務官の辞任を評価する意見がテレビやネット上に多数出されるなど，事態収拾が一段と混迷を増すこととなった。事実，翌7日に合同会議での議論は再開したものの，意見がまとまらず再度調整を行うこととして，合同会議での議論は9月7日で一旦打ち切りとなった。

　9月11日に再び合同会議が開かれ，事務局より「貸金業制度等の改革の骨子（案）（自民党金融調査会貸金業制度等に関する小委員会）」（以下，「骨子4」とする）が提出されたが，本骨子で少額短期貸付の特例期間が5年となっている点が議論の的となった。実は2日前の9月9日付の新聞各紙では「特例高金利2年短縮を検討」として，移行期間が事実上5年から3年に修正されることが既に織り込み済みかのような報道がなされていた。このため，この日の議論は，上限金利引下げの慎重派・強硬派が入り乱れての論争となったため，着地点を見出せずに終了し，次回の開催期日が9月15日とされた。

　しかしながら，翌9月12日の新聞では，「特例金利26％程度に　批判受け引下げ検討」と報道され，9月9日の報道と合わせて，当初合同会議が示していた「5年，28％」から，「3年，26％程度」というさらなる規制強化案が，合同会議の結果としてではなく，報道が先行する形で世間に報じられた。この情報リーク源については様々な憶測が当時から流されていたが，先の金融検査情

報の漏洩事件と同様に情報管理の点で自民党および金融庁側において極めて問題のある政策審議であった証拠となろう。

なお，この時の報道によると，「政府・自民党としては，小泉内閣から安倍新内閣への移行期にあり，新内閣が発足するまでの間に改正案を決着させた上で，9月末から始まる臨時国会へ法案を提出させることを最優先させていくだろう」とされていた。また公明党側も9月30日に党代表が神崎武法から太田昭宏に交代する時期であり，過熱した議論を政治的高レベルで決着することが困難な時局に，世論を巻き込んで法改正の審議が自民党側の小委員会や合同会議で続けられていたと言える。

このような状況下で開催された9月15日の合同会議では，それまで報道されていたように，少額短期貸付の特例金利のあり方として，28％を25.5％とし，特例期間を5年から2年に変えた案が示された。また合同会議幹部から「貸金業法の抜本改正—新たな多重債務者ゼロ作戦，ヤミ金融の撲滅—」というタイトルの資料も示された。急激な制度変更により市場に与える影響を危惧する意見が出されたことで，特例金利の期間と金利水準の変更に留められた案が了承され，併せて合同会議幹部が示した「貸金業法の抜本改正—新たな多重債務者ゼロ作戦，ヤミ金融の撲滅—」をもって合意することとなった。

そして9月15日の合同会議での結論を受け，9月19日に開催された自民党政調審議会，総務会で改正骨子が承認され，同日に自民党政務調査会 金融調査会・財務金融部会・法務部会・金融調査会貸金業制度等に関する小委員会名で「貸金業法の抜本改正の骨子—新たな多重債務者ゼロ作戦，ヤミ金融の撲滅—」（以下，「骨子5」とする）が公表され，改正法は骨子5に基づき策定される筈であった。少なくとも骨子5を決めた自民党側から公明党側には本骨子の内容に沿って早々に国会に上程する旨の説明がなされていた。

しかしながら，一旦加熱した世論は特例金利を温存した自民党の結論に対して厳しい目を注いだ。マスコミの大半は少額短期貸付の特例金利について，「金利引下げこそが多重債務問題解決の道」と批判的に報道し，党内一部議員から2007年7月の参議院選挙への影響を懸念する声が高まってきた。そこで，9月26日に第165回臨時国会が開会された後，10月25日に自民党は合同会議を開催し，この場で改正案の決着が図られることとなった。この会合開催に際

290 第Ⅳ部 制度設計

して公明党の担当議員は十分な事前調整を諮られることなく，骨子5の内容が
大きく変更されたことから，金融収縮への懸念を自民党側へ改めて伝えたとい
われる。とくに公明党側は自民党と当初合意した改正骨子のうち，経過措置に
あった「少額短期貸付」制度が削除された点を問題視した。さらに新たな骨子
の内容は「過剰貸付の禁止」として貸金業者による貸付合計が年収の3分の1
を超えることを原則禁止とする総量規制が盛り込まれるなど，一段と規制強化
へと舵を切った内容となっていた。この10月25日会合で提示された貸金業規
制法改正案の骨子となる「貸金業の規制等に関する法律等の一部を改正する法
律案要綱」（以下，「骨子6」とする）は自民党側が公明党側を押し切り与党間
での最終合意にたどり着いたといわれる。

　なお「過剰貸付の禁止」の経緯を説明すると，2006年9月19日改正案（骨
子5）の段階では「過剰貸付の禁止」に関する骨子（案）の内容は9月11日
の中身を踏襲していた。つまり，「過剰貸付の禁止」の内容は「貸金業者に対
し，指定信用情報機関に登録されている借入残高と合わせて，年収の3分の1
を超えることとなる金額の貸付については，返済能力を超えないことが客観的
に明らかな場合又は貸金業者によって示される場合以外は禁止」と，年収の3
分の1を超える貸し付けに曖昧な表現ながら一定の余地を残す表現であった。
しかしながら，10月25日の法律要綱案（骨子6）では，「過剰貸付の禁止」規
定として「貸金業者に対し，自社の貸付の金額と他の貸金業者の貸付の残高の
合計額が年収の3分の1を超えることとなる貸付を原則禁止」と，残されてい
た余地は完全に取り除かれた。この強化された過剰貸付を禁止する規定，つま
り総量規制はその後，貸金市場の急速な収縮と銀行カードローン市場の肥大化
をもたらした。

　これまで自民党「貸金業制度等に関する小委員会」の増原義剛・小委員長は
一方的な規制強化が社会に好ましい影響を及ぼさない点をマスコミへの取材で
表明していた。たとえば「（今回の上限金利引下げは）貸金業界にとっての衝
撃はこれまでの比ではない」「特例はできる限り借り手への衝撃を和らげるた
めだ」（10月8日付け日経金融新聞），「上限金利を急に下げれば，借りられな
い人が出る恐れがある。借り手への安全網は必要」「（利息制限法の金額刻みの
必要性に答えて）1954年法制定当時，10万円未満は個人，10万円以上100万

円未満は中小企業，100万円以上は大企業との想定だった。現在の物価は当時の5〜6倍で，引上げはそれを反映させた」（10月18日付け朝日新聞）と増原は説明していた。しかしながら最終的には沸騰した世論の反発を恐れ，規制を一転して強化される形での決着となった。

10月25日の合同会議後の記者会見で自民党金子一義・金融調査会長は，「臨時国会での法案成立を優先し，特例高金利などの導入は見送った。見直しについては，（完全施行の時期を待つのではなく）なるべく早く検討を始める」（10月26日付け読売新聞）とのコメントを出した。また，毎日新聞（10月28日付け）のインタビューに答えて，特例金利と利息制限法の金額刻みの見直しを撤回した理由について，「多重債務問題を生まないために重要なのは，年収の3分の1を超える金額は借りられないようにしたり，上限金利を下げてグレーゾーンをなくすこと。それを遅らせないためにも2点を切り離し，法成立3年後に議論し直すべきだと考えた」とし，その議論の結果，将来の導入もあるのかとの問いに対しては，「3年間で，どの程度の貸し渋りが起き，借りられない利用者がどの程度出るのかみて議論したい」「貸金業者の経営が苦しくなったという理由で，上限金利を上げることはない。市場金利の水準が大幅に上がった場合，それに伴って利息制限法を見直す可能性はある」と説明したと報道される。

一方で，公明党側は加熱したマスコミ報道に翻弄され二転三転した末に決定した10月25日の自民党による審議内容に批判的な立場にあったといわれる。そもそも最終案（骨子6）が自民党から公明党側に説明されたのは自民党側の発表直前であった。この段階で初めて公明党はかねてから主張してきた少額短期特例貸付が法律案から削除された経緯を知らされた。

公明党側で法改正を審議してきた金融問題調査委員会の上田勇・委員長は10月25日の同氏のブログで，「この問題に関するマスコミ等の論調が金利水準にばかり偏っていたのは，本質を理解しないものであった，とても残念です。多重債務問題の発生を防止するためには，今回の改革に盛り込まれている業界の再編・健全化を促す措置，過剰貸付を抑制するための措置，取立て等に係る各種行為規制の強化の方が有効だと考えています。金利は，物品販売における価格に相当するものであり，借り手のリスクに応じて定められるもので

す。本来，健全な業界であれば，自由に設定されるべきものです。諸外国の事例を参考にすると，長期的にはむしろ自由化した方が実効金利は下がるものと推測されます。したがって，金利引き下げだけが問題解決の道であるかのような見解は適切でない」と，自民党による貸金業法改正の進め方を暗に批判している。

　なお，自民党が当初案に盛り込まれていた「少額短期貸付」を 2006 年 10 月25 日改正案（骨子 6）の段階で削除する代わりに，「完全施行前の法律見直し規定」が条文に盛り込まれた。先述の通り，完全施行前の法律見直し規定は通常の法理に見当たらない極めて特殊な条文である。当時ロビー活動をしていた業界関係者によると，これは貸金業界をなだめるための懐柔策であったと証言している。また法改正作業に携わった公明党議員も完全施行前の法律見直し規定に基づき法改正される可能性が非現実的だと最初から認識していたと述べている。

2.4　法改正の審議・最終局面（2006 年 11 月～2006 年 12 月）

　2006 年 11 月 14 日の衆議院財務金融委員会において貸金業法に関する審議が始まり，11 月 29 日に原案通り可決され，11 月 30 日衆議院本会議にて委員会報告の通り与野党全会一致で可決した。続く 2006 年 12 月 1 日から参議院の財政金融委員会に移り改正審議が進められた。

　一方，参議院財政金融委員会においては，貸金業法の改正を急ぐあまり，重要な規定に客観的裏付けが乏しい点を露呈する場面が質疑で散見された。平野達雄議員（民主党）が「多重債務」の定義について定量的，実証的に分析をしたことがあるのかとの質問に対し，山本有二・金融担当大臣は，「多重債務問題とは，貸金業者からの複数または多額の借り入れにより借り手の生活に著しい支障が生じていることを巡る，国民生活上，国民経済の運営上の諸問題であると認識している」と答弁し，三國谷勝範・金融庁総務企画局長からは，「具体的には，全情連などのデータをベースにすると，無担保・無保証の消費者金融利用者は今 1400 万人であり，そのうち借入件数 5 件以上の債務者が 230 万人となっていること。それらの 5 件以上の債務者 1 人当たりの借入総額が 230万円であること。一方で，多くの消費者金融利用者の年収は 600 万円以下であ

ること。多重債務者の多くが基本的に返済が困難になってきていること」と答弁したにとどまった。

また総量規制の個人年収3分の1規定に関しては,「平均的な利用者が無理のないペースで返済,まあ大体,おおむね3年程度で返せるといったことを基準としている」。また,100万円,50万円で収入証明を確認する基準についても,「100万円を境に債務の返済が困難になってくる者が増えるといった状況を勘案」「現在の事務ガイドラインにおいて50万円以下が簡易審査となっていることを基準としている」と答弁した。こうした曖昧な政府答弁に対して平野議員は,「基準は要するに調査に基づいてじゃなくて,いろいろな考え方,別途の考え方によって決めていると,そういうことですね」と質問し,これに対して三國谷・総務企画局長は「個々のケース,つぶさに統計化できる部分とできない部分があるが,今回は今申し上げたような考え方にしたがって策定をしているものである」と答弁するに過ぎなかった。皮肉な話であるが,この曖昧な政府答弁に対して,民主党が政権を取った後の2010年に国会において,逆に民主党の金融庁大臣政務官が今度は野党となった自民党議員から総量規制の3分の1規定を巡る質問で答弁に窮する場面もあった(図表12.3)。貸金業法の完全施行を2カ月前に控えたこの段階でも政府は総量規制の3分の1規定に関して明確な説明が用意されていなかった。なお,金融庁が「総量規制の個人年収3分の1」を試算する際に引用した家計調査年報の年収は,実は「世帯年収」であった。

図表12.3　国会議事録抜粋(その1)

〇田村大臣政務官
～中略～
　個人的には,今回の貸金業法について,それを完全施行するというのは総合的判断としていたしますけれども,まさに利息制限法の利率というのはもう五十年以上変わっていないわけでありますので,そこは欧米等を見ても明らかに議論が足りないというふうに考えています。
〇平(将)委員(自民党)
　結局は準備不足ということなんですよ。だから,四年前にいろいろな議論をしたけれども,いろいろな懸念も表明されました。しかしながら,多重債務者の問題があるからやってみようといってやって,段階的に来たわけですよ。そうしたら,思いのほか,やはり弊害の方が大きいということになってきたわけですね。(中略)総量規制,三分の一の根拠を教えてください。これもよくわからない。

294　第IV部　制度設計

○田村大臣政務官
　簡単に申し上げると，平均的な消費者金融の利用者層の一般的な返済能力を踏まえると，収入の一五％を返済に充てた場合に三年間で返済可能な金額というのが収入の三分の一だということであります。
○平（将）委員
　これもおかしな話で，平均値でしょう，平均値が何で上限になるんですか。思いませんか。平均値でしょう。何で平均値が上限，社会主義じゃないですか，大臣政務官。
○田村大臣政務官
　そこは平均的な数字を参考にするしかありませんので，やはり全体の総量そして金利を制限するという方向性の中では，それは基準としては平均値を使うしかないということだったんだと承知しています。
○平（将）委員
　政府は全然だめですから，与党の民主党の皆さんに期待をしたいと思います。次の質問に移ります。

（資料）第174回国会衆議院経済産業委員会第8号（2010（平成22）年4月16日）

　話を2006年12月の国会に戻すが，総量規制の基準根拠が象徴するように貸金業法には不備な点が散在していたにも拘らず，衆議院に引き続き，参議院財政金融委員会も12月12日に与野党全会一致で原案通りに可決した。翌12月13日に行われた参議院本会議にて可決され，改正貸金業法が成立，12月20日に公布された。

　一方で，この頃よりマスコミでは逆に貸金業法の過度な規制が市場に与える影響の大きさを懸念する記事が一転して報道されるようになった[18]。この理由の1つとしてマスコミ側の予想を裏切る形で，貸金業界を実質的に消滅させるほどの厳しい規制強化となる法律が短期間のうちに政治決着により図られた点が挙げられる。貸金業界にとってこれほど厳しい規制が盛り込まれた背景には，金利引き下げで借入困難者が急増して過払い金返還請求市場の急拡大への期待感の存在も否定できない。とくに2003年以降，司法書士も過払い金の返還請求を扱えるようになり，司法書士事務所から多数のFAXが国会議員事務所に送られるなど，本件に関して司法書士によるロビー活動も活発化していた。つまり法改正後は貸金業界から弁護士・司法書士界に収益機会が移転することで，新たな利権が生じることをあざとく感じ取っていた「空気」が政治の場で影響を及ぼしたからではないかと筆者は愚推する。また，いわゆる「商工ローン問題」で2000年に上限金利が40.004％から29.2％に引き下げられた後，地方に数多く存在した中小貸金業者が市場から撤退していった。このように市

場から退場した地方の貸金業者の多くは地元選出の保守系議員を資金面を含め応援していたことから，2006年の段階において貸金業界による国会議員への影響力がかなり低下していた点は事実である。

3　改正プロセスにおける規制強化の変遷

　上で記した通り，貸金業法をめぐる自民党と公明党側での審議が金融庁懇談会における議論に引きずられる格好で，法案の内容も規制強化の色を濃くしていった。そこで，規制強化の変遷を分析するために，① 金利規制，② 少額短期特例貸付，③ 量的規制（総量規制），④ 日賦金融業者の特例，⑤ 見直し規定の5つに絞り，貸金業法の改正プロセスにおける規制が強化される変遷を調べる。

　なお2006年改正で，「金利規制」，「量的規制（総量規制）」，「日賦金融業者の特例」に関して変更された規制の中身を比較すると図表12.4の通り。また詳しくは後述するが，「少額短期特例貸付」は法改正の審議過程で提案されたものの，その導入は突如見送られた。逆に「見直し規定」は審議過程の最終局面で突然現れる格好で法案に盛り込まれた。

　そこで以下では，規制強化の変遷を知るために各審議過程で発表された貸金業法改正に向けた骨子案（下記の6つ）の変化を比較する。貸金業制度改正の流れのなかで骨子1〜6が策定された時系列を整理すると図表12.5の通り。

骨子1：2006年4月12日（金融庁「貸金業制度等に関する懇談会」）
　「懇談会におけるこれまでの議論（座長としての中間整理）」
骨子2：2006年7月6日：（自民党金融調査会・公明党金融問題調査委員会）
　「貸金業制度等の改革に関する基本的な考え方」
骨子3：2006年9月5日（金融庁・法務省）
　「『貸金業制度等の改革に関する基本的な考え方』に基づく，具体的検討内容」
骨子4：2006年9月11日（自民党金融調査会貸金業制度等に関する小委員会）
　「貸金業制度等の改革の骨子（案）」

296　第Ⅳ部　制度設計

図表 12.4　貸金業法改正前後での金利規制，量的規制，そして日賦金融業者の特例の比較

	改正前（2006 年 12 月以前）	改正後（2006 年 12 月以降）
① 金利規制	刑事上の上限金利は 29.2％（出資法） 民事上の制限金利は，a）元本の額が 10 万円未満の場合 20％，b）同様に 10 万円以上 100 万円未満の場合 18％，c）同様に 100 万円以上の場合 15％（利息制限法） 「みなし弁済」制度として，利息制限法の上限を超える金利は民事上無効であるが，支払いの任意性と一定の書面交付を要件として有効とみなす（貸金業規制法）	刑事上の上限金利を 20％に引き下げ（出資法） 民事上の制限金利は現状維持（利息制限法） 「みなし弁済」制度は廃止。つまり利息制限法の制限金利と出資法の上限金利の間にある金利帯，いわゆる「グレーゾーン金利」帯での取引制度は廃止（貸金業法）
③ 量的規制（総量規制）	貸し手は借り手の信用，借り入れの状況，返済計画等について調査し，借り手の返済能力を超えると認められる貸付けの契約を締結してはならない（貸金業規制法） 罰則規定なし	貸金業者に対し，返済能力を超える貸付の契約の締結を禁止（貸金業法） 貸金業者に対し，自社の貸付の金額と他の貸金業者の貸付の残高の合計額が年収の 3 分の 1 を超えることとなる貸付を原則禁止（貸金業法）
④ 日賦金融業者の特例	一定の条件下で特例金利（54.75％）を認める（出資法）	廃止（出資法）

（出所）筆者作成。

骨子 5：2006 年 9 月 19 日（自民党政務調査会・金融調査会・財務金融部会・法務部会・金融調査会貸金業制度等に関する小委員会）：

「貸金業法の抜本改正の骨子―新たな多重債務者ゼロ作戦，ヤミ金融の撲滅―」

骨子 6：2006 年 10 月 25 日（要綱案）

「貸金業の規制等に関する法律等の一部を改正する法律案要網」

　先述した通り，2006 年 10 月 25 日に内閣法制局から提示された上記「貸金業の規制等に関する法律等の一部を改正する法律案要網」（骨子 6）に基づく法案はその後，貸金業法として国会に上程された。

第 12 章　貸金業法の政策決定プロセスに関する調査研究　　297

図表 12.5　貸金業制度改正の流れ

	金融庁	自民党	公明党	国会	備考
05年3月	第1回　発足				3/30 金融庁「懇談会」発足。以降全 19 回開催。
05年4月	第2回				
05年5月	第3回				
05年6月	第4回				
	第5回				第 2〜8 回は賛否両論審議で冷静さを保った議事運営に終始。
05年7月	第6回				
05年8月					
05年9月	第7回				
05年10月					
05年11月					
05年12月	第8回				12/8 第 8 回終わり頃に後藤田政務官が出席。以降議事をリード。
06年1月					1/13 最高裁による「みなし弁済」否定判決。
	第9回				第9回1/27 第 9 回以降，懇談会の議論は規制強化に傾斜。
06年2月	第10回				
	第11回				
06年3月	第12回				
	第13回				
	第14回				
06年4月	第15回				
	第16回				
	第17回				4/21 第 17 回にて「中間整理」（骨子 1）発表。
06年5月		5/11　合同会議			5/11 自民党金融調査会は小委員会を設置。
06年6月					6 月から公明党が貸金業制度見直しを検討開始。
06年7月		7/5　与党協議	7/5　与党協議		7/6 自民党・公明党「基本的考え方」（骨子 2）発表
	第18回				7/22 読売新聞が「多重債務者 230 万人」とリーク報道。
					7/27 第 18 回で自民・公明案の特例金利への批判続出。
06年8月					7〜8 月にも自公で与党協議が収拾へ向けて断続的に開催。
	第19回　最終会				8 月頃，マスコミから貸金業者による消費者信用団体生命保険に非難。
					8/24 第 19 回で懇談会終了。以降審議は自民小委員会に収斂。
06年9月		9/5　小委員会再開			9/5 金融庁・法務省「具体的検討内容」（骨子 3）を発表。
					9/6 特例金利に反対して後藤田政務官が辞任。
					9/11 自民党「貸金業制度等の改革の骨子」（骨子 4）発表。若手議員から反発。
06年10月					9/19 自民党・公明党「貸金業法の抜本改革の骨子」（骨子 5）を了承。
		10/25　政府案了承	10/25　政府案了承		10/25 自民で骨子再見直し，「法律案要綱」（骨子 6）を自民・公明党で承認。
					10/31 金融庁閣法として法律案要綱に基づき「貸金業法改正案」を提出。
06年11月				11/4　衆議院	11/14 衆院財務委員会で審議開始。
					11/29 衆院財務委員会で原案通り可決。
				11/30　可決	11/30 衆院本会議で原案通り可決。
06年12月				12/1　参議院	12/1 参院財務委員会で審議開始。
				12/13　可決	12/12 参院財務委員会で原案通り可決。
					12/20 貸金業法，公布。

298　第Ⅳ部　制度設計

3.1 「金利規制」に関する記述内容の変化

　以下では，6つの骨子（骨子1～6）に記載される，① 金利規制，② 少額短期特例貸付，③ 量的規制（総量規制），④ 日賦金融業者の特例，⑤ 見直し規定に関する記述の変遷を時系列で比較する。なお比較にあたり，各骨子項目の囲み内における「*斜体文字*」は比較を明瞭にするために筆者が施したものである（原文にはなし）。また囲み内の文章は各会合で配布された資料に基づくが，明らかな誤植については筆者が訂正している。

1）骨子1：2006年4月12日（金融庁「貸金業制度等に関する懇談会」）「懇談会におけるこれまでの議論（座長としての中間整理）」

　この段階において，グレーゾーンの扱いは両論併記として扱われている。また利息制限法の制限金利についても，引き下げ，又は市場金利への連動，という扱いに留まり，金利引き上げの余地が残されている。また，利息制限法の刻み金額（適用金利の金額区分）の適正に向けた必要性にも触れられている。

【金利規制のあり方，グレーゾーンの取扱い】

・「みなし弁済」制度について

　現行の「みなし弁済」制度について，単にこの制度を廃止するのか，廃止した上で二重金利を一本化するのかという選択肢があるとの意見や，一本化の仕方によっては，まだ現行制度の方が望ましい場合もあるとの意見があり，下記の選択肢をもとに議論が行われた。

〈グレーゾーンを廃止する場合の選択肢〉

① 出資法金利を引き下げ，利息制限法金利に合わせる

イ　一律引き下げ

ロ　特定の貸付（たとえば少額・短期）について引き下げの適用除外（潜脱をいかに防止するか）

ハ　（リボ取引といった）特定の貸付だけを対象に引き下げ

② 利息制限法金利を引き上げ，出資法金利に合わせる

　（私人・銀行も含めて全ての取引について利息制限法金利を引き上げるのか，貸し手の行う貸付についてだけ引き上げるのか）

---

③ 中間的な金利に一本化する

　（私人・銀行も含めて全ての取引について利息制限法金利を引き上げるのか，貸し手の行う貸付についてだけ引き上げるのか）

出資法の上限金利については多重債務の一因となっていることや最近の司法判断を踏まえ，利息制限法の上限金利水準に向け，引き下げる方向で検討。

〈グレーゾーンを存置することとなった場合の選択肢〉

① 現状維持

② 「みなし弁済」要件の厳格化（貸付および弁済時の義務等）

③ 「みなし弁済」要件の緩和（用件の明確化・簡素化・電子化）

　仮にグレーゾーンを存置することとなった場合，多重債務化を防止する観点から，

・「みなし弁済」の要件をより厳格かつ明確にする，

・弁済時にも利息制限法内の利息額と超過利息額があることを説明する義務を課す，

ことを検討。

・利息制限法の金利水準は引き下げや市場金利への連動を検討。適用金利の金額区分（10万円，100万円）については再検討が必要。

2）骨子2：2006年7月6日（自民党金融調査会・公明党金融問題調査委員会）「貸金業制度等の改革に関する基本的な考え方」

　この段階でグレーゾーン金利帯の廃止が明記される。

　一方で，利息制限法の制限金利の扱いに関しては，20％に一本化，刻み金額の見直し，又は現状維持と記載される。骨子1で記載された上限金利を市場金利と連動する案は制度としての運用が難しいことから除外された。

【金利体系の適正化】

⑴　グレーゾーン金利の廃止

　利息制限法の上限を超える金利は民事上無効であるが，支払いの任意性と一定の書面交付を要件として有効とみなすという現行の「みなし弁済」

制度は，借り手にとっても貸し手にとっても問題が多く，不安定な制度であるため，廃止すべきとの認識で一致した。

(2) グレーゾーン金利廃止後の方向性

出資法上限金利を利息制限法金利の水準に大幅に引き下げるとすれば，貸倒リスクが高い借り手には供給できなくなり，また，急速な信用収縮が生じ，更には，ヤミ金融の犠牲者が増えるおそれがあるとの観点から，「みなし弁済」規定は廃止するものの，出資法や利息制限法の上限金利は堅持し，少額短期の貸付や厳しい基準を満たす特定の業者に対しては利息制限法の特例を認めるべきであるとの意見があった。

一方，

金利が高いことが返済そのものを困難にし，借り入れ返済のために別の業者から借り入れる悪循環に陥っており，多重債務問題が深刻化している，返済能力が低い者ほど高い金利を課される貸金市場の特質を踏まえれば，借入需要が満たされることが必ずしも望ましいとはいえない（「貸さぬも親切」），更には，

金利を下げる方が貸し手側の貸倒リスクが減り，多重債務の防止に資するといった観点から，この際，出資法の上限金利を利息制限法の金利水準に引き下げるべき，

との意見が大勢であった。

その際，考慮すべき点として，以下の点が指摘された。

① 出資法および利息制限法の金利水準

出資法の上限金利を利息制限法の金利水準に引き下げる場合には，

イ　民事，刑事の上限金利となる現行利息制限法の上限金利の金額刻みを，物価変動を考慮して，引き上げるべきとの意見

ロ　統合された上限金利は，刑罰金利ともなるため，簡素かつ安定的である必要があり，このためには金額刻みを廃止し，20％で一本化するべきとの意見

ハ　可罰的違法性に配慮すれば，出資法金利については20％，利息制限法金利については現状のまま（金額刻みについては，物価変動を考慮して引き上げ）とした上で，その隙間は行政罰（たとえば，行政処

分や課徴金）により担保すれば足りるとの意見等
　があった。
　② 少額短期等の特例の是非
　③ 金利の概念

3）骨子3：2006年9月5日（金融庁・法務省）：「『貸金業制度等の改革に関
　する基本的な考え方』に基づく，具体的検討内容」
　骨子2の通り，出資法の上限金利は20％に引き下げ，グレーゾーン金利帯
は実質的に廃止とされた。
　一方，利息制限法の制限金利は現状維持とされたものの，骨子2で言及され
た「金額刻みについては，物価変動を考慮して引き上げ」の趣旨は具体化され
ている。また，金利引き下げによる金融収縮を回避するために，後述する通り
骨子3では少額短期特例貸付制度が新たに盛り込まれた。

【金利体系の適正化】
・出資法の上限金利を利息制限法の上限金利水準に引き下げることに伴
　い，これまで利息制限法を超える金利でも出資法上限金利までは一定の
　要件の下に有効としてきた，貸金業法上の「みなし弁済」制度を廃止す
　る。（貸金業規制法第43条を廃止する）。
・出資法の上限金利を利息制限法の上限金利水準に引き下げる。
　現在，貸金業者の利用者の相当割合が，返済困難な状況に陥っている
　と見られる中で，多重債務問題に対処するためには，上限金利を引き下
　げることにより，全ての債務者の金利負担を軽減することが必要であ
　る。
　（特例金利については後述。）
・出資法および利息制限法の金利水準
　⑴　現行法上は，出資法の上限金利29.2％，利息制限法の上限金利は元
　　本額に応じて20％，18％，15％になっているが，改正後の両方の金
　　利水準については，
　　①民事・刑事の上限金利が一致した方が分かりやすいこと，

②　とくに刑事罰については構成要件の明確性が要求されること，

③　「みなし弁済」を極めて厳格に解する最近の判例との関係，

④　民事上無効となっても必ずしも直ちに刑事罰対象とする必要はないこと，

等を考慮して検討。

⑵　利息制限法を超える金利による貸付の「みなし弁済」を極めて厳格に解する最近の判例の状況を踏まえれば，利息制限法の利率を一律に引き上げる（ロ案）をとることは困難と考えられる。

⑶　（イ案）（ハ案）については，刑事罰の基準（出資法の上限金利）は明確であることが求められること，利息制限法により民事上無効となった場合必ずしも直ちに刑事罰対象とすることまでは求められるものではないことを踏まえれば（ハ案）がフィージビリティーの高い案と考えられる。

（なお，（ハ案）においては，利息制限法の上限金利を超える貸付を行った貸金業者等については，行政処分による制裁で対処。）

⑷　利息制限法の金額刻みについては，

①　同一債権者が複数の貸付を行った場合の取扱を明確化するため，金銭の貸付を業とする者が，債権者の場合には，後に発生する貸付の残高額と合算して算定することについて検討する。

②　利息制限法の金額刻みの基準額については，法制提示（昭和29年）以来見直されていないことから，今回，物価上昇等を考慮して，これを引き上げることが考えられる。仮に，金額刻みの基準額を見直す場合には，物価上昇率を基礎として，5倍（元本額50万円以上が上限金利18％，元本額500万円以上が上限金利15％）に引き上げることが考えられる。

（しかし，50年以上にわたり維持された基準額を引き上げて，一部の金額帯（元本額10万円以上50万円未満および100万円以上500万円未満の貸付け）において上限金利規制を緩和すべきなのかとの問題がある。さらに，法制定後の物価上昇率を考慮して金額刻みの基準額を引き上げるのであれば，調達金利の低下も考慮して

第 12 章　貸金業法の政策決定プロセスに関する調査研究　　303

利息制限法の上限金利の数字を引き下げなければバランスを失するのではないか，あるいは金利変動にしたがって上限金利を変動させる仕組みをすべきではないかとの指摘もある。この点については，今回は実態上主に高金利が問題になっている貸金業者の上限金利が大幅に引き下げられることから，利息制限法の上限金利の数字の見直しは行うことまでは必要ないとも考えられるが，なお上記を踏まえ，基準額の引き上げの要否・程度等について慎重な検討が必要であると考えられる。)

4）骨子4：2006年9月11日（自民党金融調査会貸金業制度等に関する小委員会）「貸金業制度等の改革の骨子（案）」
　骨子3の制度案が踏襲された。

【金利体系の適正化】
・みなし弁済制度
　貸金業法上の「みなし弁済」制度（貸金業法第43条）を廃止。

5）骨子5：2006年9月19日（自民党政務調査会・金融調査会・財務金融部会・法務部会・金融調査会貸金業制度等に関する小委員会）「貸金業法の抜本改正の骨子―新たな多重債務者ゼロ作戦，ヤミ金融の撲滅―」
　骨子3の制度案が踏襲された。ただし，先に引用した増原が新聞記者の質問に答えた内容（朝日新聞（2006/10/18））を鑑みると，利息制限法の制限金利の金額刻みを，物価変動を考慮して，引き上げるという案は骨子5の段階までさらなる規制強化の際の代替案として残されていた可能性が高い。

～上記4）と内容は同一。ここでは記載を省略～

6）骨子6：2006年10月25日（要綱案）「貸金業の規制等に関する法律等の一部を改正する法律案要綱」
　最終的に骨子3の制度案が踏襲され，閣法として立法化された。これによ

304　第Ⅳ部　制度設計

り，刑事の上限金利（出資法の上限金利）は20％に引き下げられ，民事の上限金利である利息制限法は現状維持となった。

【みなし弁済制度の廃止（改正法施行後から2年半以内施行）】
　貸金業者の行う金銭消費貸借契約に基づき債務者が利息制限法第1条第1項に規定する利息の制限額と出資法第5条第2項に規定する利息の制限額との間の金利を任意に支払い，貸金業者から契約書面等が交付されている場合には，当該支払いは有効な債務の弁済とみなすこととしている規定を廃止することとする。

3.2　「少額短期特例貸付」に関する記述内容の変化

1）骨子1：2006年4月12日（金融庁「貸金業制度等に関する懇談会」）「懇談会におけるこれまでの議論（座長としての中間整理）」

　この段階では，上限金利を引き下げるという方向性が固まっていなかったため，少額短期特例貸付の制度化に関する記載はない。

　〜記述なし。現段階では想定されず〜

2）骨子2：2006年7月6日（自民党金融調査会・公明党金融問題調査委員会）「貸金業制度等の改革に関する基本的な考え方」

　この段階では上限金利引下げは方向性として固まっていないにも拘らず，少額短期等の特例が両論併記ながら盛り込まれている。金利引下げに議論が傾注するなか，急激な金融収縮を恐れた公明党が同特例を予防策として事前に提案したと言われる。

【少額短期等の特例の是非】
　少額短期の貸付であれば，借り手にとってある程度高い水準であっても負担となりにくいため，実需を勘案して，特例金利を厳しい限定を付した上で認めるべきとの意見があった。これについては，潜脱を招きやすいた

め，認めるべきではなく，仮に認めるとしても暫定措置とすべきとの意見があった。

　また，事業者のニーズは消費者とは異なるものがあり，たとえば短期の貸付であればある程度高い水準であっても負担となりにくいため，特例を検討してはどうかとの意見があった。これに対しては，やはり潜脱を招きやすいとして，消極的な意見があった。

3）骨子3：2006年9月5日（金融庁・法務省）「『貸金業制度等の改革に関する基本的な考え方』に基づく，具体的検討内容」

　先述した通り，この段階において出資法の上限金利を20％に引き下げ，利息制限法の制限金利も現状維持となったことから，グレーゾーン金利帯廃止の代替措置として少額短期特例貸付が提起された。その内容に関しては，資金需要を消費者金融と事業者金融で区分したうえで制度化が詳細に提案されている。その要点としては，特例金利は年利28％，適用期間（経過措置）は5年程度。ただし，消費者向けは，「50万円・1年以内」，または「30万円・半年以内」，事業者向けは，「500万円・3カ月程度」とされた。

【少額短期特例貸付】

　左記の意見を踏まえ，少額短期特例貸付制度を具体化した一案は以下のとおり。

(1)　今回の制度改正により上限金利が引き下げられることに伴い，少額の金利負担で貸金業者を利用している者にとっても資金供給が縮小し，そうした利用者の利便性を害することも考えられる。

(2)　その際には，貸付の金額・機関の基準については，利用者の返済負担が課題とならない範囲にすることが前提。家計調査を参考にすれば，大半の借り手にとって返済可能な額としては月々5万円以内が想定される。これに基づけば，特例金利が認められる少額・短期の枠は「50万円・1年」または「30万円・半年」としてはどうか。

(3)　また，顧客の利便性の観点からは，同時に複数件の特例貸付を認めるべきと考えられるが，必要以上の借り入れをできるだけ防ぐ観点か

ら，50万円または30万円の総額の範囲内で同時に利用できる特例貸付は3社までとする。

(4) 特例金利は，現在の利用者層のニーズに対応する特例の趣旨を踏まえつつ，可能な限りの利用者の返済負担軽減を図る観点から，28％とする。

(5) 少額短期特例の経過措置とし，特例が認められる期間は，出資法の上限金利を引き下げてから5年程度とする。

(6) 利息制限法の上限金利では借り入れを行うことができないニーズに対して，返済負担が課題とならない範囲で応えるという特例の趣旨を徹底するために，以下の措置を講じる。

　① 特例を利用できる借り手は，自社からも他社からも少額短期特例以外の借り入れがない者に限る。

　② 一旦少額短期特例借り入れの返済を延滞した者は，完済後一定期間（1年程度），他社分も含め少額短期特例借り入れを利用することができない。

　③ いわゆるリボルビング契約（予め定めた額の範囲内で返済額に応じて借り入れ可能額が増加する形態）は少額短期特例の対象としない。

　④ 各貸金業が少額短期特例貸付について上記の要件を満たしているか確認できるようにするため，指定信用情報機関への登録，確認を義務付ける。

(7) 少額・短期基準または特例利率の要件に反する貸付は利息制限法上の上限金利を超える部分を民事上無効とし，また刑事罰対象とする。さらに，潜脱防止を徹底するため，上記枠組みの範囲内，こうした商品の取扱について検討する。

(8) 少額短期特例を設けるには，上記潜脱防止措置が充分に講じられることに加え，全ての貸金業者が指定信用情報機関に加入し，指定信用情報機関制度が整備されることが前提。

【事業者向け特例貸付】

　左記の意見を踏まえ，事業者向け特例貸付制度を具体化した一案は以下のとおり。

⑴　個人を対象とした少額短期特例貸付と同様に，事業者についても，返済負担が課題とならない範囲で，利息制限法を超える金利での借り入れのニーズに対応するため，法人および法人の代表者を対象として，貸金業者に利息制限法の上限金利での貸付を認めることも考えられる（個人事業者は対象としない）。

⑵　その際，貸付の金額・期間の基準については，手形決済等のための短期資金ニーズが多く見られること，短期の貸付については大半が500万円以下にとどまっていること等を踏まえ，「500万円・3カ月程度」とする。

　（注）手形決済期限は3カ月が主。

⑶　特例貸付に加えて特例以外の貸付の併用も認めること，事業者の取引実態等を踏まえ，利用できる特例貸付は同時に1件までとする。

※実態上，利息制限法超での3カ月以内の貸付については，貸付期間中の割り増しニーズは少ない。

⑷　少額短期特例と同様に，経過措置とし，特例が認められる期間は，出資法の上限金利を引き下げてから最長5年程度とする。

⑸　特例金利の水準は28%とする。

⑹　その他の措置も，少額短期特例貸付と同様。ただし，

・事業者の取引実態を踏まえ，既に事業者向け特例貸付以外の借り入れを有する事業者についても，利用可能とする。

・短期基準の潜脱を防ぐため，事業者向け特例貸付の完済から一定期間（2週間程度）を経過しないと，別の事業者向け特例貸付を利用できないこととする。

・指定信用情報機関への貸付情報の登録，貸付の際の確認については，事業者向け特例貸付を行う貸金業者に限って義務付ける。

4）骨子4：2006年9月11日（自民党金融調査会貸金業制度等に関する小委

308　第IV部　制度設計

員会)「貸金業制度等の改革の骨子 (案)」

　骨子3を踏襲する内容となった。具体的には要点として，特例金利は年利28％，適用期間は5年間。ただし，消費者向けは，「50万円・1年以内」，事業者向けは，「500万円・3カ月程度」とされた。

【少額短期特例貸付・事業者向け特例貸付】

　⑴　貸金業者がする貸付については，出資法の上限金利の引き下げ後5年間の経過措置として，上限利率を28％まで認める。

　⑵　少額短期特例貸付の要件等

　　① 個人を対象

　　② 貸付総額は50万円まで。契約期間は1年以内。

　　③ 50万円を総額として，同一の借り手が同時に3社まで利用できる。

　　④ 特例を利用できる借り手は，自社からも他社からも少額短期特例以外の借り入れがない者に限る。

　　⑤ 一旦少額短期特例借り入れの返済を延滞した者は，完済後一定期間 (1年間)，他社分も含め少額短期特例借入を利用することができない。

　　⑥ 小額短期特例貸付に当たって，貸金業者に対し，②～⑤について指定信用情報機関への確認を義務付けるとともに，少額短期特例貸付を行った場合には指定信用情報機関への登録を義務付け。

　　⑦ 少額・短期基準または特例利率の要件に反する貸付は利息制限法上の上限金利を超える部分を民事上無効とするとともに，刑事罰対象とする。また，指定信用情報機関への確認義務違反を刑事罰対象とする。

　　⑧ 一定額の範囲内でATM等による複数回の貸付を予定する場合の取扱いもこれらの要件に準ずるものとする。

　⑶　事業者向け特例貸付の要件等

　　① 法人または法人の代表者を対象。

　　② 貸付総額は500万円まで。契約期間は3カ月以内。

　　③ 同一の借り手が同時に1件に限って利用できる。

④ 事業者向け特例貸付以外の貸付を受けている借り手についても利用できる。

⑤ 事業者向け特例貸付の完済から一定期間（2週間）を経過しないと，別の事業者向け特例貸付を利用できないこととする。

5）骨子5：2006年9月19日（自民党政務調査会・金融調査会・財務金融部会・法務部会・金融調査会貸金業制度等に関する小委員会）「貸金業法の抜本改正の骨子―新たな多重債務者ゼロ作戦，ヤミ金融の撲滅―」

　マスコミが少額短期特例貸付制度を批判的に報じる記事が増えたことで，同制度への自民党内での反発も増し，その適用要件は骨子4よりも狭められた。具体的な要点として，特例金利は年利25.5%，適用期間は2年間。事業者向けは骨子4を踏襲するが，消費者向けは「30万円・1年以内」とされた。

【少額短期貸付】
　⑴　貸金業者がする貸付については，出資法の上限金利引下げ後2年間の経過措置として，上限利率を25.5%まで認める。
　⑵　個人向け少額短期貸付の要件
　①個人を対象
　②貸付総額は30万円まで。契約期間は1年以内。
　③30万円を総額として，同一の借り手が同時に3社まで利用できる。
　④少額短期貸付を利用できる借り手は，自社からも他社からも少額短借り入れ以外の借り入れがない者に限る。
　⑤一旦少額短期借り入れの返済を延滞した者は，完済後一定期間（1年間），他社分も含め少額短期借り入れを利用することができない。
　⑥少額短期貸付に当たって，貸金業者に（ⅱ）〜（ⅴ）について指定信用情報機関への確認を義務付けるとともに，少額短期貸付を行った場合には指定信用情報機関への登録を義務付け。
　⑦少額・短期基準または少額短期利率の要件に反する貸付は利息制限法上の上限金利を超える部分を民事上無効とするとともに，刑

事罰対象とする。また，指定信用情報機関への確認義務違反を刑
事罰対象とする。

⑧ 一定額の範囲内で ATM 等による複数回の貸付を予定する場合の
取扱いもこれらの要件に準ずるものとする。

⑶ 事業者向け少額短期貸付の要件等

① 法人または法人の代表者を対象。

② 貸付総額は 500 万円まで。契約期間は 3 カ月以内。

③ 同一の借り手が同時に 1 件に限って利用できる。

④ 事業者向け少額短期貸付以外の貸付を受けている借り手について
も利用できる。

⑤ 事業者向け少額短期貸付の完済から一定期間（2 週間）を経過しな
いと，別の事業者向け少額短期貸付を利用できないこととする。

⑷ 「体制準備期間」内に本経過措置の必要性について見直し（見直し
規定）。

6）骨子 6：2006 年 10 月 25 日（要綱案）「貸金業の規制等に関する法律等の
一部を改正する法律案要綱」

沸騰した世論を意識し，翌年に控える参議院選挙への影響を懸念した自民党
側が，急激な金融収縮を危惧する公明党側を押し切る格好で少額貸付制度の導
入を見送った。

～記述なし。導入は見送られる～

3.3 「量的規制（総量規制）」に関する記述内容の変化

1）骨子 1：2006 年 4 月 12 日（金融庁「貸金業制度等に関する懇談会」）「懇
談会におけるこれまでの議論（座長としての中間整理）」

旧法である貸金業規制法では過剰貸し付け規定の一般化が難しいことから，
その規制に関して曖昧な記載に留められていた。しかし懇談会では，いわゆる
「多重債務者」に関する問題に議論が集中したことで，借り手の返済能力を超
えた貸し付けを行った貸し手に対して行政処分を可能とする規制案が盛り込ま

れた。

> 【量的規制のあり方と実効性】
>
> 　借り手の返済能力を超える貸付の禁止に違反した場合には行政処分を可能にする。
>
> 　とくに，リボルビング方式の貸付形態においては，最低返済額や最長返済期間に対する規制を設け，借り手の総債務残高に着目した規制が必要。住宅を担保に取る（いわゆる「おまとめ」）貸付手法については何らかの仕組みが必要。

２）骨子２：2006年7月6日（自民党金融調査会・公明党金融問題調査委員会）「貸金業制度等の改革に関する基本的な考え方」

　目安としての量的基準を設け，その基準を超えて貸し付ける場合には返済能力の確認を貸金業者に義務付けることを規定した。ただ，この段階では具体的な目安となる定量的な基準は盛り込まれていない。

> 【総量規制の強化】
>
> 　現行制度における過剰貸し付けの禁止は訓示規定として実効性に欠けるため，信用情報機関の利用による返済能力の確認を義務付け，返済能力を超える貸付の禁止を強行規定化すべきである。実際の借り手の返済能力は千差万別であるが，目安としての量的基準を設け，その基準を超えて貸し付ける場合には，個別に，何らかの形で収入を証明する書類等により返済能力を確認すること，貸し手の責任においてカウンセリングを義務付けることが考えられる。その際には，行政と自主規制機関の適切な役割分担を検討すべきである。

３）骨子３：2006年9月5日（金融庁・法務省）「『貸金業制度等の改革に関する基本的な考え方』に基づく，具体的検討内容」

　具体的な量的基準として年収の3分の1という基準が初めて記載された。ただし，この段階では年収の3分の1を超える金額の貸付については，返済能力

312　第Ⅳ部　制度設計

が十分にあることが客観的に明らかな場合または貸金業者によって示される場合を除き，禁止と規定され，実際の与信現場では貸金業者側に一定の裁量が与えられるものであった。また年収の定義も個人年収であるのか，世帯年収であるのかも明示されていなかった。事実，資料の算出根拠が世帯年収である「家計調査」に基づく試算であったため，総量規制が世帯年収であると思い込んでいた自民党議員もいた。

【過剰貸付の禁止】

　貸金業者に対し，返済能力を超える貸付を禁止。

　貸金業者は，指定信用情報機関に登録されている借入残高と合わせて，年収の一定割合（3分の1）を超えることとなる金額の貸付については，返済能力が十分にあることが客観的に明らかな場合または貸金業者によって示される場合でなければ，禁止（他の業者のリボルビング貸付については極度額で計算）。

　他社がリボルビングの極度額を使うことにより上記基準を超えることがありうるので，事後チェックの仕組みを検討。

　消費者金融利用者（大半は年収600万円以下）について，家計調査に基づいて月々の返済可能額を想定（年利20％）すると，年収の3分1となる。（たとえば，年収300万円の場合には，年間返済可能額は300万円×15％＝45万円。年間45万円で3年間返済できる借入額（元本額）は，100万円。（元利均等返済・利率20％）

　借入残高の策定にあたっては，住宅ローン，証券会社が行う有価証券担保貸付などは除外。

4）骨子4：2006年9月11日（自民党金融調査会貸金業制度等に関する小委員会）「貸金業制度等の改革の骨子（案）」

　過剰貸し付け禁止を違反した貸金業者を行政処分の対象とすることが明記された。

　また，具体的な量的基準とその扱い方に関しては，骨子3の制度案が踏襲された。

第12章　貸金業法の政策決定プロセスに関する調査研究　　313

【過剰貸付の禁止】

・貸金業者に対し，返済能力を超える貸付を禁止し，違反については行政処分の対象とする。

・貸金業者に対し，指定信用情報機関に登録されている借入残高と合わせて，年収の3分の1を超えることとなる金額の貸付については，返済能力を超えないことが客観的に明らかな場合または貸金業者によって示される場合以外は禁止。

5）骨子5：2006年9月19日（自民党政務調査会・金融調査会・財務金融部会・法務部会・金融調査会貸金業制度等に関する小委員会）「貸金業法の抜本改正の骨子―新たな多重債務者ゼロ作戦，ヤミ金融の撲滅―」

骨子4の制度案が踏襲された。

〜上記4）と内容は同一。ここでは記載を省略〜

6）骨子6：2006年10月25日（要綱案）「貸金業の規制等に関する法律等の一部を改正する法律案要網」

この段階で量的基準に関する規制が大幅に強化されることとなった。骨子3〜5の段階において，量的基準である年収の3分の1を超えた貸し付けについては，借り手の返済能力を超えないことが客観的に明らかな場合，または貸金業者によって示される場合において認められてきた。しかしながら，一転して骨子6では年収の3分の1を超えた貸し付けについては禁止とされた。つまり骨子6の段階で，いわゆる「総量規制」が規定されたことになる。

【過剰貸付の禁止】

①貸金業者に対し，返済能力を超える貸付の契約の締結を禁止することとする。

②貸金業者に対し，自社の貸付の金額と他の貸金業者の貸付の残高の合計額が年収の3分の1を超えることとなる貸付を原則禁止することとする。

314　第Ⅳ部　制度設計

③ 極度方式基本契約を締結している場合には，極度方式貸付の状況を勘
　　案し，または定期的に指定信用情報機関の信用情報を使用して調査し，
　　自社の貸付の金額と他社の貸付の残高の合計額が年収等の3分の1を
　　超えると認められるときは，極度方式貸付を抑制するために必要な措
　　置を講じなければならないこととする。

3.4　「日賦貸金業者の特例」に関する記述内容の変化

1）骨子1：2006年4月12日（金融庁「貸金業制度等に関する懇談会」）「懇
　　談会におけるこれまでの議論（座長としての中間整理）」

　　金融庁懇談会において日賦貸金業者に関して，その特例金利の高さを問題視
する見解が弁護士・司法書士グループから提起されたものの，日掛け金融の商
品性や一般的な資金需要者に関する理解は深まっていなかった。しかしなが
ら，議論全体が高金利是正という論点に傾いていたため，必然的に日賦貸金業
者の特例金利（年利54.75%）も見直される方向性となった。

　【日賦貸金業者の特例】
　　　日賦貸金業については，特例金利（54.75%）を見直す。

2）骨子2：2006年7月6日（自民党金融調査会・公明党金融問題調査委員
　　会）「貸金業制度等の改革に関する基本的な考え方」

　　自民党の増原委員会においても論点が消費者金融の金利基準に集中するな
か，日掛け金融制度の経済的意義を審議する機会は与えられなかった。結果と
して，増原委員会では特段の議論もなく，日賦貸金業者の特例金利を廃止する
ことが骨子2の段階で早々に決定された。

　【日賦貸金業者の特例】
　　　日賦貸金業者の特例金利については，一定の経過期間の下に廃止すべき
　との認識で概ね一致した。

3）骨子3：2006年9月5日（金融庁・法務省）|『貸金業制度等の改革に関す

る基本的な考え方』に基づく，具体的検討内容」

　日賦貸金業者の特例金利を廃止することが記載されるとともに，骨子2は廃止までの猶予期間として経過措置を設けるとされていた。しかし，骨子3では経過措置も外された。

【日賦貸金業者の特例】
日賦貸金業者の特例については廃止する。
(出資法上の上限金利の引き下げと同時に同水準までの引き下げを行う。)

4）骨子4：2006年9月11日（自民党金融調査会貸金業制度等に関する小委員会）「貸金業制度等の改革の骨子（案）」
　　骨子3の制度案が踏襲された。

【日賦貸金業者特例】
日賦貸金業者特例については，出資法の上限金利引下げと同時に廃止。

5）骨子5：2006年9月19日（自民党政務調査会・金融調査会・財務金融部会・法務部会・金融調査会貸金業制度等に関する小委員会）：「貸金業法の抜本改正の骨子―新たな多重債務者ゼロ作戦，ヤミ金融の撲滅―」
　　骨子3の制度案が踏襲された。

～上記4）と内容は同一。ここでは記載を省略～

6）骨子6：2006年10月25日（要綱案）：「貸金業の規制等に関する法律等の一部を改正する法律案要綱」
　　骨子3の制度案が踏襲され，日賦貸金業者の特例が廃止されるだけでなく，電話担保金融の特例も併せて廃止されることとなった。

【日賦貸金業者特例】
日賦貸金業者および電話担保金融についての特例を廃止することとする。

316　第IV部　制度設計

3.5　「見直し規定」に関する記述内容の変化

1）骨子1：2006年4月12日（金融庁「貸金業制度等に関する懇談会」）：「懇
談会におけるこれまでの議論（座長としての中間整理)」
検討はされず，特段の記載はなし。

〜記述なし。検討されず〜

2）骨子2：2006年7月6日（自民党金融調査会・公明党金融問題調査委員
会）「貸金業制度等の改革に関する基本的な考え方」
検討はされず，特段の記載はなし。

〜記述なし。検討されず〜

3）骨子3：2006年9月5日（金融庁・法務省）「『貸金業制度等の改革に関す
る基本的な考え方』に基づく，具体的検討内容」
検討はされず，特段の記載はなし。

〜記述なし。検討されず〜

4）骨子4：2006年9月11日（自民党金融調査会貸金業制度等に関する小委
員会）：「貸金業制度等の改革の骨子（案)」
検討はされず，特段の記載はなし。

〜記述なし。検討されず〜

5）骨子5：2006年9月19日（自民党政務調査会・金融調査会・財務金融部
会・法務部会・金融調査会貸金業制度等に関する小委員会）「貸金業法の抜
本改正の骨子―新たな多重債務者ゼロ作戦，ヤミ金融の撲滅―」
検討はされず，特段の記載はなし。

第 12 章　貸金業法の政策決定プロセスに関する調査研究　　317

> ～記述なし。検討されず～

6）骨子 6：2006 年 10 月 25 日（要綱案）「貸金業の規制等に関する法律等の
　一部を改正する法律案要網」

　先述の通り，上限金利引下げによる金融収縮を緩和するための措置として少
額短期特例貸付が骨子 5 の段階まで検討されてきた。しかしながら，その制度
化に自民党内における若手議員らを中心に反発が強まったことで見送られるこ
ととなった。そこで，自民党側は金利に関する議論を一旦封印したうえで，貸
金業法の抜本的な再見直しを将来的に議論する方向性で決着を図ろうと方向転
換した。そして，その将来的な再見直しの方向性を担保するために，法律に
「法律が円滑に実施するために講ずべき施策の有無を検討する」という完全施
行の前に見直しを検討する条文が盛り込まれた。

【見直し規定】

　政府は，貸金業制度のあり方について，この法律の施行後 2 年 6 月以内
に，この法律による改正後の規定の実施状況，貸金業者の実態等を勘案
し，第 4 条の規定による改正後の規定を円滑に実施するために講ずべき施
策の必要性の有無について検討を加え，その検討の結果に応じて所要の見
直しを行うものとする。

　政府は，出資の受け入れ，預かり金および金利等の取締りに関する法律
および利息制限法に基づく金利の規制のあり方について，この法律の施行
後 2 年 6 月以内に，資金需給の状況その他の経済金融情勢，貸付の利率の
設定の状況その他貸金業者の業務の実態等を勘案し，第 5 条および第 7 条
の規定による改正後の規定を円滑に実施するために講ずべき施策の必要性
の有無について検討を加え，その検討の結果に応じて所要の見直しを行う
ものとする。（附則第 65 条関係）

3.6　貸金業法における主要制度の変更が決定されるまでの変遷プロセス

　上記の通り，貸金業法における「金利規制」，「少額短期特例貸付」，「量的規

318　第IV部　制度設計

制（総量規制）」,「日賦金融業者の特例」, そして「見直し規定」といった主要制度は議論が進むとともに規制は一方的に強化されていった。そこで, これら制度変更が決定されるまでの変遷プロセスを骨子1〜6が発表された段階別に時系列で整理すると図表12.6の通り。

　金利規制を巡る議論では骨子3の段階で上限金利の引き下げが決まり, この方向性で最終決定された。一方, 上限金利引下げで生じる金融収縮を緩和するために骨子3の段階から導入が検討されてきた少額短期特例貸付も結局は自民党内の議論に引きずられる格好で骨子6の段階で白紙となった。

　量的規制（総量規制）に関しては, 年収の3分の1規定が骨子3の段階で初めて記載されたものの, 年収の3分の1を上回る貸付けは借り手の返済能力を確認すれば除外とされるなど, その運用には柔軟性を持たせた内容となっていた。しかしながら, 骨子6では年収の3分の1を上回る貸付けは原則禁止と一転して強硬的な規定となった。

　金融庁の懇談会では日賦金融業者の特例について十分な審議が尽くされないまま, その見直しが骨子1の段階で明記された。結局, その後の審議の場でも日賦金融業者の特例について議論はなされず廃止の方向で決定された。

　一方で, 自民党内で議論収拾の目途が付かなくなった状況下で, 金利規制を中心とする議論を先送りするための処置として骨子6の段階で見直し規定が盛り込まれた。近い将来における貸金業法の再改正を見据えた措置であったが, 当時, この決定を聞かされた公明党の議員は「閣法である貸金業法が完全施行前に見直される可能性は極めて低く, これはあくまでも業界を納得させるために自民党側が考えた秘策であろう」と証言した。

図表12.6 貸金業法における主要制度の変更が決定されるまでの変遷プロセス

	骨子1：座長としての中間整理（4/12）	骨子2：自民・公明党の基本的考え方（7/6）	骨子3：金融庁・法務省の具体的検討内容（9/5）	骨子4：改革の骨子（9/11）	骨子5：抜本改革の骨子（9/19）	骨子6：法律要綱（10/25）
① 金利規制	グレーゾーンの扱いは両論併記 利息制限法の制限金利は引き下げ、又は市場金利への連動	グレーゾーンは廃止 利息制限法の制限金利は、刻み金額の見直し、20％に一本化、又は現状維持	利息制限法の制限金利は現状維持 出資法の上限金利は20％に引き下げ			（決定）
② 少額短期特例貸付	（記載なし）	認めるべきではないと認めるとしても、暫定措置	特例金利は28％ 適用期間は5年程度 消費者向けは、「50万円・1年以内」、又は「30万円・半年以内」 事業者向けは、「500万円・3カ月程度」	適用期間は5年間 消費者向けは、「50万円・1年以内」 事業者向けは、「500万円・3カ月以内」	特例金利は25.5％ 適用期間は2年間 消費者向けは、「30万円・1年以内」	導入見送り。（決定）
③ 量的規制（総量規制）	借り手の返済能力を超えた場合には行政処分を可能とする	目安としての量的基準を設け、その基準を超えて貸し付ける場合には返済能力確認を義務付け	年収の3分の1を超えることとなる金額の貸付については、返済能力が十分にあることが客観的に明らかな場合又は借入者によって示される場合を除き、禁止。			年収の3分の1を超えることとなる貸付を原則禁止（決定）
④ 日賦金融業者の特例	特例金利（54.75％）を見直す	一定の経過期間の下に廃止	出資法上の上限金利の引下げ時に廃止			（決定）
⑤ 見直し規定	（記載なし）	（記載なし）	（記載なし）	（記載なし）	（記載なし）	貸金業制度、出資法及び利息制限法の金利規制のあり方について、法律施行後2年6月以内に検討結果に応じて所要の見直しを行う（決定）

注意：図中の黒枠線内の項目は各制度の最終案が決まった時点を示す。

（出所）筆者作成。

320　第Ⅳ部　制度設計

4　内閣府規制改革会議による貸金業法に関する調査
（2008 年 6 月〜 2009 年 7 月）

　貸金業法の改正直後から法改正による副作用を懸念する記事がマスコミに配信されるようになった[19]。この背景には，貸金業法の改正前後である 2006 年秋頃から 2007 年にかけて貸金業者が上限金利引下げの決定を受けて成約率を急減させたことで急激な貸し渋りが発生し，a）2007 年には自殺者を増加させる結果となった，b）2007 年秋頃から生活保護受給者数が増加傾向に転じた，c）自営業者を中心とする零細事業主の中で倒産や廃業が目立ち始めている，という社会現象の変調への懸念があったものと推測される。

　貸金業法は 2007 年 12 月から部分施行（いわゆる 2 条施行）されたが，2008 年 6 月に内閣府の規制改革会議は貸金業法による厳格な規制が資金需要者に悪影響を及ぼしているという観点から法律の実効性について同会議内の生活基盤タスクフォース（主査：中条潮・慶應義塾大学教授）が中心となり調査を開始した。しかし 2009 年 7 月の総選挙により政権が自民党・公明党から民主党に移行したことで規制改革会議の機能自体が停止した。結果として同タスクフォースは積極的に調査を行っていたものの，その作業は完全に停止した。

　生活基盤タスクフォースが調査のために開催した会合と議事次第を示すと図表 12.7 の通りである。金融庁の懇談会では，法改正論議が盛り上がる 2006 年以降，多重債務者救済が中心的な論点となり，市場における一般的な資金需要者や資金供給者からヒアリングすることはほぼ行われなかった。しかし，生活基盤タスクフォースの会合ではこれら市場参加者からも有識者として聴取を行い，議論のバランスに配慮しながら会合が進められたと推察される。

　また 2006 年の法改正以降，過払い金返還請求が急増し，貸金市場に混乱を及ぼしつつあった。このため，生活基盤タスクフォースでも本件に関して調査が進められ，金融庁に対しても聞き取り調査を行った。会合では返済困難者による過払い金返還の請求実績に関する情報が新たな返済困難者の発生を抑制するうえで有用であるにも拘らず，行政指導により当該情報を信用情報機関から抹消させたことに関して，金融庁の担当官は説明を避けるなど，2006 年の法

図表 12.7　内閣府規制改革会議・生活基盤タスクフォースの会合一覧

開催会合	議事次第など
第 1 回　生活基盤 TF（平成20年 6 月12日）	論点整理。有識者ヒアリング（東京情報大学・堂下浩）
第 2 回　生活基盤 TF（平成20年 7 月11日）	有識者ヒアリング（東京財団・石川和男）
第 3 回　生活基盤 TF（平成20年 7 月15日）	有識者ヒアリング（東京市民法律事務所・宇都宮健児）
第 4 回　生活基盤 TF（平成20年 7 月30日）	有識者ヒアリング（日本 GE 株式会社・土屋泰昭）
第 5 回　生活基盤 TF（平成20年 8 月 6 日）	有識者ヒアリング（株式会社クレディセゾン・林野宏，NIS グループ株式会社・野尻明裕，株式会社アーク・本田貢一郎，株式会社ステーションファイナンス・谷口龍彦）
第 6 回　生活基盤 TF（平成20年 8 月22日）	有識者ヒアリング（日本金融新聞株式会社・岸紀子，株式会社時事通信・川島直子，有限会社富士信・石井恒男）
第 7 回　生活基盤 TF（平成20年10月 9 日）	有識者ヒアリング（慶應義塾大学・小林節）
第 8 回　生活基盤 TF（平成20年10月 9 日）	「貸金業」について金融庁からヒアリング（金融庁総務企画局企画課信用制度参事官・小野尚，金融庁監督局総務課金融会社室長・角田隆）
第 9 回　生活基盤 TF（平成20年11月19日）	有識者ヒアリング（Policis・アナエリソン）
第10回　生活基盤 TF（平成21年 1 月23日）	有識者ヒアリング（全国信用情報センター連合会・竹谷和芳）
第11回　生活基盤 TF（平成21年 1 月30日）	有識者ヒアリング（株式会社オーエムシーカード代表取締役会長・舟橋裕道，同・成合敏治同・平野浩彦）
第12回　生活基盤 TF（平成21年 2 月13日）	有識者ヒアリング（NPO 法人女性自立の会・有田宏美，消費者・女性 A 氏）
第13回　生活基盤 TF（平成21年 3 月 4 日）	有識者ヒアリング（日本貸金業協会・渡邉範善，同・水落恒）
第14回　生活基盤 TF（平成21年 3 月 6 日）	「信用情報機関における過払い金返還請求の履歴の取扱い」について金融庁からヒアリング（金融庁監督局総務課金融会社室長・角田隆）
第15回　生活基盤 TF（平成21年 3 月26日）	有識者ヒアリング（日興シティグループ証券株式会社・津田武寛，事業会社経営者 B 氏，事業会社経営者 C 氏）

（出所）内閣府規制改革会議ホームページの掲載内容から作成。
http://www8.cao.go.jp/kisei-kaikaku/minutes/2008.html#tf

改正プロセスでは黙殺されていた懸案が調査対象となっていた。

　先述した通り，最終的には生活基盤タスクフォースによる調査活動は政治状況の混迷により第15回会合（2009（平成21）年 3 月 26 日開催）をもって打ち切られた。したがって，その最終答申は出されていない。ただし，調査途上の 2008（平成20）年 12 月に「規制改革推進のための第 3 次答申」が発表された。本件に関する該当部分を抜粋して記載する（図表 12.8）。

322　第Ⅳ部　制度設計

図表 12.8　規制改革推進のための第 3 次答申
―規制の集中改革プログラム―（平成 20 年 12 月 22 日）

3　生活基盤

生活基盤分野

〜中略〜

① 貸金業制度の在り方の見直し

【問題意識】

　平成 18 年に，多重債務問題の解決等を目的として，上限金利規制の引下げ，貸出総量規制の導入などを含む，貸金業法（昭和 58 年法律第 32 号）等の改正が行われたところである。現在のところ，改正法は部分的にしか施行されていない状況であるが，既に貸金業者は新規契約の貸出金利を引下げるなど完全施行に向けた対応を迫られつつあり，また，過払金返還請求の増加等の影響もあり，その結果，中小規模の貸金業者の廃業が相次ぎ，廃業にまでは至っていない場合でも新規の貸付を停止している業者が多いという見解や中小企業経営者が短期の事業資金等を貸金業者から借りる場合を含め，高金利帯でしか借りられない層の資金調達の道を閉ざしてしまったのではないかという見解がある。とくに個人消費者に関して，行き場を失った資金需要は，親類・知人に流れて個人間でのトラブルを招く場合があったり，少なからずヤミ金融に流入している部分もあるのではないかという見解がある。

　多重債務者の救済という点に着目すると，法改正に合わせて平成 18 年に多重債務者対策本部が設置され，平成 19 年に多重債務問題改善プログラムが策定されるなど，官民をあげた多重債務対策の取組が行われる体制が整備されているところである。これらの取組に関連して，金融庁から公表されている「無担保無保証借入の残高がある者の借入件数毎登録状況」の数値を根拠に，無担保無保証借入登録件数のうち 5 件以上の借入があるものが減少していることや，自己破産申立件数が減少していることなどから，多重債務対策の成果が上がってきているとする見解がある一方，無担保無保証借入登録件数については，廃業等により全国信用情報センター連合会から退会した貸金業者からの借入件数が含まれないうえ，住宅ローン，奨学金，さらに親類・知人等からの借入については捕捉できていないため実態を反映しておらず，法改正後も実際には多重債務者は減少していないのではないかという見解を述べる向きもある。

　これらの見解に基づけば，比較的信用力の低い層の資金需要に応え，金融システムの一翼を担っていた貸金業界に，法改正によって，業界そのものの存続に関わるような影響を及ぼしている恐れがあると考えられ，今後，借入機会を失う資金需要者が一層増加することが危惧される。また，法改正が多重債務問題に及ぼす効果については，引続き注視していく必要がある。改正法は段階施行の途上であるが，これらの見解や状況を踏まえ，市場の実態を実証的な観点から調査・分析することにより，是正すべき点がある場合には，貸金業法等を再改正することを含めて，制度の在り方を早急にあらためて見直す必要がある。

　金利の高低の設定には，貸し倒れリスクに対する保険料の高低の設定に等しいという意味がある。個人の返済リスクを完全に予測することが情報の非対称によって不可能である以上，貸し手は一定の借り手の属性ごとに過去の債務不履行発生率などを背景としたリスクのランク付けを行い，そのランクごとに一定の確率で発生せざるを得ない債務不履行の損害を広く分散するため，借り手に対する保険料の支払を要求しているのである。リスクの低い層には低金利を，そうでない層には高金利を要求する仕組みは，貸し手にとってのリスク分散であるのみならず，借り手が市場から排除されないための安全装置でもある。貸出総量規制についても，本来世帯収入に基づいて考えるべき各資金需要者の収支状況や返済能力を個人年収のみで判断することは難しいという問題，専業主婦の借入が大きく制限される問題等があるが，そもそも一部に自己管理が苦手な者がいるからといって，そうでない者の選択肢を狭め，その利益を一律に害してもよいことにはならない。

当会議としては，多重債務問題には，基本的には借り手の自己責任によって予防，解決することを促すための制度設計で対応すべきであり，たとえば与信情報の充実やセーフティネットの拡充等を図るべきであって，健全な貸し手，借り手の機会まで一律に奪うべきではなく，自由な経済行動が行われるべきであると考える。

【具体的施策】

貸金業制度等の在り方に関連し，平成 18 年の貸金業法等の改正後の規定の実施状況，貸金業者の実態，市場の実態等について，実証的な観点から調査・分析すべきである。【遅くとも平成 21 年度実施】

(出所) 筆者作成。

また，生活基盤タスクフォースによる調査活動が第 15 回会合（2009（平成 21）年 3 月 26 日開催）をもって中断を余儀なくされたもう 1 つの理由として，規制改革会議の調査が国会で与野党を含めて激しい干渉にあった点が挙げられる。その事実経緯を国会の議事録から本件に直接かかわる部分を抜粋して以下に引用する（図表 12.9 および 12.10）。こうした国会での干渉は規制改革会議委員の調査活動に少なからず影響を及ぼしたものと推察される。この一連の国会議員による干渉の後，規制改革会議の本件に関する調査は一時停止することとなった。なお，2009 年 6 月 23 日に質問した弁護士でもある自民党の森まさ子・参議院議員は 2006 年貸金業法改正時の金融庁担当事務局の課長補佐として，当時の懇談会の議事運営に深く関与していた（たとえば，同氏は懇談会の第 8 および 9 回で報告された「海外調査」を担当・報告し，実質的に海外調査を 1 人で行っていた事実が規制改革会議の調査で明らかになっていた）。

図表 12.9　国会議事録抜粋（その 2）

〇大門実紀史君　（共産党）

大門でございます。

今まで様々な問題で，必ず政府とか業界寄りの，私たちから言えばもう御用学者というような方が，見てきたわけですけれども，一般に，学者の方々が自由に発言をされてそれを国会に参考にするというのは私も大切なことだと，それは思っているんですけれども，ただ，一部には政府の委員の肩書が付いたり，また特定のある業界を擁護すると途端に，その業界からの講演，お願いすると，講演の回数が増える，講演料も上がると。原稿の依頼も増える，原稿料も上がると。そういう中で，本職の大学の先生の給料の何倍もそれで稼いでおられる学者の人たちが実際におられます。学者の世界もきれい事ではないということでございます。

〜中略〜

これはどういう経過で金融庁と合意したのかも調べてみましたら，去年の十二月一日ですね。規制改革会議に慶応大学の先生で中条潮さんという方が規制改革会議委員でいらっしゃいます。その中条先生と，ちょっとかわいそうなので名前は言いませんけれども，内閣府の政策企画調査官のＹ

324　第Ⅳ部　制度設計

君というふうにしておきますけれども，実はこのＹ企画官は，私のレクに対して平気で事実を隠す
と。後から事実が出てくるとか記憶がないとか，うそもつくということで，私，初めてこんな役人
と会いましたけれどもね。まあイニシャルだけにまだ若い方ですからしておきますけれども，なか
なかいい度胸をしているなと思いますけれども，こんな人は初めて会いましたが，そういう人でご
ざいます。この中条教授とＹ企画官に呼び付けられたのが，金融庁の課長補佐のこれはＨ君という
ふうにしておきますけれども，このＨ君は何でも正直に話す大変いい男でございまして，本当に三
國谷さんとか内藤さんはいい部下を持たれたなというふうに思います。
　それで，ちょっとお聞きしますが，その部下に恵まれない内閣府の室長に聞きたいというふうに
思いますけれども，結果的に，ここにありますとおり金融庁が合意をしたのは，実態調査をします
と。これは，まあこんなことぐらいはいいと思うんですけれども，実はそうではなくて，そのとき
に中条先生やこのＹ企画官は，金利下げるなと，貸金業法の再検討をしろと，それを盛り込めとい
うことを金融庁を呼び付けて強く求めたんではないですか。

（出所）第 171 回国会参議院財政金融委員会第 21 号（2009（平成 21）年 6 月 16 日）。

図表 12.10　国会議事録抜粋（その 3）

〇森まさこ君　（自民党）
　自由民主党の森まさこでございます。本日はよろしくお願いをいたします。
　冒頭に，前回，大門先生の方から出されました貸金業法の見直しの件，大事な問題ですので取り
上げさせていただきたいと思います。
〜中略〜
　これに関連して，ここに書いてあります閣議決定，これは規制改革会議の答申を踏まえての閣議
決定でございますが，この規制改革会議の答申，問題意識というものの後に具体的施策というもの
が盛り込まれております。この具体的施策の中に，前回の議事録を読み上げますと，金利を下げる
なとか貸金業法の再検討をしろ，それを盛り込めということを規制改革会議の委員が金融庁を呼び
付けて強く求めたというふうに書いてございます。これについてはそれに応じなかったという，勇
気ある平岡課長補佐が大門先生に褒められまして，私も貸金業法改正の当時の課長補佐でござい
ますから，私の何代か後の後任である平岡課長補佐が評価を受けまして，大変誇りに思っておりま
す。
　この点について重要ですので確認をしておきたいのですが，閣議決定がこの具体的施策を受け入
れたということでございますが，先ほどのような金利を下げるなとか貸金業法の再検討をしろとい
うことは入りませんでしたけれども，実際上にはこのような文言が入っております。これは平成二
十年十二月二十二日付けの規制改革会議の答申でございますが，具体的施策，貸金業制度等の在り
方に関連し，平成十八年の貸金業法等の改正後の規定の実施状況，貸金業者の実態，市場の実態等
について，実証的な観点から調査分析すべきであるというふうに書いてあります。
　要するに，調査分析をするというだけのことでございますから，これが何らか金利を下げるとか
そういったことに結び付かないのは読んで当然のことなんでございますが，これをもって規制改革
会議の委員が業界側の雑誌に，政府として，貸金業法が負の影響があるとか副作用があるというこ
とを，見直すという一定の方向を打ち出したというふうに書いてあるところが問題です。

（出所）第 171 回国会参議院財政金融委員会第 23 号（2009（平成 21）年 6 月 23 日）。

まりにも拙速なものであったとみることができる。一部の弁護士・司法書士グループが扇動する格好で，いわゆる「高金利」という論点にのみ着目して法改正作業は一種の社会運動として進められた。

　今日，フィンテックが新たな金融手段として注目されるなか，そこで取り引きされる金銭貸借における金利の高さが注目されている。米国の事例を俯瞰すると，当初銀行から融資の対象とならなかった資金需要者層がフィンテックサービスの中心的な利用者であったが，最近では迅速性と手軽さを優先した利用者層にまで裾野を広げている。利用者層の拡大は金利帯の幅を必然的に広げ，年利数百％に及ぶ超短期小口融資が日常的に取り交わされている。もはやネット上の小口金融市場を「年利」という概念で規制することは実態に合わなくなってきている。もとより貸金業法の改正以前，最高で年 29.2％という一見すると高利でも貸金業者が提供する融資に需要があった理由は，迅速な審査により無担保・無保証で借り入れができたためである。とくに零細事業主にとって緊急時のつなぎ資金を調達できるか否かは経営の生命線となる。当時，貸金業者は顧客の条件に合わせて，無担保・無保証であれば年 20％以上，保証人がいれば年 15〜20％，不動産担保があれば年 15％以下という金利で資金繰りを工面していた。また現金化を急ぐ経営者には手形を担保に金を貸す手形割引も広く利用され，手形振り出し先の信用度に応じて年 4〜20％の金利が適用された。これら金利は他の先進諸国と比べても決して高くなかった。

　そもそも貸金業という世論が沸騰しがちなテーマは世論との距離の置き方を冷静に考えて対応すべきであった。実際，1983 年に制定された貸金業規制法は慎重な審議過程を経て立法化された経緯を当時の資料から窺い知ることができる。一方で 2006 年当時の立法担当者は多重債務者救済という社会問題に縛られて，小口金融の問題を金融システムの大局から捉える機会を失ってしまった。それゆえに，あまりにも問題性の大きい制度変更が社会実験として実施されたこととなった。事実，金融庁の懇談会において貸金市場の規制強化で大きな影響力を及ぼした後藤田正純・衆議院議員は金融担当大臣政務官を辞任後，貸金業法改正に伴う上限金利引下げ政策を「社会実験」とマスコミに語っていた [26]。したがって今後とも，貸金業法を再見直しする必要性は国会や学界の場でも引き続き提起されていくだろう。

328　第Ⅳ部　制度設計

注

1　多重債務者の明確な定義はなく，日弁連や金融庁の多重債務に関する定義も異なる。金融庁ホームページ（http://www.fsa.go.jp/singi/singi_kasikin/singi_kasikin.html）に掲載される懇談会資料を精査しても「多重債務者」について明確な定義を見出すことができない。また後述するが，山本は事後のインタビューにて，「貸金業者からの複数または多額の借金により，生活に支障が生じた借り手と認識している。日本にはこのような借り手の層がどの程度存在するのか統計が十分ではないため，正確な人数は把握できない」と，法律を上程した議員でさえも，多重債務者の定義をはっきり述べていない。

2　厳密には5段階施行であるが，2006.12.20は公布日となし，2007.1.20が1条施行日として4段階施行とする方が一般的である。

3　津田武寛「貸金業制度改革の行方(2)」（2006年10月10日）日興シティグループ証券株式会社。

4　河野太郎「CREDIT AGE」『変更した施策の効果を検証する責任がある』2010年8月。

5　本篇における法改正の事実経緯を巡る記述内容は「TAPALS白書2007」の文章を原文として引用し，筆者がその後改めて行った調査にて知り得た情報に基づき再編集した構成となっている。

6　平成16年（受）第1518号貸金請求事件（最高裁判所）。

7　新規上場したジェイコム（現・ジェイコムホールディングス）の株式において，みずほ証券（旧法人）が誤注文し，株式市場を混乱させた事件。

8　UK Government, "A Better Deal for Consumers", July 2009.

9　金融調査会会長：金子一義　財務金融部会部会長：江崎洋一郎。

10　増原義剛・衆議院議員（自民党）。

11　上田勇 Official Web Site（https://www.isamu-u.com/2006/10/25/）。

12　たとえば，「中日新聞」『利息制限法でも高い』（2006年7月2日）など。

13　石川和男「月刊公明」『抜本的な貸金業改革を』公明党機関紙委員会，2006年6月号。

14　「公明新聞」『主張多重債務　過剰融資抑制へ体制整えよ』（2006年7月26日）。

15　「夕刊フジ」『年内にも参院議員のA氏を事情聴取か　弁護士業界→金融庁で貸金業法改正を担当→議員に』（2009年11月27日）。

16　「週刊文春」『特定秘密法案担当森雅子大臣に浮上した秘密漏えい疑惑』（2013年12月5日号）。

17　小委員会は非公開秘密審議のため，議事録や資料を入手することができなかった。よって開催頻度，開催日程等の正確な把握が現状においては困難である。

18　たとえば，「毎日新聞」『借りられぬ人を忘れるな』（2006年11月16日）など。

19　たとえば，週刊東洋経済「消費者金融　債務者を追い詰める貸金業法の矛盾」（2007年7月7日号）など。

20　引用元は以下の通り。「CREDIT AGE」『大阪府が小規模金融構造特区を提案』日本消費者金融協会，2010年8月号（Vol.368），20-23頁。

21　引用元は以下の通り。「CREDIT AGE」『改正に向けヒアリング・検討―改正貸金業法検討ワーキング・チーム―』日本消費者金融協会，2012年7-8月号（Vol.383），18-19頁。

22　「日本経済新聞（電子版）」『貸金業者の金利規制緩和，自民が議論着手』日本経済新聞社，2014年5月22日。

23　自民党政務調査会「総合政策集2016 J-ファイル」（2016年6月20日）における項目309（74頁）。

24　増原義剛（2012）「『弱者』はなぜ救われないのか―貸金業法改正に見る政治の失敗―」一般社団法人金融財政事情研究会。

25　パーソナルファイナンス学会「第1回消費者金融部会」2014年10月3日。

26　「日経金融新聞」『経過期間，3年が限度』（2006年9月14日）。

【参考・参照文献】

石川和男（2006）「抜本的な貸金業改革を」『月刊公明』公明党機関紙委員会，49-55頁。

伊藤幸郎・堂下浩（2015）「総量規制の導入経緯と問題点」『パーソナルファイナンス研究』，No.2，13-26頁。

河野太郎（2010）「変更した施策の効果を検証する責任がある」『CREDIT AGE』日本消費者金融協会，10-11頁。

消費者金融連絡会（2008）『TAPALS白書2007』，148-201頁。

生活基盤タスクフォース（2008）「規制改革推進のための第3次答申―規制の集中改革プログラム―」内閣府規制改革会議，229-230頁。

津田武寛（2006）「貸金業制度改革の行方(2)」日興シティグループ証券株式会社頁。

堂下浩（2015）「貸金業法が零細事業主に与えた悪影響」『パーソナルファイナンス研究』，No.2，41-52頁。

西村晴天（2013）「大阪府の取り組みが示唆する庶民金融市場の健全化への処方箋」早稲田大学クレジットビジネス研究所（No. IRCB13-002），1-14頁。

藤田章夫（2014）「3度目の正直となるか!? 貸金業"再々改正案"の行方」『週刊ダイヤモンド』，110-112頁．

増原義剛（2012）『「弱者」はなぜ救われないのか―貸金業法改正に見る政治の失敗』きんざい。

水澤潤（2010）『2010年6の月，500万人が夜逃げする』講談社。

（堂下　浩）

あとがき

　コーポレートファイナンスについてはこれまで数多くの研究がなされてきた。しかし，個人（消費者）を対象とするパーソナルファイナンスに関しては，学術的な研究がほとんどなされていなかった。そこで，パーソナルファイナンスの学術的な研究を広く普及させる目的で，2000年3月に，本学会の前身である消費者金融サービス研究学会が発足した。設立の目的は，「消費者金融サービスの諸問題を学問的な視点から総合的に研究し，併せて消費者経済社会および関連する諸産業・企業の発展，さらには消費者利益の向上に寄与すること」（会則第2条）にあった。

　設立以来，消費者金融サービス研究学会は，この分野における研究を着実に積み重ね，160余名の個人会員および法人会員を擁する日本では唯一の消費者（個人）金融サービスに関連する諸問題を研究する学術研究団体として発展してきた。しかし，設立から10年を経て，消費者（個人）金融サービスをめぐる環境は大きく変化した。ICTの発展などにより，消費者（個人）金融と他の分野との融合が進み，利用者の金融に対する関心も多様化した。また，幅広い金融・経済教育，個人金融の歴史・国際比較などにも重要な研究分野となってきた。消費者金融サービスという名称では，本来の意図と違って，研究範囲が狭くとらわれがちであった。そこで，それまでの実績を踏まえるとともに，大きな変化を遂げつつある金融サービスをめぐる環境により的確に対応し，研究領域を広げ一層活発な学会活動を行うために2009年5月よりパーソナルファイナンス学会と名称を変更し，新たに出発することとなった。

　その後も，研究対象分野は急拡大してきた。とくに近年は，クラウドファンディングやマイクロファイナンス，フィンテックといった領域も含まれるようになってきた。研究アプローチとしても，統計学，経済学，経営学，法学，社会学，心理学，脳神経学など，今まで以上に広い分野に拡大しつつある。

　本学会も，2015年には，創設15周年を迎えることとなった。この間，パー

ソナルファイナンス分野の専門研究者も育ち，関連論文や書籍もかなり出るようになったが，それでも十分とはいえず，さらに視野を広げていかねばならないとの認識を理事会で共有するに至った。本学会員と企業や研究機関，他の研究分野の研究者と協力しながら，パーソナルファイナンスに関する研究を一層促進していくために，創設15周年記念事業を企画することとなった。その記念事業の1つが本書の出版である。

　2014年4月に，創設15周年記念事業委員会が立ち上がった。本書の出版に関しては，パーソナルファイナンスをめぐる環境の変化，学会員の研究内容，過去の統一論題を議論した結果，「新時代のパーソナルファイナンス」を大きなテーマとして，⑴イノベーション，⑵グローバリゼーション，⑶金融教育，⑷制度設計，という軸となる4つの基本テーマが決まった。2014年12月を締切りとして，学会員に研究計画や内容を募集した。応募の研究計画や内容について委員会で審査，修正依頼を行い，取り上げるテーマの最終案を2015年3月末に確定し，同年4月よりプロジェクト研究がスタートした。その研究成果については，2016年11月に桜美林大学で開催されたパーソナルファイナンス学会第17回全国大会（統一論題：これからのパーソナルファイナンス研究）において中間報告がなされた。そこで得られたコメント等に基づいて修正がなされ，この度，本書として出版されることとなった。

　本書では，パーソナルファイナンスにおけるイノベーション，グローバリゼーション，金融教育および制度設計の問題を取り上げている。これらの問題は，本学会の当初からの基本姿勢である学際的アプローチによって考察されている。

　経済学の視点からは，パーソナルファイナンスにおけるイノベーションを成功させるためには，逆選択，モラルハザードおよび取引コストの問題を解決する必要がある。たとえば，マイクロファイナンスでは，グループ貸付をすることによって，借り手相互の信頼性に関する地元の情報に基づいた，借り手の自己選択をグループ分けに依拠することができ（安全な借り手は他の安全な借り手を選ぶし，危ない借り手には他の危ない借り手しか残されていない），個々の借り手の過去の行動についての情報がなくても，逆選択の問題をコントロールすることに成功している。制度設計においても，市場機能を最大限に発揮さ

せるために、市場機能を歪め、市場での取引コストを高めるような規制は排除すべきであり、逆に市場での取引コストの引き下げにつながるような法制度は導入すべきということになる。また、市場が健全に機能するためには、パーソナルファイナンス商品の提供者と利用者の双方に十分な知識があって合理的にプレーすることが必要となる。そのためには、利用者が合理的に行動できるように金融教育を行うことも重要である。

　社会学の視点からは、合理性よりも、正当性が重視される。パーソナルファイナンスにおけるイノベーションを成功させるためには、認知的正当性（当該事項に関する理解もしくは知識をもつこと）と社会政治的正当性（かかわるすべての利害関係者が当該事項を適切で正しいものとして受け容れること）を確保することが必要となる。たとえば、マイクロファイナンスは、グループ貸付けによって、モラルハザードと逆選択の問題を緩和するのに成功し、当初は貧困者を金融サービスにつなげる方法ということで社会政治的正当性を得ていた。しかし、過剰な貸付と過酷な取り立てで、多くの農民を自殺に追いやったと糾弾され、インドで規制が強化されるに至った。マイクロファイナンス機関が上場し、資本市場で資金調達を図るようになってから、マイクロファイナンスに対するイメージが貧困者への奉仕から株主の富の極大化に変わってしまった。上場により、金利を引き下げたことや急成長により貧困者の資金需要に応えたことはほとんど知られておらず、認知的正当性の確保もできなかった。

　心理学の視点からは、人は認知に限界があり、現状維持バイアス、利用可能性バイアス、対応バイアス、埋没費用バイアス、代表性バイアス、係留バイアスなどのために、意思決定を行う際に、情報すべてを収集できず、無意識のうちに、自分が優先して収集すべき上位法を認知のフィルターで取捨選択している。また、経済学に心理学の視点を取り入れた行動経済学も、1970年代から大きく発展した。人は損をするほど、追加的な損失に対して鈍感になる、人は損失をより避けたがる、というプロスペクト理論や選択肢を利得を強調したフレーミングで与えられた人はリスク回避的な意思決定をし、逆に損失を強調したフレーミングで与えられた人はリスク志向的な意思決定をするというフレーミング効果は、金融教育において重要な構成概念となっている。

　法学の視点も重要である。たとえば、AI、深層学習により与信精度を上げ

る試みがなされている。従来のロジスティック回帰分析に基づいた与信モデルであると，与信を拒否した場合でも，なぜ拒否したかという説明が比較的簡単にできる。米国の場合，信用機会平等法（Equal Credit Opportunity Act）があるので，信用の供与を受けようとする者を人種や宗教，性別，年齢で差別することが禁止されている。FICO スコアでコントロールした後に人種で違いがなければ問題ないが，AI，深層学習の場合，そうした説明が明確にできない。AI に基づいて与信をしたら，結果として借りている人のほとんどが白人の大学院卒で金融機関に勤務していたということになってしまったら，仮に訴えられた場合，従来の統計モデルだと説明が割と簡単につけられるが，AI の場合，そうした説明はつけられない。

　設立後 17 年足らずという短い期間で，本学会は，予想以上に多くの方々が入会，多くの研究成果，各種助成への応募という実績を達成することができた。それは，設立以来，会員各位ならびに関連する支援組織が，学会の設立趣旨に賛同し，多大な協力と積極的なコミットメントを持続してくれた何よりの証左である。ここに改めて感謝を述べるとともに，本書の出版を契機に本学会は新たな一歩を踏み出すものであり，各位のさらなるご協力と参画をお願いする次第である。

　最後に，本書の出版に際しては，2014 年 3 月末日付で解散した日本消費者金融協会（JCFA）より多大なご支援を受けました。ここに深く感謝の意を表したい。

2017 年 9 月吉日

パーソナルファイナンス学会創設 15 周年記念事業委員会委員長

坂野　友昭

パーソナルファイナンス学会

　パーソナルファイナンスにかかわる諸問題を金融の利用者・提供者双方の立場を踏まえつつ，学際的かつ国際比較の視点から研究し，併せて消費経済社会および関連する諸産業・企業の発展，さらには消費者利益の向上に寄与することを目的とする学術団体。

　2000年3月消費者金融サービス研究学会として発足。その後経済・社会の変化に対応し，研究領域を広げるため，2009年5月に「パーソナルファイナンス学会」と名称を変更。現在，家計管理，多重債務者問題・自己破産，金融教育，カウンセリング，パーソナルファイナンス提供会社の戦略・資金調達・マーケテング・海外進出，パーソナルファイナンスをめぐる法制度，諸外国の事情など，多様なテーマを研究している。

　定期的には下記のような活動を行っている。
　・全国大会（年1回）
　・定期的な部会（東部・西部部会，経営部会，金融教育部会，金融イノベーション部会，消費者金融部会など）
　・研究機関誌『パーソナルファイナンス研究』の発行（Web発行，年1回）
　・ニュースレター（「JAPF News」）の発行
　・研究書籍の発行
　・内外の学会や関係団体との相互交流や共同研究
　学会員には学会賞，研究助成，国際交流助成，出版助成など，各種の助成を行っている。
　事務局：早稲田大学商学学術院　坂野友昭研究室
　リエゾン・オフィス：〒162-0041 東京都新宿区早稲田鶴巻町518 司ビル3階
　業務委託：(株)IBI 国際ビジネス研究センター
　Tel：　　03-5273-0473
　Fax：　　03-3203-5964
　e-mail：　japf@ibi-japan.co.jp

パーソナルファイナンス学会
創設 15 周年事業委員会委員

委員長　坂野　友昭（早稲田大学教授）

　委員　飯田　隆雄（札幌大学教授）

　同　　伊東　眞一（大阪商業大学教授）

　同　　今井　雅和（専修大学教授）

　同　　大東和武司（関東学院大学教授・広島市立大学名誉教授）

　同　　岸本　寿生（富山大学教授）

　同　　佐藤　幸志（拓殖大学教授）

　同　　髙井　　透（日本大学教授）

　同　　土井　一生（九州産業大学教授）

　同　　春井　久志（関西学院大学名誉教授）

　同　　藤原　七重（千葉商科大学教授）

アドバイザー

　　　　江夏　健一（早稲田大学名誉教授）

　　　　杉江　雅彦（同志社大学名誉教授）

執筆者一覧

第Ⅰ部　イノベーション　坂野友昭（早稲田大学教授）
　第1章　藤原七重（千葉商科大学教授）
　第2章　李立栄（早稲田大学大学院）
　第3章　加藤晃（北海道教育大学准教授）
　　　　　飯田隆雄（札幌大学教授）
　　　　　藤田哲雄（日本総合研究所上席主任研究員）
　　　　　渡部なつ希（東京大学大学院特任研究員）

第Ⅱ部　グローバリゼーション　桑名義晴（桜美林大学大学院教授）
　第4章　岸本寿生（富山大学教授）
　　　　　佐藤幸志（拓殖大学教授）
　第5章　山本崇雄（神奈川大学准教授）
　　　　　竹之内秀行（上智大学教授）
　　　　　今井雅和（専修大学教授）
　第6章　土井一生（九州産業大学教授）
　　　　　大東和武司（関東学院大学教授・広島市立大学名誉教授）
　　　　　髙井透（日本大学教授）

第Ⅲ部　金融教育　杉江雅彦（同志社大学名誉教授）
　第7章　竹本拓治（福井大学教授）
　第8章　大谷和海（関西大学高等部教諭）
　第9章　杉江雅彦（同志社大学名誉教授）

第Ⅳ部　制度設計　江夏健一（早稲田大学名誉教授）
　第10章　田中幸弘（新潟大学教授）
　　　　　吉元利行（オリエント総合研究所専務執行役員・博士（法学））
　　　　　茶めぐみ（三井住友信託銀行主任調査役）
　　　　　林恵子（松尾綜合法律事務所・弁護士）
　第11章　飯田隆雄（札幌大学教授）
　　　　　藤田哲雄（日本総合研究所上席主任研究員）
　　　　　佐伯隆博（東北大学非常勤講師）
　　　　　渡部なつ希（東京大学大学院特任研究員）
　第12章　堂下浩（東京情報大学教授）

監修者紹介

江夏　健一（えなつ　けんいち）

現在　早稲田大学名誉教授，パーソナルファイナンス学会理事（元会長），日本経済学会連合理事長

主著　『現代クレジット社会を考える―消費者金融産業の発展とともに』（単著，シーエーピ出版，1996 年）

『21 世紀の消費者信用市場：公正，透明かつ競争的な市場を求めて』英国貿易産業省著（共監訳，東洋経済新報社，2005 年）

桑名　義晴（くわな　よしはる）

現在　桜美林大学大学院教授，パーソナルファイナンス学会会長，国際ビジネス研究学会常任理事

主著　『多国籍企業と新興国市場』（共監修，文眞堂，2012 年）

「日本の消費者金融企業のアジア進出戦略―香港，台湾，タイを中心にして―」『パーソナルファイナンス学会年報』（共著，No.9，2009 年）

坂野　友昭（さかの　ともあき）

現在　早稲田大学教授，パーソナルファイナンス学会副会長

主著　「ペイデーローン規制が生んだ米国の新たな金融サービス」『月刊消費者信用』（第 32 巻 1 号，2014 年）

『消費者信用の経済学』ジェゼッペ・ベルトーラ，リチャード・ディズニー，チャールズ・グラント編（共監訳，東洋経済新報社，2008 年）

杉江　雅彦（すぎえ　まさひこ）

現在　同志社大学名誉教授，パーソナルファイナンス学会副会長

主著　『金の誘惑には勝てない：マネー千夜一夜』（時事通信社，2008 年）

『投機と先物取引の理論：わが国先物取引制度の成立に関する研究』（千倉書房，1984 年）

パーソナルファイナンス研究の新しい地平

2017 年 11 月 11 日　第 1 版第 1 刷発行　　　　　　　　検印省略

監 修 者	江	夏	健	一
	桑	名	義	晴
	坂	野	友	昭
	杉	江	雅	彦

著　　者　　パーソナルファイナンス学会

発 行 者　　前　　野　　　　隆

　　　　　　東京都新宿区早稲田鶴巻町 533
発 行 所　　株式会社 文　眞　堂
　　　　　　電話 03（3202）8480
　　　　　　FAX 03（3203）2638
　　　　　　http://www.bunshin-do.co.jp
　　　　　　郵便番号（162-0041）振替00120-2-96437

製作・モリモト印刷株式会社
© 2017
定価はカバー裏に表示してあります
ISBN978-4-8309-4968-5　C3033